Cristina Costa

Doutora em Ciências Sociais pela FFLCH-USP.
Livre-docente em Ciências da Comunicação
pela Escola de Comunicações e Artes da USP.

Autora de
Questões de Arte e Ficção,
Comunicação e Mídias

SOCIOLOGIA

Introdução à ciência da sociedade

3ª edição

Moderna

Moderna

Coordenação editorial: Maria Raquel Apolinário
Edição de texto: João Carlos Agostini
Preparação de texto: Eliana Bighetti Pinheiro
Coordenação de *design* e projetos visuais: Sandra Botelho de Carvalho Homma
Projeto gráfico: Sandra Botelho de Carvalho Homma
Capa: Criação: Everson de Paula
Coordenação de produção gráfica: André Monteiro, Maria de Lourdes Rodrigues
Coordenação de revisão: Estevam Vieira Lédo Jr.
Revisão: Sandra Lia Farah
Edição de arte: Renata Susana Rechberger
Assistência de produção: Enriqueta Monica Meyer
Coordenação de pesquisa iconográfica: Ana Lucia Soares
Pesquisa iconográfica: Rosana Carneiro
As imagens identificadas com a sigla CID foram fornecidas pelo Centro de Informação e Documentação da Editora Moderna.
Coordenação de tratamento de imagens: Américo Jesus
Tratamento de imagens: Fabio N. Precendo, Joacir Braga da Silva, Rubens M. Rodrigues
Saída de filmes: Helio P. de Souza Filho, Marcio Hideyuki Kamoto
Coordenação de produção industrial: Wilson Aparecido Troque
Impressão e acabamento: Corprint Gráfica e Editora Ltda.

Dados Internacionais de Catalogação na Publicação (CIP)
(Câmara Brasileira do Livro, SP, Brasil)

Costa, Maria Cristina Castilho
Sociologia : introdução à ciência da sociedade / Cristina Costa. — 3. ed. rev. e ampl. — São Paulo : Moderna, 2005.

Bibliografia.

1. Sociologia I. Título.

05-4488 CDD-301

Índices para catálogo sistemático:
1. Sociologia 301

ISBN 85-16-04810-1 (LA)
ISBN 85-16-04811-X (LP)

EDITORA MODERNA LTDA.
Rua Padre Adelino, 758 - Belenzinho
São Paulo - SP - Brasil - CEP 03303-904
Vendas e Atendimento: Tel. (0_ _11) 2790-1500
Fax (0_ _11) 2790-1501
www.moderna.com.br
2009
Impresso no Brasil

1 3 5 7 9 10 8 6 4 2 R.O.

APRESENTAÇÃO

A 3ª edição do livro **Sociologia – Introdução à Ciência da Sociedade** tem por objetivo oferecer ao leitor – alunos, professores, pesquisadores e demais interessados nas questões sociais – um panorama das principais teorias sociológicas, desde seus primórdios até a atualidade, de um ponto de vista histórico e crítico. Procura analisar as conjunturas sociais nas quais emergiram os diversos modelos de explicação sociológica, apontando para suas contribuições e limites.

O leitor poderá acompanhar a emergência do pensamento sociológico desde o Renascimento, quando se constituem as bases da sociedade moderna com a urbanização, a indústria e a República, até a atualidade, quando os fundamentos dessa sociedade se alteram, fazendo emergir novos modelos de organização da vida social. Nesse processo, novo paradigma científico se institui, obrigando à revisão e à releitura de conceitos e explicações da realidade social. O livro acompanha o desenrolar dessa história do pensamento humano que procura dar conta da sociedade a partir da constituição de uma tradição científica que se renova e se desenvolve.

Essa visão histórica e crítica apresenta ao leitor a constituição das principais escolas sociológicas com suas principais características – os autores, a abordagem do objeto, os conceitos, a metodologia de pesquisa e as propostas de ação na realidade. Trata da instituição do campo científico da sociologia e de suas relações com as demais ciências humanas, em especial a antropologia, com quem ela mantém até hoje uma forte interdisciplinaridade.

Visitadas as principais escolas sociológicas europeias, o livro aborda o surgimento da sociologia no Brasil, apresentando os mais importantes autores que se destacaram na compreensão de nossa especificidade histórica e social. Nomes como Darcy Ribeiro e Florestan Fernandes recuperam esse patrimônio do pensamento sociológico brasileiro. Estudos sobre o desenvolvimento, a dependência e as particularidades de nossa formação cultural e étnica ensinam os cientistas brasileiros a pensar sobre si mesmos.

APRESENTAÇÃO

A apresentação das mais conhecidas ferramentas de pesquisa, suas características e critérios, procura iniciar o leitor no campo da metodologia científica, estimulando-o a uma visão mais profunda da realidade que o cerca. Novas técnicas se apresentam ao pesquisador nesse terceiro milênio marcado pelo advento das mídias digitais.

Além da atualização histórica e crítica das diversas escolas sociológicas, **Sociologia – Introdução à Ciência da Sociedade** procura trazer o leitor para a sociedade contemporânea, estudando os temas mais importantes da atualidade, tais como globalização, pós-modernidade, minorias, inclusão social, localismo, regionalismo, tecnologias. E, além disso, o introduz num campo novo das Ciências Sociais Aplicadas – o das Ciências da Comunicação, apresentando-lhe as principais teorias que explicam a relação do homem com os meios de comunicação de massa e com a sociedade da informação.

Além de toda essa preocupação de caráter teórico com a sociologia e com as ciências afins, o livro foi concebido com critérios pedagógicos, fornecendo ao professor e aos alunos atividades que facilitam a compreensão dos conceitos, que os operacionalizam e permitem o desenvolvimento do pensamento sociológico. Leituras complementares de textos básicos e Aplicação dos conceitos complementam a apresentação teórica, enquanto a indicação de filmes, vídeos e *sites* na Internet possibilitam uma mais fácil compreensão dos conceitos sociológicos.

Assim, buscamos fornecer um amplo panorama dessa ciência da sociedade, colocando-a a serviço daqueles que buscam se profissionalizar nessa área, dos que lecionam disciplinas do campo das humanidades e dos que se interessam pelo homem e pela vida em sociedade. Convidamos o leitor a um mergulho na sociedade em que vive, procurando entendê-la para além de suas aparências e de sua superficialidade, fazendo da sociologia uma estratégia, uma ferramenta e um modelo de apreensão crítica da realidade.

A autora

SUMÁRIO

I INTRODUÇÃO

II A SOCIOLOGIA PRÉ-CIENTÍFICA

II III IV V VI VII

I

Introdução

O conhecimento como característica da humanidade

Nas mais variadas espécies animais, encontramos formas de comportamento e relacionamento que nos fazem pensar na existência de regularidades que ordenam sua vida em grupo — os animais se agrupam, convivem, competem, acasalam, sobrevivem e se reproduzem de forma mais ou menos ordenada, em função de suas características e do ambiente em que vivem.

A preservação das espécies animais e seu aprimoramento parecem ser, como afirmou Darwin na teoria sobre a evolução das espécies, o objetivo dos hábitos de vida, convivência e sociabilidade. Assim, os animais desenvolvem estilos próprios de comportamento que lhes permitem a reprodução e a sobrevivência. Estabelecem para isso modelos de comportamento complexos, com sistemas de acasalamento, alojamento, migração, defesa e alimentação.

O homem, como uma dentre as várias espécies animais existentes, também desenvolveu processos de convivência, reprodução, acasalamento e defesa. Desse modo, apresenta uma série de atitudes "instintivas", isto é, ações e reações que se desenvolvem de forma espontânea, dispensando o aprendizado, como respirar, engatinhar, alimentar-se. Proveniente de sua bagagem genética, o homem demonstra também ser capaz de sentir medo, prazer ou frio e de estabelecer relações de amizade e parentesco. Porém, quer por dificuldades impostas pelo ambiente, quer por particularidades da própria espécie, o homem também desenvolveu habilidades e comportamentos que dependem de aprendizado. Assim, as crianças aprendem a conter sua fome e a comer em horários regulares, aprendem a brincar e a obedecer e, mais tarde, quando crescem, a trabalhar, comerciar, administrar, governar.

STEVE PREZANT/MASTERFILE-OUTRAS IMAGENS

JAVIER JAIME/CID

O homem precisa de aprendizado para desenvolver formas peculiares de comportamento.

O homem, portanto, distingue-se das demais espécies existentes porque grande parte de seu comportamento não se desenvolve naturalmente em sua relação com o mundo, nem se transmite à sua descendência pelos genes. Ele é um animal que necessita de aprendizado para adquirir a maior parte de suas formas de comportamento.

Tornar-se humano

Lendas e mitos relatam histórias de heróis que, mesmo crescendo no isolamento, tornaram-se humanos — Rômulo e Remo, Tarzan, Mogli —, apresentando comportamentos compatíveis com os demais seres humanos. Entretanto, para se tornar humano, o homem tem de aprender com seus semelhantes uma série de atitudes que jamais poderia desenvolver no isolamento. Já entre as outras espécies animais, uma cria, mesmo separada de seu grupo de origem, apresentará, com o tempo, as mesmas atitudes de seus semelhantes, na medida em que estas decorrem, sobretudo, de sua bagagem genética e se desenvolvem de forma espontânea.

O cineasta alemão Werner Herzog trata justamente desse tema em seu filme *O enigma de Kaspar Hauser*[1], de 1974. Baseado no livro do austríaco Jacob Wassermann, ele mostra como um homem criado longe de outros seres de sua espécie é incapaz de se humanizar, não conseguindo desenvolver aptidões e reações que lhe deem identidade e possibilidade de interagir satisfatoriamente com seus semelhantes.

Portanto, para que um bebê humano se transforme em um homem propriamente dito, capaz de agir, viver e se reproduzir como tal, é

[1] *O enigma de Kaspar Hauser*. Werner Herzog, RFA, 35 mm, 1974.

necessário um longo aprendizado, em que as gerações mais velhas transmitem às mais novas suas experiências e conhecimentos. Essa característica da humanidade dependeu, entretanto, da nossa capacidade de criar sistemas de símbolos que constituem as linguagens, por meio das quais somos capazes de nos comunicar, transmitindo aos outros o legado de nossa experiência de vida, compartilhando os sentidos que a ela atribuímos.

O Homo sapiens é capaz de comunicar sua experiência vivida por meio de um discurso significativo.

Dessa forma, o homem transmite suas experiências e visões de mundo utilizando a comunicação, estabelecendo-se uma íntima identidade entre linguagem, experiência e realidade, que é a base do imaginário e do conhecimento humano.

> Comparado aos outros animais, o homem não vive apenas em uma realidade mais ampla, vive, pode-se dizer, em uma nova dimensão da realidade... o homem vive em um universo simbólico.
>
> CASSIRER, Ernst. *Ensaio sobre o homem: introdução a uma filosofia da cultura humana.* São Paulo: Martins Fontes, 1997. p. 48.

Por isso, dizemos que o pensamento humano é único, pois demonstrou ser capaz de transformar a experiência vivida em um discurso com significado e de assim transmiti-la aos demais seres de sua espécie e a seus descendentes. Até onde sabemos, ele é o único a conceber acontecimentos, ações e reações sob forma de imagem, que, mesmo na ausência daquilo que lhe deu origem, é capaz de provocar sentimentos e de se fazer conhecer pela reflexão. Por meio do pensamento, o homem pode reviver as situações que o estimularam e que foram arquivadas na memória. Além disso, é o pensamento humano que possibilita ao homem diferenciar as experiências no tempo e, em consequência, a distinguir o passado do presente e a projetar as ações futuras.

O homem, portanto, é capaz de abstrair situações e emoções e de transformá-las em imagem, é capaz de simbolizar, de armazenar significados, de separar, agrupar, classificar o mundo que o cerca segundo determinadas características. Dessa habilidade provém a capacidade de projeção, a ideia de tempo e o esforço em preparar o futuro, características que permitem o desenvolvimento da ciência. Esse é o centro de sua capacidade simbólica e de sua humanidade.

O homem trava com o mundo que o rodeia uma relação dotada de significado e sentido.

Ao pensar, ao ser capaz de projetar, ordenar, prever e interpretar, o homem, sempre vivendo em grupos, começou a travar com o mundo ao seu redor uma relação dotada de significado e sentido. O conhecimento do mundo — organizado, comunicado e compartilhado com seus semelhantes e transmitido à descendência — transformou-se em um legado cumulativo fundamental para interpretar a realidade e agir sobre ela, ou seja, deu origem à cultura humana. Essa elaboração simbólica da experiência fez com que os homens recriassem a realidade segundo suas necessidades e pontos de vista, traduzindo-a sob a forma de informação ou conhecimento.

Essa criação simbólica que organiza o mundo e lhe atribui sentido é marcada pelo espaço e tempo que a produz e pelos grupos com os quais dividimos nossas experiências, gerando uma multiplicidade ilimitada de interpretações da realidade que nos cerca. É por isso que encontramos padrões de vida, de crenças e de pensamento tão diversos. Porque esses padrões não são apenas consequência de uma estrutura genética da espécie, mas do compartilhamento de experiências simbólicas por um determinado grupo humano.

Uma vez que cada cultura tem raízes, significados e características próprias, todas elas revelam, como processos cognitivos, a mesma complexidade. Como culturas, todas são igualmente simbólicas, frutos da capacidade criadora do homem e adaptações de uma vida comum situada em tempo e espaço determinados. Resultam de um incessante recriar, compartilhar e transmitir da experiência vivida e aprendida.

As culturas humanas como processos

Essa capacidade de pensar o mundo, de atribuir significado à realidade e de transmiti-lo aos seus descendentes assegurou ao homem um conjunto de informações e sentidos que é denominado conhecimento. Desde os primeiros vestígios arqueológicos do homem sobre a Terra, percebemos que os problemas por ele enfrentados — de sobrevivência, defesa e perpetuação da espécie — apresentaram-se como obstáculos para os quais buscou explicações indagando sobre si mesmo e sobre o mundo onde vive. Esses obstáculos estimularam o desenvolvimento de ideias e seu compartilhamento.

JACK FIELDS/CORBIS-STOCK PHOTOS

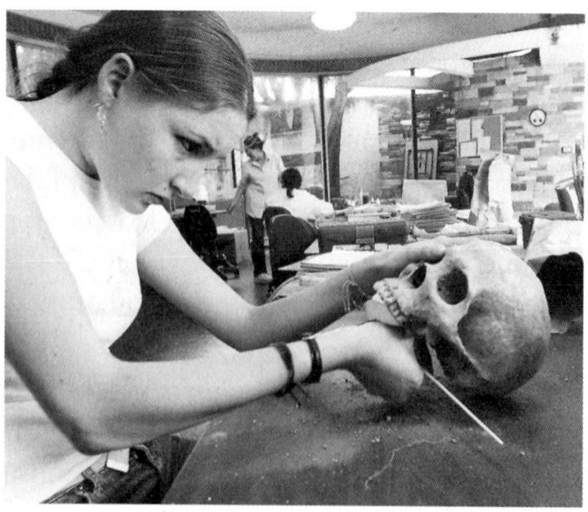
CARLOS LOPEZ-BARILLAS/CORBIS-STOCK PHOTOS

Antropóloga na Indonésia (1973), à esquerda, e na Guatemala (2004), à direita. A pesquisa arqueológica e a antropológica buscam desvendar a cultura humana, desde os tempos mais remotos até os dias atuais.

> A descoberta de túmulos neolíticos, perto de Tasa, no Médio-Egito, prova que o egípcio pré-histórico já acreditava na existência de uma vida futura, réplica da vida terrestre. As pernas dobradas, deitado sobre o lado esquerdo, era o cadáver deposto numa fossa oval: a posição era a de feto; o rosto voltado para o oeste, era o morto envolto numa esteira ou mortalha. Por vezes a cabeça repousava num travesseiro; vasos pardos ou cinzentos, contendo comidas e bebidas, palhetas para arrebique, de alabastro ou de ardósia, braceletes de marfim, colares, colheres para unguentos, almofarizes para grãos, machados de pedra polida, facas, raspadeiras de pedra estavam colocados junto do corpo.
>
> LISSNER, Ivar. *Assim viviam nossos antepassados.* Belo Horizonte: Itatiaia, 1968. p. 41.

Os mais antigos "cemitérios" humanos, onde se encontram ossadas dispostas em certa posição acompanhadas ou não de alguns objetos, mostram que mesmo o ato de enterrar os mortos respondia a questões relativas à vida e à morte e implicava uma escolha da "melhor forma" de ação. Aceita pelo grupo, essa "melhor forma" tendia a se repetir, transformando-se em ritual — uma ação revivida em grupo e explicada em função da resposta coletiva dada ao "para que" e ao "por que" da existência humana.

Tais formas de interpretação da vida tendem a se perpetuar por meio dos ritos e mitos. Ao mesmo tempo, porém, é esse conhecimento acumulado nas tradições que possibilita operar transformações na cultura e na sociedade que as criou. Quando novos obstáculos se apresentam, exigindo a busca de diferentes formas de pensar o mundo, o conhecimento existente evita que se parta do zero para buscar novas fórmulas a serem aplicadas aos problemas, permitindo, assim, a elaboração de propostas mais adequadas e úteis às soluções das dificuldades enfrentadas. A própria reprodução das formas de vida existentes acarreta novas necessidades, que o homem procurará satisfazer transformando o modelo existente. Podemos então conceber as diferentes culturas como essencialmente dinâmicas, desenvolvendo mecanismos de conservação e mudança em permanente ajuste.

Todas as culturas apresentam padrões igualmente abstratos e significativos.

Essa ideia da relação existente entre as culturas humanas e as condições de vida de cada agrupamento mostra que as diferenças entre elas não são de qualidade nem de nível: as diferenças culturais devem-se às circunstâncias que as cercam, plenas de necessidades e obstáculos a serem ultrapassados e de tradições herdadas do passado. Os diferentes hábitos alimentares, a presença ou não da escrita, o uso de fontes energéticas ou o desenvolvimento tecnológico são aspectos da cultura que só se explicam em função de sua história e das necessidades enfrentadas. Cada elemento da vida social — tecnologia, linguagens ou relações de parentesco — está ligado a um conjunto de padrões sociais e uma modificação em qualquer um deles altera todo o conjunto. Por isso a adoção de traços culturais, hábitos e tecnologias novos são incorporados ou rechaçados pela cultura sem que os membros se deem conta, dependendo das condições dadas, do peso das tradições e das necessidades emergentes. Em razão disso, as culturas se tornam muito diversificadas e complexas, invalidando quaisquer comparações que tomem por base um único aspecto da vida social, seja ele qual for, para análise e avaliação das diferentes sociedades. As culturas são conjuntos de crenças, relações, formas de poder, linguagens cuja inter-relação tem sua história.

A respeito disso nos diz Ernst Cassirer:

> O que caracteriza o homem é a riqueza e sutileza, a variedade e a versatilidade de sua natureza.
>
> CASSIRER, Ernst. *Ensaio sobre o homem:* introdução a uma filosofia da cultura humana, op. cit. p. 25.

A ciência como ramo do conhecimento

Mas, se é o pensamento simbólico uma das principais características da humanidade, os modelos de conhecimento que o homem desenvolveu não foram sempre os mesmos. Dependendo de fatores sociais, da tradição, da influência de outros grupos, da maior ou menor resistência da cultura, os povos desenvolvem diferentes formas de explicação a respeito da vida e da natureza. No Ocidente, durante a Antiguidade, predominou o pensamento mítico e religioso que concebia o mundo com tudo que o rodeia como uma obra divina submetida aos desígnios do criador. Essa mentalidade mítica, que não trata o mundo em suas bases materiais e objetivas, fez com que o desenvolvimento do espírito especulativo fosse preterido em favor de uma reflexão metafísica da natureza. Isso não significa, entretanto, que explicações de base científica não fossem possíveis, mas que se lhes dava menor importância.

Os povos desenvolvem diferentes formas de explicação a respeito da vida e da natureza.

Sabe-se hoje que os egípcios tinham grandes conhecimentos de geometria — palavra de origem grega que quer dizer "medição da Terra" — desenvolvidos a partir da necessidade de estabelecer os limites das propriedades agrárias que desapareciam nas cheias anuais do Rio Nilo, impossibilitando a cobrança de impostos. Com uma corda dividida em treze partes por meio de nós, manuseada pelo harpedonopta ("esticador de corda", em egípcio antigo) — com o auxílio de três homens —, os egípcios conseguiram criar as mais diferentes formas geométricas, capazes de resolver os problemas de medição territorial. O conhecimento assim adquirido foi aplicado, depois, com grande êxito, nas construções arquitetônicas, tornando-se, mais tarde, a base do pensamento geométrico pitagórico. Entretanto, para os egípcios, esse saber nunca esteve dissociado de outras questões fundamentais de sua cultura, como a vida após a morte, os deuses e o destino humano.

Para os egípcios, como para os babilônios, a eficiência do pensar lógico e científico limitava-se ao seu pragmatismo, à necessidade de solucionar problemas particulares que se apresentavam como obstáculos ao transcurso da existência. O pensar como um exercício voltado para si mesmo, capaz de se desenvolver mesmo sem uma aplicabilidade imediata e independente das crenças religiosas e do pensamento mítico, teve suas raízes históricas na civilização grega. Menos preocupados com a religião e a vida após a morte, os gregos foram os precursores de uma forma de pensar à qual se deu o nome de ciência, uma atividade com objetivos próprios, eminentemente cognitivos.

O milagre grego — o espírito especulativo

Foram os gregos que, rompendo com o senso comum, com a tradição e com o misticismo, desenvolveram uma reflexão laica e independente, própria do espírito especulativo, que se debruçava sobre o mundo procurando entendê-lo em sua objetividade. Em consequência, acabaram por criar a filosofia e muitos dos campos do conhecimento até hoje conhecidos, como a geometria e a astronomia. Tratava-se de uma ruptura profunda com o mundo mítico e com as explicações dos fenômenos como produto da intervenção divina ou de outras forças sobrenaturais.

Deu-se o nome de milagre grego a este salto qualitativo do conhecimento humano sobre si e a natureza, em que se abandonou a explicação mítica e o princípio da interferência das forças sobrenaturais nos destinos do homem para dirigir-se à obtenção do saber por meio da abstração comandada pela razão. A ideia de milagre vem, por um lado, das amplas repercussões causadas por essa revolução na vida da época e de períodos posteriores e, por outro, dada a velocidade com que ocorreu, da falsa impressão de ter sido uma mudança abrupta, vinda do nada.

A expansão comercial e o desenvolvimento da colonização do período arcaico puseram o homem grego em contato com outras culturas; a escravidão como base da produção de riquezas liberou a abastada classe comerciante da necessidade do trabalho manual, proporcionando-lhe tempo ocioso; o surgimento da moeda organizou a economia; a criação da escrita e das leis ordenou os direitos da comunidade e do cidadão; a consolidação da pólis (cidade) rompeu o estrito círculo familiar e a rígida e hierárquica estrutura da sociedade agrícola, provocando o conflito de interesses; todos esses fatores foram decisivos para o desenvolvimento da civilização grega.

Em todos os momentos de transformação social e econômica, o pensamento racional foi cada vez mais exigido como base para a ação humana. A consciência individual emancipou-se à medida que o homem grego constatava ser o destino resultado da ação humana e não da vontade dos deuses e do respeito aos rituais sagrados. Crescia nele a percepção de si mesmo como um indivíduo dotado de razão e capaz de realizar ações inspiradas por ela.

Esse conhecimento de si e da vida rompe a estrutura mítica da sociedade agrícola em que vivia, na qual o homem estava condicionado a agir e pensar conforme ensinamentos supostamente transmitidos pelos deuses aos seus ancestrais e que permaneciam inalterados por séculos. Predeterminado por essa crença, o destino humano seria imposto aos homens pelos costumes e pelos rituais que os perpetuavam. A consciência coletiva resultante da força conservadora dessas práticas pressupunha que a desobediência aos preceitos tradicionais, os tabus, implicaria punição não apenas para quem rompeu as regras, mas para toda a comunidade, fora da qual não havia existência possível. O rompimento com esse sistema filosófico mítico e coletivista provocou o abandono de uma mentalidade religiosa e transcendental, que parecia ser a maneira privilegiada de encarar o mundo, em favor da busca por explicações científicas para a vida humana.

Em todos os momentos de transformação social e econômica, o pensamento racional foi cada vez mais exigido.

A razão a serviço do indivíduo e da sociedade

Enquanto a sociedade comercial e manufatureira desenvolvida pelos gregos perdurou ao longo do Império Romano, a razão esteve a serviço do homem e da sociedade. Porém, após a queda do Império, quando a Europa volta a ser uma sociedade predominantemente agrária e teocrática, que submete a razão e a filosofia à teologia, a razão deixa de oferecer a melhor explicação para se entender o mundo. Durante a Idade Média, período de hegemonia da Igreja Católica no Ocidente, a racionalidade passou a ser considerada como mero instrumento auxiliar da fé. O espírito especulativo deu lugar a uma visão instrumentalista da filosofia pela qual pensadores, como Platão e Aristóteles, só interessavam na medida em que reafirmavam o incontestável poder da Igreja. A fé e a crença, como nas sociedades agrícolas míticas, voltavam a condicionar o comportamento humano e a sociedade, e a explicá-los. Apenas as ordens religiosas, isoladas nos mosteiros, tinham acesso a textos de filosofia, geometria e astronomia. A população laica deixou de participar desse saber.

No Renascimento, entretanto, o homem ocidental redescobre os textos antigos e o prazer de investigar o mundo — uma atividade válida por si mesma, livre de suas implicações religiosas e metafísicas. Em decorrência disso vimos assistindo nos últimos quinhentos anos, e em particular a partir do século XVII, ao crescente progresso desse método de conhecimento — a ciência — destinado à descoberta das leis que regem a relação dos homens entre si e com a realidade que o rodeia. Aprimoraram-se as técnicas e os utensílios de medição, desenvolveram-se as universidades e demais instituições científicas, e tanto a imprensa como os outros meios de comunicação espalharam o conhecimento a um número crescente de pessoas. Foi em meio a esse movimento de ideias que surgiu, no século XIX, uma ciência nova — a sociologia, a ciência da sociedade. Foi ela resultado da necessidade dos homens de compreender as relações que estabelecem entre si e a natureza da vida coletiva sob uma perspectiva nova, independente das convenções e das tradições morais e religiosas.

Tornava-se necessário entender as bases da vida social humana e da organização da sociedade, por meio de um modelo de pensamento que permitisse a observação, o controle e a formulação de explicações plausíveis, que tivessem credibilidade num mundo pautado pelo racionalismo, isto é, pela crença no poder da razão humana em alcançar a verdade e que tornassem possível prever e controlar os acontecimentos sociais fazendo uso de mecanismos eficientes de intervenção.

Com a sociologia, as questões relativas à vida social deixaram de ser tratadas como tema religioso ou de senso comum.

Portanto, o aparecimento da sociologia significou que questões concernentes às relações entre os homens deixavam de ser objeto das crenças religiosas e do senso comum, passando a interessar também aos cientistas. A constituição desse novo campo do conhecimento representou a apropriação das relações humanas por parte do conhecimento científico e o reconhecimento da possibilidade de entendimento racional da realidade social.

A partir de então, o homem começou a experimentar métodos e instrumentos de análise capazes de interpretar e explicar a experiência social segundo os princípios do conhecimento científico. Isso significou, como nas demais ciências, propor conceitos, hipóteses e formas de averiguação sobre a sociedade que pudessem guiar a ação humana, permitindo previsões e intervenções com pelo menos o mínimo de credibilidade e eficiência.

A complexidade das relações humanas e da vida coletiva passava assim a outra instância do conhecimento humano, a outro processo cognitivo e, consequentemente, a uma maneira diversa de se enfrentar a realidade social e resolver os seus problemas, respondendo às necessidades urgentes de controle e intervenção.

DUDU CAVALCANTI

Pesquisadores manipulam documentos históricos. Com o desenvolvimento da sociologia, multiplicaram-se os métodos e técnicas de investigação da vida social.

A sociologia: um conhecimento de todos

Do século XV à atualidade, período em que o entendimento da vida social passou do senso comum à filosofia e desta à ciência, uma longa história do pensamento se desenvolveu. Como na formação das demais áreas do conhecimento científico, estabeleceu-se o debate constante entre os pensadores e as principais teorias explicativas da sociedade, exigindo aprofundamento, experimentação, desenvolvimento metodológico e comprovação. Criou-se também um jargão científico — um vocabulário próprio com conceitos que designam aspectos importantes da sociedade. Passamos a entender a realidade social na qual vivemos não como obra do acaso e da sorte, mas como resultado de forças que são próprias da vida coletiva que a regulam.

Esse conhecimento, entretanto, não ficou restrito aos cientistas sociais, mas acabou sendo apropriado pelo cidadão comum e passou a fazer parte de seu cotidiano. Palavras e expressões como contexto social; movimentos e classes sociais; estratos, camadas e conflito social são sobejamente veiculadas pelos meios de comunicação de massa e aparecem nos discursos políticos, na publicidade e no dia-a-dia das pessoas. Neles há referências, por exemplo, às "classes dominantes", às "elites" e às "pressões sociais" como se fossem de domínio público, como se todos, políticos, consumidores e eleitores, soubessem exatamente o que elas designam.

Cada vez mais pesquisas, para os mais diversos fins, veiculam os resultados, e o público, em geral, demonstra entender os procedimentos a que as pesquisas estão sujeitas. Quando se ouve, por exemplo, que um presidente ou governador conta com o apoio de 60% da população, entende-se que um grupo de pesquisadores empreendeu uma enquete junto a um determinado número de pessoas para saber sua opinião a esse respeito. Compreende-se que, de cada cem pessoas arguidas, 60 manifestaram-se favoráveis à forma como esse governante tem desempenhado suas funções. E, quando mais tarde ouve-se que a popularidade desse presidente ou governador cresceu 10%, entende-se que nova pesquisa foi feita nos mesmos moldes da anterior e que, de cada cem cidadãos, agora são 70 que se mostraram favoráveis à atuação governamental.

As pessoas intuem, mesmo diante da grande diversidade humana, que há regularidades na nossa forma de comportamento.

Esse raciocínio, utilizado para a compreensão do comportamento eleitoral e político, decorre da aceitação generalizada dos conhecimentos básicos da sociologia e de seus métodos de pesquisa. O leitor ou ouvinte admite que seu comportamento, suas emoções e sentimentos dependem de suas características individuais assim como de certas regularidades que são observáveis nos membros de um determinado grupo exposto às mesmas circunstâncias. Ele intui a existência de regularidades em nossa forma de comportamento e reconhece que por trás da diversidade entre as pessoas existe certa padronização nas suas formas de agir e pensar, de acordo com o sexo, a idade, a nacionalidade etc.

Quando se lê que Maria, 35 anos, casada, dona-de-casa, brasileira, votará em determinado candidato, não tomamos conhecimento apenas da opinião de uma pessoa isolada, mas do grupo de pessoas do qual Maria passa a ser a representante: o das mulheres dessa idade, donas-de-casa, casadas e brasileiras. Isso porque os conhecimentos de sociologia hoje já não estão restritos ao uso dos cientistas sociais. Eles se popularizaram e passaram a fazer parte de um modo de perceber e interpretar os acontecimentos, resultante da disseminação dos procedimentos e técnicas de pesquisa social nos mais variados campos. Índices de violência, de frequência a espetáculos ou a aulas; porcentagens medindo apoio da população em relação a governos ou fidelidade a marcas de produtos; previsões acerca da economia ou do comportamento eleitoral da população, fazem parte de nosso cotidiano e demonstram o reconhecimento da submissão da vida social a determinadas regras e à confiança nos procedimentos de pesquisa para desvendá-las. Confiamos nessa prática de forma generalizada, como no uso de um termômetro para medir a temperatura.

Mesmo que o público desconheça todos os procedimentos de amostragem e de levantamento de dados, assim como pode desconhecer a técnica utilizada na fabricação de um termômetro, confia nas informações das pesquisas e se deixa guiar por elas, o que demonstra a confiança na ciência e em seus métodos e a sua apropriação por parte do grande público. O uso de resultados de pesquisas como argumento nos mais variados discursos é prova do prestígio que a investigação da vida social vem obtendo. Cada vez mais são os índices e as porcentagens que sustentam opiniões e orientam formas de agir sobre a realidade. Órgãos de pesquisa social que fornecem resultados periódicos ao mercado, aos partidos políticos, às emissoras de televisão parecem merecer cada vez mais credibilidade, mostrando que nas mais diferentes esferas de intervenção já se abandonaram as análises ingênuas e pessoais, preferindo-se sempre a segurança da investigação científica da realidade social.

O uso da sociologia nos diversos campos da atividade humana

Assim como o leitor, o espectador de televisão e o cidadão comum sabem que existem técnicas relativamente eficazes para entender o comportamento social, profissionais das mais diversas áreas também não ignoram a validade do instrumental da sociologia.

Para empreender uma campanha publicitária, lançar um produto ou um candidato político, abrir uma loja ou construir um prédio, os profissionais especializados — o engenheiro, o agrônomo, o comerciante — procuram dados sobre características, tendências e composição da população com a qual querem interagir, procurando antever seu comportamento.

Não se constroem mais cidades; não se desenvolvem campanhas políticas; e não se declaram guerras sem levar em consideração as pessoas envolvidas, suas crenças, interesses, ideias e tradições, tudo aquilo que motiva sua ação e guia sua conduta. A sociedade tem características que precisam ser conhecidas para que aqueles que nela atuam atinjam seus objetivos. Isso significa que nenhum setor da vida social prescinde dos conhecimentos sociológicos, pois a ação consciente e programada exige pesquisa, planejamento e método. É por isso que a sociologia faz parte dos programas básicos dos cursos universitários que preparam os mais diversos profissionais — de dentistas a artistas, de engenheiros a jornalistas — e por isso também o sociólogo integra equipes nos mais diversos setores da vida social.

Desafios da sociologia hoje

O capitalismo vive hoje, no século XXI, uma profunda reestruturação que está exigindo dos cidadãos, dos governos e das nações uma revisão completa não só de conceitos como dos mecanismos de funcionamento da sociedade, uma análise de todos os aspectos que a compõem — sistema produtivo, relações de trabalho, exercício do poder, cidadania, ciência e tecnologia, direitos e deveres, classes sociais e assim por diante. Essa reestruturação torna mais necessário ainda desenvolver a capacidade de entender os acontecimentos e planejar nossas ações. A complexidade do mundo exige uma compreensão mais profunda de nossa posição e de nossos objetivos.

O mundo contemporâneo — ou pós-clássico, como o chamam alguns, entre eles George Steiner — exige a retomada e a análise de conceitos consagrados, como divisão social do trabalho, Estado nacional e democracia. Uma sociedade de quatrocentos anos se transforma radicalmente, por um lado aproximando grupos sociais distintos ou, por outro, introduzindo diferenças em comunidades anteriormente integradas. Novas doutrinas políticas surgem, enquanto antigos conflitos — como a Guerra Fria — são abandonados.

Valores básicos da sociedade capitalista — como o trabalho — são deixados em segundo plano, enquanto o lazer e o consumo se transformam em necessidades sociais.

Enfim, é hora de repensar os padrões, as regularidades que ordenam a vida social e hierarquizá-los. Nesse contexto, a ciência da sociedade ganha nova importância e se confronta com novos desafios.

George Steiner
(1929)

Nasceu em Paris em 1929, filho de judeus austríacos. É um filósofo humanista que, diante do holocausto, adquiriu um ácido pessimismo, que perpassa seus trabalhos. Assumiu a cidadania norte-americana, mas se tornou um dos grandes expoentes da cultura europeia. A obra em que trata da cultura contemporânea chama-se *No castelo do Barba Azul*. (São Paulo: Companhia das Letras, 1991.) ■

Atividades

Compreensão de texto

1 Selecione um parágrafo do texto que sintetize o argumento de que o conhecimento é uma caraterística essencialmente humana.

2 Faça um informe comparando os vários aspectos do processo de desenvolvimento dos seres humanos com os dos animais.

3 Qual o principal argumento usado para justificar a importância da linguagem e da comunicação para os seres humanos?

4 O texto deixa claro que sem o desenvolvimento da ciência não teria sido possível chegar à sociologia. Enuncie as características que o texto atribui à ciência.

5 Como o texto analisa diferentes momentos da história da humanidade no que diz respeito ao desenvolvimento do conhecimento humano? Faça uma síntese localizando as principais etapas numa linha do tempo.

Interpretação, problematização e pesquisa

6 Dissemos neste capítulo que as características de cada espécie animal são transmitidas a seus descendentes por meio da bagagem genética. Procure exemplos em notícias publicadas em jornais e revistas que comprovem ou não essa hipótese.

7 Além das reações instintivas típicas de sua espécie, como dormir, alimentar-se quando tem fome, reproduzir-se, que outras características o homem desenvolveu?

8 O aprendizado é uma das formas que o homem desenvolveu para transmitir a cultura de uma geração a outra. Faça um relato baseado em sua experiência pessoal que ilustre essa afirmação.

9 O que você entendeu pela frase: "O que caracteriza o homem é a riqueza e sutileza, a variedade e a versatilidade de sua natureza", de Ernst Cassirer, citada no texto? Procure ilustrar suas ideias com uma pesquisa a respeito da variedade de culturas existentes.

10 Afirmamos que, apesar de o comportamento humano tender à ritualização e à padronização, existe sempre a possibilidade de mudança. Você concorda com essa afirmação? Argumente.

11 Faça uma pesquisa procurando identificar nos acontecimentos do século XIX aqueles que teriam levado à organização do pensamento sociológico como consequência da necessidade de se conhecer melhor as bases da vida social.

12 Qual a importância da sociologia no mundo de hoje?

13 Discuta problemas da vida em sociedade no mundo atual que na sua opinião poderiam ser objeto de estudos sociológicos.

Aplicação de conceitos

14 **Vídeo:** *Na montanha dos gorilas* (EUA, 1988. Direção de Michel Apted. Duração: 130 min) — Filme baseado na história verídica da antropóloga Dian Fossey, que passa a morar numa floresta africana na tentativa de preservar os gorilas ameaçados pelos habitantes do lugar, que os vendiam a contrabandistas de animais selvagens. Nesse filme é possível perceber as diferenças nas relações e reações que caracterizam os homens e os demais animais.

- Tome nota de como é o comportamento dos animais e de como a cultura humana é mais complexa, diversificada e contraditória e a importância que nela têm a comunicação e a linguagem.

15 O cientista social belga Yves Winkin narra em *Falar ao comer* os hábitos que os hóspedes de uma organização cristã para estudantes de graduação, nos Estados Unidos, desenvolviam durante as refeições. Pelos trechos selecionados percebe-se a pressão da cultura do grupo sobre o comportamento individual. Analise-os e descreva uma situação semelhante na qual o comportamento de um grupo de estudantes expressa a organização de hábitos próprios e seu aprendizado pelos calouros.

"No início da refeição, as conversas costumavam girar ao redor da experiência comum ao alcance da mão: a comida. Quase todas as noites, os convivas davam exemplos de preços que subiam, de qualidade que baixava e de quantidade que diminuía. Enquanto a refeição prosseguia, o viveiro de assuntos de conversação ampliava-se, mas a comida continuava sendo o tema inicial de todo recém-chegado. No meio da refeição, os assuntos tinham a ver com problemas universitários (trabalhos em atraso, professor difícil, tese que regride), com acontecimentos no e ao redor do câmpus, com as tensões com a administração da Casa e com outros residentes. Muito poucos assuntos pessoais eram abordados (por exemplo, a solidão, as dificuldades financeiras), bem como os temas políticos, de qualquer nível. Os assuntos não eram tratados em profundidade; eles iam e vinham, agitados pelo fluxo conversacional.

Os assuntos de conversação durante o café ou o chá do fim da refeição refletiam menos o ambiente imediato dos parceiros. Eram também tratados com mais calma, com menos choques e interrupções. As piadas, as tiradas rápidas, que eram quase obrigatórias durante a refeição, tornavam-se mais raras. A essas mudanças de ritmo correspondiam outras atitudes físicas: depois do jantar, os participantes se recostavam, deixando um maior espaço entre eles e a mesa e tomando cuidado para não se tocarem com os cotovelos ou com os ombros. A fumaça de um cigarro tornava-se o meio de permanecer presente sem ter de falar."

WINKIN, Yves. *A nova comunicação*. Campinas: Papirus, 1998. p. 159.

16 Na canção de Chico Buarque de Holanda, procure as regularidades que ele atribui ao protagonista Pedro Pedreiro e tente saber quais delas correspondem a toda uma categoria social que Pedro representa.

Pedro Pedreiro

Pedro pedreiro penseiro esperando o trem
Manhã parece, carece de esperar também
Para o bem de quem tem bem de quem não tem vintém
Pedro pedreiro fica assim pensando
Assim pensando o tempo passa e a gente vai ficando pra trás
Esperando, esperando, esperando, esperando o sol
Esperando o trem, esperando aumento
— desde o ano passado para o mês que vem
Pedro pedreiro espera o carnaval
E a sorte grande do bilhete pela federal todo mês
Esperando, esperando, esperando, esperando o sol
Esperando o trem, esperando aumento para o mês que vem
Esperando a festa, esperando a sorte
E a mulher de Pedro está esperando um filho pra esperar também
(refrão)
Pedro pedreiro está esperando a morte
Ou esperando o dia de voltar pro Norte

Pedro não sabe mas talvez no fundo
espere alguma coisa mais linda que o mundo
Maior do que o mar, mas pra que sonhar
se dá o desespero de esperar demais
Pedro pedreiro quer voltar atrás,
quer ser pedreiro pobre e nada mais, sem ficar
Esperando, esperando, esperando, esperando o sol
Esperando o trem, esperando aumento para o mês que vem
Esperando um filho pra esperar também
Esperando a festa, esperando a sorte, esperando a morte, esperando o Norte
Esperando o dia de esperar ninguém, esperando enfim, nada mais além
Que a esperança aflita, bendita, infinita do apito de um trem
Pedro pedreiro pedreiro esperando
Pedro pedreiro pedreiro esperando
Pedro pedreiro pedreiro esperando o trem
Que já vem, que já vem, que já vem, que já vem...

Chico Buarque, 1965.

Tema para debate

O agricultor e seu planejamento

"Pretendemos, neste artigo, tentar imaginar como um tradicional produtor de grãos planejaria a sua atividade para os próximos anos. Para tanto, vamos considerar hipoteticamente um proprietário de terras que tem o perfil, como agricultor, da média dos produtores. Sua gleba é apropriada para o cultivo de cereais, ainda que tenha, no passado, se inclinado ao cultivo do café e da cana-de-açúcar. Suas máquinas e implementos agrícolas são próprios para a cultura de milho, soja e trigo, principais produtos que comercializa.

Nosso personagem — como a maioria de nossos agricultores — também amargou temporadas assaz críticas, máxime nos últimos anos. Momentos houve de desânimo, de desolação, de tristeza. Pensou muitas vezes em abandonar, como tantos outros, a atividade tradicional da família, pois sentia a aproximação de ser obrigado a vender suas terras para honrar seus compromissos. O ponto alto dessa crise ocorreu em 1983.

O nosso produtor, mesmo em face dessas adversidades, sempre acreditando que o 'sucesso de amanhã depende do nosso trabalho de hoje', redobrou suas forças e continuou com o seu trabalho perseverante, apostando, nos últimos meses, no cultivo do trigo."

Folha de S.Paulo, 22 jan. 1987.

- Como podemos perceber, nessa notícia, a penetração do pensamento sociológico nos meios de comunicação de massa?

Leitura complementar

[Sobre a sociologia pré-científica] *

"A sociologia, como modo de explicação científica do comportamento social e das condições sociais de existência dos seres vivos, representa um produto recente do pensamento moderno. Alguns especialistas procuram traçar as suas origens a partir da filosofia clássica da Grécia, da China ou da Índia. Isso faz tanto sentido quanto ligá-la às formas pré-filosóficas do pensamento. Na verdade, toda cultura dispõe de técnicas de explicação do mundo, cujas aplicações são muito variadas. Entre as aplicações que elas podem receber, estão as que dizem respeito ao próprio homem, às suas relações com a natureza, com os animais ou com outros seres humanos, às instituições sociais, ao sagrado e ao destino humano. O mito, a religião e a filosofia constituem as principais formas pré-científicas de consciência e de explicação das condições de existência social.

Tais modalidades de representação da vida social nada têm em comum com a sociologia. Elas surpreendem, às vezes com espírito sistemático e com profundidade crítica, facetas complexas da vida social. Também desempenharam ou desempenham, em seus contextos culturais, funções intelectuais similares às que cabem à sociologia na civilização industrial moderna, pois todas servem aos mesmos propósitos e às mesmas necessidades de explicação da posição do homem no cosmos. Entretanto, nenhum desses pontos de contato oferece base à suposição de que essas formas pré-científicas de consciência ou da explicação da vida social tenham contribuído para a formação e o desenvolvimento da sociologia. Em particular, elas envolvem tipos de raciocínio fundamentalmente distintos e opostos ao raciocínio científico. Mesmo as filosofias greco-romanas e medievais, que deram relevo especial à reflexão sistemática sobre a natureza humana e a organização das sociedades, contrastam singularmente com a explicação sociológica. É que, como notou Durkheim, 'elas tinham, com efeito, por objeto não explicar as sociedades tais ou quais elas são ou tais ou quais elas foram, mas indagar o que as sociedades devem ser, como elas devem organizar-se, para serem tão perfeitas quanto possível'."

FERNANDES, Florestan. *Ensaios de sociologia geral e aplicada*. São Paulo: Pioneira, 1960. p. 30-31.

Entender o texto

1 Qual a principal ideia que o autor defende no texto?

2 Qual a ideia que o autor tenta refutar?

3 A frase: "Isso faz tanto sentido quanto ligá-la às formas pré-filosóficas do pensamento" foi elaborada pelo autor como uma afirmação ou como uma ironia? Justifique.

* Em toda a obra, os títulos entre colchetes não constam do original; são de nossa autoria.

I | | III | IV | V | VI | VII

II

A sociologia pré-científica

1 O Renascimento

2 A Ilustração e a sociedade contratual

3 A crise das explicações religiosas e o triunfo da ciência

1 O Renascimento

Introdução

O Renascimento é considerado um dos mais importantes momentos da história do Ocidente, entendido por muitos estudiosos como a ruptura entre o mundo medieval, com suas características de sociedade agrária, estamental, teocrática e fundiária, e o mundo moderno urbano, burguês e comercial.

Mudanças significativas ocorrem na Europa a partir de meados do século XV lançando as bases do que viria a ser, séculos depois, o mundo contemporâneo. A Europa medieval, relativamente estável e fechada, inicia um processo de abertura e expansão comercial e marítima. A identidade das pessoas, até então baseada no clã, no ofício e na propriedade fundiária, encontra outras fontes de referência no nacionalismo e no cultivo da própria individualidade. Uma mentalidade mais laica foi se desligando do sagrado e das questões transcendentais para se ocupar de preocupações mais imediatistas e materiais, centradas principalmente no homem.

E, embora as dúvidas metafísicas que ocupam o pensamento humano desde a Antiguidade continuassem como objeto de reflexão, há crescente interesse por um conhecimento mais pragmático do que meramente especulativo.

Diferentes visões do Renascimento

Segundo alguns historiadores, essas transformações, que se processaram cada vez em ritmo mais acelerado a partir dessa época, deram origem a uma mentalidade renovadora, repudiando o misticismo e o conservadorismo próprios do feudalismo, por isso mesmo considerado por eles como a Idade das Trevas e do obscurantismo. Esses pensadores avaliaram de forma positiva as mudanças que abalaram primeiramente a Itália e depois os demais países da Europa — responsáveis pelo desenvolvimento do comércio, da navegação e do contato com outros povos, pelo crescimento urbano e pelo recrudescimento da produção artística e literária. Por tudo isso e pela retomada de princípios norteadores da cultura greco-romana, rejeitados, em parte, pelo pensamento medieval, esse movimento recebeu o nome de Renascimento, sinônimo da importância que passou a ser dada ao saber, à arte e à erudição.

Outros historiadores, entretanto, mais pessimistas, percebem essa época como um período de grande turbulência social e política. Para eles, é impossível não reconhecer como características marcantes do

GUSTAVE DORÉ

"Por vício tal, e não por erro feio,/ fomos punidos, e o que mais nos pesa/ é faltar esperança a nosso anseio." Ilustração de Gustave Doré (1832-1883) para a edição da *Divina comédia*. A cena representada é a de Dante e Virgílio no Limbo, Primeiro Círculo do Inferno, onde estão as crianças sem batismo e os pagãos. O artista expressa sua visão da sociedade da época.

Renascimento a falta de unidade política e religiosa, os conflitos entre as nações que se formavam, as guerras intermináveis e as perseguições religiosas, desenvolvidas no esforço de conservação de um mundo que agonizava. Consideram como sintomas dessa conjuntura os exílios, as condenações, os longos processos políticos e eclesiásticos, os grandes genocídios promovidos na América e o ressurgimento da escravidão como instituição legal. Significativo também desses conflitos foi o desenvolvimento de uma filosofia pessimista da história, pautada em uma angústia escatológica na perspectiva da proximidade do fim do mundo.

De fato, um certo clima de fim de mundo perpassa a produção artística do período, expresso na *Divina comédia* de Dante Alighieri, no Juízo Final de Michelangelo, pintado na Capela Sistina, em Roma, e em vários quadros do artista flamengo Hieronymus Bosch. Um sentimento de insegurança e instabilidade está presente na produção cultural dessa época de profunda transição.

A retomada do espírito especulativo

Apesar dessas contradições – e talvez por causa delas – o Renascimento representa uma nova postura do homem ocidental diante da natureza e do conhecimento. Juntamente com a perda de hegemonia da Igreja como instituição e o consequente aparecimento

NATIONAL GALLERY, LONDON

Em cenas como a desse banquete, os pintores renascentistas (séculos XV e XVI) exaltavam a vida terrena.

CAPELA SISTINA, VATICANO

Detalhe do Juízo Final (1536-1541), afresco de Michelangelo.

de novas doutrinas e seitas conclamando seus seguidores a uma leitura interpretativa dos textos sagrados, o homem renascentista redescobre a importância da dúvida e do pensamento especulativo. O conhecimento deixa de ser encarado como uma revelação, resultante da contemplação e da fé, para voltar a ser, como o fora para os gregos e romanos, o resultado de uma bem conduzida atividade do pensamento.

O Renascimento se caracteriza por uma nova postura do homem ocidental diante da natureza e do conhecimento.

Assim, filosofia, ciência e arte se voltaram para a realidade concreta, para o mundo, numa ânsia por conhecê-lo, descrevê-lo, analisá-lo, medi-lo, quer por meio de instrumentos e técnicas, quer por meio da pena e do pincel.

"O visível é também inteligível", afirmou Leonardo da Vinci, aludindo às possibilidades de conhecimento pelo pleno uso dos sentidos e da mente.

Por outro lado, a vida terrena parece adquirir cada vez mais importância e com ela a própria história, que passa a ser concebida de um ponto de vista eminentemente humano. Estimulado pelo individualismo e liberto dos valores que o prendiam irremediavelmente à família e ao clã, o homem assume seu papel na história como agente dos acontecimentos. Assim, aos poucos, ele rejeita as teorias que o apresentam como pecador e decaído, um ser em permanente dívida para com Deus, para assumir, numa nova perspectiva humanista e laica, a sua participação ativa na história.

A arte expressa de forma ímpar essas transformações: Shakespeare, cujos personagens parecem ter engendrado as características do homem moderno, evoca constantemente em suas peças as dificuldades humanas diante de sentimentos contraditórios e da liberdade de ação. Também repletas de grandiosidade são as imagens com que

Michelangelo representou a criação do mundo, acontecimento apaixonante que aproxima, de forma inovadora, Deus e o homem.

> Esse o homem novo do Renascimento: aquele que se liberta da tradição pela dúvida e confirma seu valor através dos resultados de seus esforços; aquele que confia em suas experiências e em sua razão; o que confia no novo, pois assume sua realização dentro da temporalidade.
>
> PESSANHA, José Américo Motta. Humanismo e pintura. In: NOVAES, Adauto. *Artepensamento*. São Paulo: Companhia das Letras, 1994. p. 34.

É nesse ambiente propício de curiosidade, dúvida e valorização humana que o pensamento científico adquire nova importância e, com ele, o interesse pelo entendimento da vida social. O desenvolvimento das cidades e do comércio, as viagens marítimas, o contato com outros povos desafiavam os homens a pensarem a sua realidade próxima e a compararem diferentes culturas. Descobertas de riquezas, de terras, de regiões alimentavam a imaginação do homem renascentista, que passou a valorizar o "novo" e a considerá-lo sinônimo de "maravilhoso". Estimuladas por ele, as pessoas rompiam com o passado e buscavam novas explicações para um cenário diferente que se descortinava e para o qual as antigas crenças não serviam mais.

> Esse o horizonte em que se situa o descobrimento e a conquista do Novo Mundo, como se fora uma realização e uma fabulação da travessia desvendando espaços e tempos.
>
> "Com a invenção da América a cultura do Ocidente consegue, por fim, apropriar-se da totalidade da Terra como algo próprio... É a hora em que o homem ocidental concebe a si próprio como senhor nato do cosmo."
>
> IANNI, Octavio. *Enigmas da modernidade-mundo*. Rio de Janeiro: Civilização Brasileira, 2000. p. 22. A citação do autor refere-se a Edmundo Ó'Gorman. *La invención de la América*. México: Fondo de Cultura Económica, 1958. p. 81.

Até mesmo o desenvolvimento tecnológico, que se torna cada vez mais acelerado, revoluciona a maneira de olhar o mundo, provocando mudanças nas relações humanas e na produção material da vida. Ao criar a prensa, Gutenberg dá à Europa o instrumento que faltava para saciar a ávida necessidade da comunidade livre pensante de ler os clássicos, realizar pesquisas empíricas, elaborar hipóteses e torná-las conhecidas. Assim se inicia um processo irreversível de divulgação do conhecimento e de hegemonia da cultura letrada, aspectos de importância para o desenvolvimento da ciência e do conhecimento. As pessoas passam a buscar nos textos sua coerência, traço indispensável para sua credibilidade e legitimidade. A reflexão e a argumentação substituem a noção medieval da verdade revelada.

Um novo pensamento social

Em um mundo cada vez mais laico e independente da tutela da religião, o homem é levado a pensar e analisar a realidade que o cerca em toda sua objetividade, e não como resultado da vontade ou da justiça divina. E, assim como os pintores que se dedicam às minúcias das paisagens ou às medidas proporcionais das figuras numa perspectiva geométrica, os filósofos também passam a observar e a dissecar a realidade social.

O aparecimento de novas instituições políticas e sociais — as nações, os estados, as legislações e os exércitos — levam os estudiosos a repensar a vida social e a história, tornando evidente o papel da consciência, da vontade, do discernimento e da intervenção humana nos rumos dos acontecimentos.

Ao mesmo tempo, a emergência da burguesia comercial, com novas aspirações e interesses, exigia transformações políticas e sociais. Para dar espaço a elas, abandona-se a ideia de uma realidade social estática, de origem divina, em favor da concepção de uma vida social dinâmica e em permanente construção.

Nessa visão especulativa da vida social está o germe do pensamento social moderno que vai se expressar na literatura, na pintura, na filosofia e, em especial, na literatura utópica de Thomas Morus (*A Utopia*), Tommaso Campanella (*A cidade do Sol*) e Francis Bacon (*Nova Atlântida*).

As utopias

Como os gregos antigos, os filósofos renascentistas refletiram sobre a sociedade por meio de textos nos quais desenvolviam o modelo do que seria, aos seus olhos, uma sociedade perfeita. Assim como a lendária Atlântida, reino imaginário referido por Platão nos diálogos de Timeu e Crítias, Thomas Morus concebeu Utopia — uma ilha na qual os habitantes haviam alcançado a paz, a concórdia e a justiça. Significativamente, o autor batiza sua ilha de Utopia, nome que significa "nenhum lugar" — único espaço onde parece ter um dia reinado a harmonia, o equilíbrio e a virtude.

Em Utopia todos vivem sob as mesmas condições de vida e são responsáveis pelas mesmas tarefas e atividades, distribuídas entre eles por rodízio. A igualdade entre as pessoas e os ideais de vida comunitária são garantidos por uma monarquia constitucional que funciona da seguinte maneira: cada grupo de trinta famílias escolhe seu representante para o Conselho, que por sua vez elege o imperador para um mandato vitalício. Cada ato real é acompanhado pelo Conselho, que consulta as famílias sempre que necessário.

Assim como os privilégios e as obrigações, a repartição de alimentos também se dá de forma comunitária. Ninguém precisa pagar para obter os bens de que necessita, pois há de tudo em profusão — a vida é simples, sem luxo e todos trabalham.

Como obra típica do Renascimento, *A Utopia*, de Thomas Morus, expressa tanto ideias emergentes como reminiscências feudais: apresenta os mesmos ideais de vida moderada, igualitária e laboriosa praticados pelos monastérios pré-renascentistas, assim como defende, em termos políticos, a monarquia absoluta. Mas já propõe ideais modernos que reconhecem a representatividade social como única fonte de legitimidade do poder e a necessária sujeição do soberano às regras que o consagraram. E, refletindo também outros anseios de sua época, Thomas Morus considera possível a realização do mundo ideal por ele proposto graças ao planejamento e intervenção de um rei — Utopos, o fundador da Utopia — cujo valor principal é a sabedoria.

Utopia

Utopia vem dos termos gregos *óu* (não) e *topos* (lugar). Significaria literalmente "nenhum lugar". Corresponde na história do conhecimento a essa evocação, por uma aspiração, sonho ou desejo manifesto, de um estado de perfeição sempre imaginário. Na medida, entretanto, em que a utopia enfoca um estado de perfeição, ela realiza, por oposição, um exercício de análise, crítica e denúncia da sociedade vigente. O estado de perfeição ensejado na utopia é necessariamente aquele pelo qual se tornam evidentes as imperfeições da realidade em que se vive.

Mas, apesar de seu caráter de evasão da realidade, a utopia revela uma apurada crítica à ordem social, podendo inclusive se transformar em autêntica força revolucionária, como indicam os grandes movimentos messiânicos vividos pela humanidade, ou seja, aqueles movimentos que têm por meta a redução da humanidade ou a salvação do mundo. ■

Analisar as contradições sociais e procurar resolvê-las, acreditar que o bem-estar do homem depende das condições sociais é o germe do pensamento sociológico.

Thomas Morus
(1478-1535)

Nasceu em Londres. Foi pensador, estadista, advogado e membro da Câmara dos Comuns. Como bom humanista, desenvolveu estudos sobre o grego antigo. Em 1518, foi nomeado membro do Conselho Secreto de Henrique VIII e chegou em 1529 a ocupar o mais alto cargo do reino. Opôs-se à anulação do casamento de Henrique VIII, recusando-se a jurar fidelidade à Igreja Anglicana fundada pelo rei, em parte por ser católico e em parte por ser contrário aos desmandos da autoridade real. Foi preso, condenado e executado. Em 1935 foi canonizado pela Igreja Católica e sua festa é celebrada em 6 de julho, dia de sua morte. Sua grande obra é *A Utopia*.

Cidade do Sol e *Nova Atlântida* seguem o mesmo modelo pelo qual denunciam os males da sociedade — a rivalidade entre os homens, a injustiça e as desigualdades — que, embora superados apenas pelo mito, já se apresentam como temas da reflexão dos humanistas e ideais de vida a serem perseguidos pelos homens.

Seriam essas obras sociológicas? Certamente são diferentes dos estudos sociológicos que se desenvolveram mais tarde, mas já expressam as reflexões dos filósofos diante da vida social e dos problemas de sua época — as desigualdades sociais e o abuso de poder dos soberanos. Analisar a sociedade em suas contradições e visualizar uma maneira de resolvê-las, acreditar que da organização das relações políticas, econômicas e sociais derivam a felicidade do homem e seu bem-estar é, seguramente, o germe do pensamento sociológico. ■

Maquiavel: o criador da ciência política

MUSEUM ICONOGRAFIA/CID

Retrato de Maquiavel, de Santi di Tito (séc. XVI). Nicolau Maquiavel, autor de *O príncipe,* é considerado o fundador da ciência política.

Nicolau Maquiavel, pensador florentino, escreveu *O príncipe,* texto dedicado a Lourenço de Médici (1449-1492), governador de Florença e personagem importante dessa época, protetor das artes e das letras, mas, também, um ditador. Nessa obra, Maquiavel se propõe a analisar o poder e as condições pelas quais um monarca absoluto — o príncipe — é capaz de conquistar, reinar e manter seu poder.

Como Thomas Morus, Maquiavel acredita que a paz social depende das características pessoais do príncipe — suas virtudes —, das circunstâncias históricas e de fatos que ocorrem independentemente de sua vontade — as oportunidades. Acredita também que do bom exercício da vida política resulta a felicidade do homem e da sociedade. Mas, sendo mais realista do que seus contemporâneos utopistas, Maquiavel faz de *O príncipe* um manual de ação política, cujo ideal é a conquista e a manutenção do poder. Disserta a respeito das relações que o monarca deve manter com a nobreza, o clero, o povo e seu ministério. Mostra como deve agir o soberano para alcançar e preservar o poder, como manipular a vontade popular e usufruir seus poderes e alianças. Faz uma análise clara das bases em que se assenta o poder político: como assegurar exércitos fiéis e corajosos, como castigar os inimigos, como recompensar os aliados, como destruir, na memória do povo, a imagem dos antigos líderes.

Nicolau Maquiavel
(1469-1527)

Nasceu em Florença, mas fez sua carreira diplomática em diversos países da Europa. De 1502 a 1512 esteve a serviço de Soderini, presidente perpétuo de Florença. Ajudava-o nas decisões políticas, escrevia-lhe discursos e reorganizou o exército florentino. Foi exilado e afastado da vida pública quando Soderini foi destronado por Lourenço de Médici. A partir de então, limitou-se a ensinar e a escrever sobre a arte de governar e guerrear. É considerado o fundador da ciência política e, segundo alguns, nesse campo jamais foi superado. Suas principais obras são: *O príncipe* e *Discursos sobre a primeira década de Tito Lívio.*

A visão laica da sociedade e do poder

Em relação ao desenvolvimento do pensamento sociológico, a obra de Maquiavel estava à frente de *A Utopia* de Thomas Morus na medida em que o autor tinha por objetivo conhecer a realidade tal como se apresentava, em vez de procurar imaginar apenas como ela deveria ser. Existe em *O príncipe* uma observação arguta dos acontecimentos e das relações humanas, além de uma visão menos idealizada do ser humano.

Mas é pelas obras de Thomas Morus e de Maquiavel que percebemos como as relações sociais passam a constituir objeto de estudo dotado de atributos próprios e a paz social deixa de ser, como no passado, consequência do acaso, da vontade divina ou da obediência dos homens às escrituras. A sociedade já aparece, nessas obras, como resultado das condições econômicas e políticas e não da providência.

Além disso, esses filósofos expressam os novos valores da época ao colocar os destinos da sociedade e de sua boa organização nas mãos de um governante que se distingue por características individuais. A monarquia proposta no Renascimento não se assenta na legitimidade do sangue ou da linhagem, na herança ou na tradição, mas na capacidade pessoal do soberano e em sua sabedoria.

Também a história como conhecimento objetivo dos fatos passa a ter um papel relevante no desenvolvimento dessa reflexão, como fonte de informação e experiência. Maquiavel se vale de acontecimentos e de líderes do passado como argumentos na defesa de suas ideias, demonstrando reconhecer que a vida social depende de leis que regulam o comportamento social em diferentes épocas e lugares. Os fatos históricos devem ser analisados e servir como exemplos.

Assim, nas obras referidas há importantes elementos que caracterizam o pensamento sociológico: a crença na ação humana e em seu poder decisivo sobre a história, bem como a busca por regularidades capazes de fundamentar o estudo objetivo da sociedade. Por outro lado, esses textos já manifestam uma concepção emergente de poder — a monarquia constitucional na qual se realiza a aspirada aliança entre a burguesia e os reis que permitiu, a partir de então, o surgimento dos estados nacionais.

Atividades

Compreensão de texto

1 Como o texto explica o que foi o Renascimento? Responda elaborando uma ficha sobre o período que contenha os seguintes elementos:
Época:
Lugares:
Nomes importantes (artistas, filósofos, cientistas e políticos):
Origem e significado do nome Renascimento:

2 Quais foram as contribuições de Thomas Morus e Nicolau Maquiavel para abrir o caminho da formação do pensamento científico social ou sociologia, alguns séculos depois?

Interpretação, problematização e pesquisa

3 Quais as diferenças mais importantes entre a mentalidade feudal e a renascentista?

4 Com base no texto, identifique quais eram os temores da Igreja Católica que impediam o florescimento do pensamento e da crítica social no feudalismo e qual o argumento que o autor usa contra a opinião da Igreja, apesar de ele mesmo ser um teólogo a serviço da própria Igreja.

> "Ultimamente, os meus rivais inventaram uma nova calúnia contra mim, pelo fato de eu escrever sobre a arte da dialética, afirmando que não seja permitido a um cristão tratar de coisas que não digam respeito à fé. Dizem que esta ciência não só não nos prepara para a fé, como a destrói, pelas implicações dos seus argumentos. [...]
>
> Todo o conhecimento é bom, mesmo o que diz respeito à maldade, porque um homem reto o pode possuir. Mesmo que ele se queira defender da maldade, é necessário conhecê-la antecipadamente: de outra maneira não a poderia evitar.
>
> Se, portanto, não é errado conhecer, mas fazer, a maldade deve ser referida ao ato, e não ao conhecimento. Como tais estamos convencidos de que todo o conhecimento, o qual na realidade provém apenas de Deus e da sua bondade, é bom. Por conseguinte, há de considerar-se bom o estudo de todas as ciências, visto ser bom o que dele deriva; e especialmente deve insistir-se no estudo da doutrina pela qual se conhece a maior verdade. Assim é a dialética, cuja função consiste em distinguir entre a verdade e a falsidade: como condutora de todo o conhecimento, detém a primazia e direção da filosofia. Revela-se igualmente necessária à fé católica, que sem a sua ajuda não pode resistir aos sofismas dos cismáticos."

Abelardo (1079-1142), filósofo e teólogo francês, citado por Spinoza.

5 A que tema do capítulo corresponde a ideia contida neste texto?

> "O descobrimento do Novo Mundo passava a simbolizar, para a minoria dos letrados, o aumento do saber humano, o progresso da ciência, o triunfo da experiência, a refutação de 'verdades' consagradas e a inoperância do modelo de conhecimento antigo. Esta minoria letrada aproveitou a incorporação do quarto continente para fortalecer suas próprias teorias e aspirações, para questionar a verdade contida nas postulações dos santos e para criticar a exegese (interpretação) bíblica que, fundamentada na autoridade da palavra escrita, construía à imagem e semelhança do livro sagrado uma visão distorcida do planeta."

GIUCCI, Guillermo. *Viajantes do maravilhoso*: o Novo Mundo. São Paulo: Companhia das Letras, 1992. p. 203.

6 Com base no que estudou e no que sabia sobre o tema, elabore uma definição de utopia e depois, com base nessa definição, elabore uma pesquisa que verifique se os demais colegas da classe pensam o mesmo. Após o levantamento, organizar um debate em sala de aula com o tema: O tempo das utopias acabou?

7 Nesse trecho de *O príncipe*, como Maquiavel descreve a situação da Itália?

> "E, como disse ter sido preciso, para que fosse conhecida a virtude de Moisés, que o povo de Israel fosse escravo do Egito; para conhecer-se a grandeza de alma de Ciro, que estivessem os persas oprimidos pelos medas — assim modernamente, desejando-se conhecer o valor de um príncipe italiano, seria preciso que a Itália chegasse ao ponto em que hoje se encontra. Que estivesse mais escravizada do que os hebreus, mais oprimida que os persas, mais dispersa que os atenienses, sem chefe, sem ordem, batida, espoliada, lacerada, invadida, e que houvesse, por fim, sofrido toda espécie de calamidade." (p. 81)

8 Comparando as propostas de Thomas Morus e Maquiavel, que aspectos elas têm em comum?

9 Levando em conta o texto de Maquiavel, faça um quadro comparativo entre as características da obra do florentino em relação às demais manifestações da literatura utópica.

Aplicação de conceitos

10 **Vídeo**: *Shakespeare apaixonado* (EUA, 1998. Direção de John Madden Giuliano Montaldo. Duração: 123 min) — Esse filme mostra o Renascimento na Inglaterra enfocando, para ilustrar este capítulo, o ressurgimento da vida urbana e os problemas que os homens enfrentavam, como a peste. Além disso, aborda o surgimento do individualismo, expresso no sentimento romântico dos personagens.

- Sob o ângulo do individualismo, observe como a questão feminina foi tratada no filme, tentando identificar como o diretor e o roteirista imaginaram qual era a condição feminina da época, que pontos de contato tem com a realidade de hoje.

11 A ideia de que existe um espaço onde reina a felicidade e onde as necessidades do homem serão satisfeitas está presente na literatura em todos os tempos. No Brasil, a literatura tem um bom exemplo — o poema de Manuel Bandeira, "Vou-me embora pra Pasárgada", em que o autor descreve assim sua utopia:

Vou-me embora pra Pasárgada

Vou-me embora pra Pasárgada
Lá sou amigo do rei
Lá tenho a mulher que eu quero
Na cama que escolherei
Vou-me embora pra Pasárgada

Vou-me embora pra Pasárgada
Aqui eu não sou feliz
Lá a existência é uma aventura
De tal modo inconsequente
Que Joana a Louca de Espanha
Rainha e falsa demente
Vem a ser contraparente
Da nora que nunca tive

E como farei ginástica
Andarei de bicicleta
Montarei um burro brabo
Subirei no pau-de-sebo
Tomarei banhos de mar!
E quando estiver cansado
Deito na beira do rio
Mando chamar a mãe-d'água
Pra me contar as histórias
Que no tempo de eu menino
Rosa vinha me contar
Vou-me embora pra Pasárgada

Em Pasárgada tem tudo
É outra civilização
Tem um processo seguro
De impedir a concepção
Tem telefone automático
Tem alcaloide à vontade
Tem prostitutas bonitas
Para a gente namorar

E quando eu estiver mais triste
Mas triste de não ter jeito
Quando de noite me der
Vontade de me matar
— Lá sou amigo do rei —
Terei a mulher que eu quero
Na cama que escolherei
Vou-me embora pra Pasárgada.

BANDEIRA, Manuel. *Estrela da vida inteira*.
Rio de Janeiro: Editora Nova Fronteira.

Analise o poema e tente imaginar essa utopia do poeta retirando dela os princípios de ordem social criados nessa sociedade ideal para o escritor.

12 Em *Romeu e Julieta*, Shakespeare aborda o conflito entre o indivíduo e a sociedade, uma vez que o drama dos amantes de Verona decorre da oposição entre as regras sociais vigentes e a vontade individual dos heróis. Na seguinte fala de Julieta essa questão fica clara:

> "Somente teu nome é meu inimigo. Tu és tu mesmo, sejas ou não um Montechio. Que é um Montechio? Não é mão, nem braço, nem rosto, nem outra parte qualquer pertencente a um homem. Oh! sê outro nome! Que há em um nome? O que chamamos de rosa, com outro nome exalaria o mesmo perfume tão agradável; e assim, Romeu, se não te chamas Romeu, conservarias essa cara perfeição que possuis sem o título. Romeu, despoja-te de teu nome, que não faz parte de ti, toma-me toda inteira!"

Analise o conteúdo social desse texto e perceba como já se colocava no Renascimento a percepção da relação indivíduo e sociedade.

13 *Site*: http://planeta.terra.com.br/arte/mundoantigo/vinci/

Visite o *site* sobre o Renascimento e Leonardo da Vinci e acesse informações que complementam o retrato que este capítulo traça da época.

Tema para debate

Ficção científica — a utopia contemporânea

A literatura utópica é apontada como tendo surgido na Grécia, com Platão, em seus livros *Timeu* e *Crítias*, e com Aristófanes, em *Os pássaros*. Depois deles, Luciano Samosata, prosador grego do século II, também se dedicou ao gênero. Outros filósofos como Swift e Voltaire escreveram obras utópicas bastante conhecidas.

Kingsley Amis, estudioso da matéria, considera *A Utopia*, de Thomas Morus, e *Nova Atlântida*, de Francis Bacon, os melhores exemplos do gênero, por reunirem forte crítica social e invenção criadora. Por isso, considera-as precursoras da ficção atual, de onde brotariam as utopias contemporâneas.

H. L. Gold, diretor da revista de ficção científica Galaxy, afirma: "Poucas coisas revelam tão nitidamente quanto a ficção científica os desejos, as esperanças, os temores, os conflitos interiores e as tensões de uma época, ou definem com tanta exatidão as suas limitações".

- Você acha que a ficção científica representa uma crítica à sociedade? Justifique sua resposta a partir de um texto ou de um filme de ficção científica que você conheça.

Leituras complementares

Texto 1

[Sobre o surgimento do pensamento crítico — Maquiavel]

"É extremamente provável que tenha sido o trato cotidiano com assuntos políticos que, pela primeira vez, deu consciência e senso crítico ao homem face ao elemento ideológico de seu pensamento. Durante a Renascença, entre os concidadãos de Maquiavel, emergiu um novo adágio chamando a atenção para uma observação comum na época — que era a de que o pensamento do palácio é uma coisa, e o da praça pública é outra. Isto era uma expressão do crescente grau em que o público ganhava acesso aos segredos da política. Podemos aqui observar o início do processo no decorrer do qual o que antes havia sido apenas uma eclosão ocasional de suspeita de ceticismo, face aos pronunciamentos públicos, evoluiu para uma procura metódica do elemento ideológico em todos eles. A diversidade de formas de pensamento entre os homens é ainda, neste estágio, atribuída a um fator que, sem exagerar o termo indevidamente, poderia ser denominado sociológico. Maquiavel, em sua profunda racionalidade, tomou como tarefa específica relacionar as variações das opiniões dos homens às variações correspondentes em seus interesses. De acordo com sua prescrição de medicina forte para toda subjetividade das partes interessadas em uma controvérsia, Maquiavel parecia estar explicitando e estabelecendo como regra geral do pensamento o que estava implícito no adágio de seu tempo."

MANNHEIM, Karl. *Ideologia e utopia*.
Rio de Janeiro: Zahar, 1968. p. 89.

Entender o texto

"Durante a Renascença, entre os concidadãos de Maquiavel, emergiu um novo adágio chamando a atenção para uma observação comum na época — que era a de que o pensamento do palácio é uma coisa, e o da praça pública é outra."

- Articule esta frase com as leituras anteriores e dê um fator importante que ajude a compreender por que a política se desenvolve nessa época.

Texto 2

[A república para Maquiavel]

A república é outro tema fundamental de Maquiavel. Nos Comentários sobre a primeira década de Tito Lívio, o secretário florentino analisa a liberdade como fruto do conflito entre pobres e ricos no interior do corpo político. No texto de Newton Bignotto, podemos observar:

"Deixando de lado a questão tradicional das origens das instituições, que parecia ser o melhor caminho para a compreensão do tema que nos interessa, nosso autor nos mostra não somente que a liberdade deve ser pensada a partir dos conflitos internos de uma cidade, mas também que nossas ideias sobre a criação das instituições políticas devem ser revistas. A liberdade, tão adorada pelos florentinos, mas tão pouco realizada, é o produto de forças em luta, o resultado de um processo que não pode ser extinto com o tempo. Os conflitos são os produtores da melhor das instituições, e não o elemento incongruente de um período infeliz na história de um povo. Maquiavel resume seu pensamento numa frase lapidar: '... e deve-se considerar como existem em toda república dois humores diversos: o do povo e o dos grandes, e toda lei que se faz em favor da liberdade nasce da desunião entre eles'.

Para passar da ideia de uma sociedade ideal inteiramente voltada para a paz ao elogio da sociedade tumultuária, foi preciso um enorme esforço de elaboração. Para fortalecer a criação de um novo continente, Maquiavel lançou mão do fato de que nenhuma sociedade viveu até hoje sem conflitos. Se isso não prova que eles tiveram um papel positivo na história, demonstra, pelo menos, que uma sociedade totalmente imersa na paz é talvez a ficção de mentes bondosas, mas não o espelho da condição humana. A novidade, portanto, não é a afirmação da maldade dos homens, mas a de que essa maldade não impede a criação de instituições boas. Mais radicalmente ainda, podemos dizer que é da propensão ao conflito que nasce a possibilidade da liberdade. A liberdade é, portanto, o resultado de conflitos, uma solução possível de uma luta que não pode ser extinta por nenhuma criação humana. De uma problemática antropológica passamos a conceber a política como uma forma da guerra. Mas a guerra não significa aqui a pura negatividade, ela aponta para o verdadeiro ponto de partida de toda reflexão sobre a política, que é a existência de desejos opostos na pólis.

Voltando, assim, ao tema dos desejos opostos que povoam as cidades, aprendemos com a sequência do texto que o desejo do povo é que está mais próximo da liberdade, pois, não sendo um desejo de poder, mostra uma face importante da liberdade: a não-opressão. 'E os desejos dos povos livres raras vezes são perniciosos à liberdade, porque nascem ou da opressão que eles sofrem, ou da suspeição de que poderão sofrê-la.

Das duas forças principais que dividem a cidade, não podemos dizer que elas sejam o inverso simétrico uma da outra. O povo, não visando à mesma coisa que os grandes, não pode ser compreendido pela imagem do inimigo organizado num campo de batalha. Daí resulta que a liberdade não é um meio-termo estático que satisfaz os desejos dos dois oponentes. Tal fim é absolutamente impossível de ser alcançado por dois adversários que não têm o mesmo objetivo. A liberdade, mais do que uma solução permanente para as lutas internas de uma cidade, é o signo de sua capacidade de acolher forças que, não podendo ser satisfeitas, não deixam de buscar meios de se exprimir."

BIGNOTTO, Newton. *Maquiavel republicano*.
São Paulo: Loyola, 1991. p. 85.

Entender o texto

"...deve-se considerar em toda república dois humores diversos: o do povo e o dos grandes, e toda lei que se faz em favor da liberdade nasce da desunião entre eles."

- Segundo Maquiavel, o direito — o conjunto de leis — é produto de qual situação social?

2 A Ilustração e a sociedade contratual

Uma nova etapa no pensamento burguês

O Renascimento foi o momento de transição da sociedade medieval para o capitalismo moderno — sistema econômico focado na produção e na troca, na expansão comercial, na circulação crescente de mercadorias e de bens materiais. Rompia-se a ordem feudal estamental e fundiária e emergia uma sociedade individualista e financista voltada para o desenvolvimento comercial e o lucro. Novos valores, sentimentos e atitudes passaram a reger a vida e o comportamento social.

Diferentemente do homem medieval, espiritualista, contido e gregário, o homem moderno é estimulado a amar a vida, a buscar a satisfação de suas necessidades de forma individual e a cultivar sua subjetividade feita de sentimentos e de pontos de vista pessoais.

As cidades ganharam vida, atraindo pessoas de diferentes lugares dispostas a conquistar um espaço no mundo, a competir e a enriquecer. Seus anseios eram direcionados para a existência terrena e as conquistas materiais, ficando em segundo plano as preocupações com a vida após a morte e as verdades transcendentais. E, à medida que a Europa avançava para a Modernidade, essa mentalidade nova se afirmava e se difundia.

No campo econômico, uma atitude expansionista toma conta de todas as atividades e o lucro se torna o objetivo principal de qualquer atividade. No entanto, não se tratava do lucro praticado desde as mais remotas trocas comerciais, uma forma de remuneração do comerciante e do produtor pelo seu trabalho — uma quantia cuja monta não deveria exceder nunca os limites estreitos capazes de assegurar o sustento dos agentes e de suas famílias. Um lucro que, ultrapassando essa fronteira, seria considerado antiético pela sociedade e pecaminoso pela Igreja.

Com o capitalismo, as atividades econômicas se libertam desses limites e o lucro se torna a finalidade primeira da atividade econômica, responsável pela acumulação de riqueza e pela prosperidade. Assim, enquanto um comerciante na Antiguidade calculava seu ganho em função daquilo que necessitava para viver e para repor o que fora gasto na prática do comércio — embarcações e escravos —, o negociante capitalista, livre de qualquer limite, estabelecia seu preço procurando estimar o valor máximo que os compradores se mostravam dispostos a pagar por seus produtos.

O pensamento burguês representou uma ruptura com relação ao mundo medieval.

Essas novas condições de realização do comércio fizeram dele (com que ele se tornasse) uma das principais atividades econômicas no Renascimento, para a qual se organizaram viagens intercontinentais e se fizeram guerras nas quais eram disputadas as rotas comerciais, as fontes de produtos e matérias-primas e a clientela. As grandes navegações ocorreram nesse cenário.

BETTMANN/CORBIS-STOCK PHOTOS

Ilustração de mercado medieval do séc. XIII, de autor desconhecido. A sociedade que emergiu do movimento renascentista exaltava a livre concorrência e a livre contratação.

O cientificismo

Essa valorização das trocas comerciais e as novas possibilidades de lucro que se abriam ao comerciante burguês acabaram por repercutir na produção, estimulando-a. Tornava-se urgente produzir mais e em condições capazes de responder à demanda que se tornava cada vez mais insistente. Racionalidade e planejamento começam a ser exigidos dos produtores, bem como o desenvolvimento de tecnologia para a produção em larga escala. O estímulo à invenção de máquinas que potencializassem a produção, com a promessa de prêmios em dinheiro, provocou uma verdadeira corrida por engenhos tecnológicos que acelerassem a produção e barateassem os produtos.

Nessas condições, incentiva-se a pesquisa científica e se disseminam atitudes de planejamento e racionalidade que, aos poucos, inserem-se na produção e no restante da vida cotidiana. Busca-se conhecer os mecanismos que regulam o mundo circundante, procurando o entendimento da vida e da natureza. O interesse pela produção agrícola manifestava-se no exame sistemático e controlado das plantas e dos animais, enquanto a observação e a classificação se transformam em método do conhecimento, perdendo sua atitude ingênua e sua espontaneidade. Multiplicam-se os jardins botânicos, os zoológicos e as coleções de espécimes, exibindo um novo tipo de curiosidade e a preocupação com procedimentos adequados de estudo e observação. O conhecimento desprende-se também do visível para apreender realidades interiores e invisíveis, só discerníveis pelo uso adequado da investigação racional. Aumentam as indagações acerca do movimento mecânico e da luz.

> Museus ou "gabinetes de curiosidades" proliferaram nos séculos XVI, XVII e XVIII. Alguns deles eram famosos em toda a Europa: não só os gabinetes dos príncipes (Rodolfo II, em Praga, por exemplo, ou Luis XIV, em Paris), mas também de indivíduos particulares, como o clérigo Manfredo Settala, em Milão, o professor Ulisse Aldrovandi, em Bolonha, o boticário Basilius Besler, em Nuremberg... Nada menos que 723 coleções eram conhecidas no século XVII só em Paris.
>
> BURKE, Peter. *Uma história social do conhecimento*. Rio de Janeiro: Zahar, 2003. p. 100.

A sociedade inteligível

E, sobre a base do individualismo e da laicidade estimulados no Renascimento, essa curiosidade científica se dirige, de forma inusitada, para a compreensão da sociedade, que passa a ser vista como uma realidade diferente e própria, sobre a qual interferem os homens como agentes. Da ação consciente e interessada sobre a sociedade resultam diversos modelos de organização política — a República, a Monarquia — que devem ser defendidos e implementados como formas possíveis de intervenção e não como resultado do acaso ou do destino da humanidade. Sua validade deve ser buscada na argumentação coerente e racional que tem por objetivo a realização do homem na comunidade e o exercício de sua liberdade. Conseguia-se, assim, vislumbrar, nesses primórdios do pensamento sociológico, a oposição entre indivíduo e sociedade, entre liberdade e controle social.

> Os anos da metade do século XVII foram significativos pelo uso de panfletos e jornais em que monarquistas e parlamentaristas expressavam seus respectivos pontos de vista. Entre 1640 e 1663, um livreiro, Georges Thomason, equivalente inglês do parisiense L'Estoile, coletou perto de quinze mil panfletos e mais de sete mil jornais, coleção conservada na Biblioteca Britânica e conhecida como Thomason Tratos. A deflagração da guerra civil também coincidiu com o chamado "surgimento do livro de notícias inglês" em 1641. Mercurius Aulicus foi um jornal importante para um dos lados, e Mercurius Britannicus, o equivalente para o outro lado, cada qual produzindo sua versão dos eventos...
>
> BURKE, Peter. *Uma história social da mídia*. Rio de Janeiro: Zahar, 2004. p. 96.

A Ilustração, movimento filosófico que sucedeu o Renascimento, baseava-se na firme convicção da razão como fonte de conhecimento, na crítica a toda adesão obscurantista e a toda crença sem fundamentos racionais, assim como na incessante busca pela realização humana. Em relação à vida social, os filósofos da Ilustração procuraram entender a

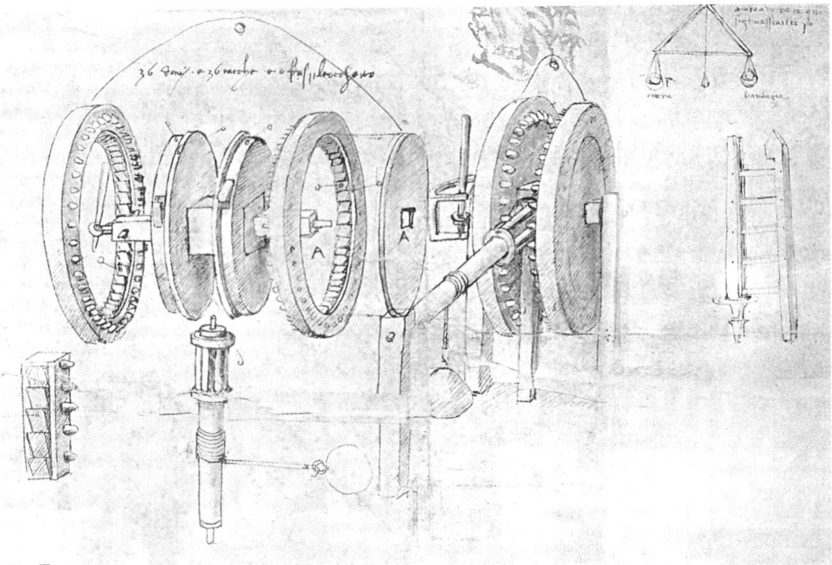

Projeto para um guincho de duas rodas com uma engrenagem encaixada, de Leonardo Da Vinci. O Renascimento valorizou o método científico e o uso da tecnologia para o controle da natureza, fazendo cientistas como Da Vinci (1445-1510) serem muito respeitados e imitados.

sociedade como um organismo vivo, ou seja, composto de partes interdependentes, cada uma delas com suas características e necessidades — a agricultura, a indústria, a cidade, o campo. Desse exercício de discernimento resultou também a compreensão de diferentes instâncias da vida social — as relações políticas, jurídicas e sociais.

Das relações entre partes e instâncias constituintes depende o funcionamento do todo, no qual se fundamenta o conceito de nação – um conjunto organizado de relações intersocietárias. O nacionalismo emergente do Renascimento, identificado ainda com a pessoa do monarca e associado ao sentimento de fidelidade e sujeição, dá lugar à noção de uma coletividade organizada e contratual, representada por sistemas legais, políticos e administrativos convenientes. O poder surge como uma construção lógica e jurídica, independente de quem o ocupa, de forma temporária e representativa.

Percebe-se nos filósofos da Ilustração o aprofundamento no estudo das relações sociais, o desenvolvimento de análises abstratas da realidade e a capacidade de criar modelos explicativos para o funcionamento da vida social. Todo esse esforço filosófico se expressava tanto no princípio de representatividade política como na construção de teorias para explicar a origem da riqueza e do valor das mercadorias. Conceitos como o de Valor e Estado exigiram um esforço teórico importante: identificar as relações fundamentais para a compreensão de um objeto, apreender aquilo que é permanente nessas relações em diferentes épocas e lugares e, assim, construir modelos abstratos que expliquem seu funcionamento. E, finalmente, projetar mudanças baseadas na ação humana organizada pela razão, pela vontade e pela expectativa de uma vida mais satisfatória.

Em busca da razão prática

O Renascimento correspondeu a um período de sistematização do pensamento burguês, caracterizado por uma mentalidade laica que valorizava o gosto pela vida e o racionalismo, atribuindo ao indivíduo valores pessoais que não provinham da sua origem, propriedade ou casta. E, embora ainda expressasse certa transcendentalidade religiosa, o Renascimento exaltava a natureza e os benefícios da vida terrena, fossem eles o êxtase religioso ou o simples prazer dos sentidos.

Já nos séculos XVII e XVIII, entretanto, o fortalecimento de um poderoso mercado internacional, praticamente de âmbito mundial, o avanço na produção maciça de produtos (início da Revolução Industrial na Inglaterra, no século XVIII) e a consolidação do lucro como uma atividade desejável e justa, foram fatores que estimularam a intelectualidade burguesa a avançar para a elaboração de um pensamento próprio. Assim, o conhecimento se transformava não só numa exaltação da vida e dos feitos de seus heróis, mas também num processo que se revelava útil e aplicável à vida prática. Afinal, o desenvolvimento industrial se anunciava em toda sua potencialidade e os empreendimentos, quando bem dirigidos, prometiam lucros miraculosos. Era preciso preparar as pessoas para isso e planejar a produção em bases confiáveis e experimentais.

A sociedade apresentava necessidades urgentes que desafiavam os cientistas. De um lado, melhores condições de vida; prolongamento da existência humana e uma predisposição das pessoas para usufruírem, sempre que possível, tudo o que se produzisse de bom e de bens. De outro, o desenvolvimento tecnológico capaz de baratear os produtos, aumentando a produtividade e aprimorando a produção e a armazenagem de mercadorias, o transporte e a distribuição de pessoas e bens. Tudo isso resultaria na formação de um grande contingente de trabalhadores e de consumidores, em novos hábitos de vida e de relacionamento, no uso de novas tecnologias e produtos. A sociedade avançava para a indústria e a cultura de massa.

A emergente sociedade burguesa apresentava necessidades urgentes que desafiavam os cientistas.

Mas planejar e projetar o futuro exigia a concepção de um tempo e de um espaço determinados, confirmando o nascente conceito de estado nacional — um território soberano sobre o qual a burguesia reinava, imprimindo uma política que privilegiava o desenvolvimento econômico e as necessidades do mercado. A nação deveria se orientar por uma política que favorecesse a prosperidade e a acumulação de riqueza e que tivesse no indivíduo sua mola-mestra. Um indivíduo liberto das amarras do passado — da religião, da fé, da culpa e do pecado, das oficinas de ofício, dos soberanos e dos sacerdotes —, mas pleno de desejos e expectativas de realização pessoal e de liberdade para agir, movimentar-se, consumir, gerir negócios e lucrar.

Novos valores guiando a vida social para sua modernização, mais pesquisas e a exploração de novos campos do saber, avanços técnicos, melhoria nas condições de vida, tudo isso somado produziu um clima muito otimista em relação ao futuro do homem, o que levou a esse surto de ideias, conhecido pelo nome de "Ilustração". Um movimento que propunha uma atitude curiosa e livre que se estendia tanto à elaboração teórica como à sistemática observação empírica. Que acreditava ser o conhecimento fonte de saber, de realização e de satisfação para a humanidade. Que acreditava na evolução incessante do ser humano em direção a etapas cada vez mais avançadas de sua existência como espécie.

A filosofia social dos séculos XVII e XVIII

Todas essas mudanças que tiveram origem no Renascimento, envolvendo o destino das nações, o desenvolvimento das comunicações e dos transportes, a ciência e o conhecimento, tiveram, inicialmente, mais êxito com governos absolutistas e centralizados que haviam selado a aliança entre a antiga nobreza feudal e a emergente burguesia comercial. Porém, conquistadas as primeiras vitórias dessa revolução econômica e política, em que um poder central garantira a emergência e a organização dessa nova ordem social, os estados absolutistas se tornavam um empecilho às exigências de liberdade e expansão do mercado. A burguesia ansiava por se libertar das amarras estabelecidas pelas monarquias absolutas que atravancavam a livre iniciativa, a liberdade de comércio e a concorrência entre salários, preços e produtos.

A burguesia já se sentia suficientemente forte e confiante em seus propósitos para dispensar o absolutismo, regime que havia permitido a consolidação do capitalismo. Fortalecida, ela propunha agora formas de governo baseadas na legitimidade popular, dentre as quais surgia preponderante a ideia de República. Inspirada por ela, ergueram-se bandeiras conclamando o povo a aderir à defesa da igualdade jurídica, da democracia, ainda que restrita, e da liberdade de manifestação política.

O pensamento da Ilustração defendia a ideia da economia regida por leis naturais de oferta e procura que tendiam a estabelecer, pela livre concorrência, de maneira mais eficiente do que os decretos reais, o melhor preço, o melhor produto e o melhor contrato. Fiéis a essa proposta havia economistas que apostavam na indústria e os que defendiam a agricultura como a fonte de toda riqueza, opondo-se ao uso ocioso que a nobreza fazia de suas propriedades agrárias — eram os chamados fisiocratas.

O desenvolvimento do capitalismo estimulou a sistematização do pensamento sociológico.

Tendo por base a ideia de que a sociedade era regida por leis naturais, semelhantes em seu determinismo àquelas que regem a natureza e a relação entre as espécies, os filósofos da Ilustração rejeitavam toda forma de controle político que interviesse sobre essa racionalidade natural e física. O controle das relações humanas, especialmente as produtivas, deveria resultar da livre ação dessas leis, cuja lógica era objetivo da ciência descobrir.

Dentre os defensores da racionalidade como base da organização da vida e do pensamento humano destacaram-se os franceses René Descartes e Denis Diderot. O primeiro deles, por sintetizar essa fé inabalável na razão na frase "penso, logo existo", acabou por emprestar seu nome — em latim, Cartesius — a esse princípio que ficou conhecido como "racionalismo cartesiano".

Assim, a ideia de uma racionalidade natural perpassava a compreensão do homem, de sua vida em sociedade e de suas atividades produtivas. O princípio de liberdade admitia que, livre de coibições, obstáculos e jugos, o homem seria capaz de exercer sua soberania, escolhendo bem entre fins e objetivos propostos. As leis naturais regulariam as relações econômicas e as sociedades seriam construídas com base na vontade livre e nas relações contratuais firmadas entre os homens.

Também francês, Jean-Jacques Rousseau foi um dos mais ardorosos defensores dessa ideia e um dos mais ferrenhos críticos da sociedade de seu tempo. Em sua obra *Contrato social*, afirmava que a base da vida social estava no interesse comum e no consentimento unânime dos homens em renunciar às suas vontades particulares em favor da coletividade.

Mais pessimista que outros filósofos da sua época, Rousseau rejeitava a ideia de evolução e, buscando desvendar a origem das desigualdades sociais, procurou reconstruir a história da humanidade desde o igualitarismo primitivo até a sociedade complexa e diferenciada. Desse modo, identificou no aparecimento da propriedade privada a fonte de toda diferenciação e injustiça social. Tornou-se, assim, partidário de uma sociedade que defendesse princípios igualitários e cuja organização política tivesse uma base livre e contratual, principais lemas da Revolução Francesa que se avizinhava.

Jean-Jacques Rousseau
(1712-1778)

Nascido em Genebra, filho de burgueses protestantes, Rousseau teve uma vida errante que o levou continuamente da Suíça à França, à Itália e à Inglaterra. Foi aprendiz de gravador, secretário de nobres ilustres e até seminarista. Dedicou-se também ao desenho, à pintura e à música. Na França, foi contemporâneo de filósofos da Ilustração, como Diderot. Suas principais obras foram *Emílio*, *Contrato social*, *Discurso sobre a origem e os fundamentos da desigualdade entre os homens* e *Discurso sobre as ciências e as artes*. Foi alvo de críticas severas e perseguições, mas na época da Revolução Francesa suas ideias foram intensamente divulgadas.

John Locke, pensador inglês, também defendeu a ideia da sociedade resultante da livre associação entre indivíduos dotados de razão e vontade que, como para Rousseau, teria uma base contratual. Esta regularia, entre outras coisas, as formas de poder e as garantias de liberdade individual. Mas, diferentemente do pensador francês, Locke reconhecia, entre os direitos individuais, o respeito à propriedade. Recomendava também que tais princípios, direitos e liberdades estivessem expressos e garantidos por uma constituição.

Esses filósofos — por sua preocupação histórica e por encararem a sociedade como uma matéria em desenvolvimento, de origem natural e não-divina — davam início a uma forma de pensar que levaria à descoberta das bases materiais das relações sociais. Percebe-se claramente que se conscientizavam da diferença entre indivíduo e coletividade, que já identificavam a existência de regras que dirigiam a vida coletiva, semelhantes às leis naturais que regiam o surgimento, desenvolvimento e relações entre espécies. Mas, presos ainda ao princípio da individualidade, esses filósofos entendiam a vida coletiva como a fusão de sujeitos, possibilitada pela manifestação explícita das suas vontades.

A filosofia social da Ilustração levou à descoberta das bases materiais das relações sociais.

John Locke
(1632-1704)

Inglês de Wrington, formado em Oxford, ingressou na carreira diplomática. Durante o período em que residiu na França, tomou contato com o método cartesiano. Sofreu perseguições políticas na Inglaterra que o obrigaram a se refugiar na Holanda. Em sua obra *Dois tratados sobre o governo civil*, defende o liberalismo político, os direitos naturais do homem e da propriedade privada. Suas ideias políticas tiveram grande repercussão, assim como sua contribuição ao problema do conhecimento, expressa na obra *Ensaio sobre o entendimento humano*, na qual repudia a proposição cartesiana de que o homem possua ideias inatas e defende o conhecimento como resultado da experiência, da percepção e da sensibilidade. Publicou, ainda, *Epístola sobre a tolerância, Alguns pensamentos sobre educação* e *Racionalidade do cristianismo*. ■

Adam Smith: o nascimento da ciência econômica

Foi Adam Smith, considerado fundador da ciência econômica, quem demonstrou que a análise científica podia ir além do que era expressamente manifesto nas vontades individuais. Na busca por entender a origem da riqueza das nações, Smith identificou no trabalho, ou seja, na produtividade, a grande fonte de produção de valor. Não somente a agricultura, como queriam uns, nem a indústria, como queriam outros, mas principalmente o trabalho — capaz de transformar matéria bruta em mercadoria — era responsável pela riqueza das nações. Veremos adiante como essa ideia será retomada e reelaborada no século XIX por Karl Marx.

Nesse esforço por entender as relações econômicas, Adam Smith pensava a sociedade não como um conjunto abstrato de indivíduos dotados de vontade e liberdade, tal como haviam feito Rousseau e Locke, mas como um conjunto de seres cujo comportamento obedece a regras diferentes das que regem a ação individual. Sensível à verdadeira natureza da vida social, Adam Smith percebia que a coletividade era muito mais do que a soma dos indivíduos que a compõem. A Revolução Industrial estava em pleno andamento e seus frutos se anunciavam.

Adam Smith
(1723-1790)

Nasceu na Escócia. Foi professor da Universidade de Glasgow e é considerado o fundador da ciência econômica. O seu principal estudo foi a investigação sobre a natureza e as causas da riqueza das nações, que originou a sua famosa obra *A riqueza das nações*. Desenvolveu ideias a respeito da divisão do trabalho, da função da moeda e da ação dos bancos na economia. Continuou seus estudos no livro *Teoria dos sentimentos morais*, no qual afirma que a vida social humana está fundada em sentimentos de benevolência e simpatia. Foi o grande defensor do liberalismo econômico. ■

Legitimidade e liberalismo

As teorias sociais da Ilustração no século XVIII expressam o despertar do pensar científico sobre a sociedade. Tiveram o poder de orientar a ação política e lançar as bases do que viria a ser o Estado capitalista, constitucional e democrático, desenvolvido no século XIX. Incentivaram diferentes movimentos políticos pela legitimação do poder, fosse de caráter monárquico, como na Revolução Gloriosa da Inglaterra, fosse de caráter republicano, como na Revolução Francesa, ou ainda do tipo ditatorial, como no império napoleônico. Tão importante quanto seu valor como forma de entendimento da vida social foi sua repercussão prática na vida política da sociedade.

A filosofia social desse período teve, em relação à renascentista, a vantagem de não constituir apenas uma crítica social baseada no que a sociedade poderia idealmente vir a ser, mas de criar projetos concretos de realização política para a sociedade burguesa emergente.

A ideia de Estado como uma entidade cuja legitimidade se baseia na pretensa representatividade da sociedade é um avanço em relação à ideia de monarquia absoluta. Não se trata mais de uma pessoa que governa por direito de herança e sangue, mas de uma instituição abstrata que administra um território a partir de pactos estabelecidos pela coletividade. A filosofia social da Ilustração concebia também a ideia de nação como o gerenciamento e administração de leis, riquezas e poder. Nesse processo pressupõe-se a noção de conflito de interesses e o confronto social.

As ideias de Locke e de Montesquieu, outro importante pensador da Ilustração, foram a base da Constituição norte-americana de 1787. Ambos pregaram a divisão do Estado em três poderes: o legislativo, incumbido da elaboração e da discussão das leis; o executivo, encarregado de sua execução e da proteção dos direitos naturais à liberdade, à igualdade e à propriedade; e o judiciário, responsável pela fiscalização à observância das leis que asseguravam os direitos individuais e seus limites. Essa divisão estabelecia a distribuição das tarefas governamentais e a mútua fiscalização entre os poderes do Estado. Locke defendia, ainda, a ideia de que a origem da autoridade não se encontra nos privilégios da tradição, da herança ou da concessão divina, mas no contrato expresso pela livre manifestação das vontades individuais.

A legislação norte-americana, instituindo a divisão do Estado nos três poderes e estabelecendo mecanismos para garantir a eleição legítima dos governantes e os direitos do cidadão, pôs em prática os ideais políticos liberais e democráticos modernos. Assim, os Estados Unidos da América constituíram a primeira república liberal-democrática burguesa.

Atividades

Compreensão de texto

1 Elenque as mudanças concretas que ocorreram na economia e na tecnologia que fomentaram o avanço da ciência e do cientificismo.

2 Faça uma síntese dos principais avanços conceituais realizados pelos humanistas e enciclopedistas na Ilustração acerca da política, do poder e do governo.

3 Adam Smith fez uma das mais importantes contribuições às ciências sociais ao desmistificar a origem da riqueza. Explique como essa contribuição influenciou a formação da sociologia.

4 Leia cuidadosamente o capítulo e extraia cinco conceitos que, na sua opinião, melhor caracterizam a Ilustração.

Interpretação, problematização e pesquisa

5 "Uma vez que homem nenhum possui uma autoridade natural sobre seu semelhante, e que a força não produz nenhum direito, restam, pois, as convenções como base de toda autoridade legítima entre os homens." (p. 25)

Nesse trecho, extraído do *Contrato social*, Rousseau:
a) Considera natural a autoridade de um homem sobre outro? Por quê?
b) Para ele, o que legitima a autoridade de uma pessoa sobre outra?

6 "Como a natureza dá a cada homem um poder absoluto sobre todos os seus membros, dá o pacto social ao corpo político um poder absoluto sobre todos os seus, e é esse mesmo poder que, dirigido pela vontade geral, recebe, como eu disse, o nome de soberania." (p. 42)

A partir do trecho citado, o que é soberania, para Rousseau?

7 O que o homem da Ilustração esperava da ciência? E você, o que espera da ciência hoje?

8 Nesse capítulo procuramos explicar o liberalismo econômico. Hoje vivemos um período de reflorescimento desses princípios, que chamamos de "neoliberalismo". Faça uma pesquisa nos jornais procurando notícias a respeito.

9 Qual era a fonte de riqueza de uma nação para Adam Smith? Por quê?

10 Os trechos a seguir foram extraídos de dois tratados sobre o governo civil, de Locke. Leia-os com atenção e responda às questões.

> "O grande objetivo da entrada do homem em sociedade, consistindo na fruição da propriedade em paz e segurança, e sendo o grande instrumento e meio disto as leis estabelecidas nessa sociedade, a primeira lei positiva e fundamental de todas as comunidades consiste em estabelecer o poder legislativo." (p. 86)
>
> "Todavia, como as leis elaboradas imediatamente e em prazo curto têm força constante e duradoura, precisando para isso de perpétua execução e assistência, torna-se necessária a existência de um poder permanente que acompanhe a execução das leis que se elaboram e ficam em vigor." (p. 91)
>
> "Em todos os casos, enquanto subsiste o governo, o legislativo é o poder superior; o que deve dar leis a outrem deve necessariamente ser-lhe superior." (p. 94)

a) Como Locke justifica a criação do poder legislativo e do poder executivo?
b) Qual deve ser, segundo Locke, a relação entre os poderes legislativo e executivo?
c) Para Locke, os poderes executivo e legislativo podem ser exercidos ao mesmo tempo pelas mesmas pessoas? Por quê?

Aplicação de conceitos

11 **Vídeo:** *A inglesa e o duque* (França, 2001. Direção de Eric Rohmer. Duração: 128 min) — Baseado no livro autobiográfico de Madame Elliot, *Diário da minha vida durante a Revolução Francesa*, aborda a conturbada relação desta nobre inglesa monarquista com o Duque de Orleans e a nobreza francesa, durante a Revolução Francesa. Trata-se de uma das mais atuais releituras do conflito de ideias da época.

- Analise a visão de madame Elliott acerca de como deveria ser a política e de que forma a revolução nega esse olhar.

Tema para debate

[A posição social]

"A racionalização do pensamento burguês recomeça com a segunda época, isto é, na manufatura relativamente desenvolvida. Só então a classe burguesa se mostra como um fato social firmemente estabelecido, isto é, só então a posição social dos indivíduos adota formas relativamente estáveis, e a inquietude da ascensão e da decadência, do progresso e do retrocesso, não constitui mais o aspecto predominante na imagem da sociedade."

KOFLER, Leo. *Contribución a la historia de la sociedad burguesa*. Buenos Aires: Amorrortu, 1974. p. 283.

- Segundo o autor, quais as condições sociais e econômicas que favorecem o desenvolvimento do pensamento burguês do século XVII?

Leitura complementar

As duas faces do liberalismo

"Se, portanto, queremos compreender e apreciar o liberalismo, não temos que escolher entre as duas interpretações, não temos que optar entre o aspecto ideológico e a abordagem sociológica. Ambos concorrem para definir a originalidade do liberalismo e para revelar o que constitui um de seus traços essenciais, essa ambiguidade que faz com que o liberalismo tenha podido ser, alternativamente, revolucionário e conservador, subversivo e conformista. Os mesmos homens passarão da oposição para o poder; os mesmos partidos passarão do combate ao regime à defesa das instituições. Agindo assim, eles nada mais farão do que revelar sucessivamente dois aspectos complementares dessa mesma doutrina, ambígua por si mesma, que rejeita o Antigo Regime e que não quer a democracia integral, que se situa a meio caminho entre esses dois extremos e cuja melhor definição é, sem dúvida, o apelido dado à Monarquia de Julho: 'o justo meio'. É porque o liberalismo é um justo meio que, visto da direita, parece revolucionário e, visto da esquerda, parece conservador. Ele travou, sucessivamente, dois combates, em duas frentes diferentes: primeiro, contra a conservação, o absolutismo; depois, contra o impulso das forças sociais, de doutrinas políticas mais avançadas que ele próprio: o radicalismo, a democracia integral, o socialismo.

É a conjunção do ideal e da realidade, a convergência de aspirações intelectuais e sentimentais, mas também de interesses bem palpáveis, que constituíram a força do movimento liberal, entre 1815 e 1840. Reduzido a uma filosofia política, ele sem dúvida não teria mobilizado grandes batalhões; confundido com a defesa pura e simples de interesses, ele não teria suscitado adesões desinteressadas, que foram até o sacrifício supremo.

O liberalismo transformou a Europa tal qual era em 1815, ora graças às reformas — fazendo uso da evolução progressiva, sem violência —, ora lançando mão da evolução por meio da mudança revolucionária. Entre esses dois métodos, o liberalismo, em sua doutrina, não encontra razão para preferir um ao outro. Se ele pode evitar a revolução, alegra-se com isso. Na verdade isso aconteceu muito raramente.

Talvez somente na Inglaterra, nos Países Baixos e nos países escandinavos é que o liberalismo transformou pouco a pouco o regime e a sociedade por meio de reformas. Em todos os outros lugares, acossado pela resistência obstinada dos defensores da ordem estabelecida, que recusava qualquer concessão, o liberalismo recorreu ao método revolucionário. É a atitude de Carlos X, em 1830, e a promulgação de ordenanças que violavam o pacto de 1814, que levam os liberais a fazer a revolução para derrubar a dinastia. É assim também que a política obstinada de Metternich levará a Áustria, em 1848, à revolução."

RÉMOND, René. *O século XIX:* 1818-1914.
São Paulo: Cultrix, 1974. p. 34-35.

Entender o texto

1 O autor admite que se pode fazer duas leituras distintas do liberalismo, porém propõe uma outra abordagem. Quais são as leituras possíveis e qual a proposta do autor?

2 Segundo o autor, o liberalismo já foi designado com o epíteto de "justo meio". Como ele justificou essa antonomásia?

3 Por que meios o liberalismo concretiza transformações?

3 A crise das explicações religiosas e o triunfo da ciência

O milagre da ciência

A filosofia da Ilustração preparou o terreno para o surgimento das ciências sociais no século XIX, lançando as bases para a sistematização do pensamento científico e espalhando otimismo em relação a ele. Os efeitos de novos inventos, como o para-raios e as vacinas, o desenvolvimento da mecânica, da química e da farmácia, amplamente verificáveis, pareciam coroar de êxitos as atividades científicas. Sem se dar conta das nefastas consequências que a Revolução Industrial do século XVIII traria para o mundo tradicional agrário e manufatureiro, os homens da época se mostraram otimistas em relação às vitoriosas conquistas do conhecimento humano e em sua capacidade de controlar as forças da natureza.

Se a ciência tinha sucesso na explicação da natureza, poderia também explicar a sociedade, como elemento da natureza.

As ideias de progresso, racionalismo e cientificismo exerceram todo um encanto sobre a mentalidade da época — a vida parecia submeter-se aos ditames do homem esclarecido. Preparava-se o caminho para o amplo progresso científico que aflorou no final do século XIX.

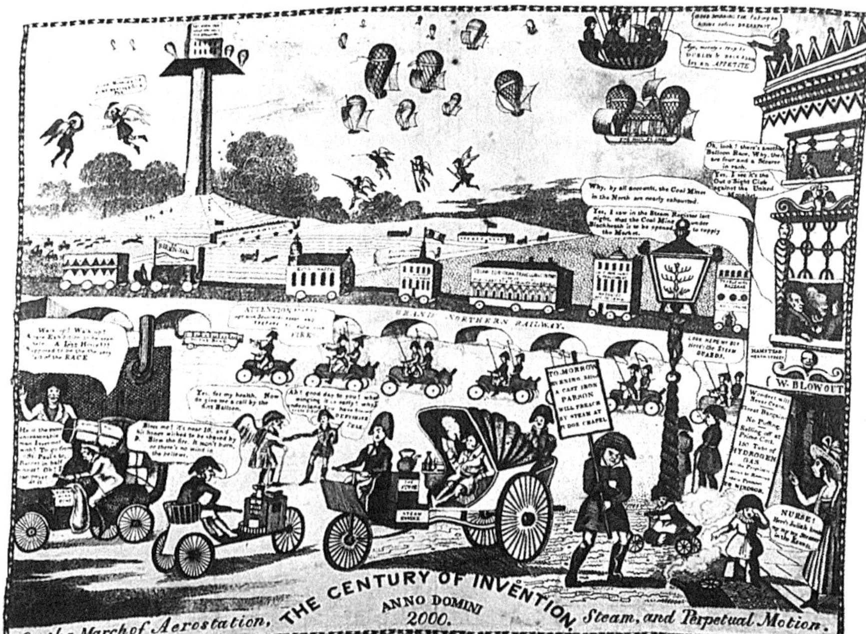

GRANDE EXPOSIÇÃO DE 1851, GRÃ-BRETANHA

Cartaz para a Exposição Universal de Londres, em 1851. Em oposição à religiosidade medieval, a ciência na era moderna se afirmava como sinônimo de verdade e progresso.

> O número de descobertas e inventos se multiplica, de modo que é impossível acompanhá-lo. Lembrem-se apenas de algumas coisas, por sua importância ou curiosidade. Aperfeiçoando os relógios, no início do século XVI inventa-se o relógio portátil, de tanta utilidade, pois os anteriores eram em geral grandes e de difícil manobra... outro aparelho que ocupou atenções e deu muito trabalho foi a máquina têxtil. A roca, bem conhecida, obrigava a fiar e depois a enrolar os fios em uma bobina. Um aperfeiçoamento permite realizar ao mesmo tempo as duas tarefas.
>
> IGLÉSIAS, Francisco. *A Revolução Industrial.* São Paulo: Brasiliense, 1987. p. 42.

Se esse pensamento racional e científico parecia válido para explicar a natureza, intervir sobre ela e transformá-la, ele poderia também explicar a sociedade entendida, então, como parte da natureza. Assim, por associação, a sociedade poderia também ser conhecida e transformada, submetendo-se ao domínio do conhecimento humano.

As questões de método

O filósofo da Ilustração preocupou-se não só com o conhecimento da natureza como também com o desenvolvimento do método mais adequado para esse fim. Desse interesse derivaram diferentes modelos de pesquisa e de maneiras de se fazer ciência. O primeiro foi a indução — método que concebia o conhecimento como resultado da experimentação contínua e do aprofundamento da manipulação empírica, defendido por Bacon desde o alvorecer do Renascimento. O segundo, que teve em Descartes seu mais ardoroso representante, foi o método dedutivo, que propunha uma forma de conhecimento baseado no encadeamento lógico de hipóteses elaboradas a partir da razão.

A ciência se fundava, portanto, como um conjunto de ideias que diziam respeito à natureza dos fatos e aos métodos para compreendê-los. Por isso, as primeiras questões que os sociólogos do século XIX tentam responder são relativas à identificação e definição dos fatos sociais e ao método mais apropriado de investigação. Tanto o método indutivo de Bacon como o dedutivo de Descartes serão traduzidos em procedimentos válidos para as pesquisas sobre a natureza da sociedade.

O anticlericalismo

De especial importância para o desenvolvimento científico e uma postura especulativa diante da natureza e da sociedade foi o anticlericalismo, professado por inúmeros filósofos dessa época, dentre os quais se destacava o francês Voltaire. Ferrenho questionador da religião e da Igreja Católica, chegou a mover ações judiciais para revisão de antigos processos de inquisição. Conseguiu comprovar a injustiça de alguns veredictos eclesiais e até obteve indenizações para as famílias dos condenados.

> Na baixa Idade Média, onde de fato a Igreja era antes de tudo um amestramento, caçavam-se por toda parte os mais belos exemplares das "bestas loiras". "Melhoravam-se", por exemplo, os nobres alemães. Mas com o que se parecia em seguida um tal alemão "melhorado", seduzido para o interior do claustro? Com uma caricatura do homem, com um aborto. Ele tinha se tornado um "pecador", ele estava em uma jaula, tinham-no encarcerado entre puros conceitos apavorantes... Aí jazia ele, doente, miserável, malévolo para consigo mesmo; cheio de ódio contra os impulsos da vida, cheio de suspeita contra tudo que ainda era forte e venturoso. Resumindo, um "cristão"...
>
> NIETZSCHE, Friedrich. *Crepúsculo dos ídolos.* Rio de Janeiro: Relume/Dumará, 2000. p. 52.

Assim a Igreja foi questionada como fonte de poder secular, político e econômico, na medida em que se imiscuía em questões civis e de Estado. Tal questionamento levou à descrença na doutrina e na infalibilidade eclesiásticas, bem como ao repúdio da secular atuação do clero.

Esse processo, denominado por alguns historiadores "laicização da sociedade", por outros, "descristianização", atingiu seu apogeu no século XIX, quando se desenvolveu o materialismo e quando a própria religião se viu transformada em objeto de estudo pelos cientistas sociais.

Francis Bacon
(1561-1626)

Inglês, nascido de família de intelectuais, tornou-se jurista e chanceler. Em seus livros busca mostrar que enquanto a filosofia estéril se perde em devaneios, as técnicas avançam sob domínio do método experimental. ■

François Marie Arouet
(1694-1778)

Francês, filho de um burguês com uma aristocrata, demonstrou pendores para a literatura já em tenra idade. Criado por jesuítas, acaba por conviver com intelectuais e artistas e desenvolve uma atitude cética diante da vida. Acaba preso na Bastilha quando assume o pseudônimo de Voltaire. Exilado, passa a viver na Inglaterra, mas retorna a Paris, onde morre em idade avançada. ■

A Igreja como objeto de pesquisa

A existência da Igreja como instituição social foi discutida por alguns pensadores e sociólogos do século XIX. Émile Durkheim a considerava um meio de integrar os homens em torno de ideias comuns. Karl Marx a julgava responsável por uma falsa imagem dos problemas humanos, ligada à acomodação e à submissão pregadas por sua doutrina.

Defendida por uns, repudiada por outros, a Igreja perdia, de qualquer maneira, o importante papel de explicar o mundo aos homens, passando, ao contrário, a ser explicada por eles. A religião começa a ser encarada como um dos aspectos da cultura humana, uma instituição como outras, criada pelos homens com finalidades práticas, muitas delas mais voltadas aos interesses terrenos e materiais do que à vida espiritual. Assim, a Igreja e sua doutrina sofreram um processo de dessacralização, em que se eliminou muito de sua "aura" de transcendentalismo. Todas as religiões — em especial o catolicismo — passavam por análise crítica, que as julgava positiva ou negativamente dependendo de sua inserção na vida concreta e material dos homens, como promotora de valores sociais importantes para a orientação da conduta humana. Na filosofia, grandes pensadores sistematizaram o pensamento laico e anticlerical. Feuerbach, filósofo alemão, sustentava que não era o homem obra divina, mas, ao contrário, fora Deus inventado pelo homem, à sua imagem e semelhança. Nietzsche chega a anunciar a morte de Deus e a necessidade de o homem assumir a plena responsabilidade sobre sua existência no mundo.

Ludwig Feuerbach
(1804-1872)
Filósofo natural da Baviera, dedicou-se a estudar a religião de um ponto de vista humanista e antropológico que privilegiava a necessidade humana do pensamento religioso e mágico. ■

Friedrich Nietzsche
(1844-1900)
Filósofo alemão, estudioso da civilização grega, criticou o cristianismo e foi defensor da cultura germânica. Escreveu *O Anticristo*, no qual afirmava ser o cristianismo uma religião de escravos, responsável pela decadência do Império Romano. ■

Esse olhar laico e especulativo sobre a doutrina religiosa impulsionou o desenvolvimento das ciências humanas, em particular das ciências sociais, na medida em que a sociedade deixou de ser vista como criação divina e que as dificuldades humanas deixaram de ser pensadas como castigo. Para o pensamento cientificista do século XIX, a vida humana e terrena adquire importância e um homem preocupado com seu bem-estar e sua realização pessoal passa a indagar sobre as razões de ser de seus conflitos e até mesmo sobre a origem pagã das crenças religiosas.

A sacralização da ciência

A sociologia se desenvolveu no século XIX, quando a racionalidade das ciências naturais e de seu método haviam obtido o reconhecimento necessário para substituir a religião na explicação da origem, desenvolvimento e finalidade do mundo.

Nesse momento, a ciência, com a possibilidade de desvendar as leis naturais do mundo físico e social, por meio de procedimentos adequados e controlados, havia conquistado parte da sacralidade que antes pertencera às explicações religiosas: a de apontar aos homens o caminho em direção à verdade.

A ciência já não parecia mais uma forma particular de saber, mas a única capaz de explicar a vida, abolir e suplantar as crenças religiosas e até mesmo as discussões éticas. Supunha-se que, utilizando-se adequadamente os métodos de investigação, a verdade se descortinaria diante dos cientistas — os novos "magos" da civilização —, quaisquer que fossem suas opiniões pessoais, seus valores sobre o bem e o mal, o certo e o errado.

Com a mesma proposta de isenção de valores com que se descobriria a lei da gravitação dos corpos celestes no universo, julgava-se possível descobrir as leis que regulavam as relações entre os homens na sociedade, leis naturais que existiriam independentemente do credo, da opinião e do julgamento humano. O poder do método científico assim se assemelhava ao poder das antigas práticas mágicas: bem usado, revelaria ao homem a essência da vida e suas formas de controle.

Toda essa nova mentalidade, reforçando a crença na materialidade da vida e no poder da ciência, orientou a formação da primeira escola científica do pensamento sociológico, o positivismo, que estudaremos no próximo capítulo.

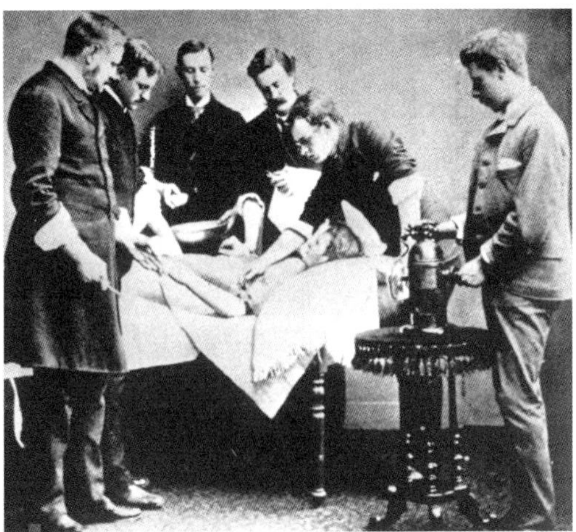

TIME LIFE PICTURES/HULTON ARCHIVE-GETTY IMAGES

HULTON ARCHIVE-GETTY IMAGES

Cirurgia realizada em Edinburgh (Escócia), em 1870 (à esquerda), e aula em laboratório de Liverpool (Inglaterra), em 1899. A ciência mostrava sua capacidade de desvendar o mundo.

Atividades

Compreensão de texto

1 De que maneira se desenvolveu a credibilidade no pensamento científico? Quais os fatores sociais que contribuíram para esse desenvolvimento?

2 Faça um esquema comparativo dos métodos desenvolvidos pelos iluministas na tentativa de apreender a realidade. Depois, classifique a frase que se segue em uma das explicações: "A melhor demonstração é, de longe, a experiência, desde que se atenha rigorosamente ao experimento". Procure encontrar nessa afirmação os princípios do pensamento desse filósofo expostos neste capítulo. Justifique a resposta.

3 Quais foram as primeiras e fundamentais questões que os sociólogos pioneiros do século XIX tiveram que enfrentar e por quê?

4 Por quais razões a sociologia teve que ater-se a estudar e entender a religião no início da sua constituição?

Interpretação, problematização e pesquisa

5 René Descartes afirmou em *Discurso sobre o método*: "Porque os nossos sentidos nos enganam às vezes, quis supor que não havia coisa alguma que fosse tal como eles nos fazem imaginar". De que maneira essa frase representa sua postura diante do conhecimento?

6 Neste capítulo procuramos explicar as diferenças entre dois métodos de conhecimento — o dedutivo e o indutivo —, um baseado na lógica e o outro na experiência. Dê dois exemplos de pesquisas nas quais você perceba a aplicação dessas metodologias.

7 Por que, na época, sob o aspecto filosófico, o estudo científico era uma negação da religião?

8 O que significa "laicização da sociedade"?

9 Por que podemos dizer que houve uma sacralização da ciência?

10 Em que sentido o cientista pode ser identificado como o novo "mago" da civilização?

Aplicação de conceitos

11 **Vídeo:** *O homem aranha II* (EUA, 2004. Direção de Sam Raimi. Duração: 127 min) — Um dos principais heróis das histórias em quadrinhos aparece em uma série de filmes. Parker é o protagonista que, tendo sido picado por uma aranha durante uma experiência científica, adquire poderes extraordinários. Esse filme mostra a ambiguidade da ciência, que tanto pode levar ao mal como ao bem.

- O filme contém também um denso debate sobre o conflito entre levar uma vida individualista e a solidariedade social. Determine os pontos de conflito e confronte-os com os debates introduzidos pelo Iluminismo.

12 Hoje em dia podemos observar na propaganda outra forma contemporânea de sacralização da ciência, por exemplo, quando anunciam os poderes "mágicos" dos remédios — "Tomou Doril, a dor sumiu". Em grupo, faça uma pesquisa nos jornais e periódicos buscando mais exemplos.

Temas para debate

Texto 1

[Ciência versus religião]

"Seguiu-se, com toda intensidade, uma luta intelectual mas também política, cujo preço foi pago pelos jesuítas, atacados pela frente antiescolástica, variada, embora sob uma liderança relativa do Oratório. Simples luta de facções, neste caso? Mero antijesuitismo? Estamos certos de que não. Antiescolasticismo, antijesuitismo não representam senão uma transformação bem mais profunda então em marcha: a secularização política, o racionalismo imanentista no plano filosófico, o individualismo em todos os níveis do real... Um outro momento político e uma outra perspectiva ideológica forçaram a sua revisão, levando de roldão aquilo que se identificava com as antigas formas de pensamento e com os interesses criados à sua sombra... O conflito era entre ciência e religião, entre duas visões completamente distintas do mundo, não se resolvendo apenas pela assimilação do novo ao velho, na medida em que cada um deles partia de premissas irredutíveis uma à outra."

CALAZANS FALCON, Francisco José. *A época pombalina*.
São Paulo: Ática, 1982. p. 342.

1 Qual é a transformação profunda no modo de pensar subjacente à luta contra os jesuítas no século XIX?

2 O que se entende, pelo texto, por secularização?

3 Qual é a oposição básica, segundo o autor, entre pensamento religioso e pensamento científico?

Texto 2

A medicina antes de 1700

"O homem já estava sabendo quais as plantas que serviam para alimentar e curar. As doenças eram consideradas artimanhas do demônio ou castigo de Deus ofendido que disparava setas, pedras e vermes para atingir o corpo do doente. O tratamento aplicado em caso de loucura consistia em atrair a alma para dentro do corpo do qual tinha fugido, ou exorcizar o demônio do interior do mesmo. Faziam um buraco na cabeça da vítima, viravam-na de cabeça para baixo e punham-se a sacudi-la. Este método antefreudiano até hoje é praticado em certos lugares da Argélia e Melanésia, depois de ter sido usado em tempos remotos tanto na França quanto na Inglaterra. A magia e a religião faziam parte da medicina primitiva. Os chás de folhas de raízes eram administrados em meio a danças, bruxarias, caretas e outros truques. Como prevenção de doenças era usado o talismã. Com exceção dos ossos quebrados ou feridas abertas, a medicina primitiva tratava tanto a alma quanto o corpo do paciente."

LINS, Sônia. *Almanaque*.
São Paulo: Forense Universitária, 1994. p. 36.

- Analise o texto com base no que foi discutido neste capítulo.

Leitura complementar

[A sacralização da ciência]

"A ciência representa sempre a forma mais elevada da captação da realidade pela mente humana, que cada época se mostra capaz de produzir. Mesmo nas condições mais primitivas de cultura houve ciência, se aceitarmos que em tais situações é possível distinguir um conhecimento vulgar, cotidiano, não dirigido à interpretação que pretendia ser racional da realidade, de outro, que se presume derivar da aplicação de métodos investigatórios e interpretativos, ainda quando sejam aqueles a que, de nosso ponto de vista atual, atribuímos o caráter de mágicos. A historicidade da ciência consiste na historicidade dos métodos de que se utiliza e na do exame e compreensão do próprio pensamento. Os métodos foram se aperfeiçoando ao longo do tempo, até chegarem às modalidades de análise atual da capacidade de reflexão subjetiva e às técnicas instrumentais da pesquisa experimental e descoberta das regularidades quantitativas entre os fenômenos, que permitirão o emprego, em escala cada vez mais ampla, dos raciocínios matemáticos. A historicidade essencial do método é o conceito fundamental que nos deve guiar na compreensão da ciência e nos servir de regra para discernir em cada etapa civilizatória o que era aí produto do saber empírico, popular, tradicional, não científico, resultado de crenças injustificadas ou opiniões individuais, em contraposição ao que, para essa fase histórica, já possuía o caráter de ciência. Assim, nas civilizações primitivas a interpretação mágica da realidade, patrimônio de restrito círculo sacerdotal, que a detinha, quase sempre em forma de saber esotérico, era a manifestação, então a única possível, da ciência nas condições históricas vigentes. Tanto assim era que seus detentores mereciam socialmente o reconhecimento de sábios. Pouco importa que de nossa perspectiva atual apareçam ignorantes do que para nós são agora as verdadeiras funcionalidades da natureza."

VIEIRA PINTO, Álvaro. *Ciência e existência*. Rio de Janeiro: Paz e Terra, 1969. p. 92.

Entender o texto

1 Explique o que o autor quis dizer com a seguinte frase: "A ciência representa sempre a forma mais elevada da captação da realidade pela mente humana, que cada época se mostra capaz de produzir".

2 Sintetize o significado que o autor dá para a expressão "historicidade da ciência".

I II IV V VI VII

III

A sociologia clássica

4 A emergência do pensamento social em bases científicas

Introdução

A formulação do pensamento social em bases científicas dependeu, como vimos nos capítulos anteriores, do aparecimento de condições históricas exigindo a análise da vida social em sua especificidade e concretude. Dependeu também do amadurecimento do pensamento científico e do interesse pela vida material do homem. Resultou ainda do aprofundamento das análises filosóficas, especialmente as propostas pela Ilustração e estimuladas pelas Revoluções Burguesas[1] — a Revolução Gloriosa (1680), e a Revolução Francesa (1789), a Independência Norte-americana (1776). Esses movimentos trouxeram à tona dúvidas relativas às liberdades humanas, aos direitos individuais e à legitimidade dos movimentos sociais. Por trás da ação política propriamente dita havia todo um questionamento a respeito das peculiaridades da vida humana e da sociedade. Essa filosofia social gerou tendências e escolas de pensamento que desembocaram nas primeiras formulações sociológicas. Vamos analisar tais propostas e a forma como pensaram a vida social.

O darwinismo social

A expansão da indústria, resultante das Revoluções Burguesas que atingiram os países europeus durante o século XIX, trouxe consigo a destruição da velha ordem feudal e a consolidação da nova sociedade — a capitalista — estruturada no lucro e na produção ampliada de bens. Mas, no final desse século, amadurecido o capitalismo e estabelecidas as bases industriais de produção, a economia europeia passa por novo choque: o crescimento do mercado não obedece ao ritmo de implantação da indústria, gerando crises de superprodução que levam à falência milhares de pequenas indústrias e negócios — há um excedente de oferta sobre a demanda, gerando uma guerra concorrencial que, por sua vez, provoca uma queda acentuada da taxa de lucro. Como consequência, as empresas sobreviventes se unem, disputando entre elas o mercado existente e a livre concorrência, que parecia ser a condição geral de funcionamento da sociedade capitalista, foi sendo substituída pela concentração das atividades produtivas nas mãos de um pequeno número de pro-

[1] Consideram-se como Revoluções Burguesas movimentos ocorridos em diferentes países da Europa e na América, tendo por objetivo pôr fim às relações políticas e econômicas semifeudais, que serviam de entrave ao pleno desenvolvimento do capitalismo. Propunha-se, assim, substituir o Absolutismo pela Monarquia Constitucional ou pela República, terminar com as barreiras que impediam o livre desenvolvimento da indústria e do comércio e acabar com os laços de colonialismo que limitavam a expansão do capitalismo pelo mundo.

dutores. Começam a se formar grandes monopólios e oligopólios associados a poderosos bancos, que passam a financiar a produção por meio do capital financeiro, gerando dívidas crescentes que só poderiam ser pagas com a expansão do mercado e da produção. Ultrapassar os limites da Europa era a única saída para garantir a sobrevivência dessas indústrias e os lucros desses bancos.

Da mesma forma, não podendo continuar investindo apenas no mercado europeu sem causar novas crises de superprodução, o capital financeiro exigia expansão e a conquista de novos mercados consumidores. A Europa se volta, mais uma vez, para a conquista de impérios além-mar, tendo como principais alvos, nessa época, a África e a Ásia. Nesses continentes podia-se obter matéria-prima bruta a baixíssimo custo, bem como mão-de-obra barata. Havia também pequenos mercados consumidores, além de áreas extensas ideais para investimentos em obras de infraestrutura. Porém, a exploração eficaz das novas colônias encontrava resistência nas estruturas sociais e produtivas vigentes nesses continentes que, de forma alguma, atendiam às necessidades do capitalismo europeu.

Os países europeus tiveram de lidar com civilizações organizadas sob princípios diferentes dos seus, como o politeísmo, a poligamia, formas de poder tradicionais, castas sociais sem qualquer tipo de mobilidade, economia baseada na agricultura de subsistência, no pequeno comércio local e no artesanato doméstico. Assim, tornava-se necessário organizar, sob novos moldes, as nações que conquistavam, estruturando-as segundo os princípios que regiam o capitalismo pois, de outra forma, seria impossível racionalizar a exploração da matéria-prima e da mão-de-obra de modo a permitir o consumo de produtos industrializados europeus e a aplicação rentável dos capitais excedentes nesses territórios.

As civilizações conquistadas pelos europeus tinham que ser reorganizadas em moldes capitalistas.

Transformar esse mundo conquistado em colônias que se submetessem aos valores capitalistas requeria uma empresa de grande envergadura, pois dessa transformação dependiam a expansão e a sobrevivência do capitalismo industrial. A conquista, a dominação e a transformação da África e da Ásia pela Europa exigiam justificativas que ultrapassassem os interesses econômicos imediatos. Assim, a conquista europeia revestiu-se de uma aparência humanitária que ocultava a violência da ação colonizadora e a transformava em "missão civilizadora". Países como Inglaterra, França, Holanda, Alemanha, Itália se apoderavam de regiões do mundo cujo modo de vida era totalmente diferente do capitalismo europeu, buscando transformar radicalmente sua tradição, seus hábitos e costumes. A "civilização" era oferecida, mesmo contra a vontade dos dominados, como forma de "elevar" essas nações do seu estado primitivo a um nível mais desenvolvido. Tal argumento baseava-se no princípio inquestionável de que o mais alto grau de civilização a que um povo poderia chegar seria o já alcançado pelos europeus — a sociedade capitalista industrial do século XIX.

Essa forma de pensar apoiava-se em modelos teóricos desenvolvidos pelas ciências naturais, especialmente o proposto pelo cientista inglês Charles Darwin para explicar a evolução biológica das espécies animais. Muitos cientistas e políticos da época leram as teses de Darwin como se fossem uma explicação teleólogica da formação das espécies. Segundo essa ideia, a seleção natural pressiona as espécies no sentido da sua adaptação ao ambiente, obrigando-as a se transformar continuamente com a finalidade de se aperfeiçoar e garantir a sobrevivência. Em consequência, os organismos tendem a se adaptar cada vez melhor ao ambiente, criando formas mais complexas e avançadas de vida, que possibilitam, pela competição natural, a sobrevivência dos seres mais aptos e evoluídos.

Acreditando na superioridade de sua cultura, os europeus intervieram nas formas tradicionais de vida existentes nos outros continentes, procurando transformá-las.

> Frei Vicente do Salvador esqueceu-se de uma característica muito importante da vida indígena daquele tempo: o canibalismo como prática ritual do perene renascimento do homem no seu semelhante. Ao longo dos séculos, os conquistadores, antes mesmo de tocar a nova terra, já acreditavam que os índios fossem canibais; que comiam gente porque eram primitivos. Era um mito. Mesmo hoje, há quem na Europa e nos Estados Unidos acredite que há ainda índios canibais. Infelizmente, não há... Há cerca de dois anos um cacique do Xingu, apossando-se desse mito branco do canibalismo indígena, ameaçou, numa entrevista na televisão, de comer os brancos invasores das terras de sua tribo; mas explicava que não desejava fazê-lo porque, entre os diversos tipos de carne de animais, a pior era a dos brancos.
>
> MARTINS, José de Souza. *A chegada do estranho*. São Paulo: Hucitec, 1993. p. 17.

Tais ideias, transpostas para a análise da sociedade, resultaram no darwinismo social — o princípio a partir do qual as sociedades se modificam e se desenvolvem de forma semelhante, segundo um mesmo mo-

ACERVO CID

Os nativos da Austrália vistos pelos europeus. Gravura do século XIX.

delo e que tais transformações representariam sempre a passagem de um estágio inferior para outro superior, em que o organismo social se mostraria mais evoluído, mais adaptado e mais complexo. Esse tipo de mudança garantiria a sobrevivência dos organismos — sociedades e indivíduos —, mais fortes e mais evoluídos.

Inspirados nessas concepções evolucionistas, os cientistas sociais estudaram as sociedades tradicionais encontradas na África, na Ásia, na América e na Oceania como "fósseis vivos", exemplares de estágios anteriores, "primitivos", do passado da humanidade. Assim, as sociedades mais simples e de tecnologia menos avançada deveriam evoluir em direção a níveis de maior complexidade e progresso na escala da evolução social, até atingir o estágio mais avançado ocupado pela sociedade industrial europeia. Essa explicação aparentemente "científica" que justificava a intervenção europeia em outros continentes era incapaz de explicar, entretanto, as dificuldades pelas quais passava a própria Europa. Naquela época, como hoje, os frutos do progresso não eram igualmente distribuídos e nem todos participavam das benesses da civilização. Inúmeros movimentos de reivindicação de camponeses e operários provavam isso. Como o positivismo explicava essa distorção?

Uma visão crítica do darwinismo social — ontem e hoje

A transposição de conceitos físicos e biológicos para o estudo das sociedades e do comportamento humano promoveu desvios interpretativos graves, que acabaram por emprestar uma garantia de cientificismo a ações guiadas por preconceito e interesses particulares. Um desses desvios ocorreu com a aplicação do conceito de espécie em Darwin para o estudo das diferentes sociedades e etnias.

Se o homem constitui biologicamente uma espécie, o mesmo não se pode dizer das diferentes culturas que ele desenvolveu. O caráter cultural da vida humana imprime ao desenvolvimento das suas formas de vida princípios diferentes daqueles existentes na natureza. Os princípios da seleção natural são aplicáveis às formas de vida cujo comportamento é expressão das leis imperativas da natureza, ou seja, aquelas incapazes de transformar o ambiente em favor da sua adaptação e sobrevivência.

Hoje, percebe-se que a complexidade da cultura humana tem concorrido para limitar a ação da lei de seleção natural. A adaptabilidade do homem e a sua dependência cada vez menor em relação ao meio têm transformado o ser humano numa espécie à qual a seleção natural se aplica de maneira especial e relativa. Mesmo autores que continuam aceitando a ideia de que as leis de evolução explicam parte das escolhas realizadas pelo homem admitem que o entendimento de como essa lei age deve se basear em critérios amplos, flexíveis e relativos que deem conta da maravilhosa diversidade da cultura humana.

No entanto, uma aplicação leviana do conceito de espécie à análise da sociedade serviu, no século XIX, como justificativa para a ação política e econômica europeia sobre a África e a Ásia, sem que se avaliassem as consequências do que se entendia, em termos sociais, por mais forte ou mais evoluído.

Identificar a especificidade das regras que regem as sociedades é fundamental para o uso de conceitos de outras ciências. Ainda hoje, tenta-se essa transposição para justificar determinadas realidades sociais. A regra darwinista da competição e da sobrevivência do mais forte é aplicada às leis de mercado, principalmente pela doutrina do liberalismo econômico, hoje batizada de neoliberalismo.

Pressupõe-se que competitividade seja o princípio natural — e, portanto, universal e exterior à vontade e discernimento dos próprios homens — que assegura a sobrevivência do melhor, do mais forte e do mais adaptado. É preciso lembrar que o mercado, como outros elementos da cultura humana, obedece a formas de organização social essencialmente humanas — e, por essa razão, históricas —, resultantes do desenvolvimento das relações entre os homens e entre as sociedades. E, portanto, mutáveis e relativas.

Duas formas de avaliar as mudanças sociais

O darwinismo social, além de justificar o colonialismo da Europa no resto do mundo, refletia o grande otimismo com que o progresso material da industrialização era percebido pelo europeu.

Entretanto, apesar desse otimismo em relação ao caráter apto e evoluído da sociedade europeia, o desenvolvimento industrial gerava, a todo o momento, novos conflitos sociais. Os empobrecidos e explorados — camponeses e operários — organizavam-se, exigindo mudanças políticas e econômicas. Os primeiros pensadores sociais positivistas responderam a seus questionamentos e reivindicações com as noções de "ordem e progresso".

Haveria, então, dois tipos característicos de movimento na sociedade. Um levaria à evolução, transformando as sociedades, segundo a lei universal, da mais simples à mais complexa, da menos avançada à mais evoluída. Outro procuraria ajustar todos os indivíduos às condições estabelecidas, garantindo o melhor funcionamento da sociedade, o bem comum e os anseios da maioria da população. Esses dois movimentos revelariam ser o progresso o princípio que rege as transformações sociais em direção à evolução das sociedades, e a ordem, o princípio regulador que garante o ajustamento e a integração dos componentes da sociedade a um objetivo comum.

O darwinismo social *justificava o colonialismo europeu e refletia o otimismo dos europeus em relação à sua cultura.*

Os movimentos reivindicatórios, os conflitos, as revoltas deveriam ser contidos sempre que pusessem em risco a ordem estabelecida ou o funcionamento da sociedade, ou ainda quando inibissem o progresso.

Auguste Comte identificou na sociedade esses dois movimentos vitais: chamou de "dinâmico" o que representava a passagem para formas mais complexas de existência, como a industrialização; e de "estático" o responsável pela preservação dos elementos permanentes de toda organização social. As instituições que mantêm a coesão e garantem o funcionamento da sociedade, como, por exemplo, família, religião, propriedade, linguagem, direito, seriam responsáveis pelo movimento estático da sociedade. Comte avaliava esses dois movimentos vitais privilegiando o estático em detrimento do dinâmico ou a conservação em detrimento da mudança. Isso significava que, para ele, o progresso deveria aperfeiçoar os elementos da ordem e não ameaçá-los.

Assim se justificava a intervenção na sociedade sempre que fosse necessário assegurar a ordem ou promover o progresso. A existência da sociedade burguesa industrial era defendida tanto em face dos movimentos reivindicatórios que aconteciam em seu próprio interior quanto em face da resistência das sociedades agrárias e pré-mercantis em aceitar o modelo industrial e urbano.

Essas ideias tiveram plena aceitação no século XIX, época de expansão europeia sobre o mundo, mas permaneceram vivas e atuantes depois da Segunda Guerra Mundial, quando novas potências se firmaram no planeta: EUA — Estados Unidos da América — e URSS — União de Repúblicas Socialistas Soviéticas. O poder que elas exerceram sobre países sob sua influência baseava-se também na justificativa de estarem libertando essas nações de forças conservadoras, implantando modelos mais avançados de vida política e econômica.

E, recentemente, muitos acontecimentos que pautam as relações entre nações e etnias mostram que o darwinismo social ainda tem muita força e justifica diferentes arbitrariedades cometidas por um grupo sobre outro, por um país sobre outro. Por exemplo, as intervenções dos Estados Unidos no Afeganistão (2001) e no Iraque (1991 e 2003) vêm coroadas de princípios humanitários e libertários que ainda explicam as diferenças sociais como diferença de graus de desenvolvimento e de evolução. É sob o mesmo princípio que os movimentos nazifascistas, do passado e

LIBA TAYLOR/CORBIS-STOCK PHOTOS

HOWARD DAVIES/CORBIS-STOCK PHOTOS

Acampamento de refugiados em Kubumba, Zaire (atual República Democrática do Congo), e refugiados chegando a Benaco, Tanzânia, fotos de 1994. O drama dos refugiados é duplo; expulsos dos seus países por guerra, epidemias ou pela miséria, são tratados como párias nos países onde buscam abrigo.

do presente, estruturaram-se para justificar a violência física, política e ideológica contra os estrangeiros e etnias em seus respectivos países. Também a forma como são tratados os refugiados estrangeiros que chegam à Europa, vindos de países mais pobres ou em conflito, faz lembrar a crença na superioridade racial e étnica de um povo sobre outro.

Organicismo

Não podemos deixar de nos referir, num capítulo que trata do positivismo e do darwinismo social, a outra escola que se desenvolveu no rastro das conquistas das ciências biológicas e naturais e da teoria evolucionista de Charles Darwin. Essa outra escola foi o organicismo, que teve como seguidores cientistas que procuraram aplicar seus princípios à explicação da vida social.

Um deles foi o alemão Albert Schäffle, que se dedicou ao estudo dos "tecidos sociais", conceito com o qual identificava as diferentes sociedades existentes, numa nítida alusão à biologia. Ninguém, entretanto, se destacou como Herbert Spencer, filósofo inglês que procurou estudar a evolução da espécie humana de acordo com leis que explicariam o desenvolvimento de todos os seres vivos, entre os quais o homem. Seu seguidor, o francês Alfred Espinas, afirma que os princípios da biologia são aplicáveis a todo ser vivo, razão pela qual propõe uma "ciência da sociedade", cujas leis estariam expressas na vida comunitária de todos os seres vivos, desde as espécies mais simples até o ser humano.

Os "organicistas" procuravam características universais da espécie humana, deixando de lado suas particularidades.

Todos esses cientistas partem do princípio de que existem caracteres universais presentes nos mais diversos organismos vivos, dispostos sob a forma de órgãos e sistemas — partes interdependentes cuja função primordial é a preservação do todo social. Procuravam assim criar uma identidade entre leis biológicas e leis sociais, hereditariedade e história. Essas teorias entendem as análises das relações sociais humanas como integradas aos estudos universais das espécies vivas. Ignoram a especificidade histórica e cultural do homem. Por fim, estabelecem leis de evolução em que as diversas sociedades humanas são tratadas como espécies.

> O evolucionismo, velho compadre do etnocentrismo, não está longe. A atitude nesse nível é dupla: primeiramente recensear as sociedades segundo a maior ou menor proximidade que o seu tipo de poder mantém com o nosso; em seguida afirmar explicitamente ou implicitamente uma continuidade entre todas essas formas de poder... Mas, de outra parte é muito forte a tentação de continuar a pensar segundo o mesmo esquema e recorre-se a metáforas biológicas. Daí o vocabulário: embrionário, nascente, pouco desenvolvido, etc.
>
> CLASTRES, Pierre. *A sociedade contra o estado.* São Paulo: Cosac&Naify, 2003. p. 33.

Atividades

Compreensão de texto

1 Qual a influência das ideias e da teoria de Charles Darwin no pensamento sociológico positivista?

2 Como a ideia evolucionista da biologia transposta para as ciências sociais condicionou a visão dos europeus sobre as sociedades não-europeias com as quais entraram em contato a partir do expansionismo imperialista?

3 Quais os dois movimentos que Comte distinguia na sociedade? Como ele os relacionava?

Interpretação, problematização e pesquisa

4 Identifique e discuta as características do pensamento positivista presentes neste texto:

> "Todos os diversos meios gerais de exploração racional, aplicáveis às investigações políticas, concorreram espontaneamente para estabelecer, de uma maneira igualmente decisiva, a inevitável tendência primitiva da humanidade a uma vida principalmente militar e seu destino final não menos irresistível a uma existência essencialmente industrial".

Curso de filosofía positiva. In: AYALA, Francisco. *Historia de la sociología*. Buenos Aires: Losada, 1947. p. 77.

5 Com base nas características do pensamento positivista, analise este texto de Comte:

> "Nossa exploração histórica deverá ficar quase unicamente reduzida à seleção ou à vanguarda da humanidade, compreendendo a maior parte da raça branca ou as nações europeias e até limitando-nos, para maior precisão, sobre todos os tempos modernos, aos povos da Europa Central."

6 O texto a seguir é de autoria do filósofo social Le Bon e foi retirado de sua obra *A multidão*, escrita em 1895. Leia-o e responda à questão a seguir.

> "Pelo mero fato de formar parte de uma multidão organizada, um homem desce vários degraus na escala da civilização. Isolado, ele poderá ser um indivíduo cultivado; na multidão, é um bárbaro — ou seja, uma criatura que age por instinto."

In: COHN, Gabriel. *Sociologia da comunicação*. São Paulo: Pioneira, 1973. p. 20.

Que características do pensamento positivista-evolucionista podem ser encontradas no texto?

7 Pesquise artigos de jornal ou revista que contenham alguma descrição ou opinião sobre um acontecimento qualquer envolvendo atividades desempenhadas por multidões (comícios, desfiles, procissões, paradas, saques, carnaval, quebra-quebras, cultos, romarias, espetáculos públicos). Em que situações se podem encontrar, hoje em dia, ideias parecidas com as de Le Bon?

8 Com base nas explicações do texto e em pesquisas adicionais em textos históricos, procure identificar as raízes positivistas do lema da bandeira brasileira: "ordem e progresso".

Aplicação de conceitos

9 **Vídeo:** *Lugar nenhum na África* (Alemanha, 2003. Direção de Caroline Link. Duração: 141 min) — Narrado do ponto de vista da filha Regina, de 5 anos, o filme mostra a emigração de uma família judia da Alemanha nazista para o Quênia (África), onde o marido consegue emprego como administrador de uma fazenda. O filme aborda o choque cultural, os preconceitos dos europeus em relação aos africanos e a difícil aculturação.

- Observe como o filme trata os preconceitos que emergem das relações entre os europeus e os habitantes do Quênia.

10 A invasão do Iraque em 2003 por exércitos de coalizão liderados pelos Estados Unidos da América, sob ordens do Pentágono, teve por justificativa banir do país o governo ditatorial de Saddam Hussein. Procure em jornais e/ou revistas da época, livros ou mesmo na Internet reportagens que mostrem essa visão evolucionista da Ordem Mundial, segundo a qual os Estados Unidos representariam o modelo mais evoluído de regime político do planeta.

Temas para debate

Texto 1

[Descristianização]

"O que se denomina descristianização toca, pelo contrário, nas crenças íntimas e no comportamento das pessoas. Ela exprime o fato de que, depois de uma centena de anos nas sociedades modernas, massas de homens, cada vez mais compactas, parecem desinteressar-se por qualquer crença religiosa. Elas deixam de frequentar os lugares de culto, afastam-se dos sacramentos, negligenciam suas obrigações religiosas. A regressão da prática religiosa é o indício de uma desafeição crescente no tocante às Igrejas e à religião. Ao contrário do estado de espírito que havia presidido, no início do século XIX, a laicização e que se definia por uma hostilidade militante, a descristianização não exprime mais do que desinteresse e indiferença.

Na verdade, por ser diferente, por sua natureza, da secularização de combate, descristianização e secularização, historicamente, não estão de todo dissociadas. A política anticlerical dos governos de esquerda, a legislação antirreligiosa, as medidas de exceção tomadas contra a Igreja e suas instituições contribuíram, por certo, para afastar certas camadas da população de seus hábitos religiosos. Paralelamente, o desacordo manifesto entre as aspirações do tempo e a posição das autoridades religiosas foi responsável pelo afastamento de muitos que, obrigados a optar entre a fidelidade à religião tradicional e a esperança de construir um mundo mais livre ou mais justo, escolheram a democracia ou o socialismo, a ciência ou a fraternidade humana."

RÉMOND, René. *O século XIX;* 1818-1914, op. cit. p. 171.

1 De que maneira esse trecho expressa a descrença na religião e a crescente fé na ciência, às quais aludimos neste capítulo?

2 Esse texto poderia ser classificado como contemporâneo?

Texto 2

O antigo e o novo na Ordem Internacional

"A Colômbia também foi líder hemisférica em matéria de ajuda e treinamento militar americanos. Neste caso, o pretexto é a 'guerra da droga', mas isso é um 'mito', como informam regularmente as organizações dos direitos humanos e outros investigadores que estudaram os laços estreitos que existem entre narcotraficantes, latifundiários, militares e paramilitares, responsáveis pela maior parte do terror. Essa história nos ensina mais uma lição sobre o verdadeiro significado do termo 'democracia'.

Aprendemos ainda mais com os acontecimentos de anos anteriores, sobre os quais dispomos de parte dos registros secretos, de forma que sabemos bastante a respeito do pensamento que orientou a política. A reação americana à primeira experiência da Guatemala com a democracia é um exemplo revelador. Em 1952, a CIA alertou que as 'políticas radicais e nacionalistas' do governo haviam conquistado 'o apoio ou aquiescência de quase todos os guatemaltecos'. O governo estava 'mobilizando o campesinato, até agora politicamente inerte', e criando um 'apoio de massa para o atual regime' por meio da organização dos trabalhadores, reforma agrária e outras políticas 'identificadas com a revolução de 1944', que suscitara 'um forte movimento nacional para libertar a Guatemala da ditadura militar, do atraso social e do 'colonialismo econômico' predominantes no passado'. As políticas do governo democrático 'inspiravam lealdade e correspondiam aos interesses da maioria dos guatemaltecos conscientes'. O serviço de informações do Departamento do Estado relatou que a liderança democrática 'insistia em manter um sistema político aberto', permitindo, assim, que os comunistas ampliassem suas atividades e atraíssem vários setores da população. Essas deficiências da democracia foram curadas pelo golpe militar de 1954 e o reino do terror desde então instalado, sempre com vasto apoio dos EUA.

A ameaça à ordem na Guatemala foi além da implantação de um sistema político aberto. Um funcionário do Departamento de Estado avisou que a Guatemala 'tornou-se uma ameaça crescente à estabilidade de Honduras e El Salvador. Sua reforma agrária é uma poderosa arma de propaganda; seu amplo programa social de ajuda aos trabalhadores camponeses em uma luta vitoriosa contra as classes abastadas e as grandes empresas estrangeiras exercem forte atração sobre as populações centro-americanas vizinhas onde as condições são semelhantes'. 'Estabilidade' significa segurança para 'as classes abastadas e as grandes empresas estrangeiras', cujo bem-estar deve ser preservado.

Na terminologia dos planejadores de alto nível, a Guatemala tornara-se um 'vírus' que podia 'infectar' outros países, pois enviava mensagens erradas a respeito da possibilidade de uma mudança social democrática. Houve muitos outros. Henry Kissinger advertiu que o governo de Allende era um vírus que podia espalhar a infecção até a Itália, ainda não 'estável' depois de 25 anos de grandes programas da CIA destinados a subverter a democracia italiana. Os vírus têm que ser destruídos e os outros, protegidos da infecção: a violência muitas vezes é o meio mais eficiente de executar ambas as tarefas, deixando um rastro medonho de assassinato, terror, tortura e devastação."

CHOMSKY, Noam. O antigo e o novo na Ordem Internacional. Teoria e prática. In: ROSA, Luiz Pinguelli (Coord.). *Noam Chomsky na UERJ*. Rio de Janeiro: COPPE/UERJ, 1997. p. 87

1 Nesse texto o autor mostra que os estrategistas políticos norte-americanos também elaboravam metáforas referentes ao campo das ciências biológicas para explicar o social. De que forma?

2 O autor, um dos mais ácidos críticos à política internacional norte-americana, considera que a intervenção dos Estados Unidos sobre outros países da América Latina visa o desenvolvimento desses países?

Leituras complementares

Texto 1

[A razão e o modelo das ciências físicas]

"No século XVIII, a razão adquire um novo sentido. Não é, diz Cassirer, 'o nome coletivo das ideias natas que nos são dadas com anterioridade a toda a experiência e nela se nos descobre a essência absoluta das coisas'. Mas, no pensamento da Ilustração, 'a razão passa a significar a força espiritual radical que nos conduz ao descobrimento da verdade e à sua determinação e garantia'. O conceito de razão não é compreendido no século XVIII como um conceito de 'ser', mas de 'fazer', não é a posse da verdade, mas a sua conquista; ou seja, uma forma determinada de aquisição da verdade. A Ilustração irá encontrar o seu método de filosofia segundo o modelo que oferece a ciência natural do seu tempo, ou seja, as *regulae philosophandi* de Newton. Não irá voltar ao *Discours sur la méthode* de Descartes, mas norteará as formas de seu pensamento, segundo as perspectivas demonstradas por Newton. O indivíduo deve dirigir a realidade sem ideias preconcebidas para, desta maneira, poder descobrir as leis científicas que existem na natureza. O caminho proposto por Newton não é a pura dedução, mas a análise. Não se deve partir de determinados princípios ou conceitos gerais para, através deles, em meio a deduções abstratas, atingir o conhecimento do particular, mas deve-se partir da direção oposta. Os fenômenos observados são os dados, e as leis ou princípios, os inquiridos. Deve-se partir, como no método da física, da análise de fenômenos particulares para se atingir as leis gerais existentes na natureza."

TRINDADE, Liana M. S. *As raízes ideológicas das teorias sociais.* São Paulo: Ática, 1978. p. 28-29.

Entender o texto

- Sintetize o método de Newton descrito nesse texto e compare-o com os métodos da dedução e indução descritos neste capítulo.

Texto 2

Sociedade de medicina do Rio de Janeiro

"A fundação desta sociedade deve-se ao devotamento filantrópico e ao patriotismo de 6 ou 7 médicos, recomendáveis pelo seu saber, que se reuniram para redigir os estatutos. Seu funcionamento foi aprovado e autorizado por decreto imperial de 15 de janeiro de 1830, assinado por D. Pedro I, e a sua instalação pública ocorreu a 24 de abril do mesmo ano sob a presidência do ministro do interior, marquês de Caravelas. A sessão pública de seu primeiro aniversário foi presidida pelos membros da Regência Provisória.

A sociedade se divide em quatro sessões: de vacinação, de consultas gratuitas, de doenças repugnantes e de higiene geral da cidade do Rio de Janeiro. Ela mantém correspondência permanente com as sociedades sábias da Europa. As assembleias particulares realizam-se uma vez por semana; dois dias são consagrados às consultas gratuitas, dadas em sua sede aos indigentes que se apresentam e cujos medicamentos são fornecidos gratuitamente por um farmacêutico, membro honorário da sociedade.

A sociedade se ocupa com perseverança da análise racional e das propriedades particulares de uma infinidade de plantas indígenas, a fim de aproveitá-las na terapêutica. Além disso criou medalhas de emulação e prêmios pecuniários distribuídos em sessões públicas a nacionais autores de novas descobertas na arte de curar; para provocá-las a sociedade publica no fim de cada ano o programa do concurso de emulação do ano seguinte. Na lista dos membros honorários figuram brasileiros dos mais distintos na sociedade e nas ciências físicas. O programa distribuído no fim da sessão pública de 1831 comportava 3 medalhas de ouro de diferentes valores, para as três melhores memórias a respeito das medidas sanitárias em geral.

Um prêmio de 5 mil francos era também prometido ao autor de memória que determinasse, com observações clínicas gerais baseadas em casos particulares e principalmente autópsias, a natureza, as causas e o tratamento de qualquer moléstia endêmica no Brasil."

DEBRET, Jean-Baptiste. *Viagem pitoresca e histórica ao Brasil,* tomo II. São Paulo: Edusp, 1989. p. 28-29.

Entender o texto

- O pintor Jean-Baptiste Debret veio para o Brasil integrando a Missão Artística Francesa, trazida por D. João VI em 1816. Na descrição feita pelo pintor, sobre os inícios da atividade científica no Brasil, há claros indícios de que se praticava no país o modelo científico europeu. Cite esses elementos.

Texto 3

A propósito da teoria molecular da evolução

"O que pretendo afirmar pode ser expresso em três enunciados.

1. De acordo com a teoria moderna — a teoria sintética — as unidades de transmissão, as unidades de conservação, em hereditariedade, e a unidade de mutação, são a mesma, a saber, o gene. Chamo-lhe unidade de transmissão e, também, unidade de mutação.

2. O segundo enunciado fundamental é o de que a unidade de seleção, tal como Darwin imaginou, é o indivíduo — não o gene. É o indivíduo que se constitui na unidade de seleção, mas não através do ingênuo processo que aparece nos escritos do próprio Darwin, de Spencer, ou de outros — não através do violento e simplificado conceito de luta pela vida ou de sobrevivência do mais apto, mas na forma de pressões seletivas que modulam a probabilidade de que genes provenientes deste indivíduo serão encontrados em geração ulterior, depois de uma, duas, três, quatro, ou n gerações. O que importa para a seleção, segundo esse conceito, não é a sobrevivência do indivíduo que, em si mesmo, não tem interesse para a seleção, mas saber se seu gene terá oportunidade de estar presente na primeira, segunda, terceira, quarta ou enésima geração. Isto é o de que precisamos para ter evolução, para ter pressões seletivas que signifiquem algo para a seleção. A sobrevivência de um velho, se ele é incapaz de gerar filhos, não tem qualquer importância para a teoria da evolução. Não contribuirá para a evolução do homem, ainda que seja muito velho e muito brilhante.

3. O terceiro conceito, que é, sob muitos ângulos, o mais importante e o menos entendido, é o que tem sido objeto de maior atenção. Traduz a ideia de que a unidade de evolução não é o gene, nem o indivíduo, mas a população. Não qualquer população, todavia, e sim a população que partilha certo genoma, a saber, uma população mendeliana, com recombinação sexual conduzindo à contínua produção de novos genomas, através de recombinação. É uma unidade efetivamente capaz de evoluir. Como talvez saibam, muito da reflexão teorética gira em torno desse conceito, incluindo o desenvolvimento de complicados e interessantes modelos de populações em evolução."

MONOD, Jacques. A propósito da teoria molecular da evolução. In: HARRÉ, Ron (Org.). *Problemas da revolução científica:* incentivos e obstáculos ao progresso das ciências. p. 32-33. (O homem e a ciência)

Entender o texto

- Nesse texto, o autor explica a teoria evolucionista sob o ponto de vista biológico. Faça um esquema com as principais ideias do autor.

5 A sociologia de Durkheim

O que é fato social

Embora Comte seja considerado o pai da sociologia e tenha-lhe dado esse nome, Durkheim é apontado como um de seus primeiros grandes teóricos. Ele e seus colaboradores se esforçaram por emancipar a sociologia das demais teorias sobre a sociedade e constituí-la como disciplina rigorosamente científica. Em livros e cursos, sua preocupação foi definir com precisão o objeto, o método e as aplicações dessa nova ciência.

Comte deu o nome de sociologia a essa ciência, mas Durkheim foi um dos seus grandes teóricos.

Imbuído dos princípios positivistas, Durkheim queria definir com rigor a sociologia como ciência, estabelecendo seus princípios e limites e rompendo com as ideias de senso comum — os "achismos" — que interpretavam a realidade social de maneira vulgar e sem critérios.

Em uma de suas obras fundamentais, *As regras do método sociológico*, publicada em 1895, Durkheim definiu com clareza o objeto da sociologia — os fatos sociais.

De acordo com as ideias defendidas nesse trabalho, para o autor, o fato social é experimentado pelo indivíduo como uma realidade independente e preexistente. Assim, são três as características básicas que distinguem os fatos sociais. A primeira delas é a "coerção social", ou seja, a força que os fatos exercem sobre os indivíduos, levando-os a conformarem-se às regras da sociedade em que vivem, independentemente de sua vontade e escolha. Essa força se manifesta quando o indivíduo desenvolve ou adquire um idioma, quando é criado e se submete a um determinado tipo de formação familiar ou quando está subordinado a certo código de leis ou regras morais. Nessas circunstâncias, o ser humano experimenta a força da sociedade sobre si.

A força coercitiva dos fatos sociais se torna evidente pelas "sanções legais" ou "espontâneas" a que o indivíduo está sujeito quando tenta rebelar-se contra ela. "Legais" são as sanções prescritas pela sociedade, sob a forma de leis, nas quais se define a infração e se estabelece a penalidade correspondente. "Espontâneas" são as que afloram como resposta a uma conduta considerada inadequada por um grupo ou por uma sociedade. Multas de trânsito, por exemplo, fazem parte das coerções legais, pois estão previstas e regulamentadas pela legislação que regula o tráfego de veículos e pessoas pelas vias públicas. Já os olhares de reprovação de que somos alvo quando comparecemos a um local com a roupa inadequada constituem sanções espontâneas. Embora não codificados em lei, esses olhares têm o poder de conduzir o infrator para o comportamento esperado. Durkheim dá o seguinte exemplo das sanções espontâneas:

Émile Durkheim
(1858-1917)

Nasceu em Epinal, na Alsácia, descendente de uma família de rabinos. Iniciou seus estudos filosóficos na Escola Normal Superior de Paris, indo depois para a Alemanha. Lecionou sociologia em Bordéus, primeira cátedra dessa ciência criada na França. Transferiu-se em 1902 para Sorbonne, para onde levou inúmeros cientistas, entre eles seu sobrinho Marcel Mauss, reunindo-os num grupo que ficou conhecido como escola sociológica francesa. Suas principais obras foram: *Da divisão do trabalho social, As regras do método sociológico, O suicídio, Formas elementares da vida religiosa, Educação e sociologia, Sociologia e filosofia* e *Lições de sociologia* (obra póstuma). ■

> Se sou industrial, nada me proíbe de trabalhar utilizando processos e técnicas do século passado; mas, se o fizer, terei a ruína como resultado inevitável.
>
> DURKHEIM, Émile. *As regras do método sociológico*. São Paulo: Nacional, 1963. p. 3.

O comportamento desviante num grupo social pode não ter penalidade prevista por lei, mas o grupo pode espontaneamente reagir castigando quem se comporta de forma discordante em relação a determinados valores e princípios. A reação negativa da sociedade a certa atitude ou comportamento é, muitas vezes, mais intimidadora do que a lei. Jogar lixo no chão ou fumar em certos lugares — mesmo quando não proibidos por lei nem reprimidos por penalidade explícita — são comportamentos inibidos pela reação espontânea dos grupos que a isso se opõem. Podemos observar ação repressora até mesmo nos grupos que se formam de maneira espontânea como as gangues e as "tribos", que acabam por impor a seus membros uma determinada linguagem, indumentária e formas de comportamento. Apesar dessas regras serem informais, uma infração pode resultar na expulsão do membro insubordinado.

A "educação" — entendida de forma geral, ou seja, a educação formal e a informal — desempenha, segundo Durkheim, uma importante tarefa nessa conformação dos indivíduos à sociedade em que vivem, a ponto de, após algum tempo, as regras estarem internalizadas nos membros do grupo e transformadas em hábitos. O uso de uma determinada língua ou o gosto por determinada comida são internalizados no indivíduo, que passa a considerar tais hábitos como pessoais. A arte também representa um recurso capaz de difundir valores e adequar as pessoas a determinados hábitos. Quando, numa comédia, rimos do comportamento de certos personagens colocados em situações críticas, estamos aprendendo a não nos comportarmos como ele. Nosso próprio riso é uma forma de sanção social, na encenação ou mesmo diante da realidade concreta.

A segunda característica dos fatos sociais é que eles existem e atuam sobre os indivíduos independentemente de sua vontade ou de sua adesão consciente, sendo, assim, "exteriores aos indivíduos". Ao nascermos já encontramos regras sociais, costumes e leis que somos coagidos a aceitar por meio de mecanismos de coerção social, como a educação. Não nos é dada a possibilidade de opinar ou escolher, sendo assim independentes de nós, de nossos desejos e vontades. Por isso, os fatos sociais são ao mesmo tempo "coercitivos" e dotados de existência exterior às consciências individuais.

A terceira característica dos fatos sociais apontada por Durkheim é a "generalidade". É social todo fato que é geral, que se repete em todos os indivíduos ou, pelo menos, na maioria deles; que ocorre em distintas sociedades, em um determinado momento ou ao longo do tempo. Por essa generalidade, os acontecimentos manifestam sua natureza coletiva, sejam eles os costumes, os sentimentos comuns ao grupo, as crenças ou os valores. Formas de habitação, sistemas de comunicação e a moral existente numa sociedade apresentam essa generalidade.

É social todo fato que é geral, que se repete na maioria dos indivíduos.

A objetividade do fato social

Identificados e caracterizados os "fatos sociais", Durkheim procurou definir o método de conhecimento da sociologia. Para ele, como para os positivistas de maneira geral, a explicação científica exige que o pesquisador estabeleça e mantenha certa distância e neutralidade em relação aos fatos, procurando preservar a objetividade de sua análise.

Segundo Durkheim, para que o sociólogo consiga apreender a realidade dos fatos, sem distorcê-los de acordo com seus desejos e interesses particulares, deve deixar de lado suas prenoções, isto é, valores e sentimentos pessoais em relação àquilo que está sendo estudado. Para ele, tudo que nos mobiliza — nossas simpatias, paixões e opiniões — dificulta o conhecimento verdadeiro, fazendo-nos confundir o que vemos com aquilo que queremos ver. Essa neutralidade em face da realidade, tão valorizada pelos positivistas, pressupõe o não-envolvimento afetivo, ou de qualquer outra espécie, entre o cientista e seu objeto.

Levando às últimas consequências essa proposta de distanciamento cognitivo entre o cientista e seu objeto de estudo, assumido pelas ciências naturais, Durkheim aconselhava o sociólogo a encarar os fatos sociais como "coisas", isto é, objetos que lhe são exteriores. Diante deles, o cientista, isento de paixão, desejo ou preconceito, dispõe de métodos objetivos, como a observação, a descrição, a comparação e o cálculo estatístico, para apreender suas regularidades. Deve o sociólogo manter-se afastado também das opiniões dadas pelos envolvidos. Tais opiniões, juízos de valor individuais, podem servir de indicadores dos fatos sociais, mas mascaram as leis de organização social, cuja racionalidade só é acessível ao cientista. Para levar essa racionalidade ao extremo, Durkheim propõe o exercício da dúvida metódica, ou seja, a necessidade do cientista inquirir sempre sobre a veracidade e objetividade dos fatos estudados, procurando anular, sempre, a influência de seus desejos, interesses e preconceitos.

Durkheim aconselhava o cientista a estudar os "fatos sociais" como "coisas", fenômenos que lhe são exteriores e podem ser observados e medidos de forma objetiva.

Para identificar os fatos sociais entre os diversos acontecimentos da vida, Durkheim orienta o sociólogo a ater-se àqueles acontecimentos mais gerais e repetitivos e que apresentem características exteriores comuns. De acordo com esses critérios, são fatos sociais, por exemplo, os crimes, pois existem em toda e qualquer sociedade e têm como característica comum provocarem uma reação negativa, concreta e observável da sociedade contra quem os pratica, a que podemos chamar de "penalidade". Agindo dessa forma objetiva e apreendendo a realidade por suas características exteriores, o cientista pode analisar os crimes e suas penalidades sem entrar nas discussões de caráter moral a respeito da criminalidade, o que, apesar de útil, nada tem a ver com o trabalho científico do sociólogo. Buscando o que caracteriza o crime por suas evidências, o sociólogo se exime de opiniões, assim como prescinde da opinião — sempre contraditória e subjetiva — a respeito dos fatos que estão sendo estudados.

A generalidade é um aspecto importante para a identificação dos fatos sociais que são sempre manifestações coletivas, distinguindo-se dos acontecimentos individuais, ou acidentais. É ela que ajuda a distinguir o essencial do fortuito e aponta para a natureza sociológica dos fenômenos.

Suicídio

Durkheim estudou profundamente o suicídio, utilizando nesse trabalho toda a metodologia defendida e propagada por ele. Considerou-o fato social por sua presença universal em toda e qualquer sociedade e por suas características exteriores e mensuráveis, completamente independentes das razões que levam cada suicida a acabar com a própria vida. Assim, apesar de uma conduta marcada pela vontade individual, o suicídio interessa ao sociólogo por aquilo que tem de comum e coletivo e que, certamente, escapa às consciências individuais dos envolvidos — do suicida e dos que o cercam. Para Durkheim, a prova de que o suicídio depende de leis sociais e não da vontade dos sujeitos estava na regularidade com que variavam as taxas de suicídio de acordo com as alternâncias das condições históricas. Ele verificou, por exemplo, que as taxas de suicídio aumentavam nas sociedades em que havia a aceitação profunda de uma fé religiosa que prometesse a felicidade após a morte. É sobre fatos assim concretos e objetivos, gerais e coletivos, cuja natureza social se evidencia, que o sociólogo deve se debruçar.

> Com o auxílio de estatísticas, mostra em seguida Durkheim que o suicídio é com certeza um fato social na medida em que, em todos os países, a taxa de suicídios

se mantém constante de um ano para o outro. A longo prazo, ainda por cima, a evolução dos suicídios se inscreve em curvas que têm formas similares para todos os países da Europa. Os desvios entre regiões e países são igualmente constantes.

LALLEMENT, Michael. *História das ideias sociológicas*. Petrópolis: Vozes, 2003. p. 218.

Sociedade: um organismo em adaptação

Para Durkheim, a sociologia tinha por finalidade não só explicar a sociedade como também encontrar soluções para a vida social. A sociedade, como todo organismo, apresenta estados que podem ser considerados estados "normais" ou "patológicos", isto é, saudáveis ou doentios.

A "generalidade" de um fato social representava, para Durkheim, o consenso social e a vontade coletiva.

Durkheim considera um fato social como "normal" quando se encontra generalizado pela sociedade ou quando desempenha alguma função importante para sua adaptação ou sua evolução. Assim, por exemplo, afirma que o crime é normal não apenas por ser encontrado em toda e qualquer sociedade e em todos os tempos, mas também por representar um fato social que integra as pessoas em torno de determinados valores. Punindo o criminoso, os membros de uma coletividade reforçam seus princípios, renovando-os. O crime tem, portanto, uma importante função social.

A "generalidade" de um fato social, isto é, sua unanimidade, é garantia de normalidade na medida em que representa o consenso social, a vontade coletiva, ou o acordo de um grupo a respeito de determinada questão. Diz Durkheim:

> ... para saber se o estado econômico atual dos povos europeus, com sua característica ausência de organização, é normal ou não, procurar-se-á no passado o que lhe deu origem. Se estas condições são ainda aquelas em que atualmente se encontra nossa sociedade, é porque a situação é normal, a despeito dos protestos que desencadeia.

DURKHEIM, Émile. *As regras do método sociológico*. op. cit. p. 57

Aquilo que põe em risco a harmonia e o consenso representa um estado mórbido da sociedade.

Partindo, pois, do princípio de que o objetivo máximo da vida social é promover a harmonia da sociedade consigo mesma e com as demais sociedades, e que essa harmonia é conseguida por meio do consenso social, a "saúde" do organismo social se confunde com a generalidade dos acontecimentos. Quando um fato põe em risco a harmonia, o acordo, o consenso e, portanto, a adaptação e a evolução da sociedade, estamos diante de um acontecimento de caráter mórbido e de uma sociedade doente.

Portanto, "normal" é aquele fato que não extrapola os limites dos acontecimentos mais gerais de uma determinada sociedade e que reflete os valores e as condutas aceitas pela maior parte da população. "Patológico" é aquele que se encontra fora dos limites permitidos pela ordem social e pela moral vigente. Os fatos patológicos, como as doenças, são considerados transitórios e excepcionais.

> O que surpreende ainda em sua trajetória intelectual não é só a referida fecundidade, mas sobretudo a relativa mocidade com que produziu a maior parte de sua obra. Fora para Bordeaux aos 30 anos incompletos e, no decorrer de uma década, já havia feito o suficiente para se tornar o mais notável sociólogo francês, depois que Comte criara a disciplina.
>
> RODRIGUES, José Albertino. *Durkheim*. São Paulo: Ática, 1981. p.14.

A consciência coletiva

Toda a teoria sociológica de Durkheim pretende demonstrar que os fatos sociais têm existência própria e independem daquilo que pensa e faz cada indivíduo em particular. Embora todos possuam sua "consciência individual", seu modo próprio de se comportar e interpretar a vida, podem-se notar, no interior de qualquer grupo ou sociedade, formas padronizadas de conduta e pensamento. Essa constatação está na base do que Durkheim chamou de "consciência coletiva".

A definição de consciência coletiva aparece pela primeira vez na sua obra *Da divisão do trabalho social*. Trata-se do "conjunto das crenças e dos sentimentos comuns à média dos membros de uma mesma sociedade" que "forma um sistema determinado com vida própria" (p. 342).

A consciência coletiva não se baseia na consciência de indivíduos singulares ou de grupos específicos, mas está espalhada por toda a sociedade. Ela revelaria, segundo Durkheim, o "tipo psíquico da sociedade", que não seria apenas o produto das consciências individuais, mas algo diferente, que se imporia aos indivíduos e perduraria através das gerações.

A consciência coletiva é, em certo sentido, a forma moral vigente na sociedade. Ela aparece como um conjunto de regras fortes e estabelecidas que atribuem valor e delimitam os atos individuais. É a consciência coletiva que define o que, numa sociedade, é considerado "imoral", "reprovável" ou "criminoso".

W. HEATH ROBINSON

Divisão do trabalho social, um aspecto da solidariedade orgânica em Durkheim. (Desenho de W. Heath Robinson (1872-1944))

Morfologia social: as espécies sociais

Para Durkheim, a sociologia deveria ter ainda por objetivo comparar as diversas sociedades. Constituiu assim o campo da morfologia social, ou seja, a classificação das espécies sociais, numa nítida referência às espécies estudadas em biologia. Essa referência, utilizada também em outros estudos teóricos, tem sido considerada errônea uma vez que todo comportamento humano, por mais diferente que se apresente, resulta da expressão de características universais de uma mesma espécie.

Durkheim acreditava numa evolução geral das espécies sociais a partir da "horda".

Durkheim considerava que todas as sociedades haviam evoluído a partir da horda, a forma social mais simples, igualitária, reduzida a um único segmento em que os indivíduos se assemelhavam aos átomos, isto é, se apresentavam justapostos e iguais. Desse ponto de partida, foi possível uma série de combinações das quais originaram-se outras espécies sociais identificáveis no passado e no presente, tais como os clãs e as tribos.

Para Durkheim, o trabalho de classificação das sociedades — como tudo o mais — deveria ser efetuado com base em apurada observação experimental. Guiado por esse procedimento, estabeleceu a passagem da solidariedade mecânica para a solidariedade orgânica como o motor de transformação de toda e qualquer sociedade.

Solidariedade mecânica e solidariedade orgânica

Solidariedade mecânica, para Durkheim, era aquela que predominava nas sociedades pré-capitalistas, onde os indivíduos se identificavam por meio da família, da religião, da tradição e dos costumes, permanecendo em geral independentes e autônomos em relação à divisão do trabalho social. A consciência coletiva exerce aqui todo seu poder de coerção sobre os indivíduos.

Solidariedade orgânica é aquela típica das sociedades capitalistas, em que, pela acelerada divisão do trabalho social, os indivíduos se tornavam interdependentes. Essa interdependência garante a união social, em lugar dos costumes, das tradições ou das relações sociais estreitas, como ocorre nas sociedade contemporâneas. Nas sociedades capitalistas, a consciência coletiva se afrouxa, ao mesmo tempo em que os indivíduos tornam-se mutuamente dependentes, cada qual se especializa numa atividade e tende a desenvolver maior autonomia pessoal. ■

ARTHUR SIEGEL/CORBIS-STOCK PHOTOS

DELFIM MARTINS/PULSAR

A solidariedade orgânica é típica da acelerada divisão do trabalho social, segundo Durkheim.

Dado o fato de que as sociedades variam de estágio, apresentando formas diferentes de organização social que tornam possível defini-las como "inferiores" ou "superiores", como o cientista classifica os fatos normais e os anormais em cada sociedade? Para Durkheim a normalidade só pode ser entendida em função do estágio social da sociedade em questão:

> ... do ponto de vista puramente biológico, o que é normal para o selvagem não o é sempre para o civilizado, e vice-versa.
>
> DURKHEIM, Émile. *As regras do método sociológico*, op. cit. p. 52.

E continua:

> Um fato social não pode, pois, ser acoimado de normal para uma espécie social determinada senão em relação com uma fase, igualmente determinada, de seu desenvolvimento.
>
> DURKHEIM, Émile. *As regras do método sociológico*, op. cit. p. 52.

Durkheim e a sociologia científica

Durkheim se distingue dos demais positivistas porque suas ideias ultrapassaram a reflexão filosófica e chegaram a constituir um todo organizado e sistemático de pressupostos teóricos e metodológicos sobre a sociedade.

O empirismo positivista, que pusera os filósofos diante de uma realidade social a ser especulada, transformou-se, em Durkheim, numa rigorosa postura empírica, centrada na verificação dos fatos que poderiam ser observados, mensurados e relacionados por meio de dados coletados diretamente pelo cientista. Encontramos em seus estudos um inovador e fecundo uso da matemática estatística e uma integrada utilização das análises qualitativa e quantitativa. Observação, mensuração e interpretação eram aspectos complementares do método durkheimiano.

Para a elaboração dessa postura, Durkheim procurou estabelecer os limites e as diferenças entre a particularidade e a natureza dos acontecimentos filosóficos, históricos, psicológicos e sociológicos. Elaborou um conjunto coordenado de conceitos e de técnicas de pesquisa que, embora norteado por princípios das ciências naturais, guiava o cientista para o discernimento de um objeto de estudo próprio e dos meios adequados para interpretá-lo.

Ainda que preocupado com as leis gerais capazes de explicar a evolução das sociedades humanas, Durkheim ateve-se também às particularidades da sociedade em que vivia, aos mecanismos de coesão dos pequenos grupos e à formação de sentimentos comuns resultantes da convivência social. Distinguiu diferentes instâncias da vida social e seu papel na organização social, como a educação, a família e a religião.

Pode-se dizer que já se delineava uma apreensão da sociologia em que se relacionavam harmonicamente o geral e o particular. Havia busca, ainda que não expressa, da noção de totalidade. Essa noção foi desenvolvida particularmente por seu sobrinho e colaborador, Marcel Mauss, em seus estudos antropológicos. Em vista de todos esses aspectos tão relevantes e inéditos, os limites antes impostos pela filosofia positivista perderam sua importância, fazendo dos estudos de Durkheim um constante objeto de interesse da sociologia contemporânea.

Aos poucos começa a se desenvolver na sociologia também a preocupação com o particular.

Atividades

Compreensão de texto

1 Segundo o texto, quais eram, para Durkheim, os objetivos da sociologia?

2 Como o texto descreve o fato social, segundo a visão de Durkheim?

3 Quais são os passos que um cientista social deve seguir para garantir a sua neutralidade na análise dos fatos sociais?

4 Que lei geral Durkheim estabelece para a evolução das espécies sociais?

Interpretação, problematização e pesquisa

5 Durkheim afirma:

> "Existem, pois, espécies sociais pela mesma razão por que existem espécies em biologia. Estas, com efeito, são devidas ao fato de que os organismos não constituem senão combinações variadas de uma única e mesma unidade anatômica."
>
> DURKHEIM, Émile. *As regras do método sociológico*, op. cit. p. 81.

Que características da escola positivista podemos encontrar nesse texto?

6 Defendendo a imparcialidade e a objetividade da ciência, Durkheim afirma:

> "O sentimento é objeto da ciência, não é critério de verdade científica".
>
> DURKHEIM, Émile. *As regras do método sociológico*, op. cit. p. 31.

Para Durkheim, a verdadeira ciência deve se guiar pelos sentimentos pessoais do cientista? Por quê?

7 Afirmamos que Durkheim considerava a educação, formal e informal, como elemento importante de integração dos indivíduos à sociedade. Você concorda com essa posição? Argumente.

8 Durkheim considerava a generalidade elemento essencial do fato social. Procure em jornais e periódicos fatos sociais segundo esse critério.

9 O crime, para Durkheim, é um fato social normal ou patológico? Por quê? Discuta se o aumento vertiginoso da criminalidade nos últimos anos no Brasil e em outras sociedades permite ainda classificar o crime como um fato social normal.

10 Busque no texto o conceito de consciência coletiva e, com a classe, encontrem na experiência de vida de cada um exemplos que sirvam de ilustração para essa definição.

11 Sobre certos sentimentos que eram até então considerados inatos no homem — como amor filial, piedade, ciúme sexual —, Durkheim afirma que eles não são encontrados em todas as sociedades:

> "Tais sentimentos resultam pois da organização coletiva, em vez de constituírem a base dela".
>
> DURKHEIM, Émile. *As regras do método sociológico,* op. cit. p. 99.

a) Podemos dizer que para Durkheim os sentimentos humanos são fruto da coerção social? Por quê?

b) O que seria necessário para que um sentimento fosse considerado inato no homem e parte de sua natureza?

12 Definindo a normalidade e a morbidez dos fatos sociais, Durkheim afirma:

> "Chamamos normais os fatos que apresentam as formas gerais e daremos aos outros o nome de mórbidos ou patológicos".
>
> DURKHEIM, Émile. *As regras do método sociológico,* op. cit. p. 51.

Dê exemplos atuais de um fato que o autor consideraria normal e um que ele consideraria mórbido, seguindo o critério por ele estabelecido

Aplicação de conceitos

13 A foto a seguir identifica o conceito de solidariedade mecânica ou o de solidariedade orgânica? Explique por quê.

JUCA MARTINS/PULSAR IMAGENS

Membros de uma colônia alemã dançam em Pomerode (SC), em 1989.

14 Para Durkheim, é social todo fato que é geral. Observe a imagem a seguir e identifique os elementos que, segundo ele, caracterizam ou não um fato social.

PAULO PINTO/AE

Trabalhadores em fila de espera pelo seguro-desemprego em São Paulo (SP), em 1999.

15 Estudando o gráfico a seguir, explique:

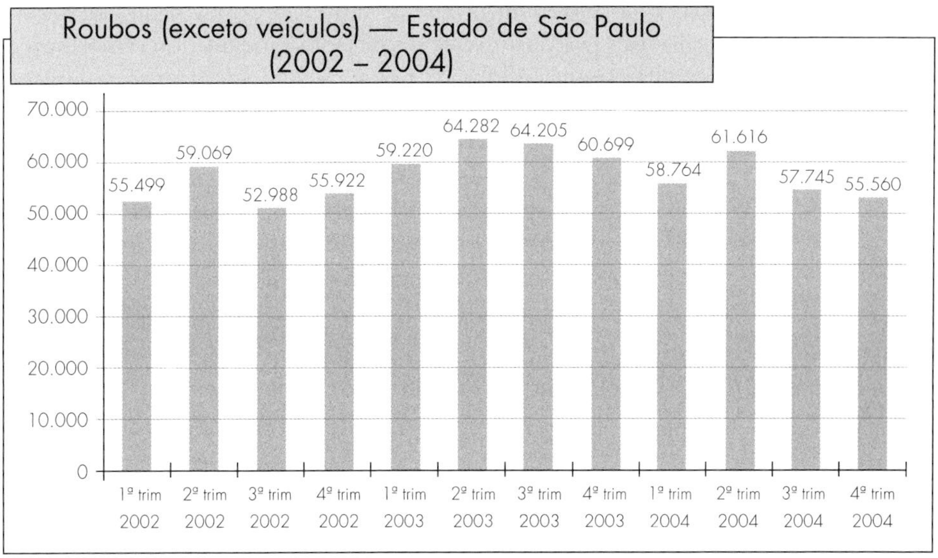

Fonte: Secretaria da Segurança do Estado de São Paulo, fevereiro de 2005.

a) O gráfico é representativo de um fato social? Justifique a resposta.
b) Usando o gráfico acima como exemplo, que critérios teríamos que verificar para classificá-lo como um fato social normal ou como um fato patológico?

16 **Vídeo:** *O quatrilho* (Brasil, 1994. Direção de Fábio Barreto. Duração: 120 min) — O filme conta a história de dois casais de camponeses imigrantes italianos, no Rio Grande do Sul, que, para sobreviverem, resolvem morar na mesma casa. Com o tempo, a esposa de um deles passa a se interessar pelo marido da outra, provocando uma situação constrangedora entre eles.

- Analise de que maneira o filme pode ser visto como um retrato do que Durkheim define como solidariedade mecânica existente nas sociedades rurais tradicionais.

Tema para debate

[Aborto, um problema mundial]

"O aborto é uma velha prática, mas mesmo na Antiguidade provocava grandes diferenças de opinião. Platão, na República, aprovava o aborto a fim de impedir o nascimento de filhos concebidos em incesto; Aristóteles, sempre prático, pensava no aborto como um útil regulador malthusiano. De outro lado, o juramento de Hipócrates contém as palavras: 'não darei a uma mulher o pessário para provocar aborto'; Sêneca e Cícero condenaram o aborto a partir de princípios morais; o código justiniano proibia o aborto. No entanto, parece haver pouca dúvida de que, no Império Romano e no mundo helenístico, o aborto era, nas palavras de um especialista, 'muito comum nas classes altas'. A Igreja Cristã opôs-se rigorosamente a essa 'atitude pagã' e considerou o aborto um pecado. Em muitos estados, a lei seguiu a doutrina da Igreja e considerou o pecado um crime. Mas na lei anglo-saxônica o aborto era considerado apenas um 'delito eclesiástico'.

Hoje, o aborto é um problema mundial. Os levantamentos e estudos realizados por pesquisadores isolados e pela Unesco mostram que essa prática é muito difundida nos países escandinavos, na Finlândia, na Alemanha, na União Soviética, no Japão, no México, em Porto Rico, na América Latina, nos Estados Unidos, bem como em outras regiões. O livro de George Devereux, *A Study of Abortion in Primitive Societies*, que abrange aproximadamente quatrocentas sociedades pré-industriais, bem como vinte nações históricas e modernas, conclui que o aborto 'é um fenômeno absolutamente universal'".

NEWMAN, James R. O aborto como doença das sociedades.
In: *Scientific American*, p. 154.

Com base nas informações fornecidas pelo texto citado, discuta as seguintes questões:

1 Segundo a definição de Durkheim, o aborto seria um fato social? Justifique.

2 Durkheim consideraria o aborto um fenômeno normal ou patológico? Por quê? E você, como encara a questão?

3 Faça uma comparação entre as propostas teóricas de Durkheim e o tipo de pesquisas sobre o aborto mencionadas no texto de James Newman anotando o que há de comum entre ambos.

Leitura complementar

[Durkheim e o método sociológico]

"Durkheim deslocou o problema para um terreno estritamente formal, único, em que ele poderia ser estabelecido em uma ciência em plena formação. Uma observação benfeita em geral deve muito a uma teoria constituída, mas ela não é o produto necessário dos conhecimentos já obtidos. Ao contrário, representa a via inevitável para a consecução destes. Daí a conclusão lógica: os sociólogos se beneficiarão das teorias à medida que a investigação sociológica progredir. Até lá, e mesmo depois, precisam saber proceder a descrições exatas, a observações benfeitas e, em particular, devem aprender a extrair, da complexa realidade social, os fatos que interessam precisamente à sociologia. Para atingir esses fins, não necessitam de uma teoria sociológica, propriamente falando. Mas de uma espécie de teoria sociológica, o que é outra coisa e presumivelmente algo exequível e legítimo. Nesse sentido (e não em um plano substantivo) é que a sociologia poderia aproveitar a lição e a experiência das ciências mais maduras: transferindo para o seu campo o procedimento científico usado nas ciências empírico-indutivas, de observação ou experimentais. Isso seria fácil, desde que a ambição inicial se restringisse à formulação de um conjunto de regras simples e precisas, aplicáveis à investigação sociológica dos fenômenos sociais.

Do que foi exposto conclui-se que Durkheim se propôs a tarefa de realizar uma teoria da investigação sociológica. De fato, ele empreendeu tal tarefa. E foi o primeiro sociólogo que conseguiu atingir semelhante objetivo, em condições difíceis e com um êxito que só pode ser contestado quando se toma uma posição diferente em face das condições, limites e ideais de explicação científica na sociologia."

FERNANDES, Florestan. *Fundamentos empíricos da explicação sociológica.* São Paulo: Nacional, 1959. p. 77-78.

Entender o texto

1 Como o autor justifica o deslocamento que Durkheim realizou ao situar a sociologia no campo formal?

2 "Para atingir esses fins, (os sociólogos) não necessitam de uma teoria sociológica, propriamente falando. Mas de uma espécie de teoria sociológica...".

a) A que fins o autor se refere?
b) O que o autor quis dizer na frase citada?

6 Sociologia alemã: a contribuição de Max Weber

Introdução

França e Inglaterra desenvolveram o pensamento social sob a influência do desenvolvimento industrial e urbano, que tornou esses países potências emergentes nos séculos XVII e XVIII e sedes do pensamento burguês da Europa. A indústria e a expansão marítima e comercial colocaram esses países em contato com outras culturas e outras sociedades, obrigando seus pensadores a um esforço interpretativo da diversidade social. O sucesso alcançado pelas ciências físicas e biológicas, impulsionadas pela indústria e pelo desenvolvimento tecnológico, fizeram com que as primeiras escolas sociológicas fossem fortemente influenciadas pela adaptação dos princípios e da metodologia dessas ciências à realidade social.

Na Alemanha, entretanto, a realidade é distinta. O pensamento burguês se organiza tardiamente e quando o faz, já no século XIX, é sob influência de outras correntes filosóficas e da sistematização de outras ciências humanas, como a história e a antropologia.

A expansão econômica alemã se dá, por outro lado, numa época de capitalismo concorrencial, no qual os países disputam com unhas e dentes os mercados mundiais, submetendo a seu imperialismo as mais diferentes culturas, o que torna a especificidade das formações sociais uma evidência e um conceito da maior importância.

A Alemanha se unifica e se organiza como Estado nacional mais tardiamente que o conjunto das nações europeias, o que atrasa seu ingresso na corrida industrial e imperialista iniciada na segunda metade do século XIX. Esse descompasso estimulou no país o interesse pela história como ciência da integração, da memória e do nacionalismo. Por tudo isso, o pensamento alemão se volta para a diversidade, enquanto o francês e o inglês, para a universalidade.

> Weber não era apenas um homem de ciência. Desde cedo, ele pensava em seguir uma carreira política. Seu interesse pela coisa pública o leva a refletir sobre as relações entre as ações científicas e políticas. Nas conferências que dá em 1918, na Universidade de Munique, sobre a profissão e a vocação do homem de ciências e do homem público (*Geistige Arbeit als Beruf*, 1919), ele se declara a favor de uma clara cisão entre os dois tipos de atividade e procura, para tanto, separar ciência de opinião.
>
> LALLEMENT, Michael. *História das ideias sociológicas*, op. cit. p. 262.

Devemos distinguir no pensamento alemão, portanto, a preocupação com o estudo da diferença, característica de sua formação política e de seu desenvolvimento econômico. Adicione-se a isso a herança puritana com seu apego à interpretação das escrituras e livros sagrados. Essa associação entre história, esforço interpretativo e facilidade em discernir diversidades caracterizou o pensamento alemão e influenciou muitos cientistas, de Gabriel de Tarde a Ferdinand Tönnies.

Mas foi Max Weber o grande sistematizador da sociologia na Alemanha.

Jean-Gabriel de Tarde
(1843-1904)

Nasceu em Sarlat, França, de uma família de origem nobre.

Iniciou os seus estudos em Sarlat, obtendo um bacharelado em letras. Depois estudou direito em Toulouse, terminando o curso em Paris. Iniciou a sua carreira no judiciário como secretário-assistente até chegar a juiz de Instrução. Especializou-se em pesquisa na criminologia, uma ciência nova desenvolvida pela escola antropológica italiana, no final do século XIX.

Polemizou muito com Durkheim a respeito da definição de sociologia e do modelo de método de trabalho. Ele defendia uma sociologia feita a partir do comportamento e das ações do indivíduo, sustentando assim a análise social da subjetividade, como da relação entre emoção e sociedade. ■

Ferdinand Tönnies
(1855-1936)

Nasceu em Oldenswort, uma pequena província do ducado de Hannover, atual Alemanha, no seio de uma família camponesa. Ele estudou em várias universidades alemãs até concluir o curso de ciências sociais na cidade de Tübingen.

Por ser considerado um social-democrata pelo governo prussiano, ele não pôde assumir um cargo de professor na universidade de Kiel, após se formar. Só obteve o cargo em 1913. Em 1933, por conta das críticas que fez aos nazistas em ascensão, foi por eles posto para fora da universidade.

Tönnie contribuiu em muitas áreas da sociologia e da filosofia. Muitos dos seus escritos, principalmente *il suo capo lavoro Comunidade e Sociedade*, deram um amplo alcance à análise sociológica. Ele teve um papel de destaque na contribuição aos estudos das mudanças sociais, particularmente sobre a opinião púbica, dos costumes e da tecnologia, do crime e do suicídio. O mesmo interesse ele mostrou pela metodologia, desenvolvendo seu próprio método.

Sua principal obra foi *Comunidade e sociedade*, até hoje um marco da análise das diferenças entre os modos de vida rural e urbano. ■

A sociedade sob uma perspectiva histórica

O contraste entre o positivismo e o idealismo se expressa, entre outros elementos, nas maneiras diferentes como cada uma dessas correntes encara a história.

Para o positivismo, a história é o processo universal de evolução da humanidade, cujos estágios o cientista pode perceber pelo método comparativo, capaz de aproximar sociedades humanas de todos os tempos e lugares. A história particular de cada sociedade desaparece, diluída nessa lei geral que os pensadores positivistas tentaram reconstruir. Essa forma de pensar torna insignificantes as particularidades históricas, e as individualidades são dissolvidas em meio a forças sociais impositivas.

Uma das diferenças existentes entre o positivismo e o idealismo é a importância que o segundo dá à história.

Ao definir o que é uma espécie social, Durkheim, em nota de pé de página de seu livro *As regras do método sociológico*, alerta para que não se confunda uma espécie social com as fases históricas pelas quais ela passa. Diz ele:

> Desde suas origens, passou a França por formas de civilização muito diferentes: começou por ser agrícola, passou em seguida pelo artesanato e pelo pequeno comércio, depois pela manufatura e, finalmente, chegou à grande indústria. Ora, é impossível admitir que uma mesma individualidade coletiva possa mudar de espécie três ou quatro vezes. Uma espécie deve definir-se por caracteres mais constantes. O estado econômico tecnológico etc. apresenta fenômenos por demais instáveis e complexos para fornecer a base para uma classificação.
>
> DURKHEIM, Émile. *As regras do método sociológico*, op. cit. p. 82.

Fica claro que essa posição anula a importância dos processos históricos particulares, valorizando apenas a lei da evolução, a generalização e a comparação entre formações sociais.

Max Weber, figura dominante na sociologia alemã, com formação histórica consistente, se oporá a essa concepção. Para ele, a pesquisa histórica é essencial para a compreensão das sociedades. Essa pesquisa, baseada na coleta de documentos e no esforço interpretativo das fontes, permite o entendimento das diferenças sociais, que seriam, para Weber, de gênese e formação, e não de estágios de evolução.

Portanto, segundo a perspectiva de Weber, o caráter particular e específico de cada formação social e histórica deve ser respeitado. O conhecimento histórico, entendido como a busca de evidências, torna-se um poderoso instrumento para o cientista social.

Weber conseguiu desenvolver a perspectiva histórica e sociológica.

Weber consegue combinar duas perspectivas: a histórica, que respeita as particularidades de cada sociedade, e a sociológica, que ressalta os elementos mais gerais de cada fase do processo histórico. Na obra *As causas sociais do declínio da cultura antiga*, por exemplo, Weber analisou, com base em textos e documentos, as transformações da sociedade romana em função da utilização da mão-de-obra escrava e do servo de gleba, mostrando a passagem da Antiguidade para a sociedade medieval.

Weber, entretanto, não achava que uma sucessão de fatos históricos fizesse sentido por si mesma. Para ele, todo historiador trabalha com dados esparsos e fragmentários. Por isso, propunha para suas análises o método compreensivo, isto é, um esforço interpretativo do passado e de sua repercussão nas características peculiares das sociedades contemporâneas. Essa atitude de compreensão é que permite ao cientista atribuir aos fatos esparsos um sentido social e histórico.

GOYENECHEA/CID

Max Weber, um dos principais expoentes da sociologia alemã.

Max Weber
(1864-1920)

Max Weber nasceu na cidade de Erfurt (Alemanha), numa família de burgueses liberais. Desenvolveu estudos de direito, filosofia, história e sociologia, constantemente interrompidos por uma doença que o acompanhou por toda a vida. Iniciou a carreira de professor em Berlim e, em 1895, foi catedrático na universidade de Heidelberg. Manteve contato permanente com intelectuais de sua época, como Simmel Sombart, Tönnies e Georg Lukács. Na política, defendeu ardorosamente seus pontos de vista liberais e parlamentaristas e participou da comissão redatora da Constituição da República de Weimar. Sua maior influência nos ramos especializados da sociologia foi no estudo das religiões, estabelecendo relações entre formações políticas e crenças religiosas. Suas principais obras foram: *Artigos reunidos de teoria da ciência: economia e sociedade* (obra póstuma) e *A ética protestante e o espírito do capitalismo.*

A ação social: uma ação com sentido

Cada formação social adquiriu, para Weber, especificidade e importância próprias. Mas o ponto de partida da sociologia de Weber não estava nas entidades coletivas, grupos ou instituições. Seu objeto de investigação é a ação social, a conduta humana dotada de sentido, isto é, de uma justificativa subjetivamente elaborada. Assim, o homem passou a ter, como indivíduo, na teoria weberiana, significado e especificidade. É o agente social que dá sentido à sua ação: estabelece a conexão entre o motivo da ação, a ação propriamente dita e seus efeitos.

Para a sociologia positivista, a ordem social submete os indivíduos como força exterior a eles. Para Weber, ao contrário, não existe oposição entre indivíduo e sociedade: as normas sociais só se tornam concretas quando se manifestam em cada indivíduo sob a forma de motivação. Cada sujeito age levado por um motivo que é dado pela tradição, por interesses racionais ou pela emotividade. O motivo que transparece na ação social permite desvendar o seu sentido, que é social na medida em que cada indivíduo age levando em conta a resposta ou a reação de outros indivíduos.

Segundo Weber, cada indivíduo age levado por motivos que resultam da influência da tradição, dos interesses racionais e da emotividade.

Para Weber, a tarefa do cientista é descobrir os possíveis sentidos das ações humanas presentes na realidade social que lhe interesse estudar. O sentido, por um lado, é expressão da motivação individual, formulado expressamente pelo agente ou implícito em sua conduta. O caráter social da ação individual decorre, segundo Weber, da interdependência dos indivíduos. Um ator age sempre em função de sua motivação e da consciência de agir em relação a outros atores. Por outro lado, a ação social gera efeitos sobre a realidade em que ocorre. Tais efeitos escapam, muitas vezes, ao controle e à previsão do agente.

Ao cientista compete captar, pois, o sentido produzido pelos diversos agentes em todas as suas consequências. As conexões que se estabelecem entre motivos e ações sociais revelam as diversas instâncias da ação social — políticas, econômicas ou religiosas. O cientista pode, portanto, descobrir o nexo entre as várias etapas em que se decompõe a ação social. Por exemplo, o simples ato de enviar uma carta é composto de uma série de ações sociais com sentido — escrever, selar, enviar e receber —, que terminam por realizar um objetivo. Por outro lado, muitos agentes ou atores estão relacionados a essa ação social — o atendente, o carteiro etc. Essa interdependência entre os sentidos das diversas ações — mesmo que orientadas por motivos diversos — é que dá a esse conjunto de ações seu caráter social.

A tarefa do cientista, para Weber, era descobrir os possíveis sentidos da ação humana.

É o indivíduo que, por meio dos valores sociais e de sua motivação, produz o sentido da ação social. Isso não significa que cada sujeito possa prever com certeza todas as consequências de determinada ação. Como dissemos, cabe ao cientista perceber isso. Não significa também que a análise sociológica se confunda com a análise psicológica. Por mais individual que seja o sentido da minha ação, o fato de agir levando em consideração o outro dá um caráter social a toda ação humana. Assim, o social só se manifesta em indivíduos, expressando-se sob forma de motivação interna e pessoal.

Por outro lado, Weber distingue a ação da relação social. Para que se estabeleça uma relação social é preciso que o sentido seja compartilhado. Por exemplo, um sujeito que pede uma informação a outro estabelece uma ação social: ele tem um motivo e age em relação a outro indivíduo, mas tal motivo não é compartilhado. Numa sala de aula, em que o objetivo da ação dos vários sujeitos é compartilhado, existe uma relação social.

Pela frequência com que certas ações sociais se manifestam, o cientista pode conceber as tendências gerais que levam os indivíduos, em dada sociedade, a agir de determinado modo.

A tarefa do cientista

Weber rejeita a maioria das proposições positivistas: o evolucionismo, a exterioridade do cientista social em relação ao objeto de estudo e a recusa em aceitar a importância dos indivíduos e dos diferentes momentos históricos na análise da sociedade. Para esse sociólogo, o cientista, como todo indivíduo em ação, também age guiado por seus motivos, sua cultura e suas tradições, sendo impossível descartar-se de suas prenoções como propunha Durkheim. Existe sempre certa parcialidade na análise sociológica, intrínseca à pesquisa, como a toda forma de conhecimento. As preocupações do cientista orientam a seleção e a relação entre os elementos da realidade a ser analisada. Os fatos sociais não são coisas, mas acontecimentos que o cientista percebe e cujas causas procura desvendar. A neutralidade durkheimiana se torna impossível nessa visão.

Weber dizia que o cientista, como todo indivíduo em ação, age guiado por seus motivos, sua cultura, sua tradição.

Entretanto, uma vez iniciado o estudo, este deve se conduzir pela busca da maior objetividade na análise dos acontecimentos. A realização da tarefa científica não deveria ser dificultada pela defesa das crenças e das ideias pessoais do cientista.

Portanto, para a sociologia weberiana, os acontecimentos que integram o social têm origem nos indivíduos. O cientista parte de uma preocupação com significado subjetivo, tanto para ele como para os demais indivíduos que compõem a sociedade. Sua meta é compreender, buscar os nexos causais que deem o sentido da ação social.

> Explicar um fenômeno social supõe sempre que se dê conta das ações individuais que o compõem. Mas que é "dar conta" de uma ação? Pode-se continuar seguindo Weber nesse ponto. Dar conta de uma ação, diz ele, é "compreendê-la" (Verstehen). O que significa que o sociólogo deve poder ser capaz de colocar-se no lugar dos agentes por quem ele se interessa.
>
> BOUDON, R. e BOURRICAUD, F. *Dicionário crítico de sociologia*. São Paulo: Ática, 1993. p. 4.

Qualquer que seja a perspectiva adotada pelo cientista, ela sempre resultará numa explicação parcial da realidade. Um mesmo acontecimento pode ter causas econômicas, políticas e religiosas, sem que nenhuma dessas causas seja superior à outra em significância. Todas elas compõem um conjunto de aspectos da realidade que se manifesta, necessariamente, nos atos individuais. O que garante a cientificidade de uma explicação é o método de reflexão, não a objetividade pura dos fatos. Weber relembra que, embora os acontecimentos sociais possam ser quantificáveis, a análise do social envolve sempre uma questão de qualidade, interpretação, subjetividade e compreensão.

Qualquer que seja a perspectiva adotada por um cientista, ela será sempre parcial.

Assim, para entender como a ética protestante interferia no desenvolvimento do capitalismo, Weber analisou os livros sagrados e interpretou os dogmas de fé do protestantismo. A compreensão da relação entre valor e ação permitiu-lhe entender a relação entre religião e economia.

O tipo ideal

Para atingir a explicação dos fatos sociais, Weber propôs um instrumento de análise que chamou de "tipo ideal" . Assim, por exemplo, em *As causas sociais do declínio da cultura antiga,* ele procura entender o que teria sido o patrício romano no auge do império, o aristocrata dono de terras que constituía a elite política e econômica de Roma:

> O tipo do grande proprietário de terra romano não é o do agricultor que dirige pessoalmente a empresa, mas é o homem que vive na cidade, pratica a política e quer, antes de tudo, perceber rendas em dinheiro. A gestão de suas terras está nas mãos dos servos inspetores (villici).
>
> WEBER, Max. As causas sociais do declínio da cultura antiga. In: COHN, Gabriel (org.). *Sociologia*. São Paulo: Ática, 1979.

Trata-se de uma construção teórica abstrata a partir dos casos particulares analisados. O cientista, pelo estudo sistemático das diversas manifestações particulares, constrói um modelo acentuando aquilo que lhe pareça característico ou fundante. Nenhum dos exemplos representará de forma perfeita e acabada o tipo ideal, mas manterá com ele uma grande semelhança e afinidade, permitindo comparações e a percepção de semelhanças e diferenças. Constitui-se em um trabalho teórico indutivo que tem por objetivo sintetizar aquilo que é essencial na diversidade das manifestações da vida social, permitindo a identificação de exemplares em diferentes tempos e lugares.

O tipo ideal não é um modelo perfeito a ser buscado pelas formações sociais históricas nem mesmo em qualquer realidade observável. É um instrumento de análise científica, numa construção do pensamento que permite conceituar fenômenos e formações sociais e identificar na realidade observada suas manifestações. Permite ainda comparar tais manifestações.

É preciso deixar claro que o tipo ideal nada tem a ver com as espécies sociais de Durkheim, que pretendiam ser exemplos de sociedades observadas em diferentes graus de complexidade num *continuum* evolutivo.

O tipo ideal

O tipo ideal de Max Weber corresponde ao que Florestan Fernandes definiu como conceitos sociológicos construídos interpretativamente enquanto instrumentos de ordenação da realidade. O conceito, ou tipo ideal, é previamente construído e testado, depois aplicado a diferentes situações em que dado fenômeno possa ter ocorrido. À medida que o fenômeno se aproxima ou se afasta de sua manifestação típica, o sociólogo pode identificar e selecionar aspectos que tenham interesse à explicação, como, por exemplo, os fenômenos típicos "capitalismo" e "feudalismo".

A ética protestante e o espírito do capitalismo

Um dos trabalhos mais conhecidos e importantes de Weber é *A ética protestante e o espírito do capitalismo*, no qual ele relaciona o papel do protestantismo na formação do comportamento típico do capitalismo ocidental moderno.

Weber parte de dados estatísticos que lhe mostraram a proeminência de adeptos da Reforma Protestante entre os grandes homens de negócios, empresários bem-sucedidos e mão-de-obra qualificada. A partir daí, procura estabelecer conexões entre a doutrina e a pregação protestante, seus efeitos no comportamento dos indivíduos e sobre o desenvolvimento capitalista.

Weber descobre que os valores do protestantismo — como a disciplina ascética, a poupança, a austeridade, a vocação, o dever e a propensão ao trabalho — atuavam de maneira decisiva sobre os indivíduos. No seio das famílias protestantes, os filhos eram criados para o ensino especializado e para o trabalho fabril, optando sempre por atividades mais adequadas à obtenção do lucro, preferindo o cálculo e os estudos técnicos ao estudo humanístico. Weber mostra a formação de uma nova mentalidade, um *ethos* — conjunto dos costumes e hábitos fundamentais — propício ao capitalismo, em flagrante oposição ao "alheamento" e à atitude contemplativa do catolicismo, voltado para a oração, sacrifício e renúncia da vida prática.

Um dos aspectos importantes desse trabalho, no seu sentido teórico, está em expor as relações entre religião e sociedade e desvendar particularidades do capitalismo. Além disso, nessa obra, podemos ver de que maneira Weber aplica seus conceitos e posturas metodológicas.

Alguns dos principais aspectos da análise:

1. A relação entre a religião e a sociedade não se dá por meios institucionais, mas por intermédio de valores introjetados nos indivíduos e transformados em motivos da ação social. A motivação do protestante, segundo Weber, é o trabalho, enquanto dever e vocação, como um fim absoluto em si mesmo, e não o ganho material obtido por meio dele.
2. O motivo que mobiliza internamente os indivíduos é consciente. Entretanto, os atos individuais vão além das metas propostas e aceitas por eles. Buscando sair-se bem na profissão, mostrando sua própria virtude e voca-

Nessa pintura holandesa podemos perceber a valorização do trabalho, própria da ética protestante analisada por Weber. *O vendedor de peixes*, pintura de Adrien Van Ostade, de 1672.

ção e renunciando aos prazeres materiais, o protestante puritano se adapta facilmente ao mercado de trabalho, acumula capital e o reinveste produtivamente.

3. Ao cientista cabe, segundo Weber, estabelecer conexões entre a motivação dos indivíduos e os efeitos de sua ação no meio social. Procedendo assim, Weber analisa os valores do catolicismo e do protestantismo, mostrando que os últimos revelam a tendência ao racionalismo econômico, base da ação capitalista.

4. Para constituir o tipo ideal de capitalismo ocidental moderno, Weber estuda as diversas características das atividades econômicas em várias épocas e lugares, antes e após o surgimento das atividades mercantis e da indústria. E, conforme seus preceitos, constrói um tipo gradualmente estruturado a partir de suas manifestações particulares tomadas à realidade histórica. Assim, diz ser o capitalismo, na sua forma típica, uma organização econômica racional assentada no trabalho livre e orientada para um mercado real, não para a mera especulação ou rapinagem. O capitalismo promove a separação entre empresa e residência, a utilização técnica de conhecimentos científicos e o surgimento do direito e da administração racionalizados.

Análise histórica e método compreensivo

Weber teve uma contribuição importantíssima para o desenvolvimento da sociologia. Em meio a uma tradição filosófica peculiar, a alemã, e vivendo os problemas de seu país, diversos dos da França e da Inglaterra na mesma época, pôde trazer uma nova visão, não influenciada pelos ideais políticos nem pelo racionalismo positivista de origem anglo-francesa.

Sua contribuição para a sociologia tornou-o referência obrigatória. Mostrou, em seus estudos, a fecundidade da análise histórica e da compreensão qualitativa dos processos históricos e sociais.

Embora polêmicos, seus trabalhos abriram as portas para as particularidades históricas das sociedades e para a descoberta do papel da subjetividade na ação e na pesquisa social. Weber desenvolveu suas análises de forma mais independente das ciências exatas e naturais. Foi capaz de compreender a especificidade das ciências humanas como aquelas que estudam o homem como um ser diferente dos demais e, portanto, sujeito a leis de ação e comportamento próprios.

Outra novidade do pensamento weberiano no desenvolvimento da sociologia foi a ideia do indeterminismo histórico. Ao contrário de seus predecessores, ele não admitia nenhuma lei preexistente que regulasse o desenvolvimento da sociedade ou a sucessão de tipos de organização social. Isso permitiu que ele se aprofundasse no estudo das particularidades, procurando entender as formações sociais em suas singularidades, especialmente a jovem nação alemã que ele via despontar como potência. Nesse sentido, contribuiu também para a formação de um pensamento alemão, crítico, histórico e consoante com sua época.

Outros sociólogos alemães puseram em prática o método compreensivo de Weber, como Sombart, igualmente um estudioso do capitalismo ocidental. Weber desenvolveu também trabalhos na área de história econômica, buscando as leis de desenvolvimento das sociedades. Estudou ainda, com base em fontes históricas, as relações entre o meio urbano e o agrário e o acúmulo de capital auferido pelas cidades por meio dessas relações.

Atividades

Compreensão de texto

1 Elabore um quadro que compare as definições de Weber e Durkheim em relação a função da sociologia, fato social, ação social, relação social, instrumentos de análise, neutralidade do cientista, indivíduo e sociedade.

2 Identifique as duas concepções de história que estão presentes no texto, uma referente ao positivismo de Durkheim e a outra ao idealismo de Weber (também chamada de escola existencialista).

3 O que é método compreensivo?

Interpretação, problematização e pesquisa

[Os trechos de autoria de Weber, selecionados para as questões seguintes, foram extraídos da obra *A ética protestante e o espírito do capitalismo*.]

4 Nas seguintes afirmações de Weber percebemos de que modo a motivação para a ação é algo sentido pelo sujeito sob a forma de valores e modelos de conduta. Analise-as segundo essa perspectiva.

> a) "A oportunidade de ganhar mais era menos atrativa do que a de trabalhar menos. Ele não perguntava: quanto posso ganhar por dia se trabalhar tanto quanto possível, mas: quanto devo trabalhar a fim de ganhar o salário que ganhava anteriormente e que era suficiente para minhas necessidades." (p. 38)
>
> b) "Na verdade, esta ideia peculiar do dever profissional, tão familiar a nós hoje, mas, na realidade, tão pouco evidente, é a maior característica da 'ética social' da cultura capitalista e, em certo sentido, sua base fundamental." (p. 33)

5 Sabendo que Weber pressupõe certa parcialidade do cientista em relação ao objeto de estudo, isto é, um interesse próprio em nível de motivação, por que razões ele considera parte de suas conclusões como provisórias? E, ainda, do que é capaz o cientista quando tem em mãos técnicas eficazes de análise?

6 Como Max Weber explica, nesta passagem, o espírito do capitalismo?

> "Tudo é feito em termos de balanço: a previsão inicial no começo da empresa, ou antes de qualquer decisão individual; o balanço final para verificação do lucro obtido. Por exemplo, a previsão inicial de uma transação por comenda (primeiras empresas de compra e venda surgidas na Idade Média) pode ser a constatação do valor monetário dos bens transacionados — enquanto esses não assumirem forma monetária — e o seu balanço final pode equivaler a uma distribuição do lucro ou das perdas ao término da operação. Na medida em que as operações são racionais, toda ação individual das partes é baseada em cálculo." (p. 5)

7 Ao definir a ação capitalista como "aquela que se baseia na expectativa de lucro através da utilização das oportunidades de troca, isto é, nas possibilidades pacíficas de lucro" (p. 4), como Weber aplica seu conceito de ação social?

8 Weber afirma que o trabalho do cientista parte justamente de seu interesse pelo objeto de estudo e de sua visão particular sobre o assunto, opondo-se assim à objetividade e à neutralidade pregadas pelos positivistas franceses. Como essa ideia aparece no trecho a seguir?

> "Devemos desenvolver no curso da discussão, como seu resultado mais importante, a melhor formulação conceitual do que entendemos aqui por espírito do capitalismo, isto é, a melhor do ponto de vista que nos interessa. Este ponto de vista, ademais, não é, de modo algum, o único possível a partir do qual o fenômeno histórico que estamos investigando possa ser analisado." (p. 28)

9 Weber afirma que a ação social é uma ação com sentido, que orienta o comportamento de quem age. Observe a sua turma e procure descobrir o sentido da ação de algum colega nesse momento.

10 Vamos aplicar a metodologia de Weber na construção do tipo ideal. Procure diversos relatos — em livros, revistas ou jornais — sobre o mesmo acontecimento e procure defini-lo com base nos elementos comuns dessas fontes.

11 De que maneira o protestantismo, segundo Weber, gera condutas adequadas ao capitalismo?

12 Que diferenças Weber estabelece entre as atitudes e as visões de mundo de católicas e protestantes?

13 Utilizando-se dos parâmetros demarcados por Weber para analisar a relação entre o calvinismo/protestantismo e o capitalismo, faça junto com a classe uma análise do Brasil tendo por base esses parâmetros, considerando-se o fato de nosso país ser majoritariamente católico.

Aplicação de conceitos

14 Leia a notícia a seguir:

Jovem, solteiro e ansioso para ver Alá

"O terrorista suicida islâmico se tornou a mais temida figura da sociedade israelense. Sua habilidade em disfarces é tanta que os 1,2 mil soldados convocados para guarnecer os pontos de ônibus de Jerusalém receberam ordens de ficar especialmente atentos quando virem alguém trajando uniforme do próprio Exército.

Acredita-se que os autores dos dois primeiros atentados a bomba, que iniciaram o mais recente ciclo de carnificina de civis no dia 25, estavam disfarçados de soldados. Um até usava brinco, muito em voga entre alguns jovens judeus.

Segundo um perfil elaborado por israelenses especialistas em segurança, os terroristas suicidas são na maioria solteiros, com idade entre 18 e 24 anos e de família pobre. Tendem a ser fanáticos no comportamento e nas crenças. Suas motivações incluem o desejo de se igualar ao êxito de outros atacantes ou de vingar ataques sofridos por suas famílias.

Clérigos do grupo Hamas desempenham importante papel em seu treinamento, repisando a promessa contida no Alcorão de que os mártires terão um Paraíso especial, no qual cada combatente tombado recebe 72 noivas virgens. Também dizem aos suicidas que vagas no Paraíso serão reservadas às suas famílias — que, na Terra, recebem a assistência de entidades beneficentes ligadas ao Hamas e à Jihad Islâmica.

Depois que um terrorista suicida de Gaza voou pelos ares, os parentes encontraram frequentes referências ao Paraíso em seus cadernos. Ele escreveu muito sobre seu desejo de morrer, de 'conhecer Deus como mártir e viver uma vida muito melhor do que esta'.

Segundo oficiais israelenses, a carga explosiva de alta potência é geralmente amarrada ao corpo e detonada por um dispositivo de tempo eletrônico. Os terroristas são levados com frequência para inspecionar os alvos de seus ataques. Homens solteiros são escolhidos para reduzir o risco de um suicida revelar um ataque ao dizer adeus à sua mulher.

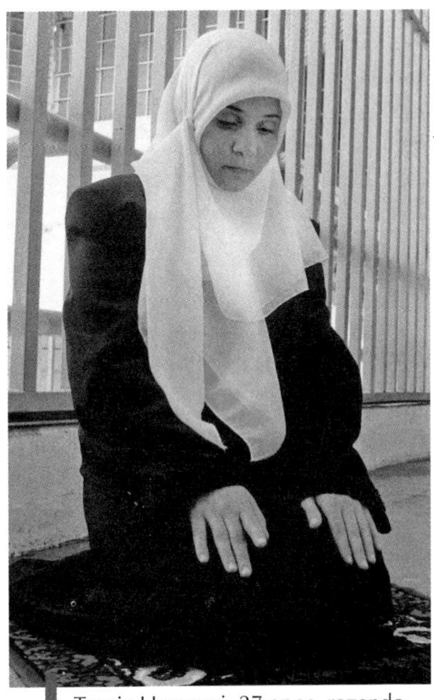

NIR ELIAS/REUTERS-NEWSCOM

Touria Hamouri, 27 anos, rezando na prisão de Sharon, em Israel, presa por tentar um ataque suicida, 2004.

Os autores dos atentados estudam muitas vezes em escolas mantidas por instituições de caridade e dirigidas pelo Hamas. No geral, antes de cada missão celebra-se uma sessão final na mesquita, onde o atacante é fortalecido pelos clérigos para sua missão. No Líbano, alguns também receberam drogas.

A chocante propensão dos jovens islâmicos ao sacrifício foi revelada segunda-feira em Al Fawwar, um campo de refugiados perto de Hebron, terra natal dos dois atacantes responsáveis pelas bombas em Jerusalém e Ashkelon. Os israelenses descobriram que, dos 5 mil moradores, 40 haviam se apresentado como voluntários para ser terroristas suicidas."

WALKER, Christopher. Jovem, solteiro e ansioso para ver Alá. In: *O Estado de S. Paulo, 1994.*

Aplicando à análise da notícia o que aprendemos sobre a sociologia weberiana, responda:

a) Qual é a ação social a que a notícia faz referência?
b) Que valores induzem a ação do terrorista islâmico?
c) Que motivos levam o terrorista islâmico a agir?
d) Destaque os aspectos econômicos, políticos e psicológicos desse fenômeno.

15 Vídeo: *Central do Brasil* (Brasil, 1998. Direção: Walter Salles. Duração: 113 min) — Este filme, indicado para o Oscar de melhor filme estrangeiro, conta a história do envolvimento de Dora, mulher que escreve cartas para analfabetos na estação Central do Brasil, com um menino de 9 anos, Josué, que perde a mãe. O filme mostra a viagem que ambos empreendem com a intenção de achar o pai do garoto.

- Discuta como é possível identificar nessa história a ideia de Weber a respeito da ação social e o que ele propõe como relação social.

Temas para debate

Texto 1

[O esquema ideal]

"Examinemos o esquema ideal que nos transmitem os escritos agrários de Roma. Encontramos o alojamento do 'instrumento falante', vale dizer, o estábulo de escravos, na mesma casa que o gado (instrumento semifalante). Ele é constituído pelo dormitório, uma enfermaria ou lazareto, uma prevenção (cárcere), uma oficina para os trabalhadores e de pronto se compõe ante nossos olhos uma visão muito familiar a todos os que vestiram uniforme: o quartel. E, com efeito, a vida do escravo é, normalmente, uma vida de quartel. Dorme e come em comum sob a vigilância do *villicus*: a indumentária de tipo melhor é entregue a um 'guarda-roupa', cuidado pela mulher do inspetor (*villica*), que atua como suboficial de câmara, e mensalmente se faz uma revista do vestuário. O trabalho é rigorosamente disciplinado, à moda militar:

as seções, sob o mando de um cabo, são formadas de manhã bem cedo, e partem sob a inspeção de capatazes. Isto era imprescindível. Produzir para o mercado por meio do trabalho servil não teria sido possível por muito tempo sem o emprego do látego."

WEBER, Max. As causas sociais do declínio da cultura antiga. In: COHN, Gabriel (Org.). *Sociologia*, op. cit. p. 45.

Com base na definição weberiana de tipo ideal, responda:

1 Weber fez a análise do escravo romano com base em seu conceito de tipo ideal. Esse esquema corresponde à realidade observada? Justifique.

2 Qual a utilidade, para o cientista da formulação, desse esquema de sociedade escravista?

Texto 2

Crime organizado e crise institucional

"Tampouco deve-se entender a máfia como poder paralelo visto haver uma necessária conexão entre ela, a polícia e as instituições. Criminosos empresários relacionam-se com pessoas importantes, políticos, policiais, juízes. O conceito de antiestado é exagerado nesse sentido, pois o crime organizado está ligado ao poder oficial e é preciso estar atento às reviravoltas dessas redes fluidas dos personagens públicos e exteriores à organização criminosa que se imiscuem com ou se sobrepõem a ela.

Contudo, ainda segundo Salvatore Luppo, o crime organizado guarda muita coisa de sociedade secreta, com seus rituais iniciáticos. Por isso mesmo nega a cultura generalizada, tradicional e fechada; o iniciando torna-se novo ser, tábula rasa para receber o conhecimento e a ordem do grupo. A *omertà* é um dos lados da moeda, cujo outro lado é a subordinação à vontade da organização, ou seja, a *umiltà*. Como nas organizações maçônicas, no crime organizado o delator é chamado de infame e a organização está sempre pronta a matar ou denunciar os seus inimigos por cartas anônimas ou por vias secretas à polícia. Fazem regulamentos e estatutos, além de dispor de autoridades legislativas e tribunais que decidem e punem sem clemência. Na Itália, a ruptura só acontece em 1979 quando a máfia torna-se terrorista, assassinando juízes, políticos honestos, políticos corruptos, rompendo com seu passado prudente de mimetismo e acordos com o poder constituído. No Brasil, a publicação recente de documentos que continham o regulamento do Comando Vermelho, bem como a aplicação da pena máxima para quem ouse denunciar ou prejudicar os negócios das quadrilhas que controlam favelas e bairros pobres de várias cidades brasileiras, apontam na mesma direção. Não há mais como negar o que se torna cada vez mais evidente. E aqui também o desespero ou a bravata tem feito traficantes deixarem os limites protegidos pelos arranjos do poder para invadir o espaço urbano até pouco tempo respeitado. Teremos também formas de terrorismo já encontrados em outros países? As últimas atividades conjuntas do PCC e Comando Vermelho fazem crer que sim."

ZALUAR, Alba. *Crime organizado e crise institucional – Sociabilidades III: violência e sociedade*. São Paulo: Letras & Letras, 2003. p. 40.

- De que forma podemos perceber nesse texto a aplicação da metodologia weberiana para construção de um tipo ideal, neste caso o crime organizado, que se manifesta de forma particular em diferentes épocas e países?

Leituras complementares

Texto 1

[Motivo e sentido da ação social]

"[No raciocínio de Weber], o conceito de 'motivo' (...) permite estabelecer uma ponte entre sentido e compreensão. Do ponto de vista do agente, o motivo é o fundamento da ação; para o sociólogo, cuja tarefa é compreender essa ação, a reconstrução do motivo é fundamental, porque, da sua perspectiva, ele figura como a causa da ação. Numerosas distinções podem ser estabelecidas aqui, e Weber realmente o faz. No entanto, apenas interessa assinalar que, quando se fala de sentido na sua acepção mais importante para a análise, não se está cogitando da gênese da ação mas sim daquilo para o que ela aponta, para o objetivo visado nela; para o seu fim, em suma.

Isso sugere que o sentido tem muito a ver com o modo como se encadeia o processo de ação, tomando-se a ação efetiva dotada de sentido como um meio para alcançar um fim, justamente aquele subjetivamente visado pelo agente. Convém salientar que a ação social não é um ato isolado mas um processo, no qual se percorre uma sequência definida de elos significativos (admitindo-se que não haja interferência alguma de elementos não pertinentes à ação em tela, o que jamais ocorre na experiência empírica e só é pensável em termos típico-ideais). Basta pensar em qualquer ação social (por exemplo, despachar uma carta) para visualizar isso. Os elementos desse processo articulam-se naquilo que Weber chama de 'cadeia motivacional': cada ato parcial realizado no processo opera como fundamento do ato seguinte, até completar-se a sequência."

WEBER, Max. As causas sociais do declínio da cultura antiga. In: COHN, Gabriel (org.). *Sociologia*, op. cit. p. 27.

Entender o texto

- Com base no texto, sintetize o pensamento de Weber sobre motivo, elaborando uma frase que relacione motivo e ação social.

Texto 2

A ciência como vocação

"O progresso científico é um fragmento, o mais importante indubitavelmente, do processo de intelectualização a que estamos submetidos desde milênios e relativamente ao qual algumas pessoas adotam, em nossos dias, posição estranhamente negativa.

Tentemos, de início, perceber claramente o que significa, na prática, essa racionalização intelectualista que devemos à ciência e à técnica científica. Significará, por acaso, que todos os que estão reunidos nesta sala possuem, a respeito das respectivas condições de vida, conhecimento de nível superior ao que um hindu ou um hotentote poderiam alcançar acerca de suas próprias condições de vida? É pouco provável. Aquele, dentre nós, que entra num trem não tem noção alguma do mecanismo que permite ao veículo pôr-se em marcha — exceto se for um físico de profissão. Aliás, não temos necessidade de conhecer aquele mecanismo. Basta-nos poder 'contar' com o trem e orientar, consequentemente, nosso comportamento; mas não sabemos como se constrói aquela máquina que tem condições de deslizar. O selvagem, ao contrário, conhece, de maneira incomparavelmente melhor, os instrumentos de que se utiliza. Eu seria capaz de garantir que todos ou quase todos os meus colegas economistas, acaso presentes nesta sala, dariam respostas diferentes à pergunta: como explicar que, utilizando a mesma soma de dinheiro, ora se possa adquirir grande soma de coisas e ora uma quantidade mínima? O selvagem, contudo, sabe perfeitamente como agir para obter o alimento quotidiano e conhece os meios capazes de favorecê-lo em seu propósito. A intelectualização e a racionalização crescentes não equivalem, portanto, a um conhecimento geral crescente acerca das condições em que vivemos. Significam, antes, que sabemos ou acreditamos que, a qualquer instante, poderíamos, bastando que o quiséssemos, provar que não existe, em princípio, nenhum poder misterioso e imprevisível que interfira com o curso de nossa vida; em uma palavra, que podemos dominar tudo, por meio da previsão. Equivale isso a despojar de magia o mundo. Para nós não mais se trata, como para o selvagem que acredita na existência daqueles poderes, de apelar a meios mágicos para dominar os espíritos ou exorcizá-los, mas de recorrer à técnica e à previsão. Tal é a significação essencial da intelectualização."

WEBER, Max. *Ciência e política*; duas vocações. São Paulo: Cultrix, 1970. p. 30-31.

Entender o texto

- Nesse texto Weber decodifica o significado de intelectualização. Explique esse conceito sintetizando a sua compreensão das ideias de Weber em um texto de três a quatro linhas.

7 Karl Marx e a história da exploração do homem

Introdução

Quando um espaço contendo muitos objetos é iluminado por luzes de diversas cores vindas de várias fontes, obtemos diferentes imagens, cada uma colocando em destaque certos contornos e formas. De maneira análoga é isso que acontece com o campo científico: os pressupostos teóricos iluminam de forma peculiar a realidade, resultando daí níveis diferentes de abordagem e modelos teóricos particulares. Até este ponto do livro, procuramos reconstruir o percurso que vai desde o surgimento do pensamento sociológico até a organização das primeiras teorias sobre a sociedade, cada uma delas orientada por um conjunto de pressupostos sobre a realidade e a vida social. Assim como as diversas imagens que obtemos do espaço da experiência acima, os diferentes modelos teóricos, cada qual "pondo à luz" determinados aspectos da realidade social, oferecem diferentes perspectivas que se complementam.

Abordamos o modelo positivista inicialmente elaborado por Comte, e, depois, o proposto por Durkheim, segundo o qual a sociedade se apresenta como sendo mais do que a soma de indivíduos, constituída por normas, instituições e valores característicos do social. Passamos depois por Weber que, por sua vez, numa perspectiva mais dinâmica e interpretativa, explicou os fatos sociais "à luz" da história e da subjetividade do agente social.

Simultaneamente às elaborações dos fundadores da sociologia, porém iluminando outras questões propostas pela realidade social, desenvolveu-se o pensamento de Karl Marx, expresso pela teoria do materialismo histórico, originando a corrente de pensamento mais revolucionária tanto do ponto de vista teórico como da prática social. É também um dos pensamentos mais difíceis de se compreender, explicar ou sintetizar. Com o objetivo de entender o sistema capitalista e modificá-lo, Marx escreveu sobre filosofia, economia e sociologia. Ele produziu muito, suas ideias se desdobraram em várias vertentes e foram incorporadas por diferentes estudiosos. Sua intenção, porém, não era apenas contribuir para o desenvolvimento da ciência, mas propor uma ampla transformação política, econômica e social. Marx não escreveu particularmente para os acadêmicos e cientistas, mas para todos os homens que quisessem assumir sua vocação revolucionária. Sua obra máxima, *O capital*, destinava-se a todos os homens, não apenas aos estudiosos da economia, da política e da sociedade. Este é um aspecto singular da teoria marxista. Há um alcance mais amplo nas suas formulações, que adquiriram dimensões de ideal revolucionário e ação política efetiva.

O materialismo histórico foi a corrente mais revolucionária do pensamento social, tanto no campo teórico como no da ação política.

Marx, acima de tudo, definia-se como um militante da causa socialista, por isso suas ideias não se limitaram ao campo teórico e científico, mas foram defendidas com luta como princípios norteadores para o desenvolvimento de uma nova sociedade em diferentes campos e batalhas, nos quais se confrontaram diversos grupos sociais desde o século XIX, quando o marxismo se organiza como corrente política.

Marx foi especialmente sensível às dificuldades que a Europa enfrentava numa época de pleno e contraditório desenvolvimento do capitalismo: ao mesmo tempo que crescia, tornava mais agudos seus conflitos e dissensões. As contradições básicas da sociedade capitalista e as possibilidades de superação apontadas pela sua obra não puderam, pois, permanecer ignoradas pela sociologia, pelos cientistas sociais em geral nem pelo cidadão comum, submetido à ordem social que ele procurou interpretar e criticar. Diferentes modelos de administração pública, de organização partidária, de ação revolucionária e de exercício do poder reconheceram em Karl Marx, nos últimos duzentos anos, sua inspiração.

CID

Karl Marx: suas ideias influenciaram o desenvolvimento da ciência, da filosofia e do movimento operário mundial.

Karl Marx
(1818-1883)

Nasceu na cidade de Treves, na Alemanha. Em 1836, matriculou-se na universidade de Berlim, doutorando-se em filosofia, em Iena. Foi redator de uma gazeta liberal em Colônia. Mudou-se em 1842 para Paris, onde conheceu Friedrich Engels, seu companheiro de ideias e publicações por toda a vida. Expulso da França em 1845, foi para Bruxelas, onde participou da recém-fundada Liga dos Comunistas. Em 1848 escreveu com Engels *O manifesto do Partido Comunista,* obra fundadora do "marxismo" como movimento político e social a favor do proletariado. Com o malogro das revoluções sociais de 1848, Marx mudou-se para Londres, onde se dedicou a um grandioso estudo crítico da economia política. Foi um dos fundadores da Associação Internacional dos Operários ou Primeira Internacional. Morreu em 1883, após intensa vida política e intelectual. Suas principais obras foram: *A ideologia alemã, Miséria da filosofia, Para a crítica da economia política, A luta de classes em França, O capital* (primeiro volume, o segundo e terceiro foram obras póstumas organizadas por Engels, com base nas anotações deixadas por Marx). ■

As origens

O pensamento marxista foi sintetizador de diferentes preocupações filosóficas, políticas e científicas de sua época, assim como herdeiro de fundamentos formulados por outros pensadores. Em primeiro lugar, deve-se fazer justiça à influência da filosofia hegeliana de quem Marx absorveu uma diferente percepção da história — não um movimento linear ascendente como propunham os evolucionistas, nem o resultado da ação voluntariosa e consciente dos heróis envolvidos, como pensavam os historiadores românticos. Hegel entendia a história como um processo coeso que envolvia diversas instâncias da sociedade — da religião à economia — e cuja dinâmica se dava por oposições entre forças antagônicas — tese e antítese. Desse embate emergia a síntese que fechava o processo "dialético" de conceber a história. Marx utilizou esse método de explicação histórica para o qual os agentes sociais, apesar de conscientes, não são os únicos responsáveis pela dinâmica dos acontecimentos — as forças em oposição atuam sobre o devir.

Georg W. Hegel
(1770-1831)
Filósofo alemão nascido em Stuttgart, estudou teologia e filosofia, tornando-se professor de diversas universidades. Desenvolveu um modelo teórico historicista pelo qual cada momento histórico define-se pela oposição dialética entre tendências opostas. Entre seus princípios está também a identidade entre razão e realidade. ■

> Nos primeiros meses de 1842, Karl Marx escreveu um artigo a respeito da nova censura prussiana, no qual o vemos pela primeira vez exibir suas melhores qualidades; nele a lógica implacável e a ironia esmagadora de Marx são dirigidas aos eternos inimigos do autor: aqueles que negam a seres humanos os direitos humanos.
>
> EDMOND, Wilson. *Rumo à Estação Finlândia.* São Paulo: Companhia das Letras, 1987. p. 121.

Também significativo foi o contato de Marx com o pensamento socialista francês e inglês do século XIX, de Claude Henri de Rouvroy, ou conde de Saint-Simon (1760-1825), François-Charles Fourier (1772-1837) e Robert Owen (1771-1858). Marx admirava o pioneirismo desses críticos da sociedade burguesa e suas propostas de transformação social, apesar de julgá-las "utópicas", ou seja, idealistas e irreais. Esses autores, influenciados por Rousseau — que atribuíra a origem das desigualdades sociais ao advento da propriedade privada —, propunham transformar radicalmente a sociedade, implantando uma ordem social justa e igualitária, da qual seriam eliminados o individualismo, a competição e a propriedade privada. Os métodos para isso variavam do uso maciço da propaganda até a realização de experiências-modelo, que deveriam servir de guia para o restante da sociedade. Entretanto, nenhum deles havia considerado seriamente a necessidade de luta política entre as classes sociais e o papel revolucionário do proletariado na implantação de uma nova ordem social. Era por esse aspecto que Marx os denominava de utópicos, em contrapartida o socialismo defendido por ele era denominado de científico.

Há ainda na obra de Marx toda a leitura crítica do pensamento clássico dos economistas ingleses, em particular Adam Smith e David Ricardo, trabalho que tomou a atenção de Marx até o final da vida e resultou na maior parte de seu esforço teórico. Essa trajetória é marcada pelo desenvolvimento de conceitos importantes como alienação, classes sociais, valor, mercadoria, trabalho, mais-valia, modo de produção.

Finalmente, impossível não fazer referência ao seu grande interlocutor — Friedrich Engels — economista político e revolucionário alemão que trabalhou com Marx de 1844 até sua morte, sendo cofundador do socialismo científico, também conhecido por "comunismo", doutrina que demonstrava pela análise científica e dialética da realidade social que as contradições históricas do capitalismo levariam, necessariamente, à sua superação por um regime igualitário e democrático que seria sua antítese.

Vamos agora trabalhar com os principais conceitos do socialismo científico, atualmente conhecido por marxismo, uma teoria social complexa que se destinava a analisar o capitalismo e a entender as forças que o constituíam e aquelas que levariam à sua superação.

Friedrich Engels
(1820-1895)

Nasceu em Barmen, na Alemanha, e morreu em Londres, na Inglaterra. Filho de uma família burguesa, dedicada à indústria, foi um revolucionário, grande observador da realidade do seu tempo. Participou ativamente da formação de uma Associação Internacional de Trabalhadores, foi coautor do *Manifesto do Partido Comunista* e organizador de *O capital*. Escreveu trabalhos próprios como *A situação da classe trabalhadora na Inglaterra* e *A origem da família, da propriedade e do Estado*. ■

A ideia de alienação

A palavra "alienação" tem um conteúdo jurídico que designa a transferência ou venda de um bem ou direito. Mas, desde a publicação da obra de Rousseau (1712-1778), passa a predominar para o termo a ideia de privação, falta ou exclusão. Filósofos alemães, como Hegel e Feuerbach, também fazem uso da palavra, emprestando-lhe um sentido de desumanização e injustiça que será absorvido por Marx. Este faz do conceito uma peça-chave de sua teoria para a compreensão da exploração econômica exercida sobre o trabalhador no capitalismo. A indústria, a propriedade privada e o assalariamento alienavam ou separavam o operário dos "meios de produção" — ferramentas, matéria-prima, terra e máquina — e do fruto de seu trabalho, que se tornaram propriedade privada do empresário capitalista.

Politicamente, também o homem se tornou alienado, pois o princípio da representatividade, base do liberalismo, criou a ideia de Estado como um órgão político imparcial, capaz de representar toda a sociedade e dirigi-la pelo poder delegado pelos indivíduos. Marx mostrou, entretanto, que na sociedade de classes esse Estado representa apenas a classe dominante e age conforme o interesse desta.

Segundo Marx, a "divisão social do trabalho" fez com que o pensamento filosófico se tornasse atividade exclusiva de um determinado grupo. As diversas escolas filosóficas passaram a expressar a visão parcial que esse grupo tem da vida, da sociedade e do Estado, refletindo, assim, seus interesses. Algumas, como o liberalismo, transformaram-se em verdadeiras "filosofias do Estado", com o intuito explícito de defendê-lo e justificá-lo. O mesmo aconteceu com o pensamento científico que, pretendendo-se universal, passou a expressar a parcialidade da classe social que ele representa. Esse comprometimento do filósofo e do cientista em face do poder resultou também em nova forma de alienação para o homem.

Um dos conceitos fundamentais da teoria marxista é o de "alienação".

Alienado, separado e mutilado, o homem só pode recuperar a integridade de sua condição humana pela crítica radical ao sistema econômico, à política e à filosofia que o excluíram da participação efetiva na vida social. Essa crítica radical, que nasce do livre exercício da consciência, só se efetiva na práxis, que é a ação política consciente e transformadora. A crítica está assim unida à práxis — novo método de abordar e explicar a sociedade e também um projeto para a ação sobre ela. Assim o marxismo se propunha como opção libertadora do homem.

> Mais exatamente, a alienação é o efeito necessário de certas estruturas ou formações sociais que, embora sendo produto da ação humana, têm por efeito tornar o homem estranho a si mesmo, e o resultado de suas ações, modificados e eventualmente invertidos em relação a suas intenções, desejos ou necessidades.
>
> BOUDON, R. e BOURRICAUD, F. *Dicionário crítico de sociologia*. op. cit. p. 324.

As classes sociais

Outro conceito basilar do marxismo é o de classes sociais, que Marx desenvolve na busca por denunciar as desigualdades sociais contra a falsa ideia de igualdade política e jurídica proclamada pelos liberais. Para ele, os inalienáveis direitos de liberdade e justiça, considerados naturais pelo liberalismo, não resistem às evidências das desigualdades sociais promovidas pelas "relações de produção", que dividem os homens em proprietários e não-proprietários dos meios de produção. Dessa divisão se originam as classes sociais: os "proletários" — trabalhadores despossuídos dos "meios de produção", que vendem sua força de trabalho em troca de salário — e os "capitalistas", que, possuindo meios de produção sob a forma legal da propriedade privada, "apropriam-se" do produto do trabalho de seus operários em troca do salário do qual eles dependem para sobreviver.

As classes sociais formadas no capitalismo — burgueses e proletários — estabelecem intransponíveis desigualdades entre os homens e relações que são, antes de tudo, de antagonismo e exploração. A oposição e o antagonismo derivam dos interesses inconciliáveis entre as classes — o capitalista desejando preservar seu direito à propriedade dos meios de produção e dos produtos e à máxima exploração do trabalho do operário, pagando baixos salários ou ampliando a jornada de trabalho. O trabalhador, por sua vez, luta contra a exploração, reivindicando menor jornada de trabalho, melhores salários e participação nos lucros que se acumulam com a venda daquilo que ele produziu.

Marx afirmava que as relações entre os homens são relações de oposição, antagonismo e exploração.

Por outro lado, apesar das oposições, as classes sociais são também complementares e interdependentes, pois uma só existe em função da outra. Só existem proprietários porque há uma massa de despossuídos cuja única propriedade é sua força de trabalho, dispostos a vendê-la para assegurar sua sobrevivência. De igual maneira, só existem proletários porque há alguém que lucra com seu assalariamento.

Para Marx, a história humana é a história da luta de classes, da disputa constante por interesses que se opõem, embora essa oposição nem sempre se manifeste socialmente sob a forma de conflito ou guerra declarada. As divergências e antagonismos das classes estão subjacentes a toda relação social, nos mais diversos níveis da sociedade, em todos os tempos, desde o surgimento da sociedade.

A origem histórica do capitalismo

Para desenvolver sua teoria, Marx se vale de conceitos abrangentes, da análise crítica do momento que vive e de uma sólida visão histórica com os quais procura explicar a origem das classes sociais e do capitalismo. É assim que ele atribui a origem das desigualdades sociais a uma enorme quantidade de riquezas que se concentra, na Europa, do século XIII até meados do século XVIII, nas mãos de uns poucos indivíduos, que têm o objetivo e as possibilidades de acumular bens e obter lucros cada vez maiores.

No início, essa acumulação de riquezas se fez por meio da pirataria, do roubo, dos monopólios e do controle de preços praticados pelos Estados absolutistas. A comercialização, principalmente com as colônias, era a grande fonte de rendimentos para os Estados e a nascente burguesia. Mas, a partir do século XVI, o artesão e as corporações de ofício foram paulatinamente substituídos, respectivamente, pelo trabalhador "livre" assalariado — o operário — e pela indústria.

Segundo Marx, a Revolução Industrial acelerou o processo de alienação do trabalhador dos meios e dos produtos de seu trabalho.

Na produção artesanal europeia da Idade Média e do Renascimento (Idade Moderna), o trabalhador mantinha em sua casa os instrumentos de produção. Aos poucos, porém, surgiram oficinas organizadas por comerciantes enriquecidos que produziam mais e a baixo custo. A generalização desses galpões originou, em meados do século XVIII, na Inglaterra, a Revolução Industrial. Esta possibilitou a mecanização ampla e sistemática da produção de mercadorias, acelerando o processo de separação entre o trabalhador e os instrumentos de produção e levando à falência os artesãos

E.O.HOPPE/CORBIS-STOCK PHOTOS

PITCHAL FREDERIC-SYGMA/CORBIS-STOCK PHOTOS

Com o capitalismo, o trabalhador é expropriado dos meios de produção e do produto de seu trabalho. À esquerda: carpinteiro com seus instrumentos de trabalho. À direita: operário controlando um torno de milhares de dólares.

individuais. As máquinas e tudo o mais necessário ao processo produtivo — força motriz, instalações, matérias-primas — ficaram acessíveis somente aos empresários capitalistas com os quais os artesãos, isolados, não podiam competir. Assim, multiplicou-se o número de operários, isto é, trabalhadores "livres" expropriados, artesãos que não conseguiam competir com o sistema industrial e desistiam da produção individual, empregando-se nas indústrias, constituindo uma nova classe social.

O salário

O operário é o indivíduo que, nada possuindo, é obrigado a sobreviver da sua força de trabalho. No capitalismo, ele se torna uma mercadoria, algo útil, que se pode comprar e vender. Por meio de um contrato estabelecido entre ele e o capitalista, a quem é permitido ao comprar ou "alugar por um certo tempo" sua força de trabalho em troca de uma quantia em dinheiro, o salário.

O salário é, assim, o valor da força de trabalho, considerada como mercadoria. Como a força de trabalho não é uma "coisa", mas uma capacidade, inseparável do corpo do operário, o salário deve corresponder à quantia que permita ao operário alimentar-se, vestir-se, cuidar dos filhos, recuperar as energias e, assim, estar de volta ao serviço no dia seguinte. Em outras palavras, o salário deve garantir as condições de subsistência do trabalhador e sua família.

O cálculo do salário depende do preço dos bens necessários à subsistência do trabalhador. O tipo de bens necessários depende, por sua vez, dos hábitos e dos costumes dos trabalhadores. Isso faz com que o salário varie de lugar para lugar. Além disso, o salário depende ainda da natureza do trabalho e da destreza e da habilidade do próprio trabalhador. No cálculo do salário de um operário qualificado deve-se computar o tempo que ele gastou com educação e treinamento para desenvolver suas capacidades.

Trabalho, valor e lucro

O capitalismo vê a força de trabalho como mercadoria, mas é claro que não se trata de uma mercadoria qualquer. Ela é a única capaz de criar valor. Os economistas clássicos ingleses, desde Adam Smith, já haviam percebido isso ao reconhecerem o trabalho como a verdadeira fonte de riqueza das sociedades.

O capitalismo, segundo o marxismo, transformou o trabalho em mercadoria.

Marx foi além. Para ele, o trabalho, ao se exercer sobre determinados objetos, provoca nestes uma espécie de "ressurreição". Tudo o que é criado pelo homem, diz Marx, contém em si um trabalho passado, "morto", que só pode ser reanimado por outro trabalho. Assim, por exemplo, um pedaço de couro animal curtido, uma agulha de aço e fios de linha são, todos, produtos do trabalho humano. Deixados em si mesmos, são coisas mortas; utilizados para produzir um par de sapatos, renascem como meios de produção e se incorporam num novo produto, uma nova mercadoria, um novo valor.

Os economistas ingleses já haviam postulado que o valor das mercadorias dependia do tempo de trabalho gasto na sua produção. Marx acrescentou que esse tempo de trabalho se estabelecia em relação às habilidades individuais médias e às condições técnicas vigentes na sociedade. Por isso, dizia que no valor de uma mercadoria era incorporado o "tempo de trabalho socialmente necessário" à sua produção.

De modo geral, as mercadorias resultam da colaboração de várias habilidades profissionais distintas; por isso, seu valor incorpora todos os tempos de trabalho específicos. Por exemplo, o valor de um par de sapatos inclui não só o tempo gasto para confeccioná-lo, mas também o dos trabalhadores que curtiram o couro, produziram fios de linha, a máquina de costura etc. O valor de todos esses trabalhos está embutido no preço que o capitalista paga ao adquirir essas matérias-primas e instrumentos, os quais, juntamente com a quantia paga a título de salário, serão incorporados ao valor do produto.

> Marx desmonta primeiro a armadilha da economia "vulgar", aquela que consiste em se ater apenas às aparências do jogo da oferta e da procura para analisar os fenômenos de mercado.
>
> LALLEMENT, Michael. *História das ideias sociológicas*. op. cit. p. 128.

Imaginemos um capitalista interessado em produzir sapatos, utilizando, para calcular os custos de produção e o lucro, uma unidade de moeda qualquer. Pois bem, suponhamos que a produção de um par lhe custe 100 unidades de moeda de matéria-prima, mais 20 com o desgaste dos instrumentos (ao término da vida útil dos equipamentos, o empresário terá de substituí-los por novos), mais 30 de salário diário pago a cada trabalhador. Essa soma — 150 unidades de moeda — representa sua despesa com investimentos. O valor do par de sapatos produzido nessas condições será a soma de todos os valores representados pelas diversas mercadorias que entraram na produção (matéria-prima, instrumentos, força de trabalho), o que totaliza também 150 unidades de moeda.

Sabemos que o capitalista produz para obter lucro, isto é, quer ganhar com seus produtos mais do que investiu. No exemplo acima, vemos, porém, que o valor de um produto corresponde exatamente ao que se investe para produzi-lo. Como então se obtém o lucro?

O capitalista poderia lucrar simplesmente aumentando o preço de venda do produto — por exemplo, cobrando 200 unidades de moeda pelo par de sapatos. Mas o simples aumento de preços é um recurso transitório e com o tempo traz problemas. De um lado, uma mercadoria com preços elevados, ao sugerir possibilidades de ganho imediato, atrai novos capitalistas interessados em produzi-la. Com isso, porém, corre-se o risco de inundar o mercado com artigos semelhantes, cujo preço fatalmente cairá. De outro lado, uma alta arbitrária no preço de uma mercadoria qualquer tende a provocar elevação generalizada nos demais preços, pois, nesse caso, todos os capitalistas desejarão ganhar mais com seus produtos. Isso pode ocorrer durante algum tempo, mas, se a disputa se prolongar, poderá levar o sistema econômico à desorganização.

Na verdade, de acordo com a análise de Marx, não é no âmbito da compra e da venda de mercadorias que se encontram bases estáveis para o lucro dos capitalistas individuais nem para a manutenção do sistema capitalista. Ao contrário, a valorização da mercadoria se dá no âmbito de sua produção.

Segundo Marx, a valorização da mercadoria se dá no âmbito de sua produção.

A mais-valia

Retomemos o nosso exemplo. Suponhamos que o operário tenha uma jornada diária de nove horas e confeccione um par de sapatos a cada três horas. Nessas três horas ele cria uma quantidade de valor correspondente ao seu salário, que é suficiente para obter o necessário à sua subsistência. Como o capitalista lhe paga o valor de um dia de força de trabalho, no restante do tempo, seis horas, o operário produz mais mercadorias, que geram um valor maior do que lhe foi pago na forma de salário. A duração da jornada de trabalho resulta, portanto, de um cálculo que leva em consideração o quanto interessa ao capitalista produzir para obter lucro sem desvalorizar seu produto.

Suponhamos uma jornada de nove horas, ao final da qual o sapateiro produza três pares de sapatos. Cada par continua valendo 150 unidades de moeda, mas agora eles custam menos ao capitalista. É que, no cálculo do valor dos três pares, a quantia investida em meios de produção também foi multiplicada por três, mas a quantia relativa ao salário — correspondente a um dia de trabalho — permaneceu constante. Desse modo, o custo de cada par de sapatos se reduziu a 130 unidades.

Custo de um par de sapatos na jornada de trabalho de três horas	
meios de produção	120
+ salário	+ 30
	150

Custo de um par de sapatos na jornada de trabalho de nove horas	
meios de produção 120 x 3 =	360
+ salário	+30
	390 ÷ 3 = 130

Assim, ao final da jornada de trabalho, o operário recebe 30 unidades de moeda, ainda que seu trabalho tenha rendido o dobro ao capitalista: 20 unidades de moeda, por par de sapatos produzido, totalizando 60 unidades de moeda. Esse valor a mais não retorna ao operário: incorpora-se ao produto e é apropriado pelo capitalista.

Visualiza-se, portanto, que uma coisa é o valor da força de trabalho, isto é, o salário, e outra é o quanto esse trabalho rende ao capitalista. Esse valor excedente produzido pelo operário é o que Marx chama de mais-valia.

ACERVO ÚLTIMA HORA/FOLHA IMAGEM

As relações de produção são as formas pelas quais os homens executam a atividade produtiva. Trabalhadores numa linha de montagem da Volkswagen, no Brasil, em 1958.

O capitalista pode obter mais-valia procurando aumentar constantemente a jornada de trabalho, tal como no nosso exemplo. Essa é, segundo Marx, a mais-valia absoluta. É claro, porém, que a extensão indefinida da jornada esbarra nos limites físicos do trabalhador e na necessidade de controlar a própria quantidade de mercadorias que se produz.

Agora, pensemos numa indústria altamente mecanizada. A tecnologia aplicada faz aumentar a produtividade, isto é, as mesmas nove horas de trabalho agora produzem um número maior de mercadorias, digamos, vinte pares de sapatos. A mecanização também faz com que a qualidade dos produtos dependa menos da habilidade e do conhecimento técnico do trabalhador individual. Numa situação dessas, portanto, a força de trabalho vale cada vez menos e, ao mesmo tempo, graças à maquinaria desenvolvida, produz cada vez mais. Esse é, em síntese, o processo de obtenção daquilo que Marx denomina mais-valia relativa.

O processo descrito esclarece a dependência do capitalismo em relação ao desenvolvimento das tecnologias de produção. Mostra ainda como o trabalho, sob o capital, perde todo o atrativo e faz do operário mero "apêndice da máquina".

As relações políticas

Após essa análise detalhada do modo de produção capitalista, Marx passa ao estudo das formas políticas produzidas no seu interior. Ele constata que as diferenças entre as classes sociais não se reduzem a diversas quantidades de riquezas, mas expressam uma diferença de "existência material". Os indivíduos de uma mesma classe social partilham uma situação de classe que lhes é comum, incluindo valores, comportamentos, regras de convivência e interesses.

A essas diferenças econômicas e sociais segue-se uma desigual distribuição de poder. Diante da alienação do operariado, as classes economicamente dominantes desenvolveram formas de dominação políticas que lhes permitem apropriar-se do aparato de poder do Estado e, com ele, legitimar seus interesses sob a forma de leis e planos econômicos e políticos.

As classes sociais não apresentam apenas uma diferente quantidade de riqueza, mas também posição, interesse e consciência diversa.

Cada forma assumida pelo Estado na sociedade burguesa, seja sob o regime liberal, monárquico, monárquico constitucional ou ditatorial, representa diferentes maneiras pelas quais ele se transforma num "comitê para gerir os negócios comuns de toda a burguesia" (K. Marx e F. Engels, "Manifesto do Partido Comunista", in *Cartas filosóficas e outros escritos*, p. 86), sob quaisquer dos regimes já propostos, dos mais liberais aos mais ditatoriais.

Para Marx, as condições específicas de trabalho geradas pela industrialização tendem a promover a consciência de que há interesses comuns para o conjunto da classe trabalhadora e, consequentemente, tendem a impulsionar a sua organização política para a ação. A classe trabalhadora, portanto, vivendo uma mesma situação de classe e sofrendo progressivo empobrecimento em razão das formas cada vez mais eficientes de exploração do trabalhador, acaba por se organizar politicamente. Essa organização é que permite a tomada de consciência da classe operária e sua mobilização para a ação política.

Materialismo histórico

Para entender o capitalismo e explicar a natureza da organização econômica humana, Marx desenvolveu uma teoria abrangente e universal, que procura dar conta de toda e qualquer forma produtiva criada pelo homem. Os princípios básicos dessa teoria estão expressos em seu método de análise — o materialismo histórico.

Marx parte do princípio de que a estrutura de uma sociedade qualquer reflete a forma como os homens se organizam para a produção social de bens que engloba dois fatores fundamentais: as forças produtivas e as relações de produção.

As forças produtivas constituem as condições materiais de toda a produção. Qualquer processo de trabalho implica determinados objetos — matérias-primas identificadas e extraídas da natureza — e determinados instrumentos — conjunto de forças naturais já transformadas e adaptadas pelo homem, como ferramentas ou máquinas, utilizadas segundo uma orientação técnica específica. O homem, principal elemento das forças produtivas, é o responsável por fazer a ligação entre a natureza e a técnica e os instrumentos. O desenvolvimento da produção vai determinar a combinação e o uso desses diversos elementos: recursos naturais, mão-de-obra disponível, instrumentos e técnicas produtivas. Essas combinações procuram atingir o máximo de produção em função do mercado existente. A cada forma de organização das forças produtivas corresponde uma determinada forma de relação de produção.

As relações de produção são as formas pelas quais os homens se organizam para executar a atividade produtiva. Elas se referem às diversas maneiras pelas quais são apropriados e distribuídos os elementos envolvidos no processo de trabalho: as matérias-primas, os instrumentos e a técnica, os próprios trabalhadores e o produto final. Assim, as relações de produção podem ser, num determinado momento, cooperativistas (como num mutirão), escravistas (como na Antiguidade), servis (como na Europa feudal), ou capitalistas (como na indústria moderna).

O estudo do modo de produção é fundamental para se saber como se organiza e funciona uma sociedade.

Forças produtivas e relações de produção são condições naturais e históricas de toda atividade produtiva que ocorre em sociedade. A forma pela qual ambas existem e são reproduzidas numa determinada sociedade constitui o que Marx denominou "modo de produção".

Para Marx, o estudo do modo de produção é fundamental para compreender como se organiza e funciona uma sociedade. As relações de produção, nesse sentido, são consideradas as mais importantes relações sociais. Os modelos de família, as leis, a religião, as ideias políticas, os valores sociais são aspectos cuja explicação depende, em princípio, do estudo do desenvolvimento e do colapso de diferentes modos de produção. Analisando a história, Marx identificou alguns modos de produção específicos: sistema comunal primitivo, modo de produção asiático, modo de produção antigo, modo de produção germânico, modo de produção feudal e modo de produção capitalista. Cada qual representa diferentes formas de organização da propriedade privada, comunitária ou estatal e da exploração do homem pelo homem.

Em cada modo de produção, a desigualdade de propriedade, como fundamento das relações de produção, cria contradições básicas com o desenvolvimento das forças produtivas. Essas contradições se acirram até provocar um processo revolucionário, com a derrocada do modo de produção vigente e a ascensão de outro.

Modos de produção

Modo de produção asiático. É a primeira forma que se seguiu à dissolução da comunidade primitiva. Sua característica fundamental era a organização da agricultura e da manufatura em unidades comunais autossuficientes. Sobre elas, havia um governo, que poderia organizar os custos com guerras e obras economicamente necessárias, como irrigação e vias de comunicação. As aldeias eram centros de comércio exterior, e a produção agrícola excedente era apropriada em forma de tributo pelo governo. A propriedade era comunal ou tribal. É o tipo característico da China e do Egito antigos, também conhecido por "despotismo oriental". A coesão entre os indivíduos é assegurada pelas comunidades aldeãs.

Modo de produção germânico. Neste modo de produção, cada lar ou unidade doméstica isolada constitui um centro independente de produção. A sociedade se organiza em linhagens, segundo parentesco consanguíneo, que transmite o ofício e a herança da possessão ou do domínio. Eventualmente, esses lares isolados unem-se para atividades guerreiras, religiosas ou para a solução de disputas legais. A sociedade é essencialmente rural. O isolamento entre os domínios torna-os potencialmente mais "individualistas" que a comunidade aldeã asiática. O Estado como entidade não existe. Este modo de produção caracterizaria as populações "bárbaras" da Europa antiga.

Modo de produção antigo. Neste as pessoas mantêm relações de localidade e não de consanguinidade. O trabalho agrícola era considerado atividade própria de cidadãos livres. Dessa relação entre cidadania e trabalho agrícola tem origem a nação, politicamente centralizada no Estado. A vida é urbana, mas baseada na propriedade da terra, fato que Marx chama de ruralização da cidade. A cidade é o centro da comunidade, havendo diferença entre as terras do Estado e a propriedade particular explorada pelos "patrícios" (cidadãos livres e proprietários) por meio de seus clientes. As sociedades típicas desse modo de produção foram a grega e a romana na Antiguidade.

CID

O processo avançado de robotização na indústria contemporânea é um dos elementos importantes no estudo das relações de produção na sociedade atual.

A historicidade e a totalidade

A teoria marxista repercutiu de maneira decisiva não só na Europa — objeto primeiro de seus estudos — como nas colônias europeias e em movimentos de independência. Incentivou os operários a organizarem partidos marxistas — e os sindicatos revolucionários —, levou intelectuais à crítica da realidade e influenciou as atividades científicas de modo geral e as ciências humanas em particular.

Para Marx, a realidade social era uma concretude histórica — um conjunto de relações de produção que caracteriza um momento histórico.

Além de elaborar uma teoria que condenava as bases sociais da espoliação capitalista, conclamando os trabalhadores a construir, por meio de sua práxis revolucionária, uma sociedade assentada na justiça social e igualdade real entre os homens, Marx conseguiu, como nenhum outro, com sua obra, estabelecer relações profundas entre a realidade, a filosofia e a ciência.

Por sua formação filosófica, Marx concebia a realidade social como uma concretude histórica, isto é, como um conjunto de relações de produção que caracteriza cada sociedade num tempo e espaço determinados. Na obra *O 18 Brumário de Luís Bonaparte*, Marx dá um exemplo do seu método ao analisar o golpe de Estado ocorrido na França no século XIX, encabeçado pelo sobrinho de Napoleão I, mostrando como este parodiou o feito do tio que, em 1799, substituiu a República pela Ditadura. Marx vaticinou o fracasso da aventura do sobrinho, porque este aplicou a mesma fórmula política do tio, porém, para uma conjuntura totalmente diferente daquela enfrentada por Napoleão Bonaparte.

Por outro lado, cada sociedade representava para Marx uma totalidade, isto é, um conjunto único e integrado das diversas formas de

RUSSIAN MUSEUM, ST. PETERSBURG, RÚSSIA

As ideias de Marx serviram de base para a Revolução de 1917, na Rússia. (Óleo de V. Serov)

organização humana nas suas mais diversas instâncias — família, poder, religião. Entretanto, apesar de considerar as sociedades da sua época e do passado como totalidades e como situações históricas concretas, Marx conseguiu, pela profundidade de suas análises, extrair conclusões de caráter geral e aplicáveis a formas sociais diferentes. Assim, ao analisar o golpe de Luís Bonaparte, identifica na estrutura de classes estabelecida na França aspectos universais da dinâmica da luta de classes.

A amplitude da contribuição de Marx

O sucesso e a penetração do materialismo histórico, quer no campo da ciência — ciência política, econômica e social —, quer no campo da organização política, se deve ao universalismo de seus princípios e ao caráter totalizador que Marx imprimiu às suas ideias. Deve-se também ao caráter militante das ideias propostas, voltadas para a ação prática e para a práxis revolucionária.

Além desse universalismo da teoria marxista — mérito que a diferencia de todas as teorias subsequentes — outras questões adquiriram nova dimensão com os princípios sustentados por Karl Marx. Um deles foi a objetividade científica, tão perseguida pelas ciências humanas. Para Marx, a questão da objetividade só se coloca como consciência crítica. A ciência, assim como a ação política, só pode ser verdadeira e não-ideológica se refletir uma situação de classe e, consequentemente, uma visão crítica da realidade. Assim, objetividade não é uma questão de método, mas de como o pensamento científico se insere no contexto das relações de produção e na história.

A ideia de uma sociedade "doente" ou "normal", preocupação dos cientistas sociais positivistas, desaparece em Marx. Para ele, a sociedade é constituída de relações de conflito e é de sua dinâmica que surge a mudança social. Fenômenos como luta, contradição, revolução e exploração são constituintes dos diversos momentos históricos e não disfunções sociais.

A partir do conceito de movimento histórico proposto por Hegel, assim como do historicismo existente em Weber, Marx redimensiona o estudo da sociedade humana. Suas ideias marcaram de maneira definitiva o pensamento científico e a ação política dessa época, assim como das posteriores, formando duas diferentes maneiras de atuação sob a bandeira do marxismo. A primeira é abraçar o ideal comunista, de uma sociedade em que estão abolidas as classes sociais e a propriedade privada dos meios de produção. Outra é exercer a crítica à realidade social, procurando suas contradições, desvendando as relações de exploração e expropriação do homem pelo homem, de modo a entender o papel dessas relações no processo histórico.

Não é preciso afirmar a contribuição da teoria marxista para o desenvolvimento das ciências sociais. A abordagem do conflito, da dinâmica histórica, da relação entre consciência e realidade e da correta inserção do homem e de sua práxis no contexto social foram conquistas jamais abandonadas pelos sociólogos. Isso sem contar a habilidade com que o método marxista possibilita o constante deslocamento do geral para o particular, das leis macrossociais para suas manifestações históricas, do movimento estrutural da sociedade para a ação humana individual e coletiva.

Marx contribuiu para uma nova abordagem do conflito, da relação entre consciência e realidade e da dinâmica histórica.

A sociologia, o socialismo e o marxismo

A teoria marxista teve ampla aceitação teórica e metodológica, assim como política e revolucionária. Já em 1864, em Londres, Karl Marx e Friedrich Engels estruturaram a Primeira Associação Internacional de Operários, ou Primeira Internacional, promovendo a organização e a defesa dos operários em nível internacional. Extinta em 1873, a difusão das ideias e das propostas marxistas ficou por conta dos sindicatos existentes em diversos países e nos partidos, especialmente os social-democratas.

A Segunda Internacional surgiu na época do centenário da Revolução Francesa (1889), quando diversos congressos socialistas tiveram lugar nas principais capitais europeias, com várias tendências, nem sempre conciliáveis. A Primeira Guerra Mundial pôs fim à Segunda Internacional como uma organização revolucionária da classe trabalhadora*, em 1914. Em 1917, uma revolução inspirada nas ideias marxistas, a Revolução Bolchevique, na Rússia, criava no mundo o primeiro Estado operá-

* A Segunda Internacional ou Internacional Socialista existe ainda hoje, sua sede fica em Londres, representando, na sua maioria, os partidos social-democratas e/ou socialistas formados, no final do século XIX, na Europa e, no primeiro quartel do século XX, no resto do mundo.

rio. Em 1919, inaugurava-se a Terceira Internacional ou Comintern, que, como a primeira, procurava difundir os ideais comunistas e organizar os partidos e a luta dos operários pela tomada do poder. O Comintern foi dissolvido em 1943, como gesto de amizade do antigo bloco soviético em relação aos aliados da Segunda Guerra Mundial.

Os ideais marxistas se adequavam perfeitamente à luta pela independência nas colônias europeias da África e da Ásia, iniciada após a Segunda Guerra Mundial.

A aceitação dos ideais marxistas não se restringia mais apenas à Europa. Difundia-se pelos quatro continentes, à medida que se desenvolvia o capitalismo internacional. À formação do operariado no restante do mundo seguia-se o surgimento de sindicatos e partidos marxistas. Os ideais marxistas também se adequavam perfeitamente à luta por soberania e autonomia, existente nos países latino-americanos no início do século XX, assim como à luta pela independência que surgia nas colônias europeias da África e da Ásia, após a Segunda Guerra Mundial.

Em 1919, surgiram partidos comunistas na América do Norte, na China e no México; em 1920, no Uruguai; em 1922, no Brasil e no Chile; e, em 1925, em Cuba. O movimento revolucionário tornava-se mais forte à medida que os Estados Unidos e a URSS emergiam como potências mundiais e passavam a disputar sua influência no mundo. Várias revoluções, como a chinesa, a cubana, a vietnamita e a coreana, instauraram governos revolucionários que, apesar das suas diferenças, organizavam um sistema político com algumas características comuns — forte centralização, economia altamente planejada, coletivização dos meios de produção, fiscalismo e uso intenso de propaganda ideológica e do culto ao dirigente.

Intensificava-se, nos anos 1950 e 1960, a oposição entre os dois blocos mundiais — o capitalista, liderado pelos Estados Unidos, e o socialista, liderado pela URSS. A polarização política e ideológica é transferida para o conjunto do método e da teoria marxista que passam a ser usados, sob o peso da direção do stalinismo na URSS e dos partidos comunistas a ele filiados, como um corpo doutrinário fechado para legitimar a tese do "socialismo em um só país", preconizada pela liderança soviética, e da gestão burocrática dos estados socialistas. O marxismo deixou de ser um método de análise da realidade social para transformar-se em ideologia, perdendo, assim, muito da sua capacidade de elucidar os homens em relação ao seu momento histórico e mobilizá-los para uma tomada consciente de posição.

Em razão dessa disseminação pelo mundo e de sua vulgarização, o marxismo começou a ser identificado com todo movimento revolucionário que se propunha combater as desigualdades sociais entre homens e mulheres, entre diferentes grupos nacionais, étnicos e religiosos. Todos eles são considerados movimentos de esquerda — uma referência aos jacobinos, partido que, à época da Revolução Francesa, defendia ideais de igualdade e liberdade e sentava-se à esquerda na Assembleia. Todos se confundem com o marxismo, dificultando a identidade e a especificidade das teorias de Marx.

O marxismo deixou de ser um método de análise para transformar-se em ideologia.

CID

Congresso de fundação da Terceira Internacional, em Moscou, 1919. Lênin (terceiro a partir da esquerda) preside os trabalhos.

Entre 1989 e 1991, desfazia-se o bloco soviético após uma crise interna e externa bastante intensa — dificuldade em conciliar as diferenças regionais e étnicas, falta de recursos para manter um estado de permanente beligerância, atraso tecnológico, gestão burocrática da economia e do Estado, baixa produtividade, escassez de produtos, inflação e corrupção, entre outros fatores. O fim da União Soviética provocou um abalo nos partidos de esquerda do mundo todo e o redimensionamento das forças internacionais.

Por outro lado, nas últimas décadas, em diferentes países, partidos socialistas conseguiram eleger deputados e até presidentes sem que a forma de poder ou a política econômica tenham se modificado significativamente. Assim, o caráter revolucionário dos partidos de inspiração marxista passa a ser questionado ao mesmo tempo que torna possível a convivência pacífica destes com o capitalismo, pois o objetivo desses partidos não é mais o de romper com o capitalismo, mas apenas o de reformá-lo. Rever as ideias de Karl Marx, entender que, para ele, a teoria não pode se distinguir da práxis sob pena de se tornar alienada e vazia, mas que a história não depende apenas da disposição humana, torna-se fundamental para a compreensão da sociedade contemporânea e das crises que ora se apresentam. É importante também para rever conceitos que não foram criados para a especulação científica mas para a ação concreta sobre o mundo.

Toda essa explicação a respeito do marxismo se faz necessária por diversas razões.

Em primeiro lugar, porque a sociologia confundiu-se com socialismo em muitos países, em especial nos países subdesenvolvidos ou em desenvolvimento — como são hoje chamados os países dependentes da América Latina e da Ásia, surgidos das antigas colônias europeias. Nesses países, intelectuais e líderes políticos associaram de maneira categórica o desenvolvimento da sociologia ao desenvolvimento da luta política e dos parti-

A teoria marxista transcende o momento histórico no qual foi concebida e os regimes políticos inspirados por ela.

dos marxistas. Entre eles, a derrocada do império soviético foi sentida como uma condenação e quase como a inviabilidade da própria ciência.

É preciso lembrar que as teorias marxistas transcendem o momento histórico no qual são concebidas e têm uma validade que extrapola qualquer das iniciativas concretas que buscam viabilizar a sociedade justa e igualitária proposta por Marx. Nunca será bastante lembrar que a ausência da propriedade privada dos meios de produção é condição necessária mas não suficiente da sociedade comunista teorizada por Marx. Assim, não se devem confundir tentativas de realizações levadas a efeito por inspiração das teorias marxistas com as propostas de Marx de superação das contradições capitalistas. Também é improcedente — e de maneira ainda mais rigorosa — confundir a ciência com o ideário político de qualquer partido. Pode haver integração entre um e outro mas nunca identidade.

Em segundo lugar, é preciso entender que a história não termina em qualquer de suas manifestações particulares, quer na vitória comunista, quer na capitalista. Como Marx mostrou, o próprio esforço por manter e reproduzir um modo de produção acarreta modificações qualitativas nas forças em oposição. Assim, em termos científicos e marxistas, é preciso voltar o olhar para a compreensão da emergência de novas forças sociais e de novas contradições. Enganam-se os teóricos de direita e de esquerda que veem em dado momento a realização mítica de um modelo ideal de sociedade.

Após dois ou três séculos de crença absoluta na ciência, já não se acredita na infalibilidade dos modelos.

Em terceiro lugar, hoje se vive nas ciências, de maneira geral, um momento de particular cautela, pois, após dois ou três séculos de crença absoluta na capacidade redentora da ciência, em sua possibilidade de explicitar de maneira inequívoca e permanente a realidade, já não se acredita na infalibilidade dos modelos, e o trabalho permanente de discussão, revisão e complementação se coloca como necessário. Não poderia ser diferente com as ciências sociais, que, do contrário, adquiririam um estatuto de religião e fé, uma vez que se apoiariam em verdades eternas e imutáveis.

> Contrariamente às formulações que preconizam o fim das lutas sociais entre as classes, é possível reconhecer, na sociedade contemporânea, a persistência dos antagonismos entre o capital social total e a totalidade do trabalho, ainda que particularizados pelos inúmeros elementos que caracterizam a região, país, economia, sociedade, sua inserção na estrutura produtiva global, bem como pelos traços da cultura, gênero, etnia, etc.
>
> ANTUNES, Ricardo. A centralidade do trabalho hoje. In: FERREIRA, Leila da Costa. *A sociologia no horizonte do século XXI.* São Paulo: Boitempo, 2002. p.100.

Assim, o fim da União Soviética não significou o fim da história ou da sociologia, nem o esgotamento do marxismo como postura teórica das mais amplas e fecundas, com um poder de explicação não alcançado pelas análises posteriores. Tampouco terminou com a derrubada do Muro de Berlim o ideal de uma sociedade justa e igualitária. O que se torna necessário é rever essa sociedade cujas relações de produção se organizam sob novos princípios — enfraquecimento dos estados nacionais, mundialização do capitalismo, formação de blocos supranacionais e organização política de minorias étnicas, religiosas e até sexuais —, entendendo que as contradições não desapareceram mas se expressam em novas instâncias.

O fim da União Soviética não significou o fim da história ou da sociologia, nem o esgotamento do marxismo como postura teórica.

Em seu livro *De volta ao palácio do barba azul*, George Steiner mostra como a sociedade pós-clássica acabou por desmanchar os antagonismos mais agudos que existiam na sociedade ocidental. Os grupos etários se aproximam, as distinções comportamentais dos sexos desaparecem, o mundo rural e o urbano se integram numa estrutura única industrial, e assim por diante. É nessa perspectiva que ele propõe uma releitura da teoria marxista, tentando encontrar em diferentes conjunturas sociais formas de contradição e exploração como as que Marx distinguiu na realidade francesa e na inglesa. Por mais que pretendesse entender o desenvolvimento universal da sociedade humana, Marx jamais deixou de respeitar cientificamente a especificidade e a historicidade de cada uma de suas manifestações.

Atividades

Compreensão de texto

1 Que relação Marx estabelece entre trabalho e valor?

2 O que você entende por mais-valia?

3 O que é modo de produção? Qual a sua importância para a análise que Marx faz das sociedades?

4 O que Marx entende por alienação?

Interpretação, problematização e pesquisa

5 Leia o texto e responda às questões.

> "A história de todas as sociedades existentes até hoje tem sido a história das lutas de classes. Homem livre e escravo, patrício e plebeu, barão e servo, mestre de corporação e companheiro, numa palavra, opressores e oprimidos, têm permanecido em constante oposição uns aos outros, envolvidos numa guerra ininterrupta, ora disfarçada, ora aberta, que terminou sempre, ou por uma transformação revolucionária de toda a sociedade, ou pela destruição das duas classes em luta."
>
> MARX, Karl e ENGELS, Friedrich. Manifesto do Partido Comunista. In: *Cartas filosóficas e outros escritos*. São Paulo: Grijalbo, 1977. p. 84.

a) Que classes sociais Marx identifica ao longo da história?
b) Como são as relações entre elas?
c) Como se dão, segundo Marx, as transformações em uma sociedade?

6 Marx, ao descrever a primeira forma de organização humana, que chamou de "comunidade original", afirma que

> "a maneira como esta comunidade original se modifica vai depender de várias condições externas — climáticas, geográficas, físicas etc., bem como de sua constituição específica, isto é, de seu caráter tribal."
>
> MARX, Karl. *Formações econômicas pré-capitalistas*. Rio de Janeiro: Paz e Terra, 1975. p. 66.

Nesse texto, Marx afirma que as sociedades seguem um caminho necessário de transformação, como defendiam os evolucionistas? Justifique sua resposta.

7 Qual é o fator que leva à mudança social, segundo o texto a seguir?

> "O ato de reprodução [esforço de manutenção de uma sociedade], em si, muda não apenas as condições objetivas — e.g. transformando aldeias em cidades; regiões selvagens em terras agrícolas etc. — mas os produtores mudam com ele, pela emergência de novas qualidades transformando-se e desenvolvendo-se na produção, adquirindo novas forças, novas concepções, novos modos de relacionamento mútuo, novas necessidades e novas maneiras de falar."
>
> MARX, Karl. *Formações econômicas pré-capitalistas,* op. cit. p. 88.

8 Compare a afirmação a seguir com a dos evolucionistas, que consideravam, como sinal de desenvolvimento, a passagem da manufatura para a indústria.

> "A indústria moderna transformou a pequena oficina do patriarcal mestre de corporação na grande fábrica do capitalista industrial. Massas de operários, aglomeradas nas fábricas, são organizadas como soldados. Como simples soldados da indústria, os operários estão subordinados a uma perfeita hierarquia de oficiais e suboficiais. Não são somente escravos da classe burguesa e do Estado burguês; mas, também, diariamente e a cada hora, escravos da máquina, do contramestre e, sobretudo, do próprio burguês individual dono da fábrica."
>
> MARX, Karl e ENGELS, Friedrich. Manifesto do Partido Comunista. In: *Cartas filosóficas e outros escritos,* op. cit. p. 91.

9 Analise a ideia de Marx sobre a relação entre o homem e a história.

> "Os homens fazem sua própria história, mas não a fazem como querem, não a fazem sob circunstâncias de sua escolha e sim sob aquelas com que se defrontam diretamente, legadas e transmitidas pelo passado."
>
> MARX, Karl. *O 18 Brumário de Luís Bonaparte*. São Paulo: Abril Cultural, 1974. p. 335.

10 Marx afirma que, no capitalismo, a classe proletária tem o papel de agente da transformação social.

> "O progresso da indústria, cujo agente involuntário e sem resistência é a própria burguesia, provoca a substituição do isolamento

dos operários, resultante de sua competição, por sua união revolucionária mediante a associação. Assim, o desenvolvimento da grande indústria abala a própria base sobre a qual a burguesia assentou o seu regime de produção e de apropriação. A burguesia produz, sobretudo, seus próprios coveiros. Sua queda e a vitória do proletariado são igualmente inevitáveis."

MARX, Karl e ENGELS, Friedrich. Manifesto do Partido Comunista. In: *Cartas filosóficas e outros escritos*, op. cit. p. 96.

Explique como o desenvolvimento do capitalismo gera as condições de seu desaparecimento.

11 Que fatos históricos contribuíram para a origem do capitalismo?

12 Aplicando os conceitos de mais-valia absoluta e mais-valia relativa, de que modo podemos julgar o avanço tecnológico da indústria para os trabalhadores"?

Aplicação de conceitos

13 Analise a foto seguinte utilizando os conceitos marxistas de classe social, conflito de interesses, modo de vida etc.

EGBERTO NOGUEIRA

Meninos caranguejeiros. Piauí, 1998. Egberto Nogueira define sua fotografia "como instrumento de expressão e questionamento".

Você consegue identificar manifestações como essa em outros artistas plásticos?

14 Vídeos:

a) *Tempos modernos* (EUA, 1936. Direção de Charles Chaplin. Duração: 85 min) — Ambientado na Depressão americana da década de 1930, o filme aborda a sociedade industrial e a sua relação com os deserdados.

- Assista ao filme e identifique como o diretor trabalhou a questão da alienação.

b) *Adeus, Lênin!* (Alemanha, 2003. Direção de Wofganger Becker. Duração: 118 min) — Uma militante socialista da Alemanha Oriental entra em estado de coma e não acompanha a queda do Muro de Berlim e o processo de unificação da Alemanha. Quando retoma a consciência, os filhos fazem tudo para que ela não perceba as mudanças ocorridas em razão da vitória do capitalismo no país.

- Analise as duas filosofias e formas de vida que caracterizam, de um lado, o regime comunista que existiu na Alemanha Oriental até a década de 1980 e, de outro, o regime neoliberal introduzido na década seguinte.

c) *Peões* (Brasil, 2004. Direção de Eduardo Coutinho. Duração: 85 min) — Neste documentário o diretor entrevista diversos operários que atuaram nos movimentos grevistas ocorridos nas décadas de 1960 e 1970 no ABC paulista.

- Analise o que pensavam daquele momento os envolvidos numa das campanhas mais longas e bem-sucedidas do operariado no Brasil.

Temas para debate

1 Os textos a seguir são depoimentos de Luiz Inácio Lula da Silva a respeito das greves que ajudou a organizar, em 1978 e 1980, nas grandes indústrias do ABC paulista, coração da produção industrial brasileira.

Texto 1

"Em São Paulo, em novembro de 1978, os patrões sabiam que precisavam combater as greves, e decidiram uma orientação bastante clara: se os trabalhadores parassem o trabalho no interior das fábricas, não seriam servidas refeições, e haveria locaute para forçá-los a sair para a rua. Na rua, a polícia pode ser chamada para resolver eventuais distúrbios."

Texto 2

"Em 1980, compreendemos que não bastava pedir um reajuste de 10%. Ficou evidente que não se tratava de conseguir 10 ou 20% a mais. Isto não vai resolver o problema dos trabalhadores. De modo que reivindicamos melhorias que não eram econômicas. Por exemplo, estabilidade no emprego, redução da semana de trabalho. Queríamos controlar o processo de escolha dos chefes de seção e garantir aos representantes sindicais o direito de livre acesso às fábricas."

In: ALVES, Maria Helena Moreira. *Estado e oposição no Brasil (1964-1984)*. Petrópolis: Vozes, 1984. p. 253 e 263.

1 Como se explica a reação dos patrões no primeiro depoimento?

2 Por que Lula diz, no segundo depoimento, que um reajuste salarial não resolveria o problema dos trabalhadores?

3 Em 1979 e 1980, o Sindicato de Metalúrgicos de São Bernardo do Campo (SP), presidido por Lula, sofreu duas intervenções do Ministério do Trabalho. A diretoria eleita foi substituída por outra, indicada pelo ministro. Como se explicaria essa atitude, tendo em vista que o Ministério é um órgão do Estado brasileiro?

2 Leia a reportagem abaixo e responda às questões.

Petroleiros deflagram greves de 24 horas em unidades da Petrobras

"Os petroleiros deflagraram hoje greve de 24 horas em unidades da Petrobras. Foram atingidas na mobilização de hoje a refinaria de Duque de Caxias (RJ) e a unidade de Barueri (SP). Novas plantas serão paralisadas amanhã.

As paralisações de 24 horas fazem parte da campanha salarial dos petroleiros, que têm data-base para negociação em setembro.

A Petrobras ofereceu 7,82% de reajuste. Os petroleiros cobram um aumento de 13,21%, referente à inflação e 5% de aumento real.

Segundo o coordenador da FUP (Federação Única dos Petroleiros), Antonio Carrara, as paralisações continuarão até sexta-feira. 'Serão paralisações-surpresa. Só anunciaremos o local no dia da paralisação'. Ele disse que a Petrobras deve se reunir amanhã à tarde com a FUP. Mesmo assim, a agenda de mobilizações está mantida.

Segundo Carrara, as paralisações de 24 horas não afetarão a produção da Petrobras. 'A greve precisa durar pelo menos 48 horas para prejudicar a produção'.

Os petroleiros também condicionam a negociação do acordo salarial à rediscussão das regras da Petros, o fundo de pensão da categoria.

A adequação das regras da Petros teria sido prometida pela estatal na campanha salarial do ano passado. 'Faz mais de um ano que estamos negociando mudanças no plano de aposentadoria, disse Carrara.'

Segundo ele, existem cerca de 5.000 trabalhadores da Petrobras — contratados depois de 1997 — que não têm previdência complementar. 'Eles só têm seguro de vida. Se um morre, e já morreram quatro, a família fica sem assistência. Para a família de um petroleiro que morre, a Petros paga um benefício correspondente a 90% do salário', disse Carrara.

A campanha salarial dos petroleiros envolve 37 mil funcionários da ativa e 60 mil aposentados."

FUTEMA, Fabiana. *Folha Online*, 4 out. 2004.
Disponível em: http://www1.folha.uol.com.br/. Acesso em 25 jul. 2005.

1 Por que os petroleiros resolveram promover paralisações-surpresa?
2 Qual a força que os operários têm para fazer suas reivindicações?
3 O que Marx explicou a respeito da relação entre burgueses e operários serve também para as relações de trabalho entre o Estado e seus servidores?
4 Além do salário, o que mais está em jogo nas reivindicações dos petroleiros?

Leituras complementares

Texto 1

[O homem como animal social]

"A base objetiva do humanismo de Marx e, simultaneamente, de sua teoria da evolução social e econômica é a análise do homem como um animal social. O homem, ou melhor, os homens realizam trabalho, isto é, criam e reproduzem sua existência na prática diária, ao respirar, ao buscar alimento, abrigo, amor etc. Fazem isto atuando na natureza, tirando da natureza (e, às vezes, transformando-a conscientemente) com este propósito. Esta interação entre o homem e a natureza é — e ao mesmo tempo produz — a evolução social. Retirar algo da natureza, ou determinar um tipo de uso para alguma parte da natureza (inclusive o próprio corpo), pode ser considerado, e é o que acontece na linguagem comum, uma apropriação, que é, pois, originalmente, apenas um aspecto do trabalho. Isto se expressa no conceito de propriedade (que não deve ser, de forma alguma, identificado com a forma histórica específica da propriedade privada). No começo, diz Marx, o relacionamento do trabalhador com as condições objetivas de seu trabalho é de propriedade; esta constitui a unidade natural do trabalho com seus pré-requisitos materiais. Sendo um animal social, o homem desenvolve tanto a cooperação como uma divisão social do trabalho (isto é, especialização de funções) que não só é possibilitada pela produção de um excedente acima do que é necessário para manter o indivíduo e a comunidade da qual participa, mas também amplia as possibilidades adicionais de geração desse excedente. A existência deste excedente e da divisão social do trabalho tornam possível a troca. Mas, inicialmente, tanto a produção como a troca têm, como finalidade, apenas, o uso — isto é, a manutenção do produtor e de sua comunidade. Estes são os elementos analíticos principais em que a teoria se baseia e constituem, na realidade, extensões ou corolários do conceito original do homem como um animal social de tipo especial."

HOBSBAWM, Eric. Introdução. In: MARX, Karl. *Formações econômicas pré-capitalistas,* op. cit. p. 16 -17.

Entender o texto

- Quais são os conceitos que o autor atribui a Marx que sustentariam o conceito do homem como um animal social de tipo especial?

Texto 2

[Políticas do antivalor e outras políticas]

"Durante boa parte da minha juventude e mesmo na maturidade, eu vivi a experiência soviética — como quase todo mundo da esquerda — como uma grande referência. Nunca fui membro do Partido comunista, sempre tive bastante reservas a respeito da sua forma de militância, mas sempre os encarei como companheiros de luta, principalmente na minha cidade, Recife, onde o partido tinha notável presença nas classes populares. Só vim a tomar conhecimento dos problemas mais graves da experiência soviética a partir da invasão da Tchecoslováquia, em 1968. Nem mesmo quando do aparecimento do Relatório Kruchev, ainda em 1956, a URSS era posta em dúvida. Ninguém sabia muito bem o que era aquilo e a economia soviética parecia que ainda funcionava bem, ia ganhando a competição com os EUA e nós não sabíamos dos horrores dos campos de concentração. A partir da invasão da Tchecoslováquia minhas reservas em relação à União Soviética aumentaram muito, a ponto de eu não mais apoiá-la incondicionalmente. Quanto à experiência como a de Cuba, por exemplo, sempre fui francamente favorável, ainda que deteste a forma ditatorial que lá se exerce. A *débâcle* soviética é um golpe muito forte na moral socialista e é uma derrota de profundas consequências que continuará por muitas décadas. É um golpe que deve ser sentido também do ponto de vista das milhares de vidas que se dedicaram a construir o socialismo e que, portanto, exige de cada um de nós socialistas, marxistas ou não, a mais profunda condenação e a mais rigorosa reflexão a respeito de seu significado.

Essa profunda derrota moral colocou a esquerda em geral muito na defensiva e retirou nossa principal arma de combate, que era mostrar como se podia construir um mundo melhor. É nesse contexto que reafirmo minha posição socialista e o uso privilegiado que é possível fazer do marxismo, sem profissão de fé, sem nenhuma idolatria."

OLIVEIRA, Francisco de. In: HADDAD, Fernando. *Desorganizando o consenso.* Petrópolis: Vozes, 1998. p. 92.

Entender o texto

- Qual é a principal conclusão do autor em relação ao marxismo?

Texto 3

[A sociologia e a obra de Marx]

"'A relação de sucessivas gerações com a sociedade de classes foi determinada', assim pensa Geiger, 'até o dia de hoje pela doutrina de Marx'. Lipset e Bendix são de opinião contrária: 'O estudo das classes sociais sofreu no passado pela propensão dos cientistas sociais a reagir contra a influência de Karl Marx'. É provável que existam elementos de verdade em ambas as afirmações. A discussão nas ciências sociais tem estado, já por um tempo demasiado longo, dominada seja por tentativas de rejeitar por inteiro a doutrina de Marx, seja no sentido de sustentá-la sem qualificações. Implicitamente, se não explicitamente, essas tentativas ficam expostas a controvérsias infindáveis a respeito do que Marx realmente quis dizer (o que inspirou o título de um dos livros de

G. D. H. Cole). Não é difícil perceber por que isso aconteceu. Em primeiro lugar, existem a atração ou a repulsa política, conforme seja o caso, pelo trabalho de Marx; há também a promessa profética de suas previsões; e, sobretudo, existe o que Schumpeter denominou a 'síntese imponente' da doutrina de Marx. 'Nossa época se revolta contra a necessidade inexorável da especialização e por isso anseia por uma síntese, mais que tudo nas ciências sociais, em que o elemento não profissional é tão importante. Mas, acrescenta Schumpeter, com igual exatidão, neste ponto, 'o sistema de Marx ilustra bem o fato de que, embora a síntese possa significar uma nova luz, pode representar novos grilhões'. (...)

Ignorar Marx é conveniente, mas também é ingênuo e irresponsável. Nenhum físico — se me perdoam a analogia — ignoraria Einstein por não aprovar sua atitude política ou alguns aspectos de sua teoria. Aceitar Marx *toto coelo* pode ser prova de fidelidade exemplar, mas, cientificamente, é estéril e perigoso. Nenhum físico deixaria de atacar Einstein apenas pela circunstância de ser um apreciador do homem e de sua obra como um todo. Iniciamos nossa pesquisa por um exame do trabalho de Marx porque sua formulação da teoria de classes é não só a primeira, mas também, como sabemos agora, a única em seu gênero. Hoje, essa teoria foi refutada, mas não superada."

DAHRENDORF, Ralf. *As classes e seus conflitos na sociedade industrial.* Brasília: Edub, 1982. p. 111-112.

Entender o texto

- Qual é a posição do autor em relação à obra de Marx?

I II III V VI VII

IV

A contribuição da antropologia aos estudos da sociedade

8 O desenvolvimento da antropologia social

Introdução

No século XIX, o ser humano, que até então havia sido objeto privilegiado da filosofia, passou a estar cada vez mais presente nos estudos científicos, configurando novos campos do saber especialmente dedicados ao seu conhecimento: a sociologia, a psicologia e a antropologia. As razões desse florescer de explicações científicas da natureza humana residem, em parte, nos problemas que a sociedade enfrentava, trazidos pela urbanização, pela industrialização, pela expansão imperialista europeia na Ásia e África. A crescente aceitação e credibilidade do pensamento científico no ocidente também contribuiu para o desenvolvimento das chamadas "ciências humanas". Diante desses fatores, por que não voltar a ciência para o conhecimento do homem em sua totalidade, deixando o campo das especulações e adentrando o do pensamento sistematizado? O resultado foi o desenvolvimento extraordinário dessas ciências, de seus pressupostos teóricos e métodos de análise e pesquisa.

O desenvolvimento e a expansão do capitalismo propiciaram o florescimento da antropologia.

Tudo favorecia o surgimento de teorias e métodos novos: a necessidade de um planejamento social que garantisse o sucesso da economia industrial e sua expansão pelo mundo, a crescente complexidade da vida humana gerada pela industrialização e urbanização e o alargamento dos horizontes científicos com o intenso intercâmbio entre povos e nações. E, ainda — não se pode negar —, uma intersecção de interesses entre as classes dominantes europeias, em especial o setor responsável pela administração colonial, e os cientistas. Assim as pesquisas tinham o apoio financeiro e político das elites europeias.

A antropologia e a sociologia, dentre as ciências sociais, definiram de forma bastante satisfatória seus objetos de estudo, seus objetivos e métodos. Enquanto à sociologia cabia o estudo da sociedade europeia, à antropologia cabia o estudo dos povos colonizados na África, Ásia e América. A primeira procurava descobrir as leis gerais que regulamentavam o comportamento social e as transformações da sociedade, por meio de análises qualitativas e estudos estatísticos que pudessem dar a maior amplitude possível às suas descobertas. A antropologia, por sua vez, desenvolvia um método mais empirista e qualitativo, voltado para a descoberta das particularidades das sociedades que estudava. Tal delimitação teórico-metodológica foi um aspecto importante no alvorecer das ciências humanas e sociais, pois permitiu o desenvolvimento singular dessas áreas do conhecimento. Em contrapartida, essa delimitação fez essas ciências caírem num reducionismo teórico tanto quanto à natureza das sociedades com as quais os pesquisadores entravam em contato como quanto à aparente integridade da cultura europeia.

Os sociólogos imaginaram ser possível a criação de um modelo teórico único que explicasse os diversos aspectos da sociedade capitalista europeia — percebidos como dicotomias do tipo rural-urbano ou agrário-industrial. Não se davam conta, entretanto, do grau de complexidade da sociedade e das relações que se desenvolviam interna e externamente. Ao buscar ordens e similitudes, como propunham principalmente os positivistas, não percebiam que lidavam com uma realidade altamente diferenciada, cuja diversidade se acentuaria — em ritmo cada vez mais acelerado — no decorrer do século XX.

Os antropólogos, por seu lado, ao procurarem identificar de forma precisa o não-europeu, tinham por base uma falsa imagem da cultura europeia, para eles homogênea e integrada. Não percebiam que, por trás da aparente uniformidade da vida social na Europa, existiam inquestionáveis e insuperáveis diferenças. Os antropólogos não se davam conta de que havia tantas diferenças e conflitos entre o industrial e o mineiro ingleses como entre o oficial da administração britânica e o colono indiano. Não conseguiam diferenciar, por exemplo, o analfabetismo de certos grupos europeus da ausência da escrita nas sociedades iletradas.

No início do século XIX, no entanto, essas questões ainda não se colocavam para as ciências sociais, e antropólogos e sociólogos foram a campo para pesquisar seus objetos munidos de conceitos e métodos próprios de trabalho.

CID

SHERMAN HINES/MASTERFILE

Até o século XIX, as sociedades africanas e asiáticas eram consideradas "primitivas". (Jovem africana da tribo Masai, no Quênia, e esquimó de Quebec, no Canadá.)

Subáreas da antropologia

A antropologia foi sempre a ciência da alteridade, isto é, a ciência que busca investigar o outro, aquele que é essencialmente diferente de mim. Sua gênese aparece nos relatos dos primeiros viajantes europeus que tentavam descrever os "exóticos" costumes dos povos com os quais mantinham contato. Mas, se a curiosidade pela espécie humana, por suas peculiaridades e diferenças não eram novidade, a expansão colonialista da Europa sobre os outros continentes e o desenvolvimento dos meios de transporte, especialmente o marítimo, deram nova amplitude a esse interesse e nova dimensão a esse objeto de pesquisa. Em pouco tempo tal alteridade passou a incluir povos de aparência física as mais distintas, culturas milenares e outras que pareciam não ter história, línguas e costumes díspares, além de abarcar um rico legado cultural da Antiguidade. Era necessário delimitar esse vasto universo de pesquisa, criando subáreas como a arqueologia, a etnologia e a antropologia cultural.

A antropologia foi sempre a ciência da alteridade, *aquela que busca estudar o outro, essencialmente diferente de mim.*

À arqueologia coube o estudo da evolução da espécie humana — da chamada Pré-História — e do passado de civilizações já desaparecidas da Antiguidade, como os egípcios e os hebreus. À etnologia coube o estudo da diversidade da espécie humana, ou seja, a identificação das diversas etnias existentes e de sua herança genética. A antropologia cultural definiu como seu objeto de estudo as sociedades não-europeias e os povos sem escrita, para que fossem desvelados seus modelos de organização social e sua dinâmica.

O evolucionismo

Os estudos antropológicos, entretanto, estavam longe de respeitar a objetividade positivista a que aspiravam os cientistas sociais do século XIX. A Europa procurava se integrar em torno de um modelo econômico e político único, que julgava universal — capitalista, industrial e nacionalista —, buscando defendê-lo e legitimá-lo. Os interesses coloniais, por sua vez, procuravam reforçar esse modelo político e econômico transformando as populações de outros continentes em consumidores de produtos e mão-de-obra, sendo necessário, para isso, intervir drasticamente nessas sociedades.

O desenvolvimento das ciências humanas e da antropologia, particularmente, servia também aos interesses econômicos da Europa e à necessidade expansionista do capitalismo. A base teórica que orientou esse conhecimento foram as teorias evolucionistas, das quais já falamos no capítulo 4.

De acordo com elas, a humanidade seria composta de diversas espécies em diferentes etapas de desenvolvimento do processo evolutivo. Assim, cada sociedade poderia ser classificada e inserida em um contínuo que ia das mais atrasadas e simples às mais adianta-

COURTNEY MILNE/MASTERFILE-OUTRAS IMAGENS

ROEDEL & ROJAS/REFLEXO

das, evoluídas e complexas. As sociedades mais simples, ou primitivas, como foram chamadas, correspondiam a estágios inferiores na história evolutiva da humanidade, verdadeiros fósseis vivos de nosso passado. Continentes inteiros foram vistos como museus propícios ao estudo da nossa diversidade evolutiva e genética.

As sociedades não-europeias eram vistas como museus que conservavam vestígios de etapas passadas da humanidade. (À esquerda, estátuas da Ilha de Páscoa; acima, totem indígena norte-americano; abaixo, totem da tribo Kenyah Kayan, da Indonésia.)

Hoje, parece cada vez mais plausível a ideia, conforme os defensores da teoria "fora da África" ou de substituição, de sermos manifestações de um único processo global de evolução, o qual abrange a espécie humana como um todo. Aceita-se que o processo evolutivo humano levou ao aparecimento do *Homo sapiens* — ocorrido na África — e que este migrou pelo planeta, diversificando-se em sua aparência e em seus hábitos graças a sua inigualável capacidade de adaptação ao meio. Essas diferenças, entretanto, não são de espécie. Mesmo os defensores da teoria multirregional, que advogam a tese de que o homem moderno é o resultado da interseção de espécies diferentes de *hominídeos,* — com o passar do tempo, os *Homo erectus* especiaram-se, ou seja, diferenciaram-se fisicamente por influência do meio ambiente, isso explicaria as diferenças regionais observáveis —, acreditam que, no decorrer de sua migração pelo planeta, os grupos de *Homo sapiens* foram se miscigenando, dando aos povos hoje existentes uma grande homogeneidade de composição genética.

Inúmeros exames de DNA têm provado que não há diferenças biológicas entre grupos humanos marcados por alguma diferenciação fenotípica.

CHARLES & JOSETTE LENARS/CORBIS-STOCK PHOTOS

Ao lado dessas diferenças regionais, passamos por séculos de colonialismo, imperialismo e industrialização do planeta, que resultaram no processo que chamamos de "globalização". Estamos próximos de constituir uma verdadeira aldeia global — redes econômicas e de informação de âmbito universal interligam os mais distintos povos da Terra, homogeneizando as culturas, os hábitos e as crenças. A troca de influências entre as nações é imensa e até mesmo as diferenças de nacionalidade se mostram cada vez mais questionáveis. Mas, 150 anos atrás, africanos, americanos e asiáticos foram vistos como essencialmente diferentes dos europeus.

O evolucionismo na sociologia

A sociologia não ficou imune à influência dos princípios evolucionistas. Inúmeros sociólogos procuraram também descobrir as leis gerais que ordenavam as transformações e a evolução social, responsáveis por fazer com que formas sociais mais simples fossem passando *natural* e *progressivamente* a outras, mais complexas e evoluídas.

Émile Durkheim, aplicando esse princípio teórico ao estudo comparado dos diversos modelos europeus de vida social, distinguiu também diversas "espécies" que se diferenciavam umas das outras, umas mais simples, outras mais complexas. Um dos aspectos que as diferenciavam era, por exemplo, a complexidade na divisão social do trabalho. As sociedades mais simples eram aquelas cujas tarefas se encontravam divididas apenas por sexo e idade, enquanto, nas sociedades mais complexas, as atividades produtivas iam paulatinamente se diferenciando segundo outros critérios, como o grau de instrução, por exemplo.

Ferdinand Tönnies foi outro sociólogo que distinguiu nos países europeus duas espécies de formações sociais: a *comunidade*, em que as relações sociais entre os indivíduos são mais próximas, tendo por base a vida familiar e as relações comunitárias, e a *sociedade*, em que já se desenvolve a vida urbana, há forte presença do Estado e menor coesão entre os agentes sociais.

Positivistas e evolucionistas acreditavam que as culturas passavam pelos mesmos estágios, em uma mesma linha de evolução social.

Dessa forma, esses cientistas identificavam formações sociais "primitivas" e "complexas" e entendiam a história como um processo inexorável e natural que transformaria as sociedades primitivas em complexas.

Hoje, pelo menos em nível local, compreende-se que o caráter sistêmico ou interdependente da vida social integra as diferentes formas de organização social, fazendo com que a relação entre elas não seja de diferente grau de evolução, mas de complementaridade. Por outro lado, as relações de dominação de um setor social sobre outro, ou de uma nação sobre outra, é que explicam a existência dessas diferenças e o seu processo de transformação, que nada tem de natural ou inexorável.

O marxismo foi a teoria que mais contribuiu para uma crítica eficiente das concepções evolucionistas da antropologia e da sociologia, pelo fato de explicar a vida social como uma totalidade integrada, cujas desigualdades entre as partes são consequências das relações que mantêm entre si e não de sua natureza. Entretanto, resistindo a essa ideia e inspirados pelo evolucionismo, antropólogos e sociólogos procuraram então, por meio de análises comparativas, estabelecer um quadro dicotômico que permitia distinguir os traços considerados característicos de sociedades "primitivas" e aqueles considerados próprios das sociedades "complexas".

Malinowski e Radcliffe-Brown: a escola funcionalista

No início do século XX, surgiu o *funcionalismo* — escola antropológica que sucedeu ao evolucionismo, respondendo em parte às críticas que a ele se faziam por seu eurocentrismo e etnocentrismo.

Eurocentrismo

Eurocentrismo é a tendência a interpretar as sociedades não-europeias a partir dos valores e princípios europeus, isto é, tomar a sociedade europeia como modelo e padrão. *Etnocentrismo* é o princípio igualmente tendencioso de considerar o seu grupo étnico, nação ou nacionalidade como padrão e modelo, ponto mais elevado atingido pela espécie humana.

De acordo com a escola funcionalista, as diversas sociedades não deveriam ser comparadas umas com as outras, mas estudadas em si mesmas de forma particular e isolada. Cada sociedade constitui uma totalidade integrada e composta de partes interdependentes e complementares, que tem a sociedade por *função* satisfazer as necessidades essenciais dos seus integrantes. Um traço cultural, dessa maneira, só pode ser entendido no contexto da cultura à qual pertence e não em relação a outra qualquer. A função que o traço ou costume desempenha é que justifica sua existência e sua permanência. Sua alteração vai depender, também, não de um desenvolvimento evolutivo, mas da perda de sua função, razão de sua existência.

Em seu livro *Uma teoria científica da cultura*, Malinowski definiu o conceito de função inicialmente como a resposta de uma cultura a necessidades básicas do homem, como alimentação, defesa e habitação. "A função, nesse aspecto mais simples e básico do comportamento humano, pode ser definida como a satisfação de um impulso orgânico pelo ato adequado." Dado, entretanto, que as necessidades da espécie humana não se resumiam a questões biológicas, a função social de determinados costumes e instituições deveria responder às necessidades sociais do grupo. "A função das relações conjugais e da paternidade é obviamente o processo de reprodução culturalmente definido."

Malinowski definiu função como a resposta de uma cultura a uma necessidade básica do homem.

O fato de que uma sociedade pareça inicialmente desordenada ou desintegrada ao pesquisador resulta de desconhecimento em relação a ela, o qual só será superado por longo processo de investigação e convivência do antropólogo com o grupo estudado. É a chamada *observação participante*, método de pesquisa que revolucionou os estudos antropológicos, substituindo a análise de informações superficiais e questionários inadequados pelo estudo sistemático das sociedades. O investigador, deixando seu gabinete e convivendo com a sociedade que quer conhecer, penetra na cultura, desvenda seus significados, guiado por suas informações e não por teorias externas à realidade estudada.

> A escrita descritiva, em particular no caso da pesquisa etnográfica, não consiste em "comunicar informações" já possuídas por outros, nem a exprimir um conteúdo preexistente e previamente dito, mas em fazer surgir o que ainda não foi dito, em suma, em revelar o inédito.
>
> LAPLANTINE, François. *A descrição etnográfica*. São Paulo: Terceira Margem, 2004. p. 38.

O grande sistematizador do funcionalismo e do método da observação participante foi Malinowski, que de 1914 a 1918 viveu entre os nativos das ilhas Trobriand, próximas à Nova Guiné. Foi o primeiro a organizar e a sintetizar uma visão integrada e totalizante do modo de vida de um povo não-europeu. Graças ao seu conhecimento da língua nativa — condição que ele considerava essencial para esse trabalho — e de uma observação intensa e sistemática, conseguiu reconstituir os principais aspectos da vida trobriandesa, desde as grandes cerimônias até singelos aspectos do dia-a-dia.

Bronislaw Malinowski
(1884-1942)

Polonês, nascido na Cracóvia, Bronislaw Kasper Malinowski teve inicialmente uma formação em ciências exatas, das quais se afastou por motivos de saúde. Continuou seus estudos na Alemanha e depois na Inglaterra, onde se envolveu com a efervescência causada pelos estudos antropológicos de *Sir* James Frazer, autor de monumental trabalho sobre religiões e crenças mágicas. Ali, Malinowski tornou-se antropólogo e professor. Entre 1914 e 1918, desenvolveu seu grande estudo de campo entre os habitantes das ilhas Trobriand, próximas à Nova Guiné, o qual transpôs em várias obras. A primeira foi *Argonautas do Pacífico Ocidental*, na qual analisa o Kula, instituição responsável pela integração cultural daqueles povos à Inglaterra. De volta à Inglaterra, assumiu a cadeira de antropologia na Universidade de Londres, em 1927. Foi aos Estados Unidos em 1938, onde se fixou por ocasião da Segunda Guerra Mundial. Outras importantes obras suas, referentes ao enorme material trobriandês, são: *Magia, ciência e religião, Crime e costume na sociedade selvagem, Sexo e repressão na sociedade selvagem, A vida sexual dos selvagens* e *Uma teoria científica da cultura*. ■

Segundo Malinowski, o trabalho do antropólogo deve iniciar-se com a observação de cada detalhe da vida social — mesmo aqueles aparentemente sem importância e incoerentes —, tentando descobrir seus significados e inter-relações. A etapa seguinte é um esforço de seleção daquilo que é mais importante e significativo para o entendimento da organização do todo integrado constituído pela sociedade. Finalmente, o antropólogo deverá construir uma síntese na qual se revele o quadro das grandes instituições sociais — conceito essencial do funcionalismo referente a núcleos ordenados da sociedade que compreendem um código, um grupo humano organizado, normas, valores e uma infraestrutura material e física. A observação participante inclui, portanto, observar, escutar e escrever, sendo "o escrever" uma forma de compreensão da realidade estudada.

Outro funcionalista importante foi o inglês Radcliffe-Brown, que, influenciado pelas teorias e pelo método de Durkheim, procurou adaptá-los ao estudo das sociedades não-europeias. Como Malinowski, considerava essas sociedades como totalidades integradas de instituições que têm por função satisfazer necessidades básicas de alimento, segurança e abrigo, e de manutenção da vida social.

Radcliffe-Brown
(1881-1955)

Alfred Reginald Radcliffe-Brown era inglês de Birmingham. Iniciou seus estudos em sua cidade natal, orientando-se para as ciências médicas. Mais tarde ingressou em Cambridge, entrando em contato com a economia e a psicologia experimental. Foi com W. H. R. Rivers, um dos primeiros grandes antropólogos britânicos, que Radcliffe-Brown se encaminhou para a antropologia. Sua primeira pesquisa de campo foi entre os nativos das ilhas Andaman, no Golfo de Bengala, a sudoeste da Birmânia. Tornou-se professor de etnologia na London School of Economics, assumiu postos universitários na Austrália e na África do Sul, lecionou na Universidade de Chicago e, entre 1942 e 1944, esteve na Universidade de São Paulo, como professor visitante. Entre suas obras destacam-se: *A organização social das tribos australianas*, *Sistemas africanos de parentesco e casamento* e *Estrutura e função na sociedade primitiva*. ■

Conceitos e métodos funcionalistas

Com os estudos funcionalistas, as sociedades tribais africanas, australianas e asiáticas adquiriram especificidade, isto é, passaram a ser entendidas naquilo que lhes era próprio e irredutível a qualquer outra forma de organização social. Ganharam também contemporaneidade, ou seja, seus aspectos considerados arcaicos deixaram de ser tratados como "sobrevivências", "fósseis vivos" de fases ultrapassadas da humanidade: passaram a constituir formas de integração e redefinição de padrões culturais.

Com o funcionalismo, ***as sociedades não-europeias passaram a ser estudadas naquilo que lhes é próprio e específico.***

Dizia Malinowski que, mesmo se algum costume tivesse origem em um passado remoto, ele não constituía uma "sobrevivência", mas um aspecto da cultura redefinido pelas necessidades sociais do presente. Essa proposição atacava o procedimento evolucionista de comparar traços culturais desligados de seu contexto de origem e funcionamento.

> Compreender a cultura de um povo expõe a sua normalidade sem reduzir sua particularidade. Quanto mais tento seguir os marroquinos, mais lógicos e singulares eles me parecem. Isso os torna acessíveis: colocá-los no quadro de suas próprias banalidades dissolve sua opacidade.
>
> GEERTZ, Clifford. *A interpretação das culturas.* Rio de Janeiro: LTC, 1989. p. 24.

Por outro lado, os observadores funcionalistas, constatando as mudanças sociais que ocorriam nas sociedades "primitivas", causadas pelo contato com o europeu, explicavam-nas como exemplos de *aculturação*, processo por meio do qual sociedades diferentes, entrando em contato, tendem a intercambiar traços culturais e costumes.

Os funcionalistas procuravam analisar as culturas não-europeias a partir de suas particularidades.

Os funcionalistas não consideravam as sociedades não-capitalistas atrasadas, mas ainda as julgavam diferentes. Não se opunham às mudanças sociais, mas apoiavam o princípio de "administração indireta" — o colonialismo em colaboração com as elites nativas — como guia dessas mudanças, defendendo uma transformação lenta e bem dosada que preservasse as sociedades dos efeitos destrutivos da ação colonialista.

O funcionalismo foi responsável pela aplicação de certos conceitos, que foram incorporados à sociologia, como *função* e *sistema social*. Foi responsável também pelo avanço nas técnicas de pesquisa empírica. Os antropólogos funcionalistas costumavam dizer que, graças à observação participante, sabia-se mais sobre as populações africanas e asiáticas do que sobre as sociedades europeias. Algum tempo mais tarde, as técnicas de pesquisa dos funcionalistas passaram a ser aplicadas no estudo de sociedades ocidentais.

Sistema e estrutura

Sistema é um conceito empregado não só nas ciências sociais, mas em quase todas as demais ciências. Indica a organização dos fenômenos que se quer observar em partes interdependentes e ordenadas. Em relação à sociedade, o conceito pressupõe também uma integração, uma ordenação dos acontecimentos e uma interdependência das suas características, formando uma totalidade. Do ponto de vista empírico, o *sistema* é perceptível na sociedade por intermédio das relações constantes e repetitivas que o investigador é capaz de observar. Essas relações, porém, não se apresentam concretamente sob a forma de *sistema*: é a interpretação do cientista, desvendando e interpretando as interdependências, que as organiza sob essa forma.

Sistema distingue-se de *estrutura*, embora sejam dois conceitos que não dizem respeito à realidade observada, mas ao modo como o cientista organiza os dados empiricamente obtidos. Podemos, *grosso modo*, dizer que *estrutura* corresponde às relações básicas a partir das quais uma sociedade se define como tal e se organiza. Os componentes da *estrutura* diferem de autor para autor. A partir da *estrutura* as demais relações sociais se organizam e se tornam inteligíveis. O *sistema* é composto da inter-relação das diversas relações sociais formando um todo coerente e organizado, em que essas relações adquirem complementaridade e reciprocidade. Existe, portanto, correspondência entre *estrutura* e *sistema*, mas um conceito não se reduz ao outro.

A polêmica gerada pelo funcionalismo

As contribuições do funcionalismo ao desenvolvimento da antropologia são inquestionáveis. Foram os funcionalistas que primeiro deram as costas à Europa e ao evolucionismo para estudar o mundo não-europeu como uma realidade de igual qualidade e capaz de ser entendida em si mesma. Foram eles que desenvolveram um método científico eficiente — e ao mesmo tempo responsável — de estudo das diferentes culturas.

Entretanto, muitas críticas de caráter político surgiram denunciando a colaboração dos funcionalistas com a administração colonial naquilo que ficou conhecido, na administração inglesa, como *Indirect Rule* — a dominação colonial apoiada na conivência da elite da sociedade colonizada. Para essa "parceria", os conhecimentos antropológicos foram da maior importância.

Os funcionalistas, por meio de conceitos como *aculturação* e *choque cultural* — com os quais estudavam o intercâmbio de traços culturais proveniente do contato entre culturas —, deixavam de revelar as desigualdades que existem sempre nesse contato, em especial quando resultam de uma política colonialista.

Ainda do ponto de vista político, se é verdade que o funcionalismo é responsável pelo sucesso do *relativismo cultural* — postura de tolerância e respeito em relação a costumes e traços culturais diferentes dos nossos — também é certo que a neutralidade que ele defende diante da realidade está cada vez mais em desuso, num mundo que se estreita e onde já se desenvolvem os princípios de uma ética mundial.

Do ponto de vista teórico, o funcionalismo foi criticado por ter se preocupado essencialmente com as forças de integração social, não dando destaque aos conflitos sociais. Ao centrarem sua análise "no aqui e no agora", os funcionalistas acabaram justificando toda e qualquer prática social que tenha contribuído para a manutenção do todo.

ROGER-VIOLLET/KEYSTONE

A Europa promovia a aculturação como parte de sua missão civilizadora. (Missionário católico belga no Congo, fim do século XIX.)

Essencialmente sincrônicos em sua análise, os funcionalistas não conseguiram explicar os processos de transformação e mudança social e, defensores da tolerância, foram excessivamente omissos quando essas transformações ocorreram, destruindo as formas tradicionais de vida na África e na Ásia.

A verdade é que foram os fatos históricos que emanciparam as populações coloniais do domínio europeu. Foi o despontar dos Estados Unidos e da então URSS e o declínio da Europa diante dessas superpotências que puseram em xeque o secular domínio europeu sobre os demais continentes. Assim como foi a nova fase do capitalismo industrial — multinacional — que exigiu a emancipação política desses povos e a formação de novas nações. A ciência fez muito pouco pela libertação das populações colonizadas e pelo fim das relações de dependência e exploração a que eram submetidas.

Essencialmente sincrônicos, os funcionalistas deram pouca importância às transformações sociais.

O funcionalismo não se reduziu aos estudos antropológicos. Causando muita controvérsia, o conceito de "função" foi adotado por sociólogos integrantes da Segunda Geração da Escola de Chicago, exatamente quando esta deixa seus vitoriosos métodos de pesquisa qualitativos para adotar procedimentos predominantemente quantitativos. Nos anos 1930 e 1940, quando os Estados Unidos sofrem com as modificações promovidas pelo desenvolvimento industrial e urbano, e pela crescente imigração, sociólogos passam a se dedicar aos estudos das funções sociais. Destacam-se nesse mister Robert Merton e Talcott Parsons. Alvo de grandes críticas, são acusados de uma atitude conservadora pela qual os conflitos sociais são negados por uma ideologia neoevolucionista, que exalta a harmonia e a integração social. Defensores das práticas normativas e de procedimentos investigativos quantitativos, os funcionalistas privilegiam as análises sincrônicas e situacionais.

O funcionalismo teve também ampla repercussão na sociologia norte-americana, que se dedicou aos estudos da comunicação e da influência da mídia sobre a sociedade, acabando por desenvolver metodologias de pesquisa quantitativas e de curto prazo. Em razão das limitações aqui apontadas, o funcionalismo entra em declínio na sociologia na segunda metade do século XX.

O método etnográfico e de observação participante, entretanto, continuam propiciando férteis análises de grupos sociais. Não só quando o pesquisador se vê diante de grupos étnicos diferentes, mas também quando depara com grupos organizados em torno de hábitos e rituais particulares. O princípio de observar, escutar, descrever e interpretar continua sendo fonte de informação e conhecimento nas ciências sociais em geral e na comunicação em particular. Assim, o estudo do comportamento de tribos urbanas ou da audiência a determinados programas de televisão passam, hoje em dia, pela pesquisa etnográfica. A tecnologia, por sua vez, também, tem dotado o etnógrafo de meios cada vez mais eficientes de observação. O gravador, a câmera fotográfica e de vídeo têm sido auxiliares efetivos no conhecimento do outro.

Atividades

Compreensão de texto

1 O que é relativismo cultural?

2 O que justifica, durante o século XIX, a percepção dos antropólogos de que a sociedade europeia era homogênea e integrada?

3 Explique o significado da sentença "a antropologia é a ciência da alteridade".

4 O que é aculturação? O fato de os imigrantes italianos terem introduzido no Brasil o consumo de massas nas refeições regulares, um importante aspecto da sua cultura original, indica que houve aculturamento do povo brasileiro? Justifique sua resposta.

Interpretação, problematização e pesquisa

5 Neste trecho de *Argonautas do Pacífico Ocidental* podemos localizar uma severa crítica de Malinowski aos antropólogos evolucionistas. Que crítica é essa e que aspecto da cultura trobriandesa ele escolhe para justificá-la?

> "Outra noção que precisa ser destruída de uma vez por todas é a do 'Homem Econômico Primitivo', encontrada em alguns textos de ciências econômicas. Essa criatura fictícia, de existência persistente na literatura econômica popular e semipopular, cuja sombra penetra até mesmo na mente de certos antropólogos competentes esterilizando-lhes a visão através de ideias preconcebidas, é um homem primitivo ou selvagem imaginário, movido em todas as suas ações por uma concepção racionalista do interesse pessoal, atingindo seus objetivos de maneira direta e com o mínimo de esforços. Um único exemplo bem analisado será suficiente para mostrar quão absurda é a suposição de que o homem — e, de modo especial, o homem de baixo nível cultural — seja movido por interesses particularistas puramente econômicos. Esse exemplo, que nos é fornecido pelo primitivo habitante das ilhas Trobriand, lança por terra toda essa falsa teoria. O nativo de Trobriand trabalha movido por razões de natureza social e tradicional altamente complexas; seus objetivos certamente não se referem ao simples atendimento de necessidades imediatas nem a propósitos utilitaristas. Assim, antes de mais nada, como já vimos, o trabalho nativo não é executado segundo a lei do menor esforço. Muito pelo contrário, em sua realização são despendidas grandes parcelas de tempo e energia que, do ponto de vista utilitário, são inteiramente desnecessárias. O trabalho e o esforço não constituem apenas meios para atingir certos fins, mas, sob certo ponto de vista, um fim em si mesmo. Nas ilhas Trobriand, o prestígio de um bom agricultor é diretamente proporcional à sua capacidade de trabalho e à quantidade de terra que consegue lavrar. O título de 'tokwaybagula', que significa 'bom (ou eficiente) lavrador', só é conferido após judiciosa escolha e sempre ostentado com orgulho."
>
> MALINOWSKI, Bronislaw. *Argonautas do Pacífico Ocidental*. São Paulo: Abril Cultural, 1978. p. 56 (Os Pensadores).

6 Com o conceito de organização social, entre outros, os funcionalistas tentaram mostrar que, sob a aparente simplicidade das sociedades tribais, existiam complexos princípios fundamentais. Leia o texto de Malinowski a esse respeito e responda à questão. "Todos os aspectos da vida nativa, a religião, a magia, a economia estão inter-relacionados, mas é realmente a organização social que os fundamenta a todos. Assim sendo, devemos ter em mente o fato de que as ilhas Trobriand formam uma unidade cultural e linguística, têm as mesmas instituições, obedecem às mesmas leis e regulamentos, estão sob a mesma influência das mesmas crenças e convenções." (op. cit. p. 62)

Qual a ideia de organização social que Malinowski expressa neste texto? Quais os aspectos da vida social que se inter-relacionam na sociedade trobriandesa?

7 Neste trecho, Malinowski fala do método de investigação antropológica. Explique por que ele acha fundamental o que foi chamado de "observação participante".

> "Vivendo na aldeia, sem quaisquer responsabilidades que não a de observar a vida nativa, o etnógrafo vê os costumes, cerimônias, transações etc., muitas e muitas vezes; obtém exemplos de suas crenças tais como os nativos realmente as vivem. Então, a carne e o sangue da vida nativa real preenchem o esqueleto vazio das construções abstratas. É por esta razão que o etnógrafo, trabalhando em condições como as que vimos descrevendo, é capaz de adicionar algo essencial ao esboço simplificado da constituição tribal, suplementando-o com todos os detalhes referentes ao comportamento, ao meio ambiente e aos pequenos incidentes comuns. Ele é capaz, em cada caso, de estabelecer a diferença entre os atos públicos e privados; de saber como os nativos se comportam em suas reuniões ou assembleias públicas e que aparência elas têm; de distinguir entre um fato corriqueiro e uma ocorrência singular ou extraordinária; de saber se os nativos agem em determinada ocorrência com sinceridade e pureza de alma, ou se a consideram apenas como uma brincadeira; se dela participam com total desinteresse, ou com dedicação e fervor." (op. cit. p. 29)

8 Malinowski não chega a abordar ou a criticar o colonialismo, mas, por algumas frases, podemos perceber efeitos da colonização sobre as sociedades tradicionais. Nas frases a seguir, identifique e comente as referências às mudanças no modo de vida nativa.

a) "É muito mais difícil descobrir em que direção se movimentavam os colares de *spondylus* na costa meridional. Hoje em dia a confecção desses artigos, que era muito desenvolvida entre os nativos, (...) está parcialmente, embora não completamente, em decadência." (op. cit. p. 363)

b) "Nenhum dos residentes brancos realmente vive numa aldeia nativa, a não ser por breves períodos de tempo; além disso, cada um deles tem os seus próprios afazeres e negócios, que lhes tomam grande parte do tempo. Além do mais, quando um negociante, funcionário ou missionário estabelece relações ativas com os nativos é para transformá-los, influenciá-los, ou usá-los, o que torna impossível uma observação verdadeiramente imparcial e objetiva e impede um contato aberto e sincero — pelo menos quando se trata de missionários e oficiais." (op. cit. p. 29)

c) "Muitas histórias desse tipo têm grande circulação, fornecendo à vida nativa um elemento heroico, elemento esse que nos dias de hoje, com o estabelecimento da influência do homem branco, já desapareceu." (op. cit. p. 224)

9 De acordo com a descrição a seguir, qual é o conceito que Malinowski elabora de sistema social?

> "De todas as forças que se relacionam ao trabalho agrícola e o regulam, a magia é talvez a mais importante. Constitui, por assim dizer, um departamento independente e está sob a responsabilidade do feiticeiro agrícola, que, depois do chefe e do médico feiticeiro, é uma das personagens mais importantes da aldeia nativa. A posição é hereditária e, em cada aldeia, há um sistema especial de magia, passado matrilinearmente de geração para geração. Dou a isso o nome de sistema porque o feiticeiro tem de executar uma série de ritos e encantamentos no campo, paralelamente ao trabalho de cultivo e, de fato, dá início a cada fase do trabalho da lavoura e marca cada novo estágio de desenvolvimento da plantação." (op. cit. p. 55)

10 Sabendo que os antropólogos evolucionistas consideram a magia e a superstição como aspectos do primitivismo e que os funcionalistas defenderam posição diversa, analise a postura de Malinowski no seguinte trecho:

> "Se nos lembrarmos de que, como em toda crença no sobrenatural, há também aqui a possibilidade de se aplicarem forças antídotas; se nos lembrarmos de que também há casos em que a feitiçaria é aplicada de maneira ineficaz ou incorreta ou, então, inutilizada pela não-observação de certos tabus ou por fórmulas mal pronunciadas; se nos lembrarmos de que a autossugestão é uma força de extraordinária influência sobre a vítima, cuja resistência natural fica reduzida a nada; e se nos lembrarmos ainda de que, segundo a crença nativa, toda e qualquer enfermidade está, em origem, ligada aos atos de algum feiticeiro, que frequentemente admite sua própria responsabilidade no caso, de modo a reafirmar sua reputação como agente de forças malignas — não teremos, então, dificuldade de entender os motivos pelos quais floresce a crença na magia negra, porque nenhuma evidência empírica pode dissipá-la e porque o feiticeiro tem, como a vítima, plena confiança em seus próprios poderes. A dificuldade é pelo menos a mesma que existe quando tentamos explicar os resultados de curas e milagres que, através da fé, da oração e devoção, se verificam até nos dias atuais, como por exemplo os da ciência cristã e os de Lourdes." (op. cit. p. 67)

Aplicação de conceitos

11 Uma vez que o método etnográfico, hoje, não é aplicado apenas ao estudo de grupos étnicos diferentes, mas a grupos organizados em torno de certos objetivos comuns, vamos fazer um exercício etnográfico. Com uma máquina fotográfica faça uma reportagem de um evento ou de um grupo social. Depois procure elaborar um texto descritivo procurando interpretar aquilo que você observou. Lembre-se de que uma análise etnográfica é mais objetiva do que um texto literário ou uma reportagem jornalística – fala mais do objeto analisado do que da pessoa que observa.

12 A reportagem a seguir, publicada no jornal *Folha de S.Paulo*, enfoca a influência da cultura até mesmo sobre os aspectos físicos do ser humano. Analise a notícia e procure explicar a relação entre natureza e cultura.

Como surgiu o costume

"A admiração chinesa por pés pequenos, ou atrofiados, nasceu em 920, segundo pesquisas históricas. O imperador Li Yu se deixou seduzir por uma concubina que dançava com os pés enfaixados para que se parecessem com uma lua crescente.

O costume atravessou dinastias chinesas e se sofisticou em 76 formas diferentes de se enfaixar os pés.

Depois da queda da dinastia Qing, em 1911, criou-se a figura do 'inspetor de pés'. Cabia a ele verificar se estava sendo respeitada a proibição dessa prática.

O poder republicano, no entanto, não conseguia impor sua vontade nas regiões mais remotas da China.

Enfaixar os pés sobreviveu alguns anos, até diminuir no início dos anos 30.

Em 1931, a invasão japonesa desferiu um forte golpe contra o costume imperial. As mulheres com os pés atrofiados não conseguiam se movimentar com a velocidade necessária para fugir do invasor e muitas acabavam sendo violentadas.

Os camponeses então começaram a abrir mão do costume. Foi apenas o regime comunista que conseguiu livrar definitivamente a China da prática de enfaixar o pé.

Algumas mulheres na casa dos 80 anos ainda mantêm faixas, porque com elas sentem menos dores. Os panos protegem os pés."

13 Ainda hoje as ex-colônias estudadas pelos primeiros antropólogos no século XIX aparecem no imaginário ocidental por seu exotismo. Pesquise na mídia reportagens como esta referente à Tailândia, publicada no caderno de turismo de *O Estado de S. Paulo*, em março de 1996 e, a partir delas, justifique ou não esse ponto de vista.

Tailândia oferece surpresas para quem já viu tudo

"Ma Nam, 41 anos, é a estrela da aldeia Mae Hong Jong, na fronteira da Tailândia com Myanmar: ela ostenta nada menos do que 25 anéis no longo pescoço. Sinal de beleza, marca das mulheres karen long neck, também conhecidas como mulheres-girafas. Da colorida e delicada arquitetura aos exóticos temperos e perfumes, o país oferece aos visitantes atração para todos os sentidos, no suave clima produzido pelo budismo. Para quem imagina já ter visto de tudo."

JAN BUTCHOFSKY-HOUSER/CORBIS-STOCK PHOTOS

Mulher-girafa. Tailândia, 1996.

14 Vídeo: *Os deuses devem estar loucos* (Botsuana, 1981. Direção de Jamie Uys. Duração: 90 min) — Uma comédia que trata do choque entre culturas a partir da queda de uma garrafa de Coca-Cola numa tribo de nativos africanos.

- Procure identificar a crítica à cultura ocidental e o que o diretor nos ensina a respeito dos princípios da vida em sociedade.

Leituras complementares

Texto 1

[Preconceitos e ganâncias]

"Por que na Europa o termo 'índio' continua evocando o preconceito com conotações do século XIX, poderia ser explicado pelo legado cultural recebido desde a infância através dos livros de aventuras, dos filmes do Oeste americano ou simplesmente pelas adjetivações com que os pais costumam designar tudo que é raro: 'Não seja índio'.

Na Europa parece existir toda uma série de influências culturais e históricas que incentiva os indivíduos a focalizar sua cultura e sua própria personalidade em contraposição ao que se pensa ser o mais distante da civilização. Em outras palavras, é como se a única forma possível fosse ainda hoje em dia comparar-se com as 'tribos' mais estranhas e exóticas, ainda que saibamos que elas praticamente já não existem atualmente. Neste contexto não deixa de chamar a atenção o fato de que determinados meios de comunicação e determinados profissionais da informação sempre se encontram à caça das coletividades mais exóticas. Que outra função cumprem esses programas de televisão sobre eles a não ser reforçar a própria superioridade cultural?

Finalmente, gostaríamos de apontar uma explicação sobre a razão porque se operou na Europa o deslocamento dos preconceitos sobre as coletividades não-europeias às minorias ou grupos minoritários.

A explicação poderia ter suas raízes no próprio caráter diferenciado e pluralista da sociedade europeia. Contrariamente ao que se costuma pensar, o pluralismo não traz maior tolerância ou, seja como for, essa tolerância não se exercita por igual com todos os membros da sociedade. Com as minorias em nenhum caso. O preconceito de grupo só aparece na sociedade diferenciada e pluralista."

AZCONA, Jesús. *A cultura*. Petrópolis: Vozes, 1989. p. 96.

Entender o texto

1 Por que o preconceito da sociedade europeia, em relação às culturas exóticas no século XIX, se mantém até a atualidade?

2 O que estimula o preconceito em relação ao "índio"?

3 Nas sociedades pluralistas o preconceito em relação aos grupos diferentes (minorias) é menor? Por quê?

Texto 2

A 'indirect rule' dos antropólogos

"Aprovando-a, os antropólogos não deixaram de transformar as características da 'indirect rule'. De pragmática que era, torna-se sistema e teoria. De utilização das circunscrições, torna-se teoria das circunscrições e da sua inserção nas sociedades africanas.

Lugard, no seu projecto, tinha definido a primeira tarefa concreta da nova política: 'O primeiro passo a dar é tentar encontrar um homem influente como chefe, agrupar sob a sua autoridade as aldeias ou distritos que for possível, ensiná-lo a delegar poderes, interessá-lo na sua tesouraria indígena, apoiar a sua autoridade e inculcar-lhe o sentido das responsabilidades.'

A palavra de ordem de Lugard '*Find the chief!*', retomada por Malinowski e seus discípulos, estará frequentemente na origem de numerosas pesquisas de campo, consagradas àquilo a que mais tarde se denominará de 'antropologia política'.

Porque a própria circunscrição é apenas um elemento da instituição política, e da 'estrutura social total', para retomar os termos essenciais (funções religiosas, funções econômicas da acumulação e de redistribuição, etc.). Em consequência, aprender a sua natureza supõe um estudo totalizante das estruturas da sociedade indígena.

Lucy Mair diz claramente: na 'indirect rule' a totalidade do projecto funcionalista está já em germe: 'O verdadeiro significado da '*indirect rule*' não se resume na frase '*Find the chief!*'; ela consiste numa compreensão da estrutura da sociedade indígena e da inter-relação das partes'[(1)]. Mais concretamente, as análises antropológicas não são análises abstractas e feitas somente com o objectivo do enriquecimento da 'ciência' pura, são análises que tentam responder a 'problemas concretos': capacidade de adaptação das circunscrições à política colonial, direção desta adaptação, etc."

LECLERC, Gérard. *Crítica da antropologia*.
Lisboa: Estampa, 1973. p. 104-105.

Entender o texto

1 Qual o significado da expressão *Find the chief*?

2 No que os funcionalistas se diferenciavam das outras escolas antropológicas?

[1] "Nactive Policies". In: Africa, 1937.

Texto 3

[Os conceitos criados pelo funcionalismo]

"Malinowski elabora uma série de conceitos, que são de suma importância na interpretação de suas ideias e na localização de sua contribuição. Estes conceitos são os seguintes: estatuto, estrutura, regras ou normas, aparato material, atividades e função. O estatuto consiste no 'objetivo reconhecido do grupo', isto é, é o objetivo do grupo tal como aparece aos olhos dos seus componentes e tal como é definido pela comunidade como um todo. Abrange o sistema total de valores, para cuja preservação os seres humanos se organizam em grupos ou participam de grupos já existentes. Constitui a categoria principal do conjunto de conceitos, pois todos os demais dependem dele, de modo direto ou indireto. A estrutura e as normas estão no primeiro caso. A estrutura consiste no 'grupo organizado segundo princípios definidos de autoridade, divisão de funções, e distribuição de privilégios e deveres'. As normas ou regras constituem os padrões de comportamento social estabelecidos, podendo ser, de acordo com sua natureza, técnicas, administrativas, legais e éticas. Exprimem, invariavelmente, os padrões ideais de comportamento do grupo. O aparato material compreende os diversos substratos do grupo, entendidos como expressão de uma realidade cultural. 'Toda organização é invariavelmente baseada sobre e intimamente associada com o meio material ambiente', dispondo de uma porção determinada de território, de um equipamento tecnológico, de proveitos das atividades organizadas etc. A função corresponde ao 'efeito' integral das atividades. Por isso, as atividades constituem a unidade básica do estudo etnológico. Em primeiro lugar, deve-se observar que elas se distinguem, como comportamento manifesto, das normas e regras, que constituem os padrões ideais de comportamento. Em segundo lugar, é por meio delas que se opera a conexão entre as categorias extremas, isto é, o estatuto e a função. As seis categorias ordenam-se, de acordo com o esquema fornecido por Malinowski, do seguinte modo:

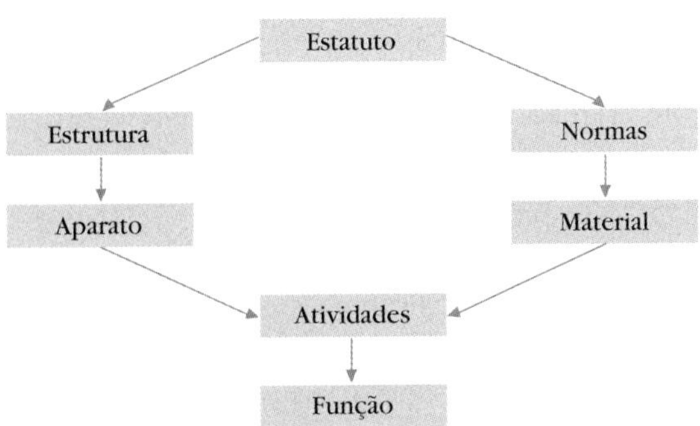

FERNANDES, Florestan. *Elementos de sociologia teórica*. São Paulo: Edusp, 1970. p. 148-149.

9 Estruturalismo, uma nova abordagem

Introdução

No início do século XX, inúmeras disciplinas e áreas do conhecimento alcançaram indiscutível progresso centrando suas pesquisas não nos dados observáveis e objetivos da realidade, mas no estudo de aspectos subjetivos e ligados à linguagem e ao imaginário dos indivíduos e dos grupos sociais.

A psicanálise, método de diagnóstico, tratamento e cura das neuroses, proposto por Sigmund Freud, resgatou o sentido e a racionalidade dos sonhos, tidos até então como manifestações irracionais ou sobrenaturais. Freud procurou mostrar que, por meio dos símbolos oníricos, o inconsciente do ser humano se manifesta, revelando os mais íntimos e profundos desejos, instintos e frustrações.

A semiologia (mais tarde rebatizada como semiótica, pelos norte-americanos), criada no início do século XX por Saussure, propôs uma ciência geral dos signos que procurava descobrir os sentidos contidos nas diversas linguagens do homem — a língua falada e escrita, os gestos, os sons e os objetos. Esses sentidos formariam sistemas de signos que revelariam a estrutura inconsciente que ordenava o comportamento humano.

O marxismo europeu multiplicava suas pesquisas no campo da ideologia, estudando os interesses subjacentes ao discurso com o qual os indivíduos defendem os seus interesses.

Até as manifestações artísticas, que eram entendidas como expressões da sensibilidade de autores/criadores, de personalidades que tinham por característica o distanciamento em relação à realidade, mostravam seu potencial explicativo da sociedade. Muitas das descobertas históricas e etnológicas foram conseguidas graças à leitura das obras de arte de povos já desaparecidos ou sem escrita.

A antropologia não ficou imune a essa nova tendência dos estudos científicos, e o estudo das manifestações simbólicas adquiriu cada vez mais importância nas análises antropológicas. Claude Lévi-Strauss foi um dos nomes mais importantes da nova tendência que gerou o aparecimento e a consagração do estruturalismo.

O conceito básico dessa teoria é o de *estrutura social*, que já fora utilizado pelos funcionalistas, mas que correspondia, para eles, à organização de dados empíricos, estabelecendo-se, assim, uma correspondência entre os fenômenos observáveis e a estrutura da qual faziam parte. Para os estruturalistas, entretanto, a estrutura correspondia àquilo que não pode ser observado, mas apreendido pela interpretação científica.

Claude Lévi-Strauss
(1908)

Nasceu em Bruxelas, na Bélgica. Iniciou estudos jurídicos em Paris, onde fez concurso para lecionar filosofia. Foi professor de liceu até ser convidado, em 1934, para lecionar na Universidade de São Paulo (1935-1938). Durante a permanência no Brasil, até 1939, realizou breves expedições ao Mato Grosso e à Amazônia e publicou seu primeiro trabalho de caráter antropológico a respeito dos índios Bororo. Entre 1941 e 1944 trabalhou em Nova York. Foi adido cultural da França nos EUA entre 1946 e 1947. De volta à França, assumiu a direção do Museu do Homem e depois, em 1959, a cátedra de antropologia social no Collège de France. Visitou o Brasil em 1985. Da sua vasta produção intelectual, que lhe valeu a mais elevada condecoração científica francesa, destacam-se *Tristes trópicos, As estruturas elementares do parentesco, Antropologia estrutural* (dois volumes), *O pensamento selvagem* e *Mythologiques* (cinco volumes). ■

Para Lévi-Strauss, a estrutura é uma elaboração teórica capaz de dar sentido aos dados empíricos de uma certa realidade. Utilizando uma metáfora, podemos dizer que esse conceito corresponderia à estrutura de um edifício que, mesmo estando oculta, organiza, distribui, relaciona e sustenta todos os elementos observáveis dessa construção — os andares, as unidades habitacionais, as entradas, as saídas e os corredores.

Lévi-Strauss afirma que a estrutura *é a construção teórica capaz de dar sentido aos dados empíricos.*

Do mesmo modo, é a estrutura social que organiza, conecta e relaciona as diversas instâncias, estabelecendo as múltiplas relações entre os elementos, os grupos e as instituições. A construção desse arcabouço teórico se dá pela análise dos dados empíricos e do entendimento de seus significados. Os elementos constitutivos da estrutura — relações de parentesco, instituições ou grupos sociais diversos — organizam-se de modo não-aleatório, sob a forma de um sistema, isto é, elementos interdependentes e que estão em inter-relação. Qualquer modificação em uma das partes tem por consequência a modificação em cadeia de todas as outras.

JUCA MARTINS/PULSAR

Em sentido figurado, a estrutura se assemelha aos elementos não-visíveis de sustentação de um edifício, que estabelecem as relações entre as partes que o compõem.

Os estruturalistas aceitavam a existência de diferentes sociedades: as mais simples ou tradicionais, e as chamadas complexas, ou modernas. Distinguiram essas sociedades também como capitalistas e não-capitalistas, mas afirmavam que essa diferença só poderia ser explicada em função de sua própria história e da relação que cada sociedade mantém com o meio natural e social. Os estruturalistas não propunham nenhuma lei ou princípio explicativo que regulasse a passagem de uma estrutura mais simples para outra mais complexa.

CLAUDE LÉVI-STRAUSS

Pescadores utilizando juntas de bois para puxar as redes, na Praia Grande, litoral paulista. (Fotografia de Levi-Strauss.)

Com esses pressupostos teóricos o estruturalismo tecia críticas ao funcionalismo e ao evolucionismo. Deslocava a ênfase metodológica da observação — principal pedra de toque do funcionalismo — para a construção teórica e abstrata de um conceito. Além disso, criticando o evolucionismo, partia do princípio de que cada sociedade deve ser analisada em sua especificidade e não como espécime em um estágio de um processo único do desenvolvimento humano.

> A mente do pesquisador, que se deixou modelar pela experiência, torna-se palco de operações mentais que transformam a experiência em modelo, possibilitando outras operações mentais.
>
> ECO, Umberto. *A estrutura ausente*. São Paulo: Perspectiva, 1976. p. 288.

Conceitos de primitivismo e arcaísmo, com os quais os antropólogos classificavam as mais diferentes sociedades, caíram em desuso, assim como a ideia de que traços próprios das sociedades não-capitalistas estariam fadados à extinção, como se o processo histórico se manifestasse por um único caminho e em um único sentido.

Sincronia, diacronia e história

Segundo os estruturalistas, os elementos interdependentes que formam uma estrutura não são passageiros nem aleatórios, mas respondem a necessidades fundamentais de existência e manutenção da totalidade organizada às quais esses elementos pertencem. Daí haver uma coerência que lhe é intrínseca e que justifica sua forma de ser e sua aparente peculiaridade. Para Lévi-Strauss, a estrutura, organizando de forma sistemática a sociedade e tendo por objetivo a sua preservação, assemelha-se a uma "máquina" que "funcionaria indefinidamente".

Claro que tais ideias levam a uma supervalorização do movimento sincrônico da sociedade e das forças que o mantêm – na medida em que é ele que revela o que há de mais definidor e central na sociedade. Privilegia-se assim o estudo de processos não-históricos nos quais se procura diferenciar com nitidez a estrutura da *conjuntura* — esta sempre mais aleatória e fugaz. À estrutura correspondem os elementos permanentes da vida social, enquanto à conjuntura os variáveis. Alguns autores, exagerando essas diferenças, acabaram por entender como estruturais as forças dominantes ou principais da sociedade contra os fenômenos secundários e menos importantes da conjuntura ou da história.

Por outro lado, ao mesmo tempo em que a história perdia sua importância como elemento de compreensão profunda de uma determinada sociedade, também o indivíduo deixava de ser o protagonista da vida social. Os problemas vividos pelo homem decorriam de relações estruturais que estavam acima e aquém da decisão individual. A sociedade funcionava como um modelo, de acordo com regras intrinsecamente coerentes e válidas, cujo entendimento escapava ao senso comum. O entendimento dessas regras dependia de um adequado método de análise que deveria buscar o que era profundo, invariável e capaz de explicar os mais diferentes arranjos circunstanciais da vida social.

Assim como os linguistas explicavam os idiomas como sendo a aplicação de um grupo de regras que ordenavam um conjunto de símbolos para permitir a fala, também os antropólogos pensavam os traços culturais, as instituições e as relações sociais como um conjunto de possibilidades que eram organizadas por regras que deveriam permitir a vida social e sua reprodução.

Lévi-Strauss identificou essas regras como sendo aquelas que, em qualquer sociedade, regulam a maneira como os homens trocam entre si os produtos, as mulheres e as palavras. Essas regras definem os tabus do incesto e as diferentes formas de organização das relações familiares: patrilineares, matrilineares, patrilocais ou matrilocais, definindo como circulam as mulheres entre os diversos grupos sociais. Em razão dessa gênese estrutural, a essas regras correspondem determinado uso linguístico de palavras e signos e a criação de certos mitos. Neles estariam reproduzidas as instituições sociais, as relações entre os membros e os sistemas de troca. Dessa forma, o estruturalismo propõe uma visão integrada e global de instâncias do sistema social.

A ênfase na análise sincrônica foi uma das grandes críticas de que foram alvo os estruturalistas. E, apesar do imenso prestígio que essa teoria alcançou na década de 1960, acabou por ser acusada de criar um determinismo semelhante ao do positivismo. Alguns autores também afirmaram que a análise estruturalista acabava criando um princípio teleológico e expressando uma visão tão naturalista da sociedade como os antigos evolucionistas, na medida em que a realidade social passava a ser dependente de estruturas preexistentes, sobre as quais os seres humanos não tinham nem consciência nem responsabilidade. Por outro lado, a aplicação do estruturalismo, dada sua preponderante sincronicidade, resultou muitas vezes na criação de tipologias e quadros classificatórios simplificadores que pouco pareciam acrescentar ao conhecimento da sociedade.

Em resposta a essas contestações, Lévi-Strauss admitiu um princípio de transformação social. Esse princípio seria geracional, isto é, a cada geração, em meio ao movimento de reprodução da vida social, abrir-se-ia uma gama de possibilidades de transformação, entre as quais estariam aquelas que viriam resolver contradições estruturais.

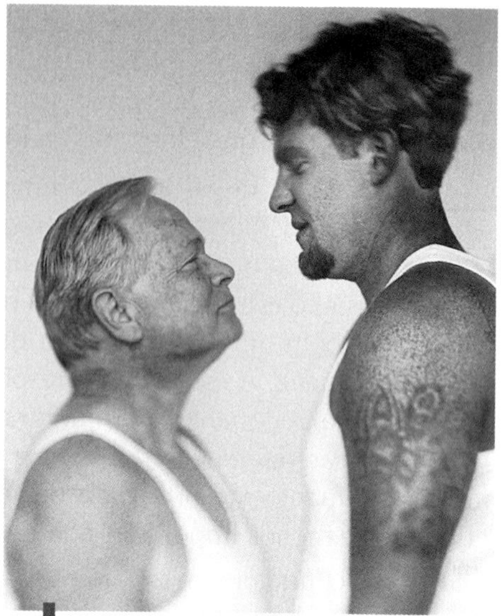
JOHNNY BUZZERIO/CORBIS-STOCK PHOTOS

Os estruturalistas identificaram o conflito de gerações com um fator de transformação social.

Raymond Firth foi um dos antropólogos que, mesmo adotando o método estruturalista de interpretação da sociedade, procurou dar relevo à questão da mudança social. Para ele, o fato de a estrutura constituir-se de elementos interdependentes tende a favorecer a transformação social, na medida em que qualquer modificação em um dos seus componentes acarretaria a transformação da estrutura como um todo.

Ao estudar a sociedade Achech, em Sumatra, Firth percebeu que quem decidia o casamento de uma jovem menor era um parente direto da linha paterna, o próprio pai ou o avô. A jovem que não tivesse esses parentes vivos estaria numa situação de anormalidade e contradição, pois as regras sociais impunham que ela se casasse antes da maioridade, ao mesmo tempo que impediam as menores de escolher o noivo por sua própria conta. Diante desse conflito a sociedade Achech adota um critério, o *wali*, retirado da lei muçulmana, que institui um tutor para decidir sobre o casamento das jovens que não têm pai nem avô. A adoção desse comportamento não previsto pela estrutura Achech introduz mudanças nas relações sociais, na hierarquia e na distribuição de funções. Inovam-se papéis e regras sociais.

Aos poucos a antropologia procurava aproximar a análise sincrônica da abordagem histórica.

Raymond Firth
(1901-2002)

Nasceu na Nova Zelândia, onde se tornou economista. Descobriu a etnologia quando aluno de Malinowski, na London School of Economics. Estudou os Maori e depois os Tikopia, povos da Polinésia. Sua principal contribuição à antropologia foi a obra *Primitive economics of the New Zealand Maori.*

Estruturalismo e marxismo

Outra polêmica trazida pelas análises estruturalistas foi o fato de que elas retiram do agente as responsabilidades sobre as condições da vida social. Os fenômenos sociais são meras manifestações de ordem estrutural e não expressão da ação e, muito menos, da vontade humana. De acordo com essa abordagem, os homens se transformam em suportes inconscientes da estrutura social. Destituídos de poder de transformação, os homens tornam-se mediadores que agem de acordo com a necessidade de realização, reprodução e transformação estrutural.

O estruturalismo teve mais sucesso na antropologia e nos estudos de semiologia e linguística do que na sociologia. No entanto, alguns de seus princípios foram adotados por filósofos e sociólogos, tais como a interdependência entre as partes e a organização sincrônica do todo. Nessa linha, destacaram-se aqueles que procuraram fazer uma releitura dos textos marxistas à luz do estruturalismo, como Louis Althusser.

Relevando as diferenças existentes entre as sociedades e reafirmando um conjunto de relações importantes que as definem, subjacentes à sua diversidade, o método estruturalista adaptou-se harmonicamente às análises marxistas, podendo cada sociedade ser definida em função da estrutura de classes sociais e das formas de exploração de mais-valia. E, se por um lado a luta revolucionária perdia muito de sua militância, o marxismo permitia novas análises, renovando-se.

Análise sincrônica da sociedade

Respondendo às críticas que foram feitas ao estruturalismo, isto é, de ater-se apenas aos aspectos sincrônicos da realidade, sem dar suficiente e merecida atenção aos aspectos diacrônicos e de mudança social, Lévi-Strauss reafirma as diferenças de objetivos e método entre o historiador e o etnólogo.

Para ele, a busca do desenrolar de um processo no tempo é atividade específica do historiador, enquanto a ordem sincrônica pertence à perspectiva antropológica.

A explicação para determinado comportamento está na estrutura social que o gera, e não no processo histórico. Lévi-Strauss condena aqueles antropólogos que vivem à cata de "origens". Ele questiona a possibilidade de se descobrirem essas raízes e o valor heurístico dessas tentativas. Aponta ainda a tendência evolucionista que perpassa esses trabalhos e o determinismo em que essas descobertas muitas vezes caem. Descobrir "origens" de traços sociais leva os pesquisadores, muitas vezes, a considerar uma mudança como inevitável, útil e necessária, por excesso de ênfase na explicação histórica.

Por essas razões, ele deixa à história a análise diacrônica, reafirmando que o etnólogo e o antropólogo devem se ater ao que é dado e, no máximo, podem alargar suas análises tornando-as compreensíveis para cientistas de outras sociedades e de épocas diferentes.

O método linguístico

Entretanto, se entre a história e a antropologia há uma nítida diferença de perspectiva e de método, o mesmo não ocorre entre a antropologia e a linguística.

Como dissemos, Lévi-Strauss propõe uma íntima colaboração entre essas duas áreas do conhecimento, uma vez que revelam estruturas inconscientes do pensamento e da vida social, por meio da compreensão do discurso linguístico. Segundo a linguística de Saussure, o estudo da linguagem não deve ter por objeto o discurso propriamente dito, as regras e as convenções que permitem à língua operar, ou seja, na lógica oculta que rege a fala de quem se expressa. Dessa forma, o interesse da semiologia é conhecer a estrutura da língua, aquilo que é comum a todos os falantes e que age no nível inconsciente.

A palavra "pai", por exemplo, revela uma série de aspectos da estrutura de parentesco, tais como sexo, idade, atribuições, deveres, inserção numa cadeia hierárquica etc. Isso porque as palavras não são sons escolhidos aleatoriamente, mas um meio de pensar e denominar a realidade, referindo-se a situações concretas que envolvem sentimentos, obrigações, alianças, conflitos e hostilidades. A esse conjunto de implicações Lévi-Strauss dá o nome de "complexo de atitudes". O homem, na maioria das vezes, não tem consciência de todos os fatores que intervêm em suas relações sociais, nem da maneira como se articulam na estrutura social. O desvendar dessas implicações só é possível pelo método linguístico, que identifica justamente a organização inconsciente e significativa da linguagem.

Com esse método Lévi-Strauss conclui que, por trás das variações apresentadas pelas sociedades, existe um substrato comum que ele chama de "estruturas elementares" — compostas de três relações básicas: consanguinidade ou relação entre irmãos, aliança ou relações entre casais e filiação ou relação entre gerações. Essas estruturas elementares permanecem em todas as sociedades, em razão de uma lei geral válida em diferentes culturas: a proibição do incesto, que resulta na exogamia. Assim, os homens trocam entre si, por meio de regras estabelecidas, as mulheres de seu grupo familiar, fazendo com que não haja matrimônios entre indivíduos pertencentes ao mesmo grupo de descendência.

Lévi-Strauss chama de estruturas elementares *aqueles elementos presentes nas mais diversas sociedades, como os laços de parentesco.*

A obra de Lévi-Strauss, vista em sua totalidade, procura revelar a relação existente entre a maneira pela qual o homem vive e apreende a realidade e como organiza de forma significativa os dados dessa percepção.

> No Brasil, entre 1935 e 1938, Lévi-Strauss fotografou minuciosamente os Bororo e os Nambikwara. Ele trouxe três mil fotos e, quase sessenta anos mais tarde, selecionou cento e oitenta que ele comenta com descrições curtas.
>
> LAPLANTINE, François. *A descrição etnográfica*, op. cit. p. 70.

Além da inovação teórica e metodológica proposta, o estruturalismo teve ainda o mérito de conceber esses mecanismos mentais humanos como universais. Assim, afirma que, por trás das diferenças culturais aparentes, existem estruturas elementares comuns a todas as sociedades. Estudando os mitos, Lévi-Strauss infere também que a estrutura mental do ser humano é a mesma, independentemente dos fatores culturais, climáticos ou étnicos presentes.

De um só golpe Lévi-Strauss combateu o evolucionismo, que distinguia as sociedades por diferenças básicas e estruturais, e as teorias que atribuíam aos povos "primitivos" ou "arcaicos" uma capacidade mental inferior ou de menor complexidade do que aquela atribuída ao europeu.

Antropologia cognitiva

Recebeu o nome de antropologia cognitiva o conjunto de estudos antropológicos que, de forma semelhante ao método desenvolvido pelo estruturalismo, utilizaram pressupostos teóricos e metodológicos elaborados pelas ciências da cognição na pesquisa social.

Essas teorias abandonaram a preocupação — até então dominante na antropologia — de compreender totalidades sociais para se deterem em determinados aspectos ou recortes da vida social. O desvelar desses recortes se dá pela interpretação de elementos do imaginário e da simbologia que mantêm íntima relação com as formas de comportamento humano.

As primeiras tendências dessa perspectiva analítica da vida social estariam já em Durkheim e na noção desenvolvida de valor — elemento de julgamento e avaliação da vida social que, introjetado pelos agentes sociais, orienta seu comportamento.

A ideia de ação social com sentido, proposta por Max Weber, também abriu caminho para essa análise da sociedade centrada nas formas de pensamento, na compreensão de seus significados e no desvendar dos mecanismos que interligam pensamento e ação.

Os antropólogos anglo-saxões também se dedicaram à descoberta daqueles elementos simbólicos da vida cultural que, atuando como uma "gramática", seriam responsáveis pelas formas de comportamento, engendrando as estruturas sociais. Ruth Benedict estudou a sociedade japonesa buscando os padrões culturais responsáveis pelo tipo de organização daquela sociedade. Florence Kluckhohn procurava nas sociedades pesquisadas aquilo que chamou de valores dominantes, para compreender as diferentes formas de estruturas sociais. Esses conceitos designam as orientações básicas da ação social que se configuram de forma ritual na sociedade, estabelecendo padrões de comportamento e ao mesmo tempo de entendimento do mundo.

> Numa sociedade primitiva, as várias técnicas, que tomadas isoladamente podem aparecer como um dado bruto, situadas no inventário geral das sociedades, surgem como o equivalente de uma série de escolhas significativas: nesse sentido, um machado de pedra torna-se signo.
>
> ECO, Umberto. *A estrutura ausente*, op. cit. p. 288.

As teorias da percepção, da produção artística e da comunicação ajudaram no desenvolvimento desses estudos. Evans Pritchard utilizou a ideia de um roteiro teatral, subjacente à vida social e condutor da ação em grupo, para o estudo dos Nuer, povo da região do Vale do Rio Nilo, no Sudão (África).

Além do interesse que esses estudos alcançaram, a antropologia cognitiva teve o mérito de reformular os métodos de pesquisa, ampliando o universo de fontes de informação como as autobiografias e a memória oral.

Antropologia e sociologia hoje

A antropologia foi se desenvolvendo nos últimos duzentos anos por meio da investigação dos elementos que orientam a ação e explicam a emergência de padrões e comportamentos sociais. Auxiliada por uma análise de cunho cognitivo e até psicológico, revelou sutis relações entre formas próprias de pensar e agir.

Ao mesmo tempo em que abandonava o campo da evidência empírica e se aprofundava na área da organização psíquica e emocional dos agentes sociais e das origens da intencionalidade de sua ação, as transformações históricas iam modificando de modo violento as sociedades anteriormente tidas como seu objeto específico de estudo. O imperialismo e a expansão do capitalismo industrial acabaram por transformar radicalmente as sociedades não-europeias, nelas introduzindo formas organizacionais típicas da civilização ocidental europeia.

> *A* antropologia cognitiva ***teve o mérito de ampliar as fontes de dados, com o estudo de biografias e memória oral.***

No mundo globalizado, as diferenças culturais se nivelam numa estandardização desconcertante. E aquilo que resta de estruturas culturais tradicionais se encontra revestido de um novo sentido, capitalista e contemporâneo. Remotas tradições — como o uso de aros no pescoço das "mulheres-girafas" da Tailândia — transformam-se em atrações de uma bem-sucedida indústria turística, enquanto produções artesanais consagradas servem apenas como modelos dos seus substitutos industriais. Podemos encontrar hoje, em utensílios de plástico produzidos por multinacionais norte-americanas, estabelecidas na Tailândia, os mesmos desenhos que ornavam as baixelas chinesas.

A originalidade dos traços culturais é posta em dúvida numa economia planetária e de produção em massa. Grupos indígenas ainda existentes em certas áreas da sociedade brasileira, por exemplo, desenvolvem seus hábitos e costumes — fabricam objetos e adornos plumários, vestem-se "a caráter" e alimentam-se de mandioca — apenas em horário comercial. Fora dele, usam *jeans* e *walkman*.

O que resta, portanto, da alteridade necessária à delimitação do objeto próprio da antropologia? Pouco, se considerarmos essa alteridade, como no século XIX, expressão de um modo de vida não-ocidental. Mas se pensarmos esse objeto e essa alteridade como tudo aquilo que possa ser considerado um desvio dentro do sistema globalizado, como tudo aquilo que resiste e se opõe ao pleno funcionamento da economia planetária, o leque de opções se amplia como nunca. Se permitirmos que essa alteridade venha a dar conta dos inúmeros grupos minoritários que emergem nessa sociedade — grupos étnicos, religiosos, sexuais —, se aceitarmos que ela inclua as novas formas societárias que se desenvolvem à margem da sociedade, então veremos que a antropologia tem um imenso universo de estudo a desenvolver e seus comprovados métodos de investigação poderão obter muitos resultados.

Por outro lado, se é verdade que a sociedade se urbaniza e se industrializa de forma global, submetendo o campo e a produção agrária aos princípios de organização urbano-industrial, as mais variadas populações de imigrantes e migrantes enquistam-se nas metrópoles, cada um buscando introduzir, nos entremeios dessa imensa rede, suas próprias formas de sobrevivência.

O desemprego estrutural também põe nas ruas levas de ambulantes que, à sua maneira, desenvolvem nesse mundo industrializado novos serviços e novas formas de artesanato. Regras próprias de comercialização transitam entre os carros nos movimentados faróis das metrópoles, enquanto uma solidariedade estranha desenvolve-se na periferia entre os grupos excluídos das benesses do desenvolvimento.

T. OZONAS/MASTERFILE-OUTRAS IMAGENS

JUCA VARELLA/FOLHA IMAGEM

A globalização desestruturou o modo de vida conhecido e fechou muitos postos de trabalho, ao mesmo tempo permitiu que outros tipos de serviços pudessem se desenvolver. (*Pet siter* levando cães a passeio; à direita manobrista de estacionamento.)

Proliferam as associações de bairros, de pais e mestres, de moradores e de amigos nas mais diferentes instituições. Como atuam, como identificam seus pares, como se comunicam, são certamente temas interessantes para a antropologia contemporânea. Adequadas às análises antropológicas são também as feiras informais que se multiplicam pelas cidades, criando uma espécie que combina as antigas feiras comunitárias com os novos *shopping centers*. Formas monetárias alternativas — de passes, tíquetes e cartões de telefone — convivem com um sistema econômico que substitui as cédulas por cartões de crédito.

A antropologia procura identificar na sociedade contemporânea os nichos de resistência e, como sempre, de alteridade.

Pode-se pensar também que a globalização, em vez de destruir antigas formas de sociabilidade e de comportamento, apenas as deslocou de um espaço distinto e próprio para os intervalos disponíveis no sistema capitalista urbano-industrial. Duas formas distintas de organização social parecem se sobrepor, mantendo entre si algumas ligações, como vasos sanguíneos comunicantes. Por outro lado, a sociologia enfrenta questão diversa — a dificuldade de, nessa sociedade globalizada, desenvolver modelos macrossociológicos capazes de dar conta de tão heterogênea e fragmentada realidade. Assim, buscando explicar justamente essa multiplicidade inovadora da vida social que emerge na sociedade contemporânea, a sociologia se dedica ao estudo dos grupos sociais e das relações entre eles.

Desse modo começam a ruir as fronteiras que delimitavam essas duas ciências, ou pelo menos que pareciam delimitar seus objetos de estudo. A sociologia e a antropologia procuram redefinir as múltiplas relações que emergem na sociedade, em meio às quais fica cada vez mais difícil definir quem sou eu e quem é o outro, o que é tradicional ou efetivamente moderno, aquilo que é globalizado e o que é regional.

De qualquer maneira perduram certas práticas de pesquisa mais próprias de uma ou de outra ciência. Enquanto métodos de pesquisa de massa se desenvolvem na investigação das diferenças regionais entre fenômenos mundiais — como desemprego e miséria —, as análises minuciosas da antropologia procuram identificar nessa sociedade tecnológica e informacional os nichos de resistência e, como sempre, de manifestações de alteridade.

Atividades

Compreensão de texto

1 Como Lévi-Strauss distingue a tarefa do antropólogo da tarefa do historiador?

2 Qual a importância da linguística no método estruturalista desenvolvido por Lévi-Strauss?

3 Qual a lei geral de todas as organizações de parentesco, segundo Lévi-Strauss?

Interpretação, problematização e pesquisa

4 Lévi-Strauss, em *Antropologia estrutural*, afirma:

> "Um povo primitivo não é um povo ultrapassado ou atrasado; num ou noutro domínio pode demonstrar um espírito de invenção e realização que deixa muito aquém os êxitos dos civilizados."
>
> LÉVI-STRAUSS, Claude. *Antropologia estrutural*. Rio de Janeiro: Tempo Brasileiro, 1967. p. 122.

Que crítica aos teóricos evolucionistas está embutida nesse texto?

5 A respeito de certa corrente antropológica que julga as sociedades "arcaicas" como "sem história", ou seja, "paradas no tempo", Lévi-Strauss observa:

> "A história desses povos nos é totalmente desconhecida e, devido à ausência ou pobreza de tradições orais e vestígios arqueológicos, nunca será atingida: não poderíamos concluir daí a sua inexistência." (op. cit. p. 123)

Como Lévi-Strauss, nesse trecho, explica a razão de certas sociedades serem consideradas sem história?

6 Com as palavras a seguir, Lévi-Strauss combate o método funcionalista que enfatiza a observação empírica e a coleta de dados pelo depoimento dos sujeitos investigados.

> "Proponho-me, realmente, a mostrar aqui que a descrição das instituições indígenas feita pelos observadores de campo — inclusive eu — coincide, sem dúvida, com a imagem que os índios possuem de sua própria sociedade, mas que esta imagem se reduz a uma teoria, ou melhor, a uma transfiguração da realidade..." (op. cit. p. 142)

Na opinião de Lévi-Strauss, a imagem que os índios têm de sua própria sociedade é verdadeira? Por quê?

7 Definindo os problemas e os métodos do estruturalismo, Lévi-Strauss afirma:

> "O princípio fundamental é que a noção de estrutura social não se refere à realidade empírica, mas aos modelos construídos em conformidade com esta." (op. cit. p. 315)

Segundo essa definição, podemos dizer que a estrutura é apenas uma teoria? Justifique.

8 Analise, tendo em vista os preceitos do método estruturalista, o seguinte texto de Lévi-Strauss:

> "Um sistema de parentesco não consiste nos elos objetivos de filiação ou consanguinidade dados entre os indivíduos; só existe na consciência dos homens, é um sistema arbitrário de representações, não o desenvolvimento de uma situação de fato." (op. cit. p. 69)

9 Em vista das recentes transformações na história das sociedades contemporâneas, como se colocam hoje as perspectivas para a antropologia e para a sociologia?

Aplicação de conceitos

10 Em seu livro *Le regard eloigné* (O olhar distante), Claude Lévi-Strauss afirma: "quando queremos estudar os homens, é preciso olhar à nossa volta, mas quando queremos conhecer o homem é preciso aprender a olhar mais longe". (In: LAPLANTINE, François. *A descrição etnográfica.* op. cit. p. 69.)

Compare essa proposição com a estudada no capítulo anterior sobre a etnografia. Quais as características de cada uma?

11 Sentença: "As fotos a seguir exibem algumas das características do que Marc Auge chama de não-lugares". Você poderia confirmar que as fotos representam o que está afirmando a sentença? Justifique a resposta.

ROGÉRIO REIS/PULSAR

RENATA MELLO/OLHAR IMAGEM

12 **Vídeo:** *Xingu* (Brasil, 1985. Direção de Washington Novaes. Duração: 120 min) — Documentário revelando o cotidiano de quatro tribos que vivem no Parque Nacional do Xingu, as relações sociais e políticas e as opiniões sobre o homem branco. Pelas informações deste capítulo, você pode ver diferentes formas de se entender as culturas não-europeias. Neste filme, você poderá perceber que hábitos e costumes só podem ser entendidos no contexto das culturas nas quais se manifestam.

- Procure identificar as relações que esse documentário expressa entre os valores, o comportamento e a estrutura social dos povos do Xingu.

Tema para debate

[Sem objeto de estudo]

"Porém a antropologia, como disciplina autônoma, já com alguma anterioridade preocupava-se com a ideia de uma eventual crise que, segundo alguns membros da comunidade de antropólogos, avizinhava-se diante do previsível desaparecimento de seu objeto de estudo. Seria legítima essa preocupação, ou sequer cabia levá-la a sério? Claude Lévi-Strauss soube levá-la a sério para, então, exorcizá-la. Todos se lembram bem de seu artigo, publicado originalmente no *Courrier de l'Unesco*, em novembro de 1961 e traduzido logo no ano seguinte para a Revista de Antropologia (volume X, números 1-2, 1962), sob o título de 'A Crise Moderna da Antropologia'. Nesse curto, mas interessante artigo, Lévi-Strauss procura mostrar que em nenhuma hipótese o crescente processo de depopulação das etnias indígenas do planeta, ou mesmo a incorporação dos corpos ditos primitivos em grandes civilizações – sobretudo à civilização europeia –, podem pôr em risco o futuro da disciplina, uma vez que ela não se define por seu objeto concreto – no caso, as sociedades aborígenes –, mas pelo olhar que deita sobre a questão da diferença. Questão essa sempre presente onde quer que identidades étnicas se defrontem. Lévi-Strauss conclui seu artigo dizendo que:

'Enquanto as maneiras de ser ou de agir de certos homens forem problemas para outros homens, haverá lugar para uma reflexão sobre essas diferenças, que, de forma sempre renovada, continuará a ser o domínio da antropologia.'"

LÉVI-STRAUSS, Claude. A crise moderna da antropologia. *Revista de Antropologia*, v. 10, n. 1-2, 1962. In: OLIVEIRA, Roberto Cardoso de. *O trabalho do antropólogo*. Brasília: Paralelo 15; São Paulo: Unesp, 2000. p. 54.

1 Quais os acontecimentos que poderiam justificar o desaparecimento do objeto da antropologia?

2 O autor acredita que esteja em risco o futuro da antropologia?

3 Que argumentos o texto deste capítulo aponta para a sobrevivência da disciplina, apesar das transformações do mundo contemporâneo?

Leituras complementares

Texto **1**

[As sociedades e a história]

"... as tentativas feitas para conhecer a riqueza e a originalidade das culturas humanas e para reduzi-las ao estado de réplicas desigualmente atrasadas da civilização ocidental se chocam com outra dificuldade, muito mais profunda: em geral (com exceção da América, sobre a qual voltaremos) todas as sociedades humanas têm por trás de si um passado que é aproximadamente da mesma ordem de grandeza. Para tratar certas sociedades como 'etapas' do desenvolvimento de outras, seria preciso admitir que, enquanto para estas últimas acontecia alguma coisa, para as outras nada acontecia — ou poucas coisas. E, com efeito, fala-se facilmente dos 'povos sem história' (para dizer às vezes que são os mais felizes). Esta fórmula elíptica significa apenas que sua história é e permanecerá desconhecida, não que ela não exista. Durante dezenas e mesmo centenas de milhares de anos, lá também, houve homens que amaram, odiaram, sofreram, inventaram, combateram. Na verdade, não existem povos infantes; todos são adultos, mesmo os que não mantiveram um diário de sua infância e adolescência.

Poder-se-ia, sem dúvida, dizer que as sociedades humanas utilizaram desigualmente um tempo passado que, para algumas, teria sido, mesmo, tempo perdido; que umas apertavam o passo, enquanto outras gazeteavam pelo caminho. Chegar-se-ia, assim, a distinguir entre duas espécies de história: uma história progressiva, aquisitiva, que acumula os achados e invenções para construir grandes civilizações, e uma outra história, talvez igualmente ativa e utilizando não menor talento, mas à qual faltaria o dom sintético, que é privilégio da primeira. Cada inovação, ao invés de vir juntar-se às inovações anteriores, orientadas no mesmo sentido, se dissolveria numa espécie de fluxo ondulante, que não chegaria nunca a se afastar duravelmente da direção primitiva."

LÉVI-STRAUSS, Claude. *Antropologia estrutural dois*. Rio de Janeiro: Tempo Brasileiro, 1976. p. 340.

Entender o texto

- O que explicaria a proposta do autor de trabalharmos com dois conceitos de história: a de história progressiva e a de história não-sintética?

Texto 2

Dos lugares aos não-lugares

"Se um lugar pode se definir como identitário, relacional e histórico, um espaço que não pode se definir nem como identitário, nem como relacional, nem como histórico definirá um não-lugar. A hipótese aqui defendida é a de que a supermodernidade é produtora de não-lugares, isto é, de espaços que não são em si lugares antropológicos e que, contrariamente à modernidade baudelairiana, não integram os lugares antigos: estes, repertoriados, classificados e promovidos a 'lugares de memória', ocupam aí um lugar circunscrito e específico. Um mundo onde se nasce numa clínica e se morre num hospital, onde se multiplicam, em modalidades luxuosas ou desumanas, os pontos de trânsito e as ocupações provisórias (as cadeias de hotéis e os terrenos invadidos, os clubes de férias, os acampamentos de refugiados, as favelas destinadas aos desempregados ou à perenidade que apodrece), onde se desenvolve uma rede cerrada de meios de transporte que são também espaços habitados, onde o frequentador das grandes superfícies, das máquinas automáticas e dos cartões de crédito renovado com os gestos do comércio 'em surdina', um mundo assim prometido à individualidade solitária, à passagem, ao provisório e ao efêmero, propõe ao antropólogo, como aos outros, um objeto novo cujas dimensões inéditas convém calcular antes de se perguntar a que olhar ele está sujeito. Acrescentemos que existe evidentemente o não-lugar como o lugar: ele nunca existe sob uma forma pura; lugares se recompõem nele; relações se reconstituem nele; as 'astúcias milenares' da 'invenção do cotidiano' e das 'artes de fazer', das quais Michel de Certeau propôs análises tão sutis, podem abrir nele um caminho para si e aí desenvolver suas estratégias. O lugar e o não-lugar são, antes, polaridades fugidias: o primeiro nunca é completamente apagado e o segundo nunca se realiza totalmente — palimpsestos em que se reinscreve, sem cessar, o jogo embaralhado da identidade e da relação. Os não-lugares, contudo, são a medida da época; medida quantificável e que se poderia tomar somando, mediante algumas conversões entre superfície, volume e distância, as vias aéreas, ferroviárias, rodoviárias e os domicílios móveis considerados 'meios de transporte' (aviões, trens, ônibus), os aeroportos, as estações e as estações aeroespaciais, as grandes cadeias de hotéis, os parques de lazer, e as grandes superfícies da distribuição, a meada complexa, enfim, redes a cabo ou sem fio, que mobilizam o espaço extraterrestre para uma comunicação tão estranha que muitas vezes só põe o indivíduo em contato com uma outra imagem de si mesmo."

AUGÉ, Marc. *Não-lugares*; introdução a uma antropologia da supermodernidade. Campinas: Papirus, 1994. p. 73-74 (Travessia do Século).

Entender o texto

- Como o autor define o conceito de não-lugares?

Texto 3

O animal como linguagem

"Se a recente antropologia estrutural está certa (e suas hipóteses de fato elaboram as suposições de Leibniz e Herder), esses modelos de parentesco, essas convenções de mútua identificação que subjazem a toda sociedade humana, dependem vitalmente da disponibilidade e desenvolvimento da linguagem. A passagem do homem de um estado natural para um estado cultural — o principal ato isolado de sua história — está em todos os pontos entrelaçados com suas faculdades de fala. Os tabus do incesto e os consequentes sistemas de parentesco que tornam possível a definição e a sobrevivência biossocial de uma comunidade não precedem a linguagem. Muito provavelmente desenvolvem-se com ela e através dela. Não podemos proibir o que não podemos nomear. As regras de casamento exogâmico ou endogâmico só podem ser formuladas e — o que não é menos importante — transmitidas onde existam adequada sintaxe e taxonomia verbal. As formas de linguagem de modo praticamente literal subjazem a todo comportamento humano e o perpetuam. A prevalência de acasalamento promíscuo e de incesto entre animais, prevalência que torna impossível falar de 'culturas animais' a não ser de modo vagamente metafórico, é quase certamente uma função da ausência de linguagens animais."

STEINER, George. *Extraterritorial*; a literatura e a revolução da linguagem. São Paulo: Companhia das Letras/Secretaria de Estado da Cultura, 1990. p. 69-70.

Entender o texto

- De que forma o autor justifica a passagem do homem de um estado natural para um estado cultural?

10 A antropologia contemporânea

Introdução

Vimos nos capítulos anteriores que a antropologia é uma disciplina criada a partir da expansão do capitalismo europeu, quando este entra em contato com povos étnica e culturalmente diferentes e com os quais teve que manter contato em razão de necessidades políticas e econômicas. Assim é que a antropologia sempre trabalhou com a lógica do distanciamento, distanciamento entre pesquisador e pesquisado, distanciamento entre civilizações e culturas, distanciamento no tempo e no espaço entre o europeu e o não-europeu. Ocorre que a história e a crescente internacionalização do capitalismo promoveram o contínuo encurtamento dessas distâncias. A indústria se universalizou assim como o estado-nação, a democracia, a tecnologia e os meios de comunicação de massa. Um processo hegemônico de uniformização foi aproximando os povos e as etnias, seja pela cultura de massas, seja pelo consumo, seja por meio de um irrefreável movimento migratório que transfere de um lugar a outro do planeta gerações de pessoas de origem longínqua.

É em razão disso que os antropólogos falam na perda de seu objeto de estudo, ou seja, no fim das distâncias e na mesmice em que parece se converter toda cultura, toda crença e todo mito. Além disso, também as disciplinas parecem dialogar de forma extremamente próxima, intercambiando conceitos e princípios metodológicos, mas esvaziando os conteúdos de seu particularismo. Há, nesse sentido, uma evidente aproximação entre as diferentes ciências humanas e sociais — a sociologia, a antropologia e a história — cada uma percebendo a apropriação de seus métodos e teorias.

Decorre daí a fragmentação e a perda de universalismo daquilo que podíamos chamar de *escolas teóricas*, ou seja, conjuntos organizados de conceitos, originários de diferentes tradições intelectuais que contribuíram para a constituição dos diferentes campos do saber, mapeando seus territórios. Percebe-se, como consequência, uma maior flexibilidade, interdisciplinaridade e fragilidade que parecem caracterizar o que alguns identificam como *crise de paradigmas*.

É nesse cenário que cientistas sociais como Roberto Cardoso de Oliveira veem emergir junto aos modelos tradicionais de pesquisa antropológica, que ele denomina como racionalista/estruturalista; estrutural/funcionalista e culturalista, um novo paradigma denominado hermenêutico. Com esse modelo, uma combinação da tradição europeia com a metodologia interpretativa norte-americana, haveria uma reação contra o já ultrapassado idealismo iluminista[1].

---

[1] OLIVEIRA, Roberto Cardoso de. *O trabalho do antropólogo*, op. cit., p. 63.

Há, nessa nova proposta, um abandono da inspiração naturalista das ciências humanas, sempre preocupadas em desenvolver métodos e atingir a objetividade das ciências biológicas. Pois, como já argumentara Michel Foucault, em *As palavras e as coisas*, as ciências do homem só podem apreender seu objeto pelo discurso e, portanto, pela interpretação simbólica. Sendo o homem um ser de linguagem, seu estudo passa necessariamente pela decifração de suas formas de expressão e a hermenêutica é a ciência da interpretação do dito, do não-dito e das entrelinhas. Modelo decifrativo que se apoia em sinais, em vestígios, para descobrir na expressão simbólica conteúdos profundamente significativos. Há nessa proposta a ênfase nas formulações narrativas, nas perspectivas históricas e nas relações intersubjetivas. O sujeito deixa de ser visto como uma objetividade para ganhar toda a riqueza de sua capacidade simbólica.

LALO DE ALMEIDA/FOLHA IMAGEM

A produção humana é essencialmente simbólica; para compreendê-la é necessário interpretar esse simbolismo. (Gimme Gummi, instalação do austríaco Leo Schatz, São Paulo, 26ª Bienal, 2004.)

> Poder-se-á falar de ciência humana desde que se busque definir a maneira como os indivíduos ou os grupos representam as palavras, utilizam sua forma e seu sentido, compõem discursos reais, mostram e escondem neles o que pensam, dizem, ...deixam, desses pensamentos, em todo caso, uma massa de traços verbais que é preciso decifrar e restituir, tanto quanto possível, à sua vivacidade representativa.
>
> FOUCAULT, Michel. *As palavras e as coisas.* São Paulo: Martins Fontes, 1981. p. 370.

Na mesma linha de proposta encontra-se Clifford Geertz, defendendo a ideia de que, diante da desmaterialização da cultura promovida especialmente pelos meios de comunicação e pelo desenvolvimento tecnológico, temos que adotar um conceito de cultura semiótico e interpretativo. Em seu livro, sugestivamente intitulado *A interpretação das culturas,* afirma: "O conceito de cultura que eu defendo, e cuja utilidade os ensaios abaixo tentam demonstrar, é essencialmente semiótico. Acreditando como Max Weber que o homem é um animal amarrado a teia de significados que ele mesmo teceu, assumo a cultura como sendo essas teias e a sua análise; portanto, não como uma ciência experimental em busca de leis, mas como uma ciência interpretativa à procura do significado."[2]

[2] GEERTZ, Clifford. *A interpretação das culturas,* op. cit. p. 15.

Michel Foucault
(1926–1984)

Nasceu na cidade de Poiters, França, em 1926. Foi filósofo e professor da cátedra de História dos Sistemas de Pensamento no Collège de France de 1970 a 1984.

Suas obras situam-se no campo da filosofia do conhecimento. Suas teorias sobre o saber, o poder e o sujeito romperam com as concepções modernistas desses conceitos, o que motivou alguns autores a considerá-lo um pós-moderno, apesar de ele não se referir a si mesmo dessa forma. Seus primeiros trabalhos — *História da loucura, O nascimento da clínica, As palavras e as coisas, A arqueologia do saber* — seguem uma linha estruturalista, o que não impede que seja considerado geralmente como um pós-estruturalista devido às obras posteriores, como *Vigiar e punir* e *A história da sexualidade.*

Foucault trata principalmente do tema do poder, rompendo com as concepções clássicas desse termo. Para analisá-lo, Foucault investiga vários temas correlatos como o poder disciplinar, o biopoder e os dispositivos da loucura e da sexualidade. A inovação da sua abordagem não reside em uma análise histórica tradicional, linear e cronológica, mas na elaboração de uma genealogia do objeto analisado, ou seja, realiza um estudo histórico que não busca uma origem única e causal dos fenômenos, mas na pesquisa das multiplicidades de fatores e dos distintos conflitos sociais. Os seus estudos são um marco nas ciências sociais e, principalmente, na historiografia, abrindo novos campos no estudo. ■

Clifford James Geertz
(1926)

Nasceu nos Estados Unidos, na cidade de São Francisco, em 1926. Aos 17 anos serviu a marinha americana na Segunda Guerra Mundial. Em 1956, recebeu o seu PhD na Universidade de Harvard.

Lecionou e obteve bolsas de estudo de várias escolas até entrar no departamento de antropologia da Universidade de Chicago (1960 – 1970). Aqui Geertz defendeu os princípios da "arqueologia simbólica", ou seja, dava especial atenção ao papel do pensamento (dos "símbolos") na sociedade. Símbolos guiam a ação. Ele acreditava que "A função da cultura é impor significados ao mundo e torná-lo compreensível. O papel dos antropólogos é tentar (uma explicação completa é impossível) interpretar o guia dos símbolos de cada cultura." Entre 1970 e 2000, foi professor de ciências sociais no Instituto de Estudos Avançados na Universidade de Princeton.

Ele conduziu extensivas pesquisas etnográficas no sudoeste asiático e no norte da África. Dedicou-se também ao estudo das religiões, em particular do Islã. Atualmente é professor emérito no Instituto de Estudos Avançados de Princeton, dedicando-se a várias pesquisas sobre as questões relativas à diversidade étnica e suas implicações sobre o mundo moderno. Principais obras traduzidas para o português: *Observando o Islã, Nova luz sobre a antropologia, A interpretação das culturas, O saber local.* ■

Mas se é outro o paradigma das ciências humanas na atualidade, se ela deixa de mirar para as ciências exatas como modelo, se elas assumem a especificidade do ser humano como ser de linguagem, se ela submete os modelos explicativos às possibilidades interpretativas da hermenêutica, também é diferente seu objeto. O homem se apresenta não como um organismo, material e concreto, mas como um ser que se caracteriza pela subjetividade e pela consciência de si próprio como um indivíduo. Os modelos universais vão cedendo assim a formas mais particulares e individuais de ação e comportamento. Na antropologia, o eu e o outro, o próximo e o distante se redefinem e a sociedade se organiza sob novos conceitos – um deles, que parece organizar os homens por meio de alianças mais fortes do que o nacionalismo ou até mesmo do que as classes sociais é o de minoria. Sobre minorias falaremos neste capítulo.

A complexa questão da identidade

A questão fundamental da antropologia foi sempre, desde o seu surgimento, estabelecer as bases científicas do conhecimento e da relação entre o "eu" — o pesquisador — e o "outro" — o pesquisado, encarados, por princípio, como entidades diferentes e autônomas. É isso que diz Marc Auge no livro *A guerra dos sonhos*: "A questão da alteridade aqui é central: ela sempre o foi para a antropologia, mas deixa-se desdobrar mais claramente hoje: o antropólogo deve, efetivamente, identificar outros (aqueles que ele estuda) e questionar-se sobre a relação deles com a alteridade, sobre a maneira pela qual eles próprios concebem sua relação com o outro, próximo ou distante."[3]

Isso significa que a grande questão da antropologia é a construção e a compreensão das identidades, ou seja, dos mecanismos que fazem o outro ser quem é e como é, além do desvendamento dos mecanismos pelos quais o comportamento, o sentimento e os códigos de ação permitem que essas formas de ser se constituam, tornem-se identificáveis e se reproduzam. Por outro lado, o estudo e a identificação desses mecanismos eram muito mais objetivos nos primeiros séculos de desenvolvimento da antropologia, quando os povos se mantinham mais drasticamente diferentes uns dos outros. Ocorre que a expansão colonialista, o desenvolvimento do capitalismo e a globalização, que lhes foi decorrente, acabaram, como dissemos, por aproximar os modos de vida, abalando os processos identitários. Essa crise de identidade passa a fazer parte do que chamamos de cultura contemporânea ou da pós-modernidade.

Diversos autores, entre eles Anthony Giddens, Paul Virillio e Manuel Castells, têm mostrado que a sociedade, tendo caminhado para um enfraquecimento substancial de suas instituições — o Estado, a Igreja, os partidos políticos e as organizações profissionais — e convivendo com uma cultura de massa que padroniza o imaginário das pessoas de forma global, enfrenta dificuldades enormes na consolidação das identidades individuais e coletivas. Diversos estudos têm se dedicado exatamente às reações que ocorrem nesse processo de perda de referências que até bem pouco tempo tinham por função localizar o eu e o outro e as relações de pertencimento dos sujeitos na cultura. Mencio-

[3] AUGÉ, Marc. *A guerra dos sonhos*. Campinas: Papirus, 1998. p. 18.

nando alguns desses trabalhos, podemos citar Janice Caiafa, que estuda a resistência cultural dos hispânicos que moram nos Estados Unidos manifesta na língua falada, na qual estruturas gramaticais latinas são incorporadas ao inglês[4]. Também no campo da linguagem, Bronislaw Geremek analisa o jargão dos miseráveis — mendigos e ladrões que habitam as cidades — na constituição de sua identidade[5]. Outro estudioso importante é Nestor Garcia Canclini, que vê no consumo um processo identitário dos mais importantes[6]. Diz ele que cada vez que consumimos música, roupa ou alimento, estamos redefinindo nossa forma de ser e informando a respeito do grupo ao qual pertencemos.

Todos esses cientistas partem do princípio de que a sociedade contemporânea tornou ineficazes as formas tradicionais da cultura pelas quais se construíam as identidades de grupo e individuais, entre elas o ofício ou profissão, o regionalismo e o nacionalismo.

> As transformações constantes nas tecnologias de produção, no desenho de objetos, na comunicação mais extensiva ou intensiva entre sociedade — tornam instáveis as identidades fixadas em repertórios de bens exclusivos de uma comunidade étnica ou nacional.
>
> CANCLINI, Nestor Garcia, op. cit. p. 15.

É nesse contexto que, diante das mudanças epistemológicas no campo da antropologia e no advento de paradigmas mais interpretativos de pesquisa e análise, abandonou-se a busca por formas de identidade normativas, regulares ou institucionais, como a família e a nação, para se pesquisar mecanismos identitários emergentes, de natureza cultural e política, como a organização das minorias.

Identidade, igualdade e diferença

A ideia da igualdade não é uma ideia facilmente aceitável na cultura humana. Desde as mais antigas civilizações, o homem buscou suas diferenças: de origem, de nacionalidade, de classe social. Toda a Antiguidade conheceu ideologias que pregavam diferenças no interior de uma sociedade e entre sociedades. Os hindus consideravam-se originários de partes diferentes do deus Brama — pés, mãos e cabeça, de onde teriam surgido os brâmanes, o que os tornaria radicalmente diferentes entre si. Tão diferentes que nem o casamento entre eles era consentido. Para os patrícios romanos, por exemplo, um plebeu era um ser

---

[4] CAIAFA, Janice. Poéticas e poderes na comunicação. In: RUBIN, Antônio Albino Canelas e outros (org.). *O olhar estético na comunicação*. Petrópolis: Vozes, 1999.

[5] GEREMEK, Bronislaw. *Os filhos de Caim*: vagabundos e miseráveis na literatura europeia 1400 — 1700. São Paulo: Companhia das Letras, 1995.

[6] CANCLINI, Nestor Garcia. *Consumidores e cidadãos*. Rio de Janeiro: UFRJ, 1997.

muito diferente, e um não-romano era um bárbaro. Portanto, estabelecer diferenças parece ter sido sempre uma tendência da humanidade, para, por meio delas, procurar definir a essência humana e a razão de sua existência.

Do cristianismo até a atualidade, a ideia de igualdade entre os homens foi se consolidando.

Foi a partir do cristianismo que emergiu na sociedade a noção de igualdade. O princípio de que todos, sem exceção, somos filhos de Deus era absolutamente novo num mundo que procurava sempre identificar um único e verdadeiro povo escolhido. Concebida a ideia da igualdade original, a ela associou-se a ideia de bondade, caridade e vontade divina.

Nos séculos seguintes essa ideia de igualdade entre os homens foi se desenvolvendo e se firmando. Os filósofos da Ilustração procuraram descobrir novos aspectos dessa igualdade — vontade, liberdade e, enfim, igualdade jurídica e civil. Sempre mais no discurso do que na ação, reconheceu-se que todos os homens têm direito à justiça, ao trabalho, à liberdade, e assim por diante.

O socialismo procurou mostrar que a estrutura de classes sociais era responsável pelas diferenças entre os homens e a causa de todas as outras desigualdades — de educação, de interesses, de consciência. Assim, lutou por abolir as diferenças de classe para que se instaurasse uma sociedade realmente igualitária. A ideia teve milhões de adeptos e muitos morreram por ela.

O capitalismo, por sua vez, responsável por inúmeras novas diferenças entre os homens, desenvolveu, por outro lado, a indústria de massa, geradora de grande homogeneização no mundo, diluindo diferenças e padronizando estilos de vida e consumo. Associada ao *marketing* e aos meios de comunicação, a globalização, no século XX, é uma tendência crescente.

YELLOW DOG PRODUCTIONS/THE IMAGE BANK-GETTY IMAGES

A igualdade tende a se restringir às garantias da lei, na maioria dos países do mundo, pois na prática é negada pelos preconceitos e pelas diferenças sociais e econômicas.

Complexidade e diferenciação

Porém, nessa sociedade que se massifica, se padroniza e se assemelha, surgiram grupos que começaram a se distinguir do conjunto da população. Em primeiro lugar, porque essa sociedade passou a abrigar em seu interior, em um mesmo espaço geográfico, pessoas provenientes das mais diferentes culturas, das mais diversas partes do mundo e de condição social cada vez mais díspar. Todas elas competindo pelo mercado de trabalho e por bens que nunca parecem aumentar na mesma proporção que o número de consumidores.

Quanto mais a sociedade se massifica, mais os grupos sociais buscam sua originalidade.

Os grupos passaram a concorrer e a desenvolver extrema rivalidade e a se opor entre si: homens e mulheres, negros e brancos, nativos e estrangeiros, citadinos e campesinos, orientais e ocidentais.

Cada um desses setores da população procurou definir sua própria história, criou suas justificativas e elaborou formas de organização e um rol de reivindicações. Cada um deles, no esforço de criar e afirmar sua própria identidade, imprimiu diferenças marcantes na realidade social. Os movimentos étnicos, raciais e sexuais, entre outros, disfarçando a padronização da sociedade, deram à noção de cidadania um novo sentido.

Dessa forma podemos perceber que o coletivo encobre diferenças e discriminações, passa por cima de perseguições e injustiças, cuja superação torna necessária uma ação particular, dirigida e organizada. Diante desses particularismos, os partidos políticos parecem tornar-se pequenos e ineficientes. Nenhuma teoria ou projeto político que representasse toda a sociedade — como pretende a maioria dos partidos — poderia contentar esses grupos que se sentem especialmente excluídos de certos benefícios sociais.

Maitena Inês Burundarena é cartunista argentina que tem seus quadrinhos de humor publicados em 20 países. O seu humor pauta-se por retratar o cotidiano da mulher moderna.

As soluções políticas e religiosas que se pretendem globais descontentam esses grupos que buscam formas próprias de pensamento e atuação.

Enfim, saem das sombras as diferenças e as particularidades. Membros de uma mesma categoria sexual ou etária unem-se, reivindicam, denunciam e ocupam espaços. Diante de sua força, os partidos políticos se enfraquecem. São os *gays* que reivindicam o casamento homossexual, as mulheres que exigem igualdade de condições de trabalho, os sem-terra que pedem assentamento. As minorias — religiosas, profissionais, sexuais — passam do discurso à ação política, reafirmando o princípio da diferenciação como base de uma sociedade que só aparentemente se homogeneíza.

PETER TURLEY/CORBIS-STOCK PHOTOS

Vítima do preconceito racial histórico, a população negra nos Estados Unidos reage. (Integrante do movimento Black Power, nos Estados Unidos, em 1992.)

JUCA MARTINS/OLHAR IMAGEM

Manifestação no Dia Internacional da Mulher, São Paulo, 1985.

DANIEL CYMBALISTA/PULSAR

As chamadas minorias de opinião são capazes hoje de se organizarem e fazerem valer os seus direitos como seres humanos livres para seguirem as suas preferências sexuais. (Parada do orgulho GLBT, São Paulo, em 2003.)

Maioria, minoria, normalidade e dissidência

O princípio da *maioria* como uma força política nasceu com a democracia grega, na qual os sistemas de votação direta submetiam a aprovação das leis ao referendo da maioria numérica dos cidadãos — gregos, homens, patrícios, livres. A maioria correspondia a essa superioridade numérica dentre os cidadãos, que legitimava politicamente as decisões da Assembleia. Expressava a vontade de uma elite e não os anseios majoritários da população como um todo. Assim, aos poucos, a "maioria" deixou de representar uma quantidade para expressar um princípio de força política: é majoritária a decisão que representa a vontade das elites e dos governos instituídos. Em oposição, minoritárias são as reivindicações que representam justamente os grupos que não estão no poder e não conseguem aprovar seus projetos nem transformar em leis seus anseios.

É por isso, por exemplo, que as questões femininas são questões minoritárias, apesar de as mulheres representarem quantitativamente mais da metade da população do mundo. Elas são minoritárias diante das forças políticas em ação — têm menos representatividade nas instituições decisivas de exercício do poder.

Maioria ou normalidade?

Esse princípio, pelo qual a maioria é identificada com as forças políticas dominantes e a quantidade passa a significar poder, tem contrapartida no desenvolvimento das ciências sociais que, muitas vezes, associam o comportamento dominante ao princípio de normalidade. Para Durkheim, por exemplo, o que caracteriza o fato social é a sua generalidade, isto é, a recorrência ou forte incidência de um traço cultural. Assim, por oposição, o que é raro ou discordante é associado à anormalidade.

Nas ciências sociais, a ideia de maioria *esteve muitas vezes relacionada à de* normalidade.

Desse mesmo ponto de vista, os positivistas em geral defendiam a possibilidade de um consenso social que se manifestasse em acordos mútuos, nos contratos sociais e nas legislações vigentes. O consenso e o grau de adesão dos indivíduos eram sinais de "saúde" da sociedade, enquanto os conflitos eram sintomas de um estado patológico ou mórbido.

Assim, ao mesmo tempo em que a representatividade apoiada na maioria de votos garantia legitimidade aos governos e às suas ações — por menor que fosse o grupo que representassem —, a ideia de consenso, associada à de maioria e unanimidade, dava às instituições sociais um sentido de normalidade e saúde.

O uso indiscriminado da estatística ajudou na disseminação desses princípios. Os números (índices e taxas), conforme o seu uso, transformam a realidade em quantidades, fazem desaparecer as nuanças e impedem uma real avaliação das situações. A metade mais um é maioria?

Bons exemplos dessa consequência do uso de análises quantitativas têm se verificado nas eleições em dois turnos. No segundo turno as oposições se aliam formando frentes políticas que não refletem as tendências do eleitorado. Vejamos a seguinte situação: três candidatos passam por uma acirrada disputa que lhes dá o seguinte resultado: 20%, 33% e 47% dos votos no primeiro turno. Se todos os 20% dos votos do candidato excluído do segundo turno forem para o que recebeu 33% dos votos, este ganha a eleição contra os mesmos 47% do outro candidato. Este, no entanto, ganharia as eleições se fossem realizadas em um único turno. Nesse caso, portanto, a maioria depende única e exclusivamente das regras do jogo, sempre aleatórias.

Da mesma forma, o uso da análise quantitativa tende, muitas vezes, a deformar realidades. Lembrando isso, alguns analistas argumentam: se, numa população, metade das pessoas consome 400 gramas de carne por dia, enquanto a outra metade nada consome, é correto afirmar que nesta população consome-se, em média, 200 gramas de carne por dia!

Muitos outros usos inadequados das noções de maioria e minoria tendem a mascarar resultados, a esconder diferenças substanciais e a criar semelhanças inexistentes. Atualmente, com a multiplicidade dos casos desviantes, com a complexidade da vida social, fica cada vez mais difícil estabelecer maiorias reais. Predomina assim o uso político e ideológico desse conceito.

Hoje já se reconhece que em casos desviantes estão muitas vezes manifestas tendências sociais emergentes. Representam aspectos importantes da vida social, sintomas de transformações que podem ser vislumbrados pelo cientista social.

As minorias foram, muitas vezes, desconsideradas pelos regimes representativos, pelos levantamentos estatísticos e pelos interesses políticos.

Desconsideradas pelas teorias, pelos levantamentos estatísticos, pelos interesses políticos e ideológicos, as minorias hoje saem a campo. Organizam-se, fazem reivindicações e manifestações e acabam, algumas vezes, por mudar certas formas de comportamento e por denunciar antigos preconceitos. A sociologia, por sua vez, tem se voltado para esses grupos a fim de estudá-los e assim se multiplicam os trabalhos de pesquisa que têm por objeto as mulheres, os homossexuais, os migrantes e os imigrantes, por exemplo. Desse modo, a postura que vê com irrelevância as questões minoritárias tende a perder adeptos.

Atualmente, entende-se por maioria ou minoria a capacidade de certos grupos sociais fazerem pressão e obterem sucesso em suas reivindicações. É a força da ação política que torna as questões majoritárias ou minoritárias. Recentemente, houve um movimento em São Paulo em que um grupo de mulheres reivindicava da Prefeitura um vagão nos trens especialmente para elas, livrando-as do assédio sexual dos homens, segmento que, seguramente, conta com maior número de passageiros nos trens de subúrbio. Nesse caso, como em outros, a minoria numérica, organizada, transforma-se em força política majoritária!

Na história da sociedade ocidental, os homens passaram da diferenciação à massificação. A formação e a organização política das minorias raciais, sexuais ou profissionais foram revertendo essa tendência, assim como

ROSA GAUDITANO/STUDIO R

Conferência dos povos indígenas em Porto Seguro, Bahia, em 2000.

foram criando condições para a emergência de uma nova forma política: a democracia participativa. Em vez de confiarem na ação dos políticos que os representam, os cidadãos partem para a ação concreta, organizando inúmeros movimentos e associações pelo mundo, que nada têm de minoritários, quer em termos numéricos quer na sua capacidade de mobilização política.

As minorias se tornam então força política e também, por consequência, objeto das ciências sociais e humanas. E a antropologia, que sempre se dedicou ao estudo de grupos subalternos ou em extinção, tem oferecido modelos apropriados de estudo e de análise das minorias. A etnologia tem permitido importantes estudos de grupos étnicos, religiosos, profissionais e políticos que, além de reivindicarem direitos e transformações nas leis e costumes da sociedade, têm desenvolvido formas peculiares de ser e viver, as quais vêm substituindo, com eficiência, antigos e decadentes processos identitários. Manuel Castells é um dos autores que têm contribuído para essas análises. Em seu livro *O poder das identidades*[7], ele estuda grupos terroristas fundamentalistas, como os rebeldes muçulmanos; tribos urbanas, como os grafiteiros; movimentos separatistas, como os existentes na Catalúnia; grupos rebeldes, como os zapatistas, em uma tentativa de entender como e por que funcionam essas novas formas de identidade que vêm substituindo a família, a profissão e a nação na constituição da individualidade.

Eis aí o cenário dos estudos antropológicos do terceiro milênio: o advento de novos modelos explicativos e novas metodologias de pesquisa, relação diversa com as demais ciências da sociedade e diferentes objetos para a análise científica.

Atividades

Compreensão de texto

1 O que aconteceu com os grupos sociais que eram objeto de estudo da antropologia que justifica a afirmação de que ela "está perdendo seu objeto"?

2 Qual o novo modelo explicativo da antropologia e quais seus principais pressupostos?

3 Qual a contradição básica entre a existência de uma sociedade de massas e a organização de movimentos minoritários?

4 Qual o caráter político da ideia de minoria?

Interpretação, problematização e pesquisa

5 De acordo com a leitura do capítulo, faça uma pesquisa procurando identificar as minorias que se organizam hoje.

6 O que são os "casos desviantes" nas análises estatísticas?

[7] CASTELLS, Manuel. *O poder da identidade*. São Paulo: Paz e Terra, 2000.

7 Em que medida se podem considerar os problemas levantados pelo movimento feminista como minoritários?

8 Quando uma minoria tem chance de se transformar em maioria?

9 Qual a relação entre os movimentos minoritários e a busca pela identidade?

Aplicação de conceitos

10 **Vídeo:** *Filadélfia* (EUA, 1993. Direção de Jonathan Demme. Duração: 125 min) — O filme conta a história de um advogado que trabalha para uma grande empresa da Filadélfia e que é despedido assim que se descobre que ele tem AIDS. Vítima de preconceito e sofrendo as repercussões da doença, o personagem protagonizado por Tom Hanks acaba utilizando todos os recursos legais para fazer valer seus direitos.

- Esse filme traz importantes elementos para a discussão do preconceito e da necessidade de organização política das minorias.

11 Pesquise e responda.

MICHAEL STUPARYK/TORONTO STAR/CORBIS-STOCK PHOTOS

A conquista e a manutenção dos direitos das minorias é uma luta diária, com muitas viravoltas, refletindo o peso do conservadorismo social. (Casamento homossexual, em Toronto, Canadá, 2003.)

a) De que maneira os homossexuais se organizam como minorias?
b) O que eles reivindicam?
c) Por qual processo conseguirão seus objetivos?

12 Procure encontrar no texto seguinte as questões relativas à identidade tratadas no capítulo que acabamos de ler.

Um projeto chamado Europa

"As identidades se definem não apenas pelo que você defende e com quem você está, mas principalmente por quem ou o que você é contra, ou o que você acha que é contra você.

Muitas vezes é um inimigo declarado, mas pode ser apenas um grande rival do outro time, por assim dizer. No jargão dos estudos da identidade, é o Outro. A pergunta mais profunda que se faz à Europa nesta 'guerra contra o terrorismo' é: quem ou o que é o Outro da Europa?

Durante a Guerra Fria a resposta era simples: o Outro da Europa era a ameaça do 'Leste' comunista. Havia também outros Outros: o próprio passado sangrento da Europa era uma espécie de Outro histórico, e os EUA, um rival muito importante para gaullistas de todos os países. Mas esse era o principal.

Desde o fim da Guerra Fria a Europa é um continente em busca de seu Outro. Na última década, muitos membros da esquerda europeia viram o Outro nos Estados Unidos. A Europa deveria ser definida como a não-América. A Europa preservaria um modelo diferente, mais 'social', de capitalismo democrático, mesmo na era da globalização. A Europa seria um contrapeso para a rude e impiedosa superpotência sobrevivente, com sua confusa política no Oriente Médio, uma atuação lamentável na ajuda ao Terceiro Mundo e a tendência geral a impor seu peso em toda parte.

Essa opinião não desapareceu simplesmente depois de 11 de setembro. Na verdade houve muitas críticas aos Estados Unidos durante a guerra, e muitos europeus afirmam que o 11 de setembro mostra a necessidade de uma abordagem mais sofisticada, multilateral, de um mundo complexo e insubordinado. Mas é mais difícil alguém se definir basicamente contra os Estados Unidos numa época em que tanto os Estados Unidos quanto a Europa parecem estar sendo atacados como parte de uma civilização ocidental, cristã ou pós-cristã, materialista e decadente."

ASH, Timothy Garton. *Folha de S.Paulo*, 22 jan. 2002. Caderno Mais. p. 8.

Tema para debate

[O feminismo]

"O feminismo atual questiona precisamente a forma tradicional de desempenho do papel de esposa e mãe. Não se trata mais de conquistar direitos formais mas de mudar a forma de relacionamento entre homens e mulheres, em primeiro lugar na família, mas também no trabalho e na política. As feministas, de um modo geral, não aceitam a divisão tradicional de trabalho entre sexos, pela qual cabem à mulher todas as tarefas domésticas, deixando ao homem o relacionamento com o mundo externo ao lar. O fato de a mulher ser mãe não justifica que ela assuma todos os encargos da procriação, o que acarreta sua dependência do homem, que passa a ser o único a 'trazer dinheiro para casa'. É esta dependência que forma a base da subordinação da mulher, no plano econômico em primeiro lugar e nos demais planos em consequência.

Quando a mulher também realiza trabalho remunerado, isso, em geral, não constitui motivo para que ela deixe de desempenhar suas funções domésticas, acarretando-lhe o 'duplo encargo' de cuidar da produção de mercadorias (na empresa) e da reprodução da força de trabalho (no domicílio). Daí a assalariada com encargos de família sentir-se duplamente explorada: pelo patrão e pelo marido. A discriminação salarial contra a mulher tem a mesma base: sendo considerada uma trabalhadora 'complementar' (ao seu pai ou marido), ela é socialmente coagida a aceitar pagamento inferior por um trabalho que, por isso mesmo, é rapidamente abandonado pelos homens, que almejam (e geralmente obtêm) ganhos mais altos.

Embora se proponha objetivos concretos, o feminismo atual representa menos um programa definido de reivindicações do que uma visão renovada do que poderia e talvez deveria ser uma sociedade na qual indivíduos de ambos os sexos pudessem conviver em condições de igualdade. Assim, Betty Mindlin Lafer se pergunta: 'O que aconteceria se homens e mulheres dividissem igualmente todas as tarefas, ambos dedicando a metade do dia a filhos e casa e a outra metade ao trabalho?' É claro que toda a sociedade teria que se reorganizar para que isso fosse possível; hoje, em muito poucos empregos as pessoas podem limitar o número de horas trabalhadas. E para que os homens pudessem encurtar o dia de trabalho fora de casa, seria preciso que as mulheres estivessem mais preparadas para os mesmos empregos, recebessem mais instruções e facilidades para se cultivar. Então homem e mulher teriam a vantagem de ter a visão do outro, de repartir a responsabilidade econômica e o serviço doméstico, tendo os dois o prazer de estar com as crianças... O que aconteceria se houvesse alternativas à vida em família, e que outras formas de viver se poderiam imaginar: comunidades, cuidado coletivo de crianças, mais escolas ou creches, cooperativas para o trabalho doméstico...? Qual a educação ideal para meninos e meninas, já que a mulher é, de certa forma, quem transmite os conceitos de masculino e feminino e sem querer pode perpetuar justamente o que deseja evitar?

Estas indagações revelam uma faceta do feminismo atual, que ele compartilha com outros movimentos de libertação, como os de negros e homossexuais. Trata-se, antes mesmo de tentar mudar as relações sociais objetivas, de encontrar uma nova identidade para a mulher. Para que a mulher possa se libertar da sujeição que o comportamento dos outros — os homens — lhe impõe, é preciso que ela mesma se liberte antes dos valores, atitudes e preconceitos que desde criança lhe foram introjetados. O movimento feminista começa, portanto, sua ação junto às próprias mulheres, propondo-lhes uma outra visão de si mesmas, que supere os sentimentos de autodepreciação, que uma eventual recusa aos papéis 'femininos' não deixa de acarretar."

SINGER, Paul. O feminino e o feminismo. In: SINGER, Paul; BRANT, Vinícius C. *São Paulo;* o povo em movimento. 4. ed. Petrópolis: Vozes, 1983. p. 113-114.

1 Quais as principais reivindicações, segundo o autor, do feminismo atual?

2 Podemos dizer que são reivindicações que se referem a uma minoria social? Para responder a esta questão, qual o conceito de minoria que você usou?

3 Os problemas levantados pelo texto dizem respeito apenas às mulheres?

4 Em que sentido as questões sociais levantadas dizem respeito a outros movimentos de minorias sociais, como o dos negros e homossexuais?

Leituras complementares

Texto 1

[O preconceito e as diferenças de classe social]

"'Cremos que em uma sociedade na qual a consciência classista não é excessivamente forte, em cujos grupos de renda inferior apresentam-se diferenças étnicas e religiosas, estes grupos sociais inferiores procuram, de certo modo, submeter-se reciprocamente, mantendo na mesma medida a hegemonia do grupo de renda superior com o objetivo de salvaguardar o próprio poder e privilégios. Esta convicção coincide com a opinião de um grupo de escritores negros e da maior parte dos escritores brancos que se interessam por essa questão principal: o pior inimigo do negro é a classe inferior dos brancos, uma classe de homens privados de segurança econômica e social, competidores dos negros.'

Isso escrevia, em 1947, Rose, autor de *O negro na América*, versão condensada de *Um dilema americano*, o grande estudo desenvolvido sob a direção de Gunnar Myrdal. É uma afirmação perfeitamente confirmada no passado. A experiência dos últimos anos atesta que os antagonismos mais acirrados dirigidos aos negros vêm dos estratos inferiores da classe trabalhadora, estratos que sentem a ameaça da competição negra nos postos de trabalho, que não são ilimitados e que o processo tecnológico (a automatização) reduz em quantidade.

À medida que o nível econômico-social aumenta entre os brancos, sua animosidade em relação ao negro diminui. O mesmo acontece, por exemplo, com a discriminação no norte da Itália contra os meridionais, na Europa setentrional e ocidental em relação aos europeus do sul e do leste.

Uma das facetas da condição negra no sul é a dura hostilidade dos trabalhadores brancos, hostilidade que é mais dura porque o sul é a região mais pobre e atrasada, região na qual o negro se encontra em menor desvantagem apesar de sua ignorância e de sua escassa qualificação profissional, porque os brancos também são pobres e escassamente qualificados."

CALDERAZZI, Antonio M. *La revolución negra en los EEUU*. Barcelona: Editorial Bruguera, 1970. p. 151-152.

Entender o texto

- Que relação o autor estabelece entre a cor do indivíduo, a sua situação social e os conflitos racistas nos Estados Unidos?

Texto 2

Quem você pensa que é? Cresça e apareça!

"Grupos religiosos, étnicos, nacionais, raciais etc., quando negativamente avaliados, discriminados e/ou segregados, constituem as chamadas 'minorias' ou 'grupos minoritários'. Às vezes, apesar de o grupo minoritário ser demograficamente majoritário, é considerado minoria por ocupar uma posição subordinada na estrutura de poder de uma dada sociedade.

Na África do Sul, por exemplo, até recentemente, os negros, maioria da população daquele país (cerca de 75%), formavam uma minoria segregada. Os brancos, descendentes dos colonizadores europeus, não lhes concediam os direitos básicos de qualquer cidadão: votar, serem votados, ocupar cargos no governo, frequentar escolas de brancos, residir em locais fora dos guetos etc. Todo o controle político do país, os privilégios e os cargos bem-remunerados eram monopolizados pelos brancos sul-africanos (conhecidos como afrikaners), demograficamente minoritários, mas política, social e economicamente dominantes.

Essa situação de domínio e exclusão — conhecida como o regime do *apartheid*, mantida pela força das armas e leis discriminatórias — só começou a ser mudada depois de muitas décadas de luta da minoria negra e graças às pressões internacionais. Tudo isso acabou culminando nas eleições gerais de 1994, que conduziriam Nelson Mandela, o líder negro de maior destaque na luta contra o *apartheid*, à presidência do país.

Ainda no contexto africano, podemos recorrer aqui aos registros do escritor branco José Capela. Em seu livro *Escravatura*, ele evoca a visita que fez a Moçambique, ex-colônia portuguesa, observando que ainda no início da década de 1950 os nativos de lá viam-se completamente discriminados pelos colonizadores. Eles eram obrigados a residir em bairros miseráveis, separados dos elegantes núcleos residenciais destinados aos brancos. Além disso, estavam proibidos de circular à noite, ingressar em restaurantes, casas de espetáculos e barbearias. Os negros só podiam utilizar meios de transporte e guichês das repartições públicas a eles reservados, sem se misturar com os colonizadores. Como se tudo isso não bastasse, deviam ainda deixar as calçadas sempre que um branco viesse caminhando por elas em sentido contrário.

Os índios brasileiros também constituem uma minoria. Submetidos pelo Estado mediante o instrumento jurídico da tutela (basicamente o mesmo que se aplica a menores), não desfrutam de cidadania plena. Considerados incapazes de autogoverno no mundo moderno, não podem conduzir suas vidas com autonomia nem participar de todas as instâncias da sociedade nacional. Convém observar que, na lei brasileira, durante décadas, índios, mulheres e crianças padeciam dessas mesmas limitações.

Para muitos, os índios não passam de 'simples e ingênuas crianças', necessitando da proteção paternalista do Estado. Todavia, no entendimento de outros, são 'seres selvagens e perigosos', não podendo por isso viver livremente entre os 'civilizados'."

QUEIROZ, Renato da Silva. *Não vi e não gostei;* o fenômeno do preconceito. São Paulo: Moderna, 1996. p. 41-43 (Qual é o grilo?).

Entender o texto

- Como o autor define minoria?

Texto 3

Poder e maioria

"O poder é crescentemente exercido pela maioria. Não veja nessas palavras uma ingênua crença na democracia política. O povo decide, o povo elege... belas expressões das quais é fácil ressaltar o vazio. A democracia política e as liberdades 'burguesas' devem ser defendidas e não se tem o direito de criticar seu caráter burguês, a não ser que se prove ser capaz de realmente defender liberdades mais amplas, compreendendo a liberdade de expressão, de reunião, de organização. Mas os avanços da democracia política e as medidas de proteção e de defesa social não impedem o reforçamento do Estado central e da concentração do poder econômico. Digo que o poder está do lado da maioria porque ele tem objetivos vastos demais para poder se apoiar na opressão. Tem que persuadir, converter. As grandes sociedades capitalistas vendem seus produtos ao maior número de pessoas; os Estados desencadeiam sentimentos nacionalistas; os partidos organizam reuniões de massa, principalmente se estão no poder. Quer atraída pelas vantagens da carreira, aliciada pela publicidade, ou arrastada pelo apelo à identidade coletiva, a maioria segue as incitações vindas dos grupos dominantes e dos detentores do poder. Como é correto falar de maioria silenciosa! Em que silêncio sepulcral protestam Soljenitsin ou Sakharov na Rússia, e que imenso movimento silencioso dirigiu para Nixon ou Wallace a grande maioria dos americanos, inquietos com as revoltas universitárias e o movimento negro! Que silêncio covarde protege na Europa o renascente racismo contra os argelinos, os turcos ou os jamaicanos. As imagens que serviam para descrever uma aldeia ou um bairro podem agora aplicar-se a impérios ou a sociedades imensas. Os meios de comunicação de massa derramam, com as informações, um estranho sonífero: o mundo é um imenso teatro onde sombras se agitam. Sejamos objetivos; mantenhamos a necessária distância; se nos misturarmos, perderemos nossa tranquilidade e poremos entre nós tantas fontes de divisão que a vida será impossível. Antigamente havia disputas durante gerações em torno de um muro entre vizinhos ou em torno de uma herança. Agora que estamos imersos nas agitações do mundo inteiro, como podemos evitar desentendimentos com nossos vizinhos, se é necessário tomar partido em relação ao Oriente Médio, ao Vietnã, à alta de preços, à greve das ferrovias, à nudez nas praias, aos trabalhadores imigrados e ao golpe de estado chileno? Afogados em informações indispensáveis e escolhas necessárias, transformados em espectadores simultaneamente excitados e imóveis, somos uma massa de manobra cujos comportamentos refletem o estado de funcionamento do sistema de que fazemos parte. Pensamos ser os juízes, quando somos apenas figurantes."

TOURRAINE, Alain. *Cartas a uma jovem socióloga.* Petrópolis: Paz e Terra, 1976. p. 208.

Entender o texto

- De que forma o autor critica a democracia burguesa, sem no entanto atacá-la?

I II III IV VI VII

V

Sociologia contemporânea

11 A sociologia e a expansão do capitalismo

Introdução

Passaremos agora a estudar uma área da sociologia que mereceu especial atenção no século XX e a que se deu o nome de sociologia do desenvolvimento. Trata-se de teorias que se dedicaram ao estudo de problemas surgidos com o desenvolvimento sem precedentes do capitalismo industrial e de sua internacionalização.

A internacionalização do capitalismo e da industrialização levou ao surgimento da sociologia do desenvolvimento.

Após a Primeira Guerra Mundial, concretizaram-se mudanças sociais em escala mundial: surgiram novas potências industriais, entre as quais se destacam os EUA e a então URSS; os ideais de livre concorrência deram lugar ao capitalismo monopolista, com a crescente participação do Estado como patrocinador das economias nacionais; e novas nações se consolidaram na Ásia e na África.

Podemos dizer que todas essas transformações já estavam em gestação desde a segunda metade do século XIX, com as revoluções europeias; os movimentos operários, a unificação da Alemanha e da Itália e o início da industrialização desses países, além do Japão e EUA.

A capitalização de recursos, o aumento do consumo, a necessidade de barateamento dos custos das matérias-primas e da força de trabalho pressionavam as potências industriais a expandirem sua estrutura econômica para além das fronteiras nacionais. Essas mesmas pressões haviam levado a Inglaterra, a partir do início do século XIX, a criar um vasto império colonial e a romper o equilíbrio europeu, apoiando — sempre que possível — a independência das nações latino-americanas entre os anos de 1810 e 1830.

No século XX, a aceleração do processo de industrialização e o aumento de nações concorrentes na corrida imperialista fizeram com que um novo surto de modernização e formação de novos estados independentes atingisse os continentes asiático e africano. Guardadas as diferenças entre o contexto de surgimento das nações latino-americanas, no século XIX, e o das nações africanas e asiáticas, no século XX, percebe-se a constante internacionalização do processo de industrialização e a expansão do modo de produção capitalista, com a consequente transformação das antigas colônias em parceiros de novos contratos econômicos.

Para tanto, as novas nações tiveram de adotar o modelo de sociedade ditado pela Europa, organizando um aparato de Estado capaz de implementar políticas econômicas voltadas para o desenvolvimento do capitalismo industrial.

Não se tratava mais de uma simples exploração econômica, como a garantida pelo pacto colonial com a livre exploração de recursos naturais por parte das metrópoles, mas de criar condições que permitissem o ingresso das novas nações no contexto das relações econômicas internacionais. Para produzir matérias-primas e consumir produtos industrializados de origem europeia e norte-americana, as recém-constituídas nações asiáticas e africanas, bem como as latino-americanas, precisaram desenvolver sistemas modernos de transporte e comunicação, mecanização da produção agrícola e formas de exploração de recursos naturais e fontes de energia.

A modernização das novas nações e das ex-colônias fez surgir estruturas sociais semelhantes às das metrópoles.

A modernização das nações, a criação de uma burocracia estatal, a incipiente industrialização, o aparecimento de outras classes sociais — como o operariado e a burguesia nacional — dotaram as novas nações de uma estrutura semelhante à dos países industrializados. Parceiros e concorrentes nesse processo de internacionalização do capitalismo industrial, as nações passaram a ser classificadas de acordo com índices econômicos que as diferenciavam como "avançadas" ou "atrasadas", sendo essa diferenciação uma questão de grau e não de qualidade. Todas as nações do mundo pareciam marchar igualmente rumo ao desenvolvimento industrial. As diferenças se expressariam apenas na velocidade do processo e no volume dos resultados alcançados.

PALÁCIO NACIONAL, CIDADE DO MÉXICO

Os movimentos de independência latino-americanos tiveram o apoio das potências europeias. (Detalhe do mural *Independência*, de Juan O'Gorman, 1961.)

Nova roupagem para uma antiga relação de dominação

Os estudiosos do capitalismo mostram que este, em sua origem, promoveu a subordinação do campo à cidade, da produção agrária aos interesses do comércio e da indústria, os quais haviam se tornado prioritários a partir do renascimento comercial. A primeira forma de exploração e acumulação de capital derivou da separação entre campo e cidade, entre atividades agrárias e manufatureiras.

Para que a produção capitalista pudesse se estabelecer foi necessário antes preencher uma condição básica: o estabelecimento, de um lado, dos proprietários de dinheiro e de meios de produção, dispostos a comprar força de trabalho e, de outro, de trabalhadores livres, vendedores da própria força de trabalho. Na Inglaterra, o cercamento de terras e o fim das propriedades comunais expulsaram milhares de trabalhadores do campo, separando-os dos meios de produção que possuíam, jogando-os nas cidades ou nas estradas, onde se tornaram livres para se constituir em trabalhadores assalariados.

Com esta mudança ocorre o fim da indústria doméstica, sistema pelo qual um comerciante entregava a um artesão matéria-prima para ser transformada em produto: o artesão trabalhava com os instrumentos dele e na própria casa. Como assalariados, os operários concentram-se em grandes galpões onde utilizam os meios de produção, agora de propriedade dos capitalistas. Dessa forma, a lã, o algodão, o linho, a seda, utilizados na indústria doméstica para a elaboração de produtos para consumo próprio ou local, transformam-se em matéria-prima da indústria manufatureira para produzir mercadorias. O linho, por exemplo, passa a fazer parte do capital constante da manufatura capitalista. A numerosa clientela esparsa pelo campo, antes servida pelos pequenos produtores, passa a constituir uma numerosa clientela dependente da indústria manufatureira, organizando a base do mercado interno.

Assim se processam a separação entre a manufatura e a agricultura e a subordinação do campo à cidade, garantindo o lucro do empresário capitalista. Além dessa relação de dominação que se estabelece entre a cidade e o campo, cresce a desigualdade do valor agregado às mercadorias produzidas pelo campo e pela indústria. À medida que a capitalização e a mecanização do campo aumentam drasticamente a sua produção, reduzem-se os preços e, consequentemente, a proporção de riqueza auferida pelo agricultor. O produtor rural é obrigado a produzir cada vez mais para obter os produtos industrializados de que necessita. A indústria, por sua vez, ao incorporar nova tecnologia à produção, torna seus produtos mais caros. Ao mesmo tempo, o incremento da produção agrícola barateia o custo da produção industrial, pois o salário de que o operário necessita para comprar o necessário à sua subsistência tende a diminuir.

Com a expansão mercantilista dos séculos XVI e XVII, essa mesma relação de exploração se estabeleceu entre metrópoles e colônias, por meio do pacto colonial: proibia-se o desenvolvimento manufatureiro das colônias e estabeleciam-se preços aviltantes para sua produção agrícola. A economia colonial agrícola e exportadora proporcionava, pelo pacto colonial, a mesma forma de acumulação já verificada nas metrópoles europeias com o fortalecimento da economia urbana em detrimento da produção agrária.

Muitos movimentos revolucionários que ocorreram na Europa, desde o século XVIII, assim como as revoltas camponesas do século seguinte, foram resultado desse desequilíbrio econômico e político gerados pela industrialização e introdução da tecnologia na produção agrária e fabril.

Os movimentos de independência latino-americanos, por sua vez, patrocinados ou apoiados pela Inglaterra no início do século XIX, afastaram as metrópoles empobrecidas e não-industrializadas, como Portugal e Espanha, do papel de intermediárias do comércio colonial. A economia dos países latino-americanos que se tornaram independentes nesse processo continuou organizada segundo o modelo agrário-exportador, produzindo um fluxo de capitais e mercadorias que propiciou o contínuo desenvolvimento industrial europeu.

No final do século XIX, inventos e aprimoramentos técnicos possibilitaram elevar essas relações econômicas ao seu ponto máximo de lucratividade. O aperfeiçoamento do transporte marítimo e dos sistemas de refrigeração permitiu que alimentos e matérias-primas circulassem entre os mais distantes pontos do mundo. Dessa época até o século XX, deu-se, em decorrência, uma redefinição das áreas de produção nos países industrializados europeus; zonas até então destinadas à produção agrícola puderam transformar-se em parques industriais, uma vez que outros países, integrados ao mercado mundial, poderiam abastecer a Europa com os produtos agrícolas necessários.

As nações capitalistas centrais aprimoraram sua tecnologia, tornando maior a distância entre elas e as nações emergentes.

Desse modo, as nações capitalistas "centrais" aprimoraram seus avanços técnicos e econômicos, tornando cada vez maior a distância que as separava das emergentes nações agrícolas. As colônias, como estavam organizadas, não eram mais necessárias. A divisão econômica internacional entre países industrializados e agrários forjava relações de dependência que substituíram com vantagem o antigo imperialismo.

O capitalismo do século XX

No século XX, com a indústria de massa, inverte-se a relação original entre produção e demanda. A produção não se desenvolve mais de acordo com a demanda, mas, graças aos recursos tecnológicos, supera-a, criando-se uma sociedade da abundância em que os produtos concorrem pelos consumidores. Surgem as crises sistêmicas, cujo exemplo mais característico foi o colapso da Bolsa de Valores de 1929, nos Estados Unidos, decorrente da superprodução e da especulação financeira, com reflexos em toda a estrutura econômica internacional.

As empresas multinacionais propiciaram um outro estágio nas relações de dependência entre as nações.

Essa crise e as Guerras Mundiais afetaram a capacidade produtiva das nações "centrais", impulsionando, em alguns países "periféricos", a formação de uma indústria local de bens de consumo, a partir dos recursos acumulados com a exportação agrária. Um caso típico, nesse sentido, ocorrido no Brasil, foi a industrialização de São Paulo, que, sem a concorrência dos produtos europeus, pôde se desenvolver com a utilização do capital gerado pela exportação de café. Esse capital acumulado auxiliou a industrialização de duas maneiras: sendo diretamente investido em atividades industriais e formando uma classe abastada de consumidores que incentivaram essas atividades.

> Nunca será demais lembrar que tomo por periférico aquele espaço que não se identifica com o espaço metropolitano — leia-se Inglaterra, França e Estados Unidos —, de onde emergiram os paradigmas da disciplina e que desses países propagam-se para outras latitudes.
>
> OLIVEIRA, Roberto Cardoso de. *O trabalho do antropólogo*. op. cit. p. 38.

À medida que as economias "centrais" se recuperavam, o panorama das relações econômicas internacionais se modificava também com o aparecimento das empresas multinacionais. Após a Segunda Guerra Mundial, algumas grandes empresas, sediadas nas nações "centrais", abriram filiais em países do Terceiro Mundo, como ficou conhecido o conjunto de países que, como ex-colônias europeias, buscava garantir seu espaço no processo de divisão internacional da produção. Esse título deriva da divisão das nações do planeta em: Primeiro Mundo, correspondendo às nações de economia capitalista desenvolvida; Segundo Mundo, às de economia socialista industrializada; e, finalmente, Terceiro Mundo, reunindo as economias periféricas a um e outro regime.

A criação dessas indústrias multinacionais nos países periféricos incentivou, por um lado, o surgimento de fábricas de componentes, de construção civil e de transportes, mas, por outro, criou uma forte concorrência, impedindo o amplo desenvolvimento das indústrias de grande porte nesses países. As filiais das grandes indústrias foram beneficiadas com uma considerável redução nos custos de produção: nesses países, a

JULIO BERNARDES/REFLEXO

AMÂNCIO CHIODI/ABRIL IMAGENS

Após a Segunda Guerra Mundial, surge nos países "subdesenvolvidos" a infraestrutura necessária à instalação das empresas multinacionais. (Nas fotos, a construção da Hidrelétrica de Itaipu, 1977 (no alto), e da Transamazônica, 1970 (acima).

terra era mais barata e os salários muito mais baixos, pagos a uma população migrante que deixava o campo em direção à cidade à medida que a indústria se desenvolvia e a produção agrícola deixava de ser prioritária. Além disso, os governos das nações "periféricas" criaram diversos mecanismos para facilitar a instalação das multinacionais, como isenção de impostos durante os anos de implantação dos parques industriais, doação de terras e elaboração de projetos de modernização para viabilizar o consumo e a expansão industrial. São dessa época, por exemplo, os grandes planos de desenvolvimento elaborados pelo governo brasileiro para abrir estradas, construir usinas, aumentar o setor de serviços etc.

Dois aspectos nas nações "subdesenvolvidas" foram diretamente influenciados por essa nova fase de expansão do capitalismo industrial: um deles foi o fortalecimento do Estado, responsável em grande parte por toda a modernização que tornou viável a implantação das multinacionais; outro, foi o incentivo às indústrias nacionais de artefatos subsidiários à produção de grande porte dominada pelas multinacionais.

A indústria automobilística é a que melhor exemplifica o que acabamos de relatar. Para que as diversas indústrias multinacionais se implantassem foi preciso que, de um lado, os Estados subdesenvolvidos planejassem redes de estradas de rodagem e organizassem formas de exploração ou importação de combustível. De outro lado, cresceram enormemente as indústrias nacionais de autopeças, subsidiárias à produção multinacional. Além do Brasil, o mesmo ocorreu no México e na Argentina e, em outras proporções, nos demais países da América Latina, principalmente com o estabelecimento das indústrias de exploração mineral.

Hoje, os recursos continuam fortalecendo as nações desenvolvidas, na forma de lucros revertidos às sedes das multinacionais e por meio do endividamento das nações "periféricas", pois a modernização destas se realizou mediante empréstimos tomados no exterior.

Atualmente, o processo de globalização da economia capitalista industrial reforça as desigualdades estruturais entre países industrialmente desenvolvidos e subdesenvolvidos, ou, como são chamados hoje, os países em "vias de desenvolvimento".

A abertura de mercado imposta pelo modelo econômico, conhecido como neoliberal, tem criado grandes dificuldades para a indústria nacional, que não está preparada para competir com produtos mais baratos e de melhor qualidade. Assim, o incipiente parque industrial dos países em desenvolvimento sofre novo golpe nessa secular concorrência entre metrópoles e colônias, países industriais e agrícolas, desenvolvidos e subdesenvolvidos. A diminuição das funções do Estado preconizada pelo neoliberalismo coloca em xeque as indústrias nacionais dos países mais pobres, que contam cada vez menos com subsídios e empréstimos estatais.

A diminuição das funções do Estado coloca em xeque as indústrias nacionais dos países mais pobres.

Os índices de endividamento externo das nações subdesenvolvidas e a dependência tecnológica são os sinais mais agudos dessa nova situação de dependência.

Novos rumos da sociologia

Como vemos, as relações internacionais de produção capitalista se transformaram no decorrer de quase cinco séculos de expansão, assim como se alteraram as feições internas das colônias, transformadas em países capitalistas.

Parceiras de um mesmo jogo, partes de um único contrato, produtores e consumidores dos mesmos produtos, as nações não podiam mais ser divididas em "civilizadas" e "primitivas", como propunham as primeiras análises sociológicas das diversidades culturais. O pensamento sociológico criou, então, não só novas perspectivas para a análise das relações intersocietárias, como também outros conceitos para identificar os processos que ocorriam nas diversas nações do mundo.

Junto a esse movimento de modernização, entraram nos países subdesenvolvidos não só produtos e tecnologia como conhecimento e ciência — gerando novas formas de interpretação do mundo.

Criaram-se a partir daí novas universidades e aprofundaram-se os estudos de ciências humanas e exatas nas nações subdesenvolvidas ou do Terceiro Mundo. A industrialização e o desenvolvimento econômico passaram a constituir o objeto central de estudo dos sociólogos, quer nas nações desenvolvidas quer naquelas que se industrializavam. No entanto, nestas, deu-se atenção especial aos impasses e obstáculos à plena industrialização, bem como aos fenômenos de resistência e conservadorismo.

As relações internacionais de produção capitalista se modificaram muito no decorrer dos seus quase cinco séculos de expansão.

Costuma-se dizer que, nesse processo de transferência da Europa para países do Terceiro Mundo, a sociologia se "indigenizou", numa referência ao pensamento social que nele se desenvolve e que passa a analisar o mundo do ponto de vista e a partir das nações periféricas. O cientista social das sociedades dependentes, com um passado colonial de conflitos étnicos e culturais e forte imigração, com relações de dominação internas e externas que se sobrepõem, reelabora os conceitos aprendidos da Europa e processa uma análise de mão dupla que o coloca em posições antagônicas diante do mundo e do universo particular da sociedade à qual pertence.

As mudanças promovidas pela industrialização e pela internacionalização do capitalismo, entretanto, não afetaram apenas o pensamento sociológico produzido nos países pobres. Transformações radicais ocorreram nas ciências sociais do Primeiro Mundo. A emigração de intelectuais perseguidos pelos diversos regimes ditatoriais europeus – do nazismo ao stalinismo – para a América desloca o eixo da produção científica e estimula o desenvolvimento das universidades no Novo Continente. A produção intelectual e científica europeia sofreu um duro golpe do qual talvez não tenha ainda se refeito totalmente. As grandes escolas do pensamento entram em decadência, desfazem-se os grupos mais coesos e a pesquisa passa a expressar esforços quase individuais de análise. Os anos 1960, entretanto, serão férteis em ideias e movimentos políticos, com o aparecimento de novas tendências menos dogmáticas, mais militantes e de âmbito internacional.

Depois das duas guerras mundiais, a emergência dos Estados Unidos como grande potência e centro econômico e político do Ocidente repercutiu na produção do pensamento filosófico, científico e artístico. Passou a predominar nesses campos do saber uma preocupação mais pragmática voltada para as necessidades imediatas da sociedade e, nas ciências sociais, particularmente, o interesse por temas como integração social, controle da violência e dos movimentos sociais, planificação e administração urbanas e planejamento empresarial. O desenvolvimento desses estudos fez com que a sociologia, especialmente a norte-americana, abandonasse os modelos mais abrangentes e as análises mais universais, dedicando-se a teorias de médio alcance, como foram denominadas por Robert Merton, um dos sociólogos norte-americanos de projeção no século XX. Outra tendência dos estudos sociais foi a interdisciplinaridade, com estudos que integravam conceitos e metodologia de pesquisa desenvolvidos pela psicologia social, linguística e psicanálise.

> Hoje, nossa tarefa principal consiste em desenvolver teorias especiais aplicáveis a objetos conceptuais limitados – teorias, por exemplo, dos desvios de comportamento, das consequências inesperadas de uma ação dirigida a certo propósito, da percepção social, dos grupos de referência, do controle social, da interdependência das instituições sociais – mais do que procurar imediatamente a estrutura conceptual total, própria a produzir estas e outras teorias de médio alcance.
>
> MERTON, Robert. *Sociologia.* Teoria e estrutura. São Paulo: Mestre Jou, 1970. p. 63.

Também na Europa, modelos teóricos universais como aqueles desenvolvidos por autores clássicos – Durkheim, Weber e Marx –, aos quais dedicamos a primeira parte deste livro, deram lugar a teorias que se voltavam para determinados recortes da realidade social, analisados a partir de uma releitura das teorias clássicas. Nomes, como o de Norbert Elias, aparecem dando continuidade à escola alemã e rediscutindo Max Weber, numa perspectiva histórica que busca conciliar a dicotomia entre indivíduo e sociedade. Pierre Bourdieu, na Sorbonne, desenvolve análises da cultura e da produção simbólica nas quais utiliza conceitos do materialismo histórico. A crítica radical de inspiração marxista, promovida pela Escola de Frankfurt, na primeira metade do século XX, na Alemanha, faz nascer uma nova geração de autores na França, como Jean Boudrillard.

O processo de globalização e o advento das mídias digitais e da comunicação em rede vão ser assuntos prioritários de uma nova geração de sociólogos europeus entre os quais se destacam Manuel Castells, Antony Giddens e Jürgen Habermas.

Nas próximas páginas vamos estudar, portanto, a sociologia do desenvolvimento que se dedica à análise das relações internacionais de países ricos e pobres, desenvolvidos e subdesenvolvidos. Depois, apresentaremos alguns dos sociólogos contemporâneos e as ideias às quais se dedicaram na pesquisa e na docência.

Atividades

Compreensão de texto

1 Explique com suas palavras, a partir do texto, como se deu o predomínio da cidade sobre o campo.

2 No texto, afirmamos que nas origens do capitalismo interessava à indústria o barateamento dos produtos agrícolas. Você saberia dizer por quê? E hoje, continuam interessando à indústria os baixos preços dos produtos agrícolas?

3 Como a invenção de novos meios de transporte e do sistema de refrigeração ajudou a incrementar a industrialização dos países europeus e dos Estados Unidos?

4 Quem apoiou o nosso processo de independência? Qual era o objetivo?

5 O que são empresas multinacionais? Como elas foram implantadas no Terceiro Mundo?

6 Qual o papel do Estado no desenvolvimento capitalista das nações "periféricas"?

7 Que distorções a situação de dependência trouxe para a organização social das nações "subdesenvolvidas"?

8 O que aconteceu com a sociologia após a Segunda Guerra Mundial?

Interpretação, problematização e pesquisa

9 Explique de que forma o trecho a seguir, retirado de um livro de um sociólogo, espelha a indigenização da sociologia.

> "Parece-me que esta tradição cultural antropofágica é o fundamento da dupla identidade da América Latina, sobretudo a contradição entre o ser e o parecer. Vivemos a duplicidade, a dupla situação do nós e do outro, somos prisioneiros desta dupla identidade; não podemos destruir o outro que temos imerso dentro de nós sem nos destruirmos. Somos nós e somos os nossos inimigos ao mesmo tempo."

MARTINS, José de Souza. *A chegada do estranho*. São Paulo: Hucitec, 1993, p. 21.

Aplicação de conceitos

10 O texto a seguir aborda as relações internacionais e a forma como os países mais ricos pressionam os mais pobres, tirando vantagens das trocas comerciais.

Alca versus Mercosul (Brasil x Canadá)

"A disputa comercial entre o Brasil e o Canadá, envolvendo as indústrias aeronáuticas Embraer e Bombardier, acompanhada do embargo canadense à carne brasileira, permite avaliar o diferencial de poder entre países desenvolvidos e em desenvolvimento. Ainda que, formalmente, trate-se de um episódio bilateral, também se relaciona com a disputa em torno da formação da Alca, a Área de Livre Comércio das Américas.

O Brasil é acusado de subsidiar o setor. Ocorre que tal política de incentivo é praticada de forma explícita, através de um programa governamental. Já países como o Canadá e os Estados Unidos praticam formas indiretas e pouco visíveis de subsídio. No caso da indústria aeronáutica, as políticas de defesa desenvolvem pesquisas e avanços tecnológicos com recursos públicos, que posteriormente são disponibilizadas praticamente sem custos para indústrias privadas civis. Assim, vislumbra-se uma forma de pressão para evitar que grandes países do Terceiro Mundo desenvolvam certas tecnologias sensíveis.

Pichação antialca feita no governo Fernando Henrique, em 2001, no Rio de Janeiro.

Como instrumento de pressão, são desencadeadas retaliações em setores vitais para as exportações destes países, como o agropecuário. No caso da carne, a própria opinião pública canadense deu-se conta da manobra, posicionando-se contra a atitude do governo. O absurdo é ainda maior, na medida em que a 'vaca louca' constitui um problema gerado no Primeiro Mundo. A Europa, passando por cima das chamadas vantagens comparativas, que tanto exalta ao criticar os subsídios industriais dos países em desenvolvimento, impulsionou a irracional política agrícola comum, por razões políticas e sociais. Carente de pastagens, os europeus resolveram produzir carne em grande quantidade, empregando rações que contêm inclusive carne, a loucura que gerou a vaca louca."

Disponível em: http://educaterra.terra.com.br/vizentini/artigos/artigo_20.htm

Pelo conteúdo dessa matéria e pelo que você estudou no capítulo, é possível chegar-se a que conclusão a respeito do desenvolvimento de um país?

11 Leia a reportagem a seguir, de Mauricio Stycer, publicada na *Folha de S.Paulo*, em 24 de março de 1996:

Europeu faz "tour sociológico" em favela

"Desde 14h30, três jipes estacionados ao pé do Corcovado, no Cosme Velho (zona sul), aguardam a chegada de 17 franceses.

Após conhecerem o Cristo Redentor, eles serão conduzidos ao último — e mais impressionante — passeio turístico do domingo: uma visita à favela da Rocinha, considerada a maior da América do Sul.

MARCOS CRUZ/FOLHA IMAGEM

Crianças da favela cercam turistas franceses durante excursão à Rocinha, na zona sul do Rio de Janeiro.

Às 16h, o grupo aparece. Camilo Ramirez, o guia que conduzirá os franceses pelas vielas da favela, se apresenta rapidamente e dá ordens aos motoristas dos jipes para iniciarem a 'viagem', segundo diz, ao 'lugar mais seguro da cidade'.

Às 16h15, as arborizadas mansões da Gávea já foram deixadas para trás, e os jipes sobem por uma estrada estreita, repleta de curvas e cujas margens são ocupadas por construções mal acabadas, feias, a maioria com tijolo aparente.

À frente do comboio de jipes, Camilo Ramirez começa a gritar de forma sincopada o que parece ser uma espécie de senha: 'Gringo!!! Gringo!!! Gringo!!! Gringo!!!'.

O grito tem o efeito de levar muitos moradores da favela a correrem à janela para ver o comboio passar. Alguns retribuem aos gritos de Ramirez com gritos semelhantes, como 'Olha os gringos!!!'. Outros, simplesmente, repetem o guia e gritam: 'Gringo!!!, Gringo!!!'."

De que maneira a curiosidade dos turistas estrangeiros pela nossa "exótica" pobreza reproduz as explicações propostas pelas teorias desenvolvimentistas?

12 Analise o texto a seguir com base no que você estudou.

A formação da sociedade nacional

"Muitos dizem que a sociedade civil é débil, pouco organizada. Falam em instabilidade política congênita. Afirmam que as dualidades estruturais são antigas e insuperáveis: arcaico-moderno, patrimonial-racional, indo-americano, afro-americano, costa-serra, litoral-sertão, ibérico-europeu, barbárie-civilização, Caliban-Ariel. São dualidades que empurram para a frente e arrastam para trás; fazem o caminho tortuoso, labiríntico, mágico. O círculo vicioso da causação circular cumulativa seria a chave de uma história de miséria, violência, autoritarismo, tirania. Na América Latina, a história estaria atravessada pelo precário, provisório, inacabado, mestiço, exótico, deslocado, fora do lugar, folclórico. Nações sem povo, sem cidadãos; apenas indivíduos e população.

Por isso, dizem, o Estado é forte, a democracia episódica, a ditadura recorrente. São as elites deliberantes — militares, civis, oligárquicas, empresariais, tecnocráticas — que sabem e podem. Chega-se a afirmar que um poder estatal esclarecido, apoiado na sabedoria da ciência, ou iluminado pela vontade política, poderá educar a sociedade, dinamizar a economia, conferir responsabilidade aos partidos, criar a opinião pública, lançar o país no leito da legalidade, legitimidade, democracia. O autoritarismo congênito e recorrente seria uma contingência da transição do caos à ordem, dos séculos de patrimonialismo escravista à república democrática, do poder oligárquico ao racional, do absolutismo ibérico à liberal-democracia. Assim a sociedade civil seria retirada da sua debilidade essencial: do vício para a virtude.

São muitas as lutas e controvérsias que implicam a problemática compreendida pela questão nacional.

A questão nacional se coloca desde o início da história, no primeiro momento, como dilema prático e teórico. As guerras e revoluções de independência sintetizaram-se precisamente nesse dilema. O que há de épico nas lutas simbolizadas por Tausaint Louverture, Francisco de Miranda, Simón Bolívar, José Artigas, José Morelos, Miguel Hidalgo, Bartolomé Mitre, Bernardo O' Higgins, Antônio Sucre, José Bonifácio, Frei Caneca, Ramón Betances, José Martí e muitos outros está enraizado na façanha destinada a emancipar a colônia, criar o Estado, organizar a nação; retirá-la do colonialismo, absolutismo, mercantilismo, acumulação originária, conferindo-lhe um nome. A criação do Estado, segundo os princípios adotados na constituição, em conformidade com as forças sociais, as peculiaridades da economia, as diversidades regionais, raciais e culturais, tudo isso representa o empenho de descobrir o perfil da nação.

A sociedade nacional se forma aos poucos, de modo contraditório, em vaivéns, como se estivesse demoradamente saindo do limbo. Paulatinamente, nas terras americanas, os conquistadores vão se tornando nativos, colocam-se em divergência e oposição em face da metrópole, passam a lutar pela 'pátria'. Surgem as inconfidências, insurreições, revoltas, revoluções, nas quais estão presentes nativos, crioulos, nacionais, mestiços, mulatos, índios, negros, espanhóis, portugueses, ingleses, franceses, holandeses e outros. Começam a delinear-se a sociedade, o Estado, a nação, em torno de uma cidade, região, movimento, líder; ou cidades, regiões, movimentos, líderes. Nesse sentido é que 'a nação é uma categoria histórica'. O território e o povo formam-se nessa história. — É um fenômeno geralmente aceito que, entre os séculos 17 e 18, o nativo deixou de sentir-se espanhol (poderíamos acrescentar português) e passou a considerar-se 'americano'. Estava em curso a formação das nacionalidades latino-americanas."

IANNI, Octavio. *Labirinto latino-americano*.
Petrópolis: Vozes, 1993. p. 41-43.

13 Vídeos:

a) *Queimada!* (França-Itália, 1969. Dirigido por Gillo Pontecorvo. Duração: 112 min) — Agente inglês é enviado a uma ilha caribenha, produtora de açúcar, que está sob o domínio colonial português, para organizar um levante escravo e libertar a ilha de Portugal.

- Identifique como a Inglaterra, por meio de seu agente, induz à rebelião e quais os objetivos.

b) *Carlota Joaquina, princesa do Brazil* (Brasil, 1994. Dirigido por Carla Camuratti. Duração: 100 min) — Retrata a vinda da família real ao Brasil no início do século XIX, e examina como a corte e a aristocracia portuguesa se adaptam à vida na colônia, na perspectiva da esposa de D. João VI, Carlota Joaquina.

- Analise como a colônia é vista pela família real e pela corte portuguesa, na perspectiva construída neste filme?

Tema para debate

Alcino Leite Neto entrevistou o sociólogo e historiador Jacques Le Goff sobre questões ligadas à história e ao desenvolvimento humano. O trecho a seguir é parte dessa entrevista intitulada *O início da história,* que aborda explicitamente a ideia de progresso. Trata-se efetivamente de um bom tema para debate.

O homem progride dentro da história?

"O progresso é uma ideia tardia na história mundial. Ela não existia antes do século 18. O século 19 foi o da dominação da ideia de progresso, em particular tecnológico, industrial e político. Depois, veio o terrível século 20, duas guerras mundiais, o Holocausto, os *gulaks*, o que se passa na África, e deixamos de acreditar no progresso. Mas eu penso que o progresso é ao mesmo tempo um fato e uma necessidade fundamental do espírito humano. É preciso aceitar que ele pode se manifestar num domínio, mas não em outro, que pode haver progresso e em seguida regressões. O que há são progressos limitados, que podem ser muito importantes. O domínio mais surpreendente de progresso é a medicina e também a biologia. Aí, os progressos foram essenciais, com o aumento do tempo de vida dos homens e da mortalidade infantil nos países desenvolvidos etc.

O que devemos fazer é melhor circunscrever o progresso e fixar a ele objetivos mais modestos, porque, de fato, nós estamos ainda no começo da história. Veja: houve um enorme período de existência do universo sem que existisse o homem. Depois, o homem chegou. Foram necessários milhões de anos para que chegássemos ao *Homo sapiens sapiens*, que, parece, somos nós. Desde que o *Homo sapiens sapiens* existe, desde que civilizações e mais civilizações foram construídas e decaíram, passou-se muito pouco tempo, comparado aos milhões de anos sem história (...) A história quanto tempo tem? Aproximadamente três milênios. Por consequência, estamos no início da história. Certamente, ainda haverá progresso, e mesmo enorme, e nós não podemos lastimar que ele não ocorra, porque estamos apenas no começo.

É como uma criança que lamentasse por não poder dirigir um automóvel. Que ela espere! (risos) Que nós esperemos até que sejamos maiores!"

LEITE, Alcino. *Folha de S.Paulo*, 14 abr. 2002. Caderno Mais. p. 17.

Leituras complementares

Texto 1

As elites empresariais no período da formação dos Estados nacionais

"A constituição das nações independentes na América Latina deu-se, caracteristicamente, mantendo-se a vinculação das economias locais com o mercado mundial. Para que a ruptura do pacto colonial não acarretasse solução de continuidade no sistema produtivo nacional e desorganização quase completa da economia interna, assim como diminuição das chances de disposição do poder pela elite econômica que assumia localmente funções políticas, se impunha garantir a continuidade das exportações. Em duas linhas principais, entretanto, a formação dos Estados nacionais implicou mudanças significativas na seleção, na orientação e nas funções das elites nacionais:

a) Primeiro, porque os liames comerciais no mercado mundial passaram a orientar-se diretamente em função da economia reitora do sistema capitalista, obviamente a inglesa. Acelerava-se assim um processo antigo, expresso desde as ordenações coloniais que, em fins do século XVIII e no começo do século XIX, asseguravam tarifas preferenciais à Inglaterra. Esta, como fiadora da independência das colônias ibéricas, impunha um primeiro 'impulso de modernização' no comportamento dos agricultores e comerciantes latino-americanos, impulso que cobra sua expressão mais visível na pressão para a adoção de mão-de-obra livre nas economias da América Latina mas cuja significação real está na reorganização do sistema de comercialização na América Latina a partir da introdução de agentes comerciais britânicos e da formação de um setor comercial nas classes produtoras locais estreitamente vinculado com aqueles. Este setor atuou como um embrião para a formação do sistema financiador vinculado às casas matrizes de Londres.

b) Em segundo lugar, as funções propriamente políticas das elites nacionais — a elaboração do sistema de alianças dos países recém-formados — passaram a ser controladas internamente pelos novos governantes.

Estes eram a expressão política dos interesses econômicos estabelecidos na Colônia que cortavam o vínculo metropolitano. Vale dizer, estavam formados pelos agricultores, criadores ou, em proporção muito mais modesta, pelos mineradores.

O problema fundamental de assegurar a continuidade das exportações se traduzia politicamente, portanto, na reorganização do equilíbrio de poder interna e externamente, de modo a criar um establishment que tornasse viável a transferência do eixo principal de ligação da economia nacional dos países ibéricos para a Inglaterra. Este objetivo foi conseguido pelas novas nações com maior ou menor dificuldade e com a participação ou exclusão de setores das classes produtoras segundo duas variáveis fundamentais: a importância do setor agrário, derivada do alcance da penetração no mercado mundial conseguida na época colonial pelo produto básico da economia local, e a capacidade de renovação do setor de comercialização.

As duas condições indicadas permitem fazer o primeiro corte significativo no tipo de engajamento das novas nações ao sistema econômico mundial e, por consequência, na delimitação das funções que as elites econômicas nacionais podiam cumprir."

CARDOSO, Fernando Henrique. *Mudanças sociais na América Latina*. São Paulo: Difusão Europeia do Livro, 1969. p. 55-56.

Entender o texto

- Analisando o texto sob o ponto de vista da necessidade de manter os vínculos comerciais com os países estangeiros, que transformação a ruptura do pacto colonial obrigou as elites a realizarem em suas funções?

Texto 2

É isso aí

"Em 1939, ao instalar-se no País, a Coca-Cola já encontrou facilidades: decreto de Vargas muda lei de aditivos, essenciais na fabricação do seu xarope.

A Coca-Cola começou a entrar no Brasil juntamente com os ecos da Segunda Grande Guerra, no dia 31 de outubro de 1939, quando Getúlio Vargas baixou um decreto modificando o uso de aditivos químicos em refrigerantes no País. Assunto ainda controverso em 1984, essa mudança na legislação foi essencial para a penetração no Brasil *dell'acqua nera dell'imperialismo* (a água negra do imperialismo), dizia a esquerda italiana.

Ao contrário do guaraná, por exemplo, a coca contém alguns ingredientes que não são alimentos, podendo ser prejudiciais à saúde. O principal deles é o ácido fosfórico, capaz, segundo os médicos, de combinar-se com o cálcio existente no organismo das pessoas. Ao sair, na forma de fosfato de cálcio, leva esse precioso componente vital. A perda de cálcio — 'descalcificação' — é ameaça potencial a ossos e a dentes em formação.

Por isso, muitos cientistas acreditavam que as mulheres grávidas não deviam beber coca. Em 1968, uma pesquisa feita na USP (Universidade de São Paulo), mas nunca divulgada, mostrou que ratos alimentados com o refrigerante apresentavam malformação já na segunda geração de filhotes. Seus ossos eram fáceis de quebrar e seus dentes se partiam.

Getúlio Vargas facilitou o quanto pôde a entrada da empresa no Brasil. Ele citava o ácido fosfórico explicitamente em seu decreto, permitindo que fosse usado em refrigerantes na dosagem de até 1,5 grama por litro. Isso era mais que suficiente: cada garrafa pequena de coca-cola continha de 0,8 a 1,1 grama do aditivo. Além disso, o volume mínimo das garrafas de refrigerante — que era de 333 centímetros cúbicos (cc) — foi reduzido de modo a incluir as garrafas pequenas de coca — que tinham, nos Estados Unidos, 178 cc, exatamente o que prescrevia a nova lei.

Em 1942, chegaram aos bares, no Rio de Janeiro, as primeiras garrafas do novo 'suco'. A Coca-Cola tinha investido apenas 10 mil dólares para ocupar o mercado brasileiro. Em 1944, ainda em plena guerra, um cartaz de propaganda do novo produto estabelecia uma relação entre a aliança antinazista e as facilidades recebidas em sua campanha comercial no Brasil: uma linha fina no rodapé do cartaz, cortada por um minúsculo mapa das Américas, dizia: 'Unidos hoje, unidos sempre'."

Retrato do Brasil. v. I. São Paulo: Política Editora de Livros, 1968. p. 175.

Entender o texto

- Que elementos deste texto nos permitem inferir as relações de dependência entre as nações periféricas com as centrais?

Texto 3

Alienação e animalização se confundem

"Utilização imitativa de expressões norte-americanas pelos brasileiros foge dos domínios da influência cultural.

Não há loja de móveis um pouco melhorzinha que não ponha logo um cartaz dizendo 'Furniture'. Pizzarias espertas não anunciam entrega a domicílio, mas um serviço de 'delivery'. Há propagandas na TV feitas totalmente em inglês, sem tradução. Loja de bicicletas é coisa impensável: tem de ser 'bike shop'. Mesmo cantinas italianas proclamam sua especialidade em 'pizza and pasta'.

Seria tolice reclamar contra esse estado de coisas, que nada tem de novo aliás. E 'entrega a domicílio' é bem mais feio e complicado do que 'delivery', por exemplo; 'car wash' funciona melhor que 'lavagem de carros'. Na França, fizeram uma lei combatendo a invasão da língua inglesa no cotidiano. Iniciativa que, se não for inútil, é ridícula de qualquer modo.

O principal é entender melhor essa invasão. Os motivos são óbvios — trata-se da preponderância econômica americana, da imposição esmagadora dos ideais de consumo e dos padrões de vida vigentes nos Estados Unidos. Menos óbvio do que os motivos do fenômeno é, talvez, o modo com que isso se dá no Brasil.

Passou de moda dizer que somos colonizados culturalmente pelos Estados Unidos. Passou de moda não porque tenha deixado de ser verdade, mas porque essa verdade mudou de forma. Tento explicar melhor.

Sempre acontece, em países menos desenvolvidos, que as elites se sintam atraídas pela cultura das nações hegemônicas. Nas cortes alemãs do século 18 só se falava francês. Na Rússia do século 19, o mesmo: em Guerra e Paz, de Tolstói, chega-se à ironia de ver a nobreza russa em guerra contra a França, conversando o tempo todo na língua do inimigo.

Quem era 'colonizado', quem estava sob a influência do estrangeiro, eram as elites. Daí a ligação entre revolta popular e nacionalismo; o 'povo' era a raiz, a verdadeira alma nacional, esmagada pelo entreguismo das classes dominantes. *Sorry* pelo vocabulário que estou empregando; mas as coisas eram assim.

Há uma diferença essencial, contudo, entre o domínio americano e o colonialismo do passado. É que, pela primeira vez, a influência cultural não se exerce apenas sobre as elites, mas sobre a massa. Chegou por meio do cinema, das histórias em quadrinhos, da música popular, do rádio e da TV, não pela literatura, pela filosofia ou pela ciência. Foram os meios de comunicação de massa, e os produtos do consumo, que deram o tom dessa influência.

Até há algum tempo, era razoável chamar isso de influência 'cultural': a ideologia de Hollywood, a linguagem musical, as roupas e atitudes americanas conformavam, em parte, nosso modo de ver e sentir as coisas. Mas ultimamente começo a achar que mesmo o termo cultural já é elogio no caso da dominação americana.

Veja-se o caso dos bonés. Todo garoto brasileiro vive atrás dos bonés de time de basquete. Mas certamente ignora a escalação do Lakers ou do Chicago Bulls, não acompanha o campeonato, não torce por esse time ou por aquele outro, tanto que em sua coleção coexistem todos. E o que dizer de um favelado com a camiseta da Harvard University?"

COELHO, Marcelo. *Folha de S.Paulo*, 7 jul. 1995. Caderno Ilustrada.

Entender o texto

- Explique por que, segundo o autor, o que ocorre no Brasil em relação ao domínio norte-americano não pode ser denominado simplesmente de "influência cultural".

12 As teorias do desenvolvimento: do evolucionismo à hermenêutica

Introdução

Quando se estabeleceram as relações capitalistas internacionais envolvendo as antigas colônias, agora independentes e vistas como sócias ou parceiras nos acordos econômicos, as antigas comparações científicas entre as sociedades se tornaram ultrapassadas. Afinal, em cada uma das novas nações aparecia uma burguesia comercial cujo objetivo era o lucro; havia um Estado reconhecido pelas nações ocidentais, com leis e burocracia criadas à imagem dos países industrializados. Em tais condições, não se podia mais chamar as recém-criadas nações de "primitivas" ou "selvagens". Elas não se enquadravam mais nos padrões comparativos criados pelo evolucionismo que estudamos anteriormente.

Por trás da semelhança das instituições políticas, as sociedades industrializadas e não-industrializadas mostram diferenças significativas.

Entretanto, por trás dessa semelhança nas instituições políticas e econômicas, as sociedades industrializadas e as de produção agrícola mostravam diferenças significativas. Para explicá-las, surgiu, na sociologia, um novo tipo de evolucionismo, que podemos chamar de desenvolvimentista. De acordo com ele, as diferenças entre as sociedades não eram de natureza, mas de grau de desenvolvimento.

As comparações desenvolvimentistas tinham por objetivo incentivar a racionalidade e os comportamentos direcionados ao desenvolvimento capitalista. Trata-se de um novo evolucionismo, que não procurava mais as diferenças entre a sociedade europeia e as sociedades arcaicas "condenadas" ao desaparecimento, mas tentava encontrar, nas novas nações, as instituições básicas capazes de garantir a continuidade e a reprodução das relações capitalistas. Alguns estudos, inspirados por essa ideia, chegaram a identificar nas relações mais tradicionais de troca ligadas ao parentesco a "origem" dos comportamentos voltados para o lucro.

As nações que se firmavam como centros de dominação política e econômica passaram a constituir modelos ou estágios superiores aos quais deveria chegar todo e qualquer povo. Entre estas e as sociedades de formas econômicas mais rudimentares, estabelecia-se um *continuum* a partir do qual as diferentes nações eram classificadas como "desenvolvidas", "semidesenvolvidas" e "pré-capitalistas". Essa classificação, na verdade, subsiste até hoje.

O desenvolvimento segundo etapas de crescimento econômico

William Wilber Rostow, ex-professor do Instituto de Tecnologia de Massachusetts e porta-voz da Casa Branca para assuntos exteriores em 1967, é autor de uma das mais difundidas reflexões baseadas nos princípios desenvolvimentistas. Em sua obra *Estágios de desenvolvimento econômico* (comentada por André Gunder Frank em *La sociología subdesarrollante*), Rostow identifica etapas de desenvolvimento que caracterizam cinco tipos de sociedade.

O primeiro — *sociedade tradicional* — caracteriza-se por produção limitada, tecnologia baseada em uma ciência pré-newtoniana, elevado grau de subordinação do homem ao ambiente e inadequado aproveitamento dos recursos naturais.

O segundo — *sociedade em processo de transição* — estágio no qual aparecem as precondições para o desenvolvimento econômico, representa a gestação de atitudes racionais adequadas ao controle e à exploração da natureza.

O terceiro — *sociedade em início de desenvolvimento* — inclui as sociedades nas quais são ultrapassados os primeiros limites das sociedades tradicionais. Segundo Rostow, nesse período já se percebe investimento de capital na área produtiva, crescimento da manufatura e aparecimento de um sistema político, social e institucional em expansão. Ele considera que, nesse estágio, já se encontra a base de uma sociedade moderna.

O quarto — *sociedade em maturação* — corresponde ao estágio em que as forças de expansão econômica passam a predominar na sociedade.

O quinto — *sociedade de produção em massa* — é o estágio de desenvolvimento efetivo da produção em bases industriais e científicas e de um aumento significativo do investimento produtivo de capital.

Para sustentar essa classificação, entretanto, o pesquisador tem de desprezar todas as particularidades históricas de cada sociedade; tem de pressupor que todas tiveram uma mesma formação original, aqui chamada de maneira generalizante de "sociedade tradicional"; e que para chegar onde chegaram atravessaram as mesmas etapas de um único processo. Esse esquematismo ignora também as relações que as nações mantêm umas com as outras, a concorrência que estabelecem entre si e o processo histórico variável e cíclico das nações.

A Índia, no século XVII, por exemplo, possuía uma manufatura de seda extremamente desenvolvida, organizada em padrões familiares e domésticos, que foi à falência pelos laços colonialistas estabelecidos com a Inglaterra — que inundou o país com seda produzida industrialmente, oferecida a preços reduzidíssimos. As manufaturas indianas entraram em decadência, sem qualquer possibilidade de "passa-

ROGER-VIOLLET/KEYSTONE

Gandhi, defensor do nacionalismo e da independência indiana.

rem" de manufaturas a indústrias. Ao contrário, a Índia "passou" de exportadora de seda a importadora de tecidos ingleses, de produtora a consumidora, revertendo o percurso evolucionista proposto por Rostow. A história de cada nação é um processo que, mesmo do ponto de vista tecnológico e econômico, apresenta recuos, retrocessos e alternâncias, contradizendo qualquer teoria que proponha um movimento linear, lento e ascendente em direção ao desenvolvimento.

O desenvolvimento de uma região ou país não pode ser explicado apenas em função de suas condições internas.

Além disso, uma nação ou mesmo uma região não formam um todo coeso e integrado, podendo uma parte apresentar desenvolvimento e outra, decadência. Há na história das sociedades oscilações verticais e horizontais, no tempo e no espaço, muitas delas provocadas por forças externas e não internas. O Nordeste brasileiro, por exemplo, alcançou grande pujança na produção do açúcar, no século XIX, mas entrou em decadência ao ter de enfrentar a concorrência do açúcar antilhano, produzido em moldes tecnológicos e econômicos muito semelhantes ao nosso. Em consequência, a região se tornou uma das mais pobres do país, vendo desaparecer sua prosperidade. Não houve, como propunham os desenvolvimentistas, nenhuma "passagem" ou transformação de uma estrutura produtiva em outra.

Assim, percebe-se que não são apenas as possibilidades internas de investimento, racionalidade e crescimento das técnicas produtivas de uma região ou nação que determinam o florescimento ou a falência de um ramo da produção.

REPRODUÇÃO

Referindo-se à falência da manufatura têxtil da Índia causada pela concorrência do tecido inglês, Gandhi declarou: "Não há tecido que seja belo se ele causa fome e miséria". (Trabalhadoras de uma indústria têxtil manipulando algodão.)

REPRODUÇÃO

De braços cruzados, os indianos manifestam de maneira pacífica seu repúdio ao imperialismo inglês.

Entraves ao desenvolvimento: o tradicionalismo e a questão racial

Na base dos estudos desenvolvimentistas, dos quais o de Rostow é um exemplo clássico, acha-se a ideia de que o desenvolvimento do capitalismo e da produção em massa é uma meta histórica, tal como tinham sido a civilização europeia e a mecanização para o evolucionismo do século XIX. Essa meta seria alcançada por meio de um lento mas inevitável movimento de mudança social. Cada estágio econômico representaria o grau de avanço de uma sociedade em relação à meta almejada.

Decorrente da ideia de que todas as nações visam o mesmo objetivo e dependem apenas de sua organização interna para alcançá-lo, é a teoria que atribui os reveses nessa marcha a "entraves", ou seja, as dificuldades advindas de uma constituição inadequada, tanto dos recursos naturais quanto dos agentes econômicos.

Um desses entraves seria o clientelismo – tipo de relação existente entre os membros de uma sociedade, dando prioridade às relações de parentesco e amizade em detrimento de relações mais impessoais, mas capazes de gerar lucro. Fazendo prevalecer essas formas tradicionais de relação entre as pessoas, essas sociedades tradicionalistas, apegadas demais às antigas formas de existência e subsistência, não conseguiriam se desenvolver. Empresas familiares, em que os parentes dividem entre si os cargos mais elevados independentemente de sua competência, seriam exemplo desse tradicionalismo. Já as sociedades anônimas e de capital aberto seriam típicas de uma atitude mais racional e produtiva. O estudo do desenvolvimento do Japão é suficiente para colocar por terra essa ideia. Esse país foi capaz de atingir alto grau de desenvolvimento econômico sem abrir mão de suas relações tradicionais que, ao contrário, em muito ajudaram seu progresso.

No estudo das dificuldades econômicas das sociedades latino-americanas, encontramos ainda outros equívocos, como a visão preconceituosa que atribui o nosso pouco desenvolvimento à composição da população e, em especial, às características étnicas e culturais dos povos nativos. O índio brasileiro, por exemplo, foi considerado "preguiçoso" e "pouco apropriado" ao trabalho sedentário. No entanto, nessa análise desprezou-se completamente o extermínio e a escravidão dos indígenas, bem como a redução da população a poucos milhares de indivíduos que sequer participam das atividades produtivas lucrativas. Como podiam ser responsáveis pelo "atraso" de instituições das quais nunca participaram?

As teorias desenvolvimentistas consideravam como causa o que era consequência do "subdesenvolvimento".

Os negros também foram responsabilizados pelo atraso do continente, muito embora toda a riqueza das colônias ibéricas tivesse vindo do trabalho dos escravos negros. Afirmava-se que os africanos, como de resto todos os povos tropicais, eram pouco afeitos às atividades realmente produtivas e incapazes de atingir a "civilização".

As teorias desenvolvimentistas voltadas a explicar as razões do subdesenvolvimento, na verdade, tomavam por causa aquilo que era, de fato, efeito da exploração colonial capitalista. Desse modo, contribuíram para a difusão de preconceitos raciais muito em voga na Europa, desde o final do século passado até a atualidade.

Buscando justificativas nas condições internas dos países "subdesenvolvidos", capazes de explicar o seu atraso, lançou-se mão de argumentos preconceituosos e racistas. Raça, tradição e até mesmo a nacionalidade do povo colonizador foram explicações aceitas. A origem ibérica do colonizador da América Latina — menos "desenvolvido" que o colonizador anglo-saxão, também foi apontada como causa do atraso e do "subdesenvolvimento".

WAGNER AVANCINI/ANGULAR

ALEXANDRE TOKITAKA/PULSAR

Depois de longa escravidão, os negros continuam ocupando posições subalternas nos países de antiga colonização europeia. (À esquerda, Montego, Jamaica, 1992; à direita, São Paulo, 1998.)

A história e o desenvolvimento

Vemos, pois, que as teorias que estabeleceram estágios de desenvolvimento não consideraram as relações internacionais instauradas pelo capitalismo, nem o processo de colonização nem a história particular de cada povo.

A história, sob essa perspectiva, retoma o princípio evolucionista proposto pelos positivistas. As sociedades perdem sua originalidade e especificidade na medida em que a lei da evolução e o desenvolvimentismo é que comandam a transformação social. Os obstáculos ao livre curso desse movimento ascendente em direção ao capitalismo industrial só encontrariam explicação nos aspectos internos, anacrônicos ou "disfuncionais" das sociedades tradicionais.

Com o desenvolvimentismo, a sociologia parece ter dado um grande passo para trás, pondo de lado os ensinamentos de Weber e Marx no sentido de incorporar a história à análise social.

A abordagem dualista do desenvolvimento

Outra tentativa de explicar o subdesenvolvimento surgiu com as chamadas *teorias dualistas* que identificam em certos continentes, países ou regiões uma formação peculiar na qual coexistem duas estruturas distintas. Uma, "desenvolvida", que apresenta crescimento industrial, expansão urbana, sistema de comunicações amplo e diversificado, alta produtividade e avanço tecnológico. Outra, "atrasada", na qual encontramos cidades com pequena área e população reduzida, produção eminentemente agrária, níveis de renda baixos, produtividade insuficiente e dispersão demográfica.

Élias Gannagé, um dos pesquisadores dualistas, assim define o fenômeno:

> Por dualismo econômico entendemos toda cisão, toda justaposição, todo hiato que se estabelece seja entre uma região e o resto do território, seja entre dois sistemas ou setores, seja entre grupos sociais no interior de uma área espacial determinada, tal como a nação. Os pontos de contato são limitados; os nexos frequentemente rompidos e as transmissões frequentemente imperfeitas.
>
> Économie du développement. Apud Luiz Pereira, *Ensaios de sociologia do desenvolvimento*. São Paulo: Pioneira, 1970. p. 54-55.

De acordo com essa definição, o dualismo pode se manifestar entre regiões de um mesmo país ou entre setores de uma mesma economia nacional. No Brasil, por exemplo, o dualismo estaria presente na diferença de desenvolvimento das regiões Nordeste e Sudeste. Poderia ser encontrado, ainda, numa mesma área territorial em que coexistem formas econômicas arcaicas e avançadas, como na região metropolitana de Salvador, onde ao lado da pesca individual e itinerante encontramos o complexo industrial de Aratu.

Nos países agroexportadores, o dualismo se manifestaria entre setores da economia — na coexistência de uma agricultura altamente mecanizada, voltada para a exportação, e uma incipiente produção manufatureira. Podemos nos deparar com o dualismo, ainda, quando uma mesma população se dedica ao trabalho assalariado e ao trabalho autônomo de subsistência. Algumas cidades brasileiras voltadas ao turismo apresentam essa dicotomia: elevado crescimento de empresas imobiliárias e construtoras ao lado de práticas tradicionais de sobrevivência, como o comércio ambulante de produtos artesanais e alimentos.

Élias Gannagé considera subdesenvolvido, portanto, o país "caracterizado pela coexistência de dois sistemas econômicos e sociais, totalmente diferentes, cuja interação dos elementos estruturais é o comportamento normal" (p. 55).

DELFIM MARTINS/PULSAR

DENISE ZMEKHOL/ANGULAR

As grandes cidades das nações "subdesenvolvidas" apresentam contrastes gritantes. O subdesenvolvimento constitui uma realidade múltipla e complexa. (Bairro do Morumbi e garimpeiros de lixão, ambos na cidade de São Paulo, 1996.)

Dualismo e desenvolvimento: semelhanças e diferenças

Os cientistas desenvolvimentistas analisavam as diversas sociedades como representando diferentes estágios de uma mesma e necessária história.

Dissemos que os pesquisadores desenvolvimentistas analisam as sociedades como estágios diferentes de crescimento dentro de um processo contínuo rumo ao desenvolvimento capitalista industrial.

Os dualistas, por sua vez, pensam essas sociedades como estruturas em transição, isto é, fases de um processo por meio do qual setores, regiões ou grupos desenvolvidos vão, pouco a pouco, influenciando os "atrasados", incorporando-os gradativamente ao desenvolvimento.

Entretanto, nas duas formas de análise, vemos o desenvolvimento capitalista, industrial, tecnológico, como alvo a ser alcançado pelas sociedades e como fim natural dos processos de mudança social.

O conceito de periferia

Assim como os desenvolvimentistas buscam, nas sociedades "subdesenvolvidas", os fatores que retardariam o desenvolvimento, os dualistas procuram os obstáculos à absorção dos setores "atrasados" pelos "desenvolvidos". Querem responder a perguntas do seguinte tipo: Por que em determinadas sociedades os indivíduos continuam utilizando o trabalho não-assalariado? Por que a indústria não cresce de maneira a estimular os indivíduos ao trabalho produtivo? Por que as oligarquias agrárias continuam a manter políticas econômicas que não favorecem o desenvolvimento industrial?

Para a abordagem dualista, entretanto, o problema não se encontra na constituição étnica, cultural ou racial da população, mas na condução de políticas administrativas e econômicas, no comportamento das camadas dirigentes, na falta de estímulo para o progresso, na má orientação do governo.

do e unitário. Estes países não têm outra língua em comum, a não ser a que lhes foi legada pelo colonizador branco. A unidade nacional, então, é algo que se teve de desenvolver e trabalhar depois da independência.

WORSLEY, Peter. *El Tercer Mundo;* una nueva fuerza vital en los asuntos internacionales. México: Siglo XXI, 1973. p. 74-75.

Portanto, não se pode falar em sociedades duais mas plurais. São nações formadas sobre diferenças étnicas, culturais e econômicas recriadas em função de novos objetivos nacionais e internacionais. Segundo Pablo Gonzáles Casanova e Rodolfo Stavenhagen, trata-se do estabelecimento de relações de dominação e exploração inter-regionais e intersetoriais, a que deram o nome de "colonialismo interno". O setor, a região ou o grupo a que se dá o nome de atrasado, subdesenvolvido, marginal ou periférico nada mais é do que o setor que, em vista dos objetivos nacionais e dos contratos assumidos, é excluído dos planos de desenvolvimento. E, mantendo-se fora dos planos de expansão econômica, sobrevive apelando às formas tradicionais de vida, recriadas para que a sociedade como um todo não entre em colapso ou falência.

Não se pode falar em sociedades duais *mas* plurais.

Estudando as diversas nações do chamado Terceiro Mundo, fica claro que:

1. As regiões, populações e setores identificáveis como subdesenvolvidos, arcaicos, tradicionais ou atrasados são parte integrante das novas nações, o que significa que não estão em processo de transformação para formas sociais e econômicas "adiantadas" ou "evoluídas".

2. As regiões ou os setores "atrasados" são dominados pelo setor ou região capitalista desenvolvido, o qual se impõe nos processos de independência como representante de toda a nação.

3. Os setores ou regiões "atrasados" tendem a permanecer como tais, desde que assegurem o desenvolvimento do setor dominante, fornecendo mão-de-obra barata por meio de migrações internas e imigra-

LALO DE ALMEIDA/FOLHA IMAGEM

Relações pré-capitalistas ainda integram o processo produtivo brasileiro. (Trabalhador rural escondido por denunciar a exploração de mão-de-obra escrava em fazendas de Marabá, PA, 2004.)

ções ou fornecendo alimentos resultantes de práticas agrícolas tradicionais, ou mesmo aumentando o mercado interno, compondo uma população de consumidores potenciais.

4. As formas tradicionais de vida (economia de subsistência, artesanato, subemprego etc.) tendem a desaparecer quando não representam mais nenhum tipo de fluxo de capital ou mão-de-obra, como as sociedades tribais brasileiras, em franco processo de extinção.

5. Os setores "atrasados" são remanescentes de um processo de exploração colonialista. Assim como contribuíram para a acumulação de capital nas metrópoles, continuam possibilitando o enriquecimento quer das áreas ou dos setores "desenvolvidos", quer das nações econômica e politicamente mais poderosas, com as quais mantêm estreitos vínculos econômicos.

A questão dos escravos: um estudo de caso

Para exemplificar a maneira pela qual áreas, setores ou grupos étnicos tornam-se "subdesenvolvidos" devido às próprias relações de dominação que se verificam nas novas nações, com base nos desequilíbrios criados pela situação colonial, basta estudar o ocorrido com a população brasileira ex-escrava.

Após a abolição, o contingente de escravos não foi integrado como mão-de-obra livre nas regiões que se modernizavam e se industrializavam. Para esses setores vieram trabalhadores imigrantes europeus. Não porque os escravos mostrassem qualquer deficiência em relação ao trabalho, pois toda a riqueza colonial saiu de suas mãos, mas porque o trabalhador europeu tinha experiência com o trabalho industrial — as nações europeias tinham interesse na exportação da sua mão-de-obra excedente que pressionava por melhores condições de vida e trabalho — e, além disso, os trabalhadores europeus não enfrentavam o estigma da inferioridade racial e da escravidão, pelo contrário, serviriam para "branquejar" a população negra no Brasil.

Sem poder competir com os trabalhadores estrangeiros, as populações negra e mestiça brasileiras foram para as cidades, onde se ocuparam de trabalhos menores: as mulheres, no emprego doméstico, e os homens, na estiva e em um sem-número de atividades autônomas.

A opção dos libertos pelo trabalho autônomo "marginal" foi apresentada pelos teóricos desenvolvimentistas como "prova" da inadequação do negro aos padrões de produtividade e competitividade exigidos pelo trabalho assalariado industrial. Entretanto, um estudo de Florestan Fernandes e Roger Bastide demonstrou que os libertos se encaminhavam para esse tipo de trabalho em função da política imigratória e da segregação social e racial. No trabalho autônomo, os libertos não tinham de concorrer com a mão-de-obra estrangeira, exercitavam as habilidades artesanais adquiridas desde quando eram escravos e, além disso, podiam reestruturar seus núcleos familiares. O trabalho autônomo permitia a or-

DANIEL CYMBALISTA/PULSAR

Sob o estigma da escravidão, os negros são segregados da vida social. (Moradora de rua na cidade de São Paulo, 2003.)

ganização de um sistema cooperativo familiar e possibilitaria, mais tarde, o encaminhamento de seus filhos para o trabalho industrial.

Caracterizar como subdesenvolvida essa população ou o país que a constituiu é não reconhecer que representam mecanismos de alguma forma proveitosos para a expansão do capitalismo nacional e internacional. Tais mecanismos continuarão operando enquanto desempenharem algum papel na acumulação e na reprodução do capital.

Até hoje o racismo e a discriminação produzem uma massa de trabalhadores de baixo custo, permitindo sempre uma margem maior de lucro para as empresas que os contratam.

O subdesenvolvimento como princípio

O estudo das diferenças entre nações e das diferenças entre setores e regiões de uma mesma nação deve mostrar que são desigualdades decorrentes de relações de dominação historicamente estabelecidas. Não é possível determinar um princípio geral nem construir um modelo único que sirva de comparação para toda e qualquer sociedade.

> Carentes de história e de universalidade — tudo que é diferente é ilusório, diria Voltaire — os povos do hemisfério Ocidental — selvagens, crianças ou idiotas — unimo-nos, todavia, no entusiasmo da independência, na fé no progresso e na negação do passado, que nos era negado. Quisemos desta vez chegar a tempo à mesa da civilização...
>
> FUENTES, Carlos. *Valiente Mundo Nuevo*, op. cit. p. 34.

É preciso também entender que os obstáculos ao desenvolvimento têm uma razão histórica. Trata-se da necessidade de as nações e setores dominantes se desenvolverem mais a um menor custo, embora a forma de dominação tenha variado conforme as fases de expansão do capitalismo.

As desigualdades tendem, portanto, a se reproduzir e a se ampliar, e nunca a alcançar um equilíbrio. O desenvolvimento de um país ou de uma região resulta sempre do subdesenvolvimento de outro. E, caso o subdesenvolvimento se caracterizasse pela dualidade de estruturas, como um momento de transição para o desenvolvimento, como explicar a desigualdade entre populações, regiões e setores das sociedades "desenvolvidas"?

O desenvolvimento de uma nação é fruto de sua história, de suas condições internas e das relações internacionais nas quais esteve inserida.

Hoje, as diversas teorias sociológicas tendem a compreender a dependência das nações "subdesenvolvidas" como parte de um sistema mundial de relações econômicas. Por outro lado, procuram desvendar o aparecimento de graves distorções na organização das sociedades "subdesenvolvidas", como a pobreza, a repressão, a concentração populacional, o desemprego, a dependência cultural e o autoritarismo.

O desenvolvimento de uma nação é fruto de sua história, de suas condições internas e das relações internacionais nas quais esteve inserida.

Em face dos pressupostos aqui discutidos, esses problemas não podem ser vistos a partir do tradicionalismo das sociedades ou da existência de entraves a mudanças. São problemas surgidos da situação de dependência, que visa ao enriquecimento dos centros industriais.

Qualquer aspecto da realidade social das nações do chamado Terceiro Mundo tem sua especificidade, sendo fruto da história e das contradições internas de cada nação, revelando as diferentes maneiras segundo as quais essas sociedades se alinharam no sistema capitalista internacional.

Essa compreensão aparece já nas mais modernas elaborações teóricas. Uma das últimas, chamada *teoria institucionalista*, foi formulada por Douglas North, Prêmio Nobel de 1993. Considerando o subdesenvolvimento como um ambiente social que tem dificuldades em inovar, em romper com a influência das hierarquias locais, e com a estreiteza dos círculos de relação social, ele atribui a resistência dessas características à fragilidade das instituições sociais em organizar a produção. Seriam elas as responsáveis por esses vícios do subdesenvolvimento. Mas a novidade de seu trabalho está justamente em ter percebido que essa fragilidade institucional não se encontra nas instituições em si mesmas, na sua formulação ou funcionamento e nem mesmo na competência das pessoas que as dirigem, mas na história das sociedades que as fragilizam[1].

Não podemos discorrer sobre o desenvolvimentismo nem sobre a abordagem histórica como método fecundo para o estudo das sociedades e de sua inserção na vida contemporânea sem mencionar um outro importante autor. É Anthony Giddens, reitor da *London School of Economics and Political Science* desde 1993, que denuncia o modelo de transformação

[1] ABROMOVAY, Ricardo. Desenvolvimento e instituições: a importância da explicação histórica. In: ARBIX, Glauco e outros (Orgs.). *Razões e ficções do desenvolvimento*. São Paulo: Unesp/Edusp, 2001.

linear defendido pelos sociólogos clássicos, de acordo com o qual as sociedades passam de simples a complexas. Crítico ácido de sua época, Giddens não vê na época contemporânea o progresso que por ventura as sociedades tenham atingido. Afirma também que cada sociedade em um dado momento de sua história reinventa seu passado e suas tradições que assim se atualizam. Para entender esse processo que vai do passado ao presente, do geral ao particular, Giddens acredita no poder da hermenêutica.

O que são países em desenvolvimento?

Chamados de colônias ou de nações selvagens no período anterior à sua independência, de países agrários e subdesenvolvidos no século XIX e, após a Segunda Guerra Mundial, de países do Terceiro Mundo, as nações e os povos da Ásia, da América Latina e da África têm entre si algumas características comuns: foram colonizados por países europeus; possuem economia estruturada em função de interesses estrangeiros; tiveram suas formas societárias tradicionais extintas por uma ação civilizatória de amplo alcance; e, finalmente, tiveram sempre uma posição de inferioridade nas relações internacionais com os países desenvolvidos.

São cerca de cento e vinte países — contra vinte que constituem o grupo de países chamados desenvolvidos, ricos ou industrializados — nos quais vivem quatro quintos da população mundial, estando, quase a metade, em situação de intensa pobreza, com uma renda *per capita* inferior a US$ 200 (duzentos dólares) anuais. Os países "em desenvolvimento" possuem cerca de um décimo do produto interno bruto (PIB) dos países "desenvolvidos".

Existe esperança para esse mundo "em desenvolvimento"? Existe, se pensarmos como os cientistas da atualidade, reconhecendo que o subdesenvolvimento não afeta somente os países pobres nem pode ser explicado apenas em função deles. Há também esperança, se tivermos consciência da interdependência existente no mundo, a qual se expressa nos movimentos de oposição a testes nucleares e nos estudos do efeito estufa para a camada de ozônio da atmosfera; se reconhecermos que a violência e a pobreza são problemas que ameaçam a segurança também dos países, setores e regiões ricas e "desenvolvidas".

A respeito do desenvolvimento tecnológico, Philip Rief, professor de sociologia da Universidade de Pensilvânia, Filadélfia, respondeu o seguinte, quando indagado sobre barbarismo e sociedade tecnológica:

> O que é exatamente o barbarismo para mim? Os bárbaros não são, como alguns de meus inocentes alunos às vezes pensam, os povos com tecnologias primitivas. Bárbaros são povos sem um sentido repressivo do passado, os erros do passado, as loucuras do passado, que estão aptos a atacar as potencialidades do presente com menos

inibições. Portanto, o que caracteriza o barbarismo é uma ausência de memória histórica. E é precisamente isso que caracteriza a mente mecanística do tecnólogo — até o ponto em que ele é um puro tecnólogo.

RIEF, Philip. *O preço do futuro*.
São Paulo: Melhoramentos, 1974.

O desenvolvimentismo e a nova tecnologia

O colonialismo, entendido como um sistema de exploração imposto pelas metrópoles europeias às regiões conquistadas do resto do mundo, já teve diferentes fases. A primeira, de exploração comercial, quando os sistemas produtivos autóctones puderam ser conservados enquanto a produção destinava-se ao mercado europeu. As relações coloniais então se baseavam essencialmente na conquista da terra, na dominação étnica, na orientação da produção e na apropriação da matéria-prima a baixo custo. A segunda versão, industrial, exigiu a substituição dos sistemas produtivos e o início da internacionalização da economia. As relações de dependência nesta fase assumiam também um caráter tecnológico. Datam dessa época a expansão ferroviária e a hidroelétrica. Além da transposição de tecnologia, as relações coloniais envolviam ainda a compra de matéria-prima a baixo custo pelos países industrializados e a venda de produtos industriais europeus a custo elevado e sem concorrência.

A globalização dá novo sentido às formas tradicionais de colonialismo e imperialismo.

Uma terceira etapa se verificou com a implantação das multinacionais e com o financiamento do desenvolvimento industrial no chamado *Terceiro Mundo*, quando sistemas produtivos inteiros foram transplantados de um país para outro. As relações de dependência assumem cada vez mais um caráter tecnológico e financeiro.

ARQUIVO AGÊNCIA ESTADO

No início do século XX, centenas de indústrias, oriundas majoritariamente do capital nacional, foram criadas no Brasil para substituir as importações pela produção local. (Indústria têxtil em Campinas, estado de São Paulo, 1905.)

BERG SILVA/AGÊNCIA O GLOBO

Novas indústrias ainda procuram baixos salários, condições especiais de instalação e alta tecnologia para obterem maiores lucros. (Fábrica da Peugeot-Citröen, município de Porto Real, no estado do Rio de Janeiro, 2000.)

Entramos agora numa nova fase em que o mundo se encontra inteiramente conectado a uma nova rede tecnológica e de telecomunicações. Nesse estágio, podemos dizer que o domínio tecnológico suplanta o da produção. A interdependência e a globalização dão novo sentido às formas tradicionais de colonialismo. Nessa quarta fase de dependência nas relações internacionais, alguns aspectos adquirem especial importância:

- As novas tecnologias industriais, como a robótica, dispensam mão-de-obra não-qualificada, predominante nos países "não-desenvolvidos" ou "em desenvolvimento". Logo, nesses locais o desemprego tenderá a ser maior e as rendas *per capita* e familiar menores, agravando a situação social.

- O descompasso tecnológico entre países ricos e pobres tende a aumentar à medida que se aceleram as invenções e mais rapidamente os equipamentos se tornam obsoletos. Isso exige que os planos de expansão tecnológica criem setores prioritários, uma vez que a atualização do parque industrial requer um enorme capital, especialmente reservado para essas necessidades. Como os países pobres não têm condições de promover a atualização de equipamentos em todos os setores produtivos, a tendência é aumentar o que chamamos de colonialismo interno, ou seja, as relações desiguais estabelecidas entre setores e regiões dentro de um mesmo país.

- A possibilidade de autonomia tecnológica — e até mesmo a simples atualização e compatibilização com as inovações mundiais — exige pesquisa e investimentos na área de educação e treinamento, setores nitidamente carentes nos países "em desenvolvimento".

• As áreas de pesquisa, produção e administração se desenvolvem de maneira não-integrada nos países "em desenvolvimento", fazendo-se necessária a adoção de uma política tecnológica mais adequada, de forma a não reduzir o avanço tecnológico à mera compra de equipamentos.

• A indústria nos países "em desenvolvimento" não pode competir com os produtos dos países "desenvolvidos", de melhor qualidade e preço mais baixo. Essa concorrência desigual coloca os países "em desenvolvimento" em desvantagem diante da abertura de mercado e da globalização.

• A informática é uma tecnologia integrativa. Nesse sentido exige uma ação integrada envolvendo infraestrutura, produção, mercado, consumo, poupança, reinvestimento, pesquisa e treinamento. Isso requer planejamento e decisão política. Exige que se priorize a atualização tecnológica em países onde as elites detêm privilégios advindos de setores tradicionais e "atrasados" da economia.

• Existem técnicas produtivas que se aprimoram sem suporte de conhecimento científico, como, por exemplo, as técnicas de domesticação de animais que se desenvolveram no mundo, anteriores ao desenvolvimento do conhecimento científico específico e independentes desse. Não é o caso da informática, que exige o aperfeiçoamento da ciência e da pesquisa, nitidamente atrofiados nos países "em desenvolvimento".

É nesse quadro que se colocam as questões de desenvolvimento e globalização, que devem ser analisadas pelos países "em desenvolvimento" em suas políticas econômicas e científicas. Mas nem tudo está a favor dos países ricos. A globalização torna todos os países extremamente interdependentes. Para o consumo dos produtos dos países industrializados, para a implantação das multinacionais em países "em desenvolvimento", é preciso que se promova o desenvolvimento tecnológico global. As redes de comunicação, ao remover as fronteiras territoriais, tornam os países ricos também vulneráveis aos diferentes males, que passam a circular de maneira mais livre e descontrolada pelo planeta. O enfraquecimento dos Estados nacionais, causado, entre outras razões, pelos efeitos da globalização, democratiza a pobreza, o analfabetismo e as deficiências regionais, além de fazer recrudescer, nos países "desenvolvidos", conflitos mascarados pela integração nacional, como os étnicos e os religiosos.

Hoje, o colonialismo tornou-se mais complexo e radical. Os países "desenvolvidos" também apresentam problemas graves que parecem estar longe de ser solucionados — há pobreza, além de conflitos envolvendo minorias étnicas e raciais. O controle da expansão demográfica nos países ricos provocou o surgimento de cifras negativas de crescimento ao lado de uma multiplicação geométrica da pobreza nos países pobres. O desemprego estrutural aumenta com a utilização de mão-de-obra barata nos países "em desenvolvimento" pelas empresas transnacionais. Enfim, o risco de um grande conflito social torna-se cada vez mais real.

Está longe o tempo em que os países "desenvolvidos" se arriscavam a conceber a questão do desenvolvimento como um problema que dizia respeito apenas às nações pobres. Quando o terremoto em Kobe, no Japão (1995), deixou parte das indústrias norte-americanas sem os componentes eletrônicos produzidos naquele país, a globalização mostrou suas fraquezas. E o que dizer diante da ameaça de escassez de matérias-primas e até mesmo de água?

CRISTINA VILLARES/ANGULAR

As tecnologias imprimem um novo caráter aos conflitos entre "desenvolvimento" e "subdesenvolvimento". (Município de Monte Alegre do Sul, São Paulo, 1994.)

No entanto, a complexidade do colonialismo se dá não apenas por implicar a apropriação de produtos e uma política de preços ou ainda a especulação em torno do endividamento externo. O colonialismo hoje também envolve desenvolvimento técnico e científico, treinamento, políticas complexas de investimento e uma atuação econômica globalizada, na qual investidores do mundo inteiro realizam negócios lucrativos em nome de suas empresas e não mais em nome de seus países. E esperam retorno desse investimento.

O colonialismo hoje envolve desenvolvimento técnico e científico, treinamento, política financeira e de investimento.

Além disso, a formação de blocos econômicos representando alianças, acordos, parcerias, em substituição ao secular padrão do estado-nação, faz emergir divergências e identidades novas. Antigas rivalidades deixam de existir, aproximando velhos inimigos, ao mesmo tempo em que laços tradicionais são desfeitos, criando novos centros de forças no cenário internacional.

A contribuição latino-americana

As teorias que foram estudadas neste capítulo dizem respeito a análises geradas a partir dos países ricos, desenvolvidos ou industrializados. No entanto, os países pobres e "em desenvolvimento" não ficaram imunes a essas preocupações. O estudo do desenvolvimentismo ocupou grande parte do pensamento sociológico latino-americano, especialmente a partir da Segunda Guerra Mundial, quando se passou a acreditar no planejamento e no engendramento de políticas públicas capazes de romper com os círculos viciosos do subdesenvolvimento. México, Chile, Argentina e Brasil tiveram trabalhos de destaque que tinham a vantagem de terem surgido do convívio com os problemas que essas teorias abordavam.

Estado e ciência começaram a propor formas possíveis de enfrentamento e superação das situações de marginalidade e dependência, quer de um país sobre outro, quer de uma região sobre outra. Houve financiamento de pesquisas e grande parte dos estudos sociológicos voltou-se para o desenvolvimentismo. As pesquisas realizadas no Brasil pela

Cepal — Comissão Econômica para a América Latina —, desenvolvidas sob a orientação de Celso Furtado, repercutiram internacionalmente. Por elas pode-se combater a teoria clássica do liberalismo segundo a qual o mercado livre é capaz de distribuir riqueza nacional e internacionalmente. Provou-se que as desigualdades perduram e se aprofundam.

Outro mérito desses estudos foi ter influenciado as políticas econômicas desses países que, adotando estratégias de maior agressividade na defesa de seus interesses, promoveram o desenvolvimento durante os anos 1950 e 1960. A partir de então, todavia, com o apoio dos regimes militares instalados na América Latina, o desenvolvimento começou a ser pensado como resultado de uma ação conjunta com as empresas privadas. Foi então que, com esse objetivo, instalaram-se no país a Volkswagen, a Ford e muitas outras.

Atividades

Compreensão de texto

1 Qual é a ideia que está por trás de todas as classificações de culturas, regiões e nações que as distinguem como avançadas/atrasadas ou desenvolvidas/subdesenvolvidas?

2 Como foram chamadas, nas teorias desenvolvimentistas, as novas nações? Por quê?

3 Por que não podemos aceitar que as razões do "atraso" das novas nações estejam nas características de seus povos nativos?

4 Por que o exemplo da Índia nos permite rejeitar o desenvolvimento proposto por Rostow? Que críticas podem ser feitas à sua teoria?

5 Por que podemos dizer que o subdesenvolvimento é resultado da expansão do capitalismo?

6 De que maneira a dependência tecnológica amplia as desigualdades entre as nações?

7 De que forma a globalização afeta o processo de desenvolvimento econômico nacional?

Interpretação, problematização e pesquisa

8 Analise o seguinte trecho de Élias Gannagé:

> "Os países subdesenvolvidos apresentam-se como um conjunto de regiões cuja expansão não é igual. Certas zonas estão avançadas e constituem pontos nevrálgicos do crescimento; outras, fechadas sobre si próprias, permanecem atrasadas e não chegam a ultrapassar o ponto a partir do qual o processo cumulativo de crescimento entra em jogo..." (Économie du développement, apud Luiz Pereira, *Ensaios de sociologia do desenvolvimento*, p. 54-55.)

a) Podemos afirmar que se trata de uma análise dualista? Por quê?
b) Esse dualismo é descrito como característica interna dos países ou como resultante de suas relações externas? Explique.

c) Segundo essa análise, qual é o processo natural das sociedades dualistas?
d) O que o autor subentende por conceito de crescimento?

9 "O dualismo territorial é uma fase transitória, mas inerente ao desenvolvimento econômico. O crescimento econômico não aparece por todos os lugares ao mesmo tempo..." (op. cit. p. 55)

a) Qual a explicação que Élias Gannagé dá para a existência de regiões atrasadas nos países subdesenvolvidos?
b) Segundo o que você sabe da história do Brasil, o atraso de certas regiões corresponderia a uma fase de transição?

10 No trecho a seguir, a quem cabe a responsabilidade pela "marginalidade" dos ex-escravos em relação ao desenvolvimento da nação brasileira?

> "A desagregação do regime escravocrata e senhorial operou-se, no Brasil, sem que se cercasse a destituição dos antigos agentes de trabalho escravo de assistência e garantias que os protegessem na transição para o sistema de trabalho livre. Os senhores foram eximidos da responsabilidade pela manutenção e segurança dos libertos, sem que o Estado ou a Igreja ou outra qualquer instituição assumisse encargos especiais, que tivessem por objetivo prepará-los para o novo regime de organização da vida e do trabalho. O liberto viu-se convertido, sumária e abruptamente, em senhor de si mesmo, tornando-se responsável por sua pessoa e por seus dependentes, embora não dispusesse de meios materiais e morais para realizar essa proeza nos quadros de uma economia competitiva."

FERNANDES, Florestan. *A integração do negro na sociedade de classes.* São Paulo: Dominus/Edusp, 1970. p. 1.

Aplicação de conceitos

11 Vídeos:

a) *Ilha das Flores* (Brasil, 1989. Dirigido por Jorge Furtado. Duração: 35 min.) — Documentário, diversas vezes premiado, no qual o autor busca mostrar a trajetória de um tomate desde quando é plantado até o momento em que é jogado em um lixão, tornando-se alimento para os que lá buscam sua comida.
- É um vídeo importante para a compreensão da interdependência entre os setores pobres e ricos da sociedade e de como há fluxos entre eles.

b) *Ernesto Varela, de Serra Pelada a Nova York* (Brasil, 1984/85. Dirigido por Fernando Meireles e Marcelo Tas.) — Assistindo a esse documentário, você poderá perceber os conflitos regionais da sociedade contemporânea como novas formas de desigualdades e colonialismo.
- Identifique esses conceitos no vídeo.

c) *O último imperador* (EUA/Itália/Inglaterra, 1987. Dirigido por Bernardo Bertolucci. Duração: 165 min.) — Esse filme relata as transformações ocorridas no Oriente com a expansão do capitalismo, abalando as relações tradicionais existentes na China. Estruturas milenares entram em colapso, iniciando um irreversível processo de transformação.
- Baseando-se nas informações do filme, elabore uma reportagem crítica a respeito de como o diretor apresentou o choque entre a cultura chinesa tradicional e a modernização do país.

Tema para debate

A força dos pequenos

"Eles ocupam um quinto da área e recebem um terço dos financiamentos, mas são gigantes na produção agrícola e oferecem mais de 80% dos empregos no campo.

A partir de meados dos anos 70, o Brasil se transformou em grande exportador mundial de alimentos, especialmente soja. Ao mesmo tempo, devido à sistemática propaganda, esse tipo de cultura sempre esteve associado a imagens de imensas propriedades agrícolas, totalmente mecanizadas. Por outro lado, generalizou-se a ideia de que as pequenas propriedades são improdutivas e responsáveis por uma parcela ínfima da produção agrícola do país. Não é exato.

Os dados do Censo Agropecuário de 1975 mostram, com clareza, a superioridade das pequenas e médias propriedades agrícolas sobre as grandes, tanto na produção destinada ao mercado interno como à exportação. O conjunto dos pequenos estabelecimentos, com menos de 100 hectares (1 hectare: 10.000 m^2), ocupando 21% da área total e absorvendo apenas 32% do crédito rural, dá emprego para 82% da mão-de-obra ocupada na agricultura em todo o país e se responsabiliza por 53% do valor total da produção. No outro extremo, o conjunto dos estabelecimentos com área igual ou maior a 1.000 hectares (grandes) toma conta de 43% da área total, cria apenas 3% dos empregos e não consegue produzir mais do que 14% do valor total da produção agropecuária.

Segundo os dados da Sinopse Preliminar do Censo Agropecuário de 1980, é possível afirmar que o quadro manteve-se essencialmente o mesmo: os pequenos produtores passaram a ocupar 19,9% da área total e são responsáveis por 78,6% dos empregos, enquanto os grandes aumentaram sua área para 45,8% e ofereceram apenas 4,3% dos empregos do campo. Esses números mostram que se manteve a tendência antiga de concentração da posse e uso da terra. Este é exatamente o fator determinante da baixa produtividade das grandes propriedades. Uma característica que decorre, principalmente, do abandono de imensas áreas, retidas apenas com fins especulativos ou de subaproveitamento determinado por relações de produção arcaicas.

Embora os censos agropecuários anteriores ao de 1970 tenham sido bastante falhos, incompletos e imprecisos, é possível dizer que as grandes propriedades eram mais produtivas no período em que as grandes fazendas dependiam dos colonos, como acontecia nas culturas de café de São Paulo até as décadas de 30 e 40. Aquelas fazendas tinham vilas, as colônias, onde moravam os trabalhadores com suas famílias. A eles era permitido cultivar uma parte da terra ou, como era mais comum, intercalar, nos espaços vazios da plantação principal, culturas de milho, mandioca, feijão etc., destinadas ao consumo próprio e à venda do excedente nas cidades."

Retrato do Brasil. v. I. São Paulo: Política Editora de Livros, 1968. p. 47.

- Você percebe, nesta reportagem, alguma tendência à substituição da pequena propriedade pela empresa agrícola na medida em que o país se desenvolve? Justifique sua opinião.

Leituras complementares

Texto 1

O crescimento acelerado: mito e realidade

"O fato é que a tecnologia produziu seus próprios limites, em virtude do êxito que alcançou. Em relação a isso, citam-se frequentemente os problemas do meio, da poluição ou, para ser mais preciso, o prolongamento dos períodos de reciclagem de uma grande parte dos novos produtos. Com efeito, o processo de produção, desde a extração da matéria-prima até a utilização do produto final, consiste numa série de transformações que produzem resíduos. Esses resíduos são transformados às vezes em subprodutos que acabam também por produzir resíduos. Deparamo-nos outra vez aqui com o problema dos prazos introduzidos pela tecnologia: o meio dispõe de uma certa capacidade de reciclagem dos resíduos, mas isso requer tempo e o período de reciclagem passa a ser cada vez maior. Um objeto de plástico se degrada menos facilmente que um objeto de madeira. Quanto aos resíduos atômicos das centrais nucleares, o tempo necessário a sua destruição corresponde a séculos.

O tema é importante, mas explica apenas uma pequena parte da situação atual. O problema que mais preocupa é que a tecnologia reduziu de tal modo o custo da produção relativamente ao da distribuição e estocagem que o setor industrial converteu-se num segundo setor terciário. Multiplicam-se os casos em que o custo de um produto acabado, ao sair da fábrica, não representa mais que 10 a 20 por cento do preço que será pago no final do processo de distribuição. O resto do preço é imputável às atividades de estocagem, distribuição, conservação, venda e financiamento. O aperfeiçoamento da tecnologia, que diminui o custo da produção em 10 por cento, mas provoca um aumento indireto da mesma ordem nos custos da estocagem e distribuição, é um 'progresso' que aumenta de cinco a dez vezes o custo econômico real. Nesse estágio, a tecnologia deixa de ser um motor na produção da riqueza e se torna a origem de 'deseconomias' que não dão margem ao crescimento real. Em outras palavras, um suplemento de progresso técnico já não corresponde a um suplemento proporcional de crescimento econômico e de bem-estar material."

GIARINI, Orio. In: *O Correio da Unesco*, ano 8, nº 1, jan. 1980.

Entender o texto

- Como o autor justifica que ao progresso técnico não corresponde um crescimento econômico e de bem-estar social?

Texto **2**

As guerrilhas pela "ocultura"

"'Somos, ainda hoje, uns desterrados em nossa terra.' Com essa frase lapidar, inscrita logo no início do clássico *Raízes do Brasil*, o professor Sérgio Buarque de Holanda assinalou muito mais do que a agenda da sua geração, fixando de fato o núcleo elementar da consciência intelectual brasileira.

Por efeito da colonização, um grupo de europeus se deslocou de seu território de origem, vindo instalar-se numa terra tropical e em meio a gentes de outras culturas que lhes eram totalmente estranhas. Como essa experiência de colonização era inédita, não havendo pois modelos europeus que ela pudesse reproduzir nos seus desdobramentos cotidianos, todos os expedientes da reprodução das condições de vida tinham que ser inventados e improvisados, no embate diário com as contingências e os elementos exóticos. O anseio, entretanto, de manter e estender sua supremacia induzia os colonizadores a se apegarem ferreamente à memória e à mística de suas origens europeias. Daí a divisão apontada pelo professor Sérgio Buarque: pés e mãos numa margem do Atlântico, cabeça na outra. E, tem toda a razão, assim continuamos até hoje.

Mas e se pensarmos que o mundo mudou e continua mudando vertiginosamente? Se considerarmos que a presente revolução tecnológica, os novos circuitos de comunicação e os grandes movimentos migratórios criaram um efeito chamado de globalização que, assim como encurta as distâncias no espaço, também intensifica a sincronia temporal em escala planetária? E, então, ficamos mais 'brasileiros' ou mais 'europeus' ou nenhuma das anteriores? Ou será que alguns ficam 'ainda mais brasileiros', na medida mesma que outros se tornam 'ainda mais europeus'? A questão está longe de ser retórica ou irrelevante, visto que as mudanças históricas que estamos vivendo são amplas, profundas e irreversíveis. E o que elas trazem consigo, assim me parece, não é o retorno da velha questão da identidade, mas talvez a oportunidade de se guiar por outras constelações."

SEVCENKO, Nicolau. In: *Folha de S.Paulo*, 14 abr. 1996.

Entender o texto

- O que faz o autor questionar se somos mais brasileiros ou mais europeus?

Texto **3**

[Crítica à razão dualista]

"No plano teórico, o conceito do subdesenvolvimento como uma formação histórico-econômica singular, constituída polarmente em torno da oposição formal de um setor 'atrasado' e um setor 'moderno', não se sustenta como singularidade: esse tipo de dualidade é encontrável não apenas em quase todos os sistemas, como em quase todos os períodos. Por outro lado, a oposição na maioria dos casos é tão-somente formal: de fato, o processo real mostra uma simbiose e uma organicidade, uma unidade de contrários, em que o chamado 'moderno' cresce e se alimenta da existência do 'atrasado', se se quer manter a terminologia.

O 'subdesenvolvimento' pareceria a forma própria de ser das economias pré-industriais penetradas pelo capitalismo, em 'trânsito', portanto, para formas mais avançadas e sedimentadas deste; sem embargo, uma tal postulação esquece que o 'subdesenvolvimento' é precisamente uma 'produção' da expansão do capitalismo."

OLIVEIRA, Francisco de. A economia brasileira: crítica à razão dualista. In: *Estudos Cebrap*, 2, p. 7-8.

Entender o texto

- Qual é o argumento do autor contra o conceito de subdesenvolvimento?

Texto 4

Continuidades e descontinuidades

"A história e a sociologia assim concebidas segundo um modelo organicista tampouco souberam apreender as diferenças, tanto no passado quanto agora. Efetuavam-se reduções abusivas em detrimento tanto dessas diferenças como em detrimento da criação. A ligação entre essas operações redutoras é bastante fácil de ser apreendida. O específico foge diante desses esquemas simplificadores. Na luz um pouco instável fornecida por crises múltiplas e emaranhadas (entre as quais a da cidade e do urbano), entre as fissuras de uma 'realidade' que muito frequentemente é considerada cheia como um ovo ou como uma página inteiramente escrita, a análise pode agora perceber por que e como processos globais (econômicos, sociais, políticos, culturais) modelaram o espaço urbano e modelaram a cidade, sem que a ação criadora decorra imediata e dedutivamente desses processos. Com efeito, se eles influenciaram os tempos e os espaços urbanos, eles o fizeram permitindo que grupos aí se introduzissem, que se encarregaram deles, que se apropriaram deles; e isto inventando, esculpindo o espaço (para empregar uma metáfora), atribuindo-se ritmos. Tais grupos igualmente inovaram no modo de viver, de ter uma família, de criar e educar as crianças, de deixar um lugar mais ou menos grande às mulheres, de utilizar ou transmitir a riqueza. Essas transformações da vida quotidiana modificaram a realidade urbana, não sem tirar dela suas motivações. A cidade foi ao mesmo tempo o local e o meio, o teatro e a arena dessas interações complexas."

LEFEBVRE, Henri. *O direito à cidade*. São Paulo: Moraes, 1991. p. 51-52.

Entender o texto

- Qual a dialética que o autor estabelece entre a globalização e a ocupação do espaço urbano?

13 Teorias da globalização

Introdução

Octavio Ianni foi um dos sociólogos brasileiros que mais escreveram sobre a globalização, e para entender este novo estágio que atinge o capitalismo no mundo ele divide o processo histórico capitalista em três momentos[2].

O primeiro corresponde à sua emergência e instalação na Europa, instaurando o trabalho livre, a mercantilização da produção e a organização do mundo sob a forma de Estados Nacionais. Para isso houve a dissolução de instituições pré-capitalistas de produção e organização territorial. Foi um período de grande acumulação de capital e de emergência da burguesia como classe dominante. Nessa fase, o capitalismo já é global, pois, como já abordamos nos primeiros capítulos deste livro, o que alimenta esse processo é o colonialismo que agrega ao processo europeu as demais regiões do mundo que fornecem matérias-primas e escravos, permitindo a acumulação de capital.

O segundo momento corresponde à industrialização e a um processo mais efetivo de implantação do capitalismo no mundo, por meio de estreitas relações internacionais de dependência econômica e política que submetem as nações a centros hegemônicos, caracterizando o que ficou conhecido por imperialismo. O capitalismo derrama-se por todo o mundo, abarcando os mais diversos continentes, mares e oceanos, promovendo um forte processo de centralização com a formação de impérios. A economia entra em um estágio de produção ampliada e se torna altamente planificada. A tecnologia passa a desempenhar um papel cada vez mais importante, seja nas atividades bélicas de conquista e manutenção de territórios ou do espaço sideral, seja na produção de mercadorias. Há fortes movimentos de dissensão e resistência em diferentes partes do mundo, gerando graves conflitos e a emergência do movimento mais forte de oposição ao capitalismo que foi o comunismo, instaurando um novo modelo alternativo de produção e organização política. A cultura se globaliza e se homogeneíza com a criação da indústria cultural e da cultura de massa. Há uma grande mobilização populacional provocada pelo êxodo rural e pela emigração que leva multidões a se instalarem de forma definitiva em outros territórios.

A cultura se globaliza e se homogeneíza com a criação da indústria cultural

O terceiro momento é aquele que corresponde ao que se costuma chamar de globalização. Os modelos alternativos ao capitalismo, em especial o mundo comunista, entram em decadência, há um processo de enfraquecimento dos Estados Nacionais, abalando as identidades regio-

[2] IANNI, Octavio. *A sociedade global*. Rio de Janeiro: Civilização Brasileira, 1993.

JORGE ARAUJO/FOLHA IMAGEM

CORTESIA DA INTEL/GETTY IMAGES

CORTESIA INPE

A globalização da economia e das comunicações, aliada à crescente informatização de empresas e famílias, permitem explorar novas dimensões do conhecimento, bem como reestruturar a organização política e administrativa dos países.

Dotada de inusitada penetração, a informática passou a fazer parte do dia-a-dia das pessoas, dos sistemas de defesa, da comunicação, da engenharia genética e, principalmente, da produção e do mercado. A agilidade da produção, das trocas comerciais e dos fluxos financeiros deu à economia um ritmo impensável anteriormente, propiciando a mercantilização das relações sociais que assistimos na globalização e que alguns autores chamam de *mercado-rede*[4] — uma entidade reguladora das ações econômicas e políticas da sociedade que atua em nível internacional.

Em decorrência disso, uma nova mercadoria se firma no mundo como sendo a principal fonte de valor que circula pelas redes de comunicação: a informação. De forma bastante simplificada, podemos dizer que informação é todo dado que tem significado, ou seja, valor, para uma pessoa ou um grupo de pessoas que estão dispostas a pagar por ela.

> O que a grande maioria das pessoas vem produzindo em seu trabalho é informação social. Registrada em patentes de produtos ou processos; comunicada em relatórios, protótipos, desenhos, painéis de controle de máquinas; gravada em películas cinematográficas; transmitida em programas de rádio ou televisão, por telegrama ou telefone.
>
> DANTAS, Marcos. op. cit. p. 117.

O investimento na comunicação não cessou de crescer e, nos Estados Unidos, formou-se um mosaico de redes que penetraram nas mais distintas relações e processos produtivos. Isso resultou na implosão das formas

[4] DANTAS, Marcos. *A lógica do capital-informação.* Rio de Janeiro: Contraponto, 2002.

de regulamentação existentes que organizavam o trabalho, a produção, as relações entre as pessoas, e as comunicações. Esse processo recebeu o nome de "desregulamentação", e nele estão incluídas as privatizações dos serviços públicos, em especial os de comunicação, as leis de direito autoral, a distinção entre trabalho manual e informação. Enfim, num efeito "em cascata", as práticas administrativas, produtivas, além das mais elementares rotinas de nossa vida cotidiana, como o correio e o controle de temperatura dos ambientes, foram afetadas por essa "desregulamentação".

A informatização gerou modificações radicais nos processos produtivos, levando a uma reengenharia industrial com a adoção crescente de sistemas automatizados em substituição à mão-de-obra.

A informatização acabou gerando modificações radicais nos processos produtivos, levando a uma reengenharia industrial com a adoção crescente de sistemas automatizados em substituição à mão-de-obra humana. O resultado é uma grande onda de desemprego que afeta o mundo todo, além da obsolescência de tecnologias, até há pouco tempo usadas, e de profissões, que se tornaram desnecessárias da noite para o dia.

Como consequência, a economia informal se desenvolve, com legiões de pessoas tentando sobreviver de atividades temporárias ou insólitas. Aumenta a exclusão social e o empobrecimento das regiões e países periféricos, o que vem corroborar as análises do capítulo anterior: o desenvolvimento econômico é um anseio mas não um fim a ser atingido por todos, sejam nações, empresas, regiões ou indivíduos.

Mas, mesmo diante dessas considerações, as tecnologias de informação tornam-se protagonistas das novas relações sociais em um mundo globalizado, promovendo fusões de empresas, departamentos e processos produtivos. As unidades são substituídas por redes — setores da produção que trabalham em rede de departamentos, de empresas conjugadas, de fornecedores, de clientes e de consumidores. Todas essas conjugações se baseiam em conexões tecnológicas as quais geram um novo princípio de pertencimento muito diferente do nacionalismo, da vizinhança ou do parentesco. Estar perto, pertencer, participar é conectar-se, é ter a senha ou o código de acesso.

A ideia de uma sociedade de múltiplas redes, que organizam áreas de ação, relação, reação, troca e fluxos, alimenta a convicção em uma forte interdependência, que dá à noção de globalização um conteúdo próximo ao de sistema — o Sistema-Mundo[5], como o chama Oliver Dollfus. Isso nos remete à reciprocidade e à relação dialética que parece existir entre os nós conectados pelas redes que relativizam tendências, pela diluição dos conteúdos em várias sub-redes e subdiretórios que caracterizam toda e qualquer rede. Anthony Giddens, um dos estudiosos da Pós-Modernidade, denomina essa interdependência de "reflexividade", um jogo de "empurra-e-puxa" que se estabelece entre as partes[6]. Segundo o autor, isso nos impede de identificar determinismos

[5] DOLLFUS, Oliver. Geopolítica do sistema-mundo. In SANTOS, Milton e outros (Orgs.). *Fim de século e globalização*. São Paulo: Hucitec/Annablume, 2002. p. 24.

[6] GIDDENS, Anthony. *As consequências da modernidade*. São Paulo: Unesp, 1991. p. 78.

no mundo contemporâneo: se em certas nações o poder das instituições políticas enfraquece, em outras aumenta; se em certos países as formas tradicionais de produção entram em decadência, em outros, parecem renascer com toda a força.

Desterritorialização

> As cidades estão cheias de gente. As casas cheias de inquilinos. Os hotéis cheios de hóspedes. Os trens cheios de viajantes. Os cafés cheios de consumidores. As praias cheias de banhistas. O que antes não era problema, hoje começa a sê-lo: encontrar um lugar.
>
> ORTEGA Y GASSET. A rebelião das massas. In: ORTIZ, Renato. *Um outro território*. São Paulo: Olho d'água, s/d. p. 96.

A comunicação em rede e a globalização repercutiram de forma decisiva nas concepções de tempo e espaço das pessoas — se dois jogadores disputam uma partida de xadrez *on line*, estando um de manhã no Japão e o outro à noite, do outro lado do mundo, em que dia se realiza o jogo? A qual calendário se refere a partida? Se esses dois jogadores estiverem estabelecendo um contrato, qual a data que deverá rezar esse documento? Qualquer resposta dependerá de um acordo entre eles, ou seja, de uma convenção. Assim, as relações em rede vão nos fazendo perder as referências do mundo que nos cerca, adquirindo uma artificialidade nova e desconhecida do cotidiano da cultura. O imaginário humano já não procura reproduzir os movimentos da natureza, mas buscam criar um tempo/espaço fictício ou convencional.

Passamos a conviver com um desenraizamento que, se já existia desde o advento dos meios de comunicação, se aprofunda e alarga. Canclini aponta para a emergência de novos processos de aproximação e afastamento — sentimo-nos mais distanciados de nossos vizinhos e, muitas vezes, mais irmanados de pessoas que sequer conhecemos, mas com as quais estabelecemos relações de troca e dependência.

Isso sem mencionar que a aplicação da tecnologia tem transformado o ambiente e o *habitat* das cidades, tornando-as muito semelhantes umas às outras. Os cenários já não representam modos de vida únicos e diferenciados, mas tendências e hábitos muito parecidos que vão aculturando os lugares, transformando-os no que Marc Augé chama de não-lugares — espaços que parecem negar sua condição de "lugar", tornando-se mera passagem ou itinerário, muito similares em qualquer canto do mundo — *shopping centers* e aeroportos, por exemplo.

Os cenários já não representam modos de vida únicos e diferenciados, mas tendências e hábitos muito parecidos que vão aculturando os lugares, transformando-os no que Marc Augé chama de não-lugares.

Essa sensação de desenraizamento se torna mais aguda ainda se pensarmos que as últimas décadas foram anos nos quais grandes populações se transferiram de um local para outro, deixando suas tradições e passando a mesclá-las às culturas receptoras, desenvolvendo-se um hibridismo característico. Do campo para a cidade, do interior para o litoral, das zonas rurais para as industriais, dos países ricos para os países pobres e vice-versa, vamos nos acostumando a enfrentar o espaço estranho ou os estranhos que se avizinham de nós. Campos de refugiados, colônias de imigrantes, multinacionais, empresas de capital misto são alguns dos processos atuais de desterritorialização.

O deslocamento populacional reflete tanto o desenraizamento quanto a hibridação cultural do mundo atual. (Árabe muçulmano rezando em Nova Iorque, 2003.)

É diante dessa força centrípeta, contudo, que a dialética da globalização atua, tornando cada vez mais atraente e mítica a cultura que diferencia e identifica as localidades e os localismos.

Mas a desterritorialização tem a ver também com a perda de importância do território nacional, com a transnacionalização da economia, com as fusões empresariais que competem em poder e riqueza com a nação. Diz respeito também a novas alianças que unem blocos regionais mais amplos, enfraquecendo as fronteiras nacionais e a circunscrição do Estado. Mais abstratos, os territórios, as fronteiras, as vizinhanças precisam ser constantemente atualizados ou redefinidos.

Metropolização

Há no processo de globalização a tendência de assimilação dos mais diferentes cenários e espaços a um modelo tecnológico de arquitetura no qual predominam superfícies, reflexos, transparências e efeitos luminosos. Mais impessoais e artificiais, esses espaços transmitem a ideia de racionalidade. Materiais industrializados, imitações de materiais nobres, reconstruções e espaços tradicionais em recuperação são as opções estéticas dos espaços urbanos globalizados. A cidade adquire nova feição e nova função — é o entroncamento de fluxos de informação, comunicação, habitantes e mercadorias.

Assim, as cidades se tornam os nós mais importantes dessa rede globalizada e para lá fluem pessoas de diferentes origens étnicas, religiosas e raciais. Em razão disso e da opção pelos materiais industriais e pela alta tecnologia, esses centros vão se tornando cada vez mais parecidos. O crescimento dessa malha urbana plural e múltipla forma as grandes metrópoles que sediam os acontecimentos do mundo contemporâneo.

Trata-se de um tecido que se amplia constantemente do centro para a periferia, mas vai gerando núcleos diferenciados e particulares que procuram estabelecer nova identidade. David Harvey afirma que essa sucessão descontínua de estilos expressa uma geografia de gostos sob a forma de um "*pot-pourri*" de internacionalismos. Pequenas Itálias; bairros latinos, *chinatowns*, quarteirões árabes e bairros turcos; sem contar os guetos, favelas e cortiços; as zonas de boêmia, as cidades universitárias e as áreas ocupadas pelos moradores de rua criam pequenos territórios na metrópole pós-moderna, que tanto expressa planejamento e racionalidade como a caótica intervenção das minorias e dos movimentos sociais mais radicais.

Cosmopolitismo, anonimato, coletivismo, pluralidade são as características das metrópoles que funcionam como os grandes centros propulsores da globalização.

Cosmopolitismo, anonimato, coletivismo, pluralidade são as características das metrópoles que funcionam como os grandes centros propulsores da globalização. Palco das angústias, das reivindicações e das manifestações sociais da atualidade, os grandes centros criam novos laços de dominação em relação às áreas circundantes, gerando uma nova topografia que não se assenta nas condições físicas e geográficas, mas na geopolítica da produção, da comunicação, do mercado e da geração da cultura.

Henry Lefebvre é um dos sociólogos que estudam a metropolização das cidades, identificando nesse processo três etapas diferentes:

1 — A primeira corresponde ao desenvolvimento industrial que, segundo ele, "saqueia a realidade urbana preexistente", procurando negá-la. A cidade vai se transformando em centros de serviços e troca.

DANIEL PERA/AGÊNCIA O GLOBO

EDUARDO KNAPP/FOLHA IMAGEM

MONALISA LINS/AE

As cidades abrigam tanto a desesperança dos excluídos como a utopia das minorias e dos marginalizados. (À esquerda, manifestação dos sem-teto, em São Bernardo do Campo, São Paulo, 2003; à direita, acima, oitava parada GLBT, 2004; abaixo, comemoração do dia da Consciência Negra, 2000, ambos em São Paulo.)

2 — No segundo período, a sociedade urbana se generaliza e desaparecem, aos poucos, sua centralidade e características. Torna-se uma realidade socioeconômica para a qual qualquer planejamento se torna difícil.

3 — Nesta última etapa, a cidade antiga está decomposta e, em lugar do centro, surgem diversos e dispersos centros de decisão. Descentrada, a cidade parece excluir até mesmo as classes sociais e suas distinções.

Mas nem todas as visões são tão negativas. Há autores que veem nessa nova paisagem o lugar por excelência da utopia, palavra que significa "lugar nenhum". Como lugar nenhum ou não-lugar, a metrópole atrai, provoca, engole e promete a realização funcional e planejada de todos os sonhos. Philip Johnson, arquiteto responsável por criar o *International Style* (Estilo Internacional), considera que a Pós-Modernidade é ambígua e propõe: "a prudência como método, a ironia como crítica, o fragmento como base e o descontínuo como limite."[7] Nessa mesma visão utópica e otimista, outros autores percebem no Pós-Moderno e em suas múltiplas edificações o anseio por justiça; "o respeito ao pequeno, o espaço para o humor, o prazer e o ócio."[8] A prática da humildade, a descrença em relação ao épico e a fé na transformação ininterrupta.

Disparidades e desigualdades

A riqueza, que antigamente ia por terra e mar das colônias para as metrópoles, hoje se transfere, em segundos, da periferia para o centro.

Para os pesquisadores que acreditavam na mudança lenta e gradual que levaria os países ainda em desenvolvimento ou pobres a um crescimento lento, mas contínuo, o estudo da globalização deve deixá-los cheios de apreensão. Isso porque todo esse fenômeno, que ao contrário de estandardizar os movimentos históricos, tem feito aumentar as disparidades. Nota-se uma aceleração crescente no desenvolvimento da produção dos centros hegemônicos e o aumento da distância que os separa daqueles países, regiões e setores de desempenho inferior.

As disparidades regionais se acentuam, a geração de riqueza se centraliza e as desigualdades sociais se tornam ainda mais evidentes.

> A primeira metade da década de 1990 é o grande momento da afirmação do capitalismo globalizado, é aquilo que se poderia chamar o triunfalismo do mercado. É o momento em que esse capitalismo globalizado, com grande autoconfiança, procura moldar o mundo de acordo com suas necessidades e tenta fazer isso de diversas maneiras.
>
> RICUPERO, Rubens. A busca de sentido para a economia e o desenvolvimento. In: ARBIX, Glauco e outros (Orgs.). *Razões e ficções do desenvolvimento*. São Paulo: Unesp/Edusp, 2001. p. 45.

[7] SEVCENKO, Nicolau. O enigma pós-moderno. In: OLIVEIRA, Roberto Cardoso e outros (Orgs.). *Pós-Modernidade*. Campinas: Unicamp, 1995. p. 54.

[8] Op. cit., p. 54.

A competição entre países e regiões se torna mais acirrada; as relações se mercantilizam; as mudanças são abruptas e geram grande sentimento de insegurança; as crises se sucedem; os preços sobem; as rendas dos pobres diminuem; os salários perdem valor; as organizações que protegem pobres e trabalhadores enfraquecem; valores consagrados são abandonados, serviços públicos se deterioram e as minorias se insurgem.

De outro lado, a tecnologia cria, continuamente, novos aparelhos e equipamentos que logo se tornam necessidades, enquanto os antigos ficam logo obsoletos; a produtividade cresce; o consumo se agiganta; o cidadão se torna menos participante; a educação se populariza e perde qualidade; as moedas oscilam. Trata-se de um quadro assustador? Aparentemente, pois há os otimistas que veem na comunicação em rede uma possibilidade inigualável de liberdade e afirmação pessoal, de gestão de empresas, de atuação independente e de ação revolucionária. Os movimentos dissidentes se multiplicam e a comunicação cria uma aldeia global, onde a opinião pública passa a ter crescente importância.

Para muitos estudiosos da sociedade contemporânea, são as desigualdades sociais, a exclusão e a miséria os principais problemas da atualidade. Um problema que contrasta pela sua agudeza com a aparente riqueza do mundo e com o desenvolvimento da ciência e da tecnologia. Por isso, a questão da pobreza é analisada por muitos sociólogos como um objeto de estudo especial. O geógrafo Milton Santos foi um dos grandes colaboradores para o estudo das desigualdades regionais no processo de globalização. Viviane Forrester, ensaísta francesa, escreveu um dos livros mais lidos sobre o tema: *O horror econômico*. E, dada a sua importância na sociologia da atualidade, vamos dedicar a este assunto o próximo capítulo. Mas, se por um lado os problemas e conflitos sociais adquirem uma nova dimensão, atingindo todo o planeta, ainda que em proporções diferentes, por outro, há também a expansão dos movimentos sociais revolucionários, da criminalidade e do terrorismo. Existem movimentos mundiais de trabalhadores por políticas que preservem e ofereçam empregos; as Organizações Não-Governamentais passam a agir além das fronteiras nacionais, como o *Green Peace*, que desenvolve campanhas pela defesa ambiental do planeta; o tráfico de drogas envolve diferentes continentes, e o terrorismo se capacita para atuar de forma intercontinental. No século XXI, dois grandes atentados terroristas abalaram a opinião pública: o primeiro, em Nova York, em 2001, causando a destruição do World Trade Center, o edifício símbolo do capitalismo norte-americano; o outro, em Madri, em 2004, quando quase 200 pessoas morreram em consequência da explosão de bombas em três estações de trem. Especialmente o primeiro desses acontecimentos, transmitido pelas redes de televisão para o mundo todo, caracterizam esse fenômeno que é a globalização.

Atividades

Compreensão de texto

1 Quais foram as três mais importantes etapas do processo de desenvolvimento do sistema capitalista, segundo o sociólogo Octavio Ianni?

2 Qual a origem e o sentido original da expressão "Pós-Modernismo" e como ela foi adotada pelas outras áreas do conhecimento?

3 Qual é a importância e o valor da informação na sociedade contemporânea?

4 O que os autores que escrevem sobre a Pós-Modernidade querem dizer com desterritorialização?

Interpretação, problematização e pesquisa

5 A globalização é um processo de homogeneização ou de diferenciação entre culturas e regiões? Justifique a resposta com exemplos.

6 O mapa abaixo, publicado no livro de Manuel Castells *A sociedade em rede*, procura mostrar que, na sociedade pós-moderna, os meios de comunicação criam fluxos de informação. Esse mapa apresenta uma distribuição equilibrada da informação? Ele nos leva a ver que o mundo está se tornando mais democrático, ou não?

Fluxos de informação

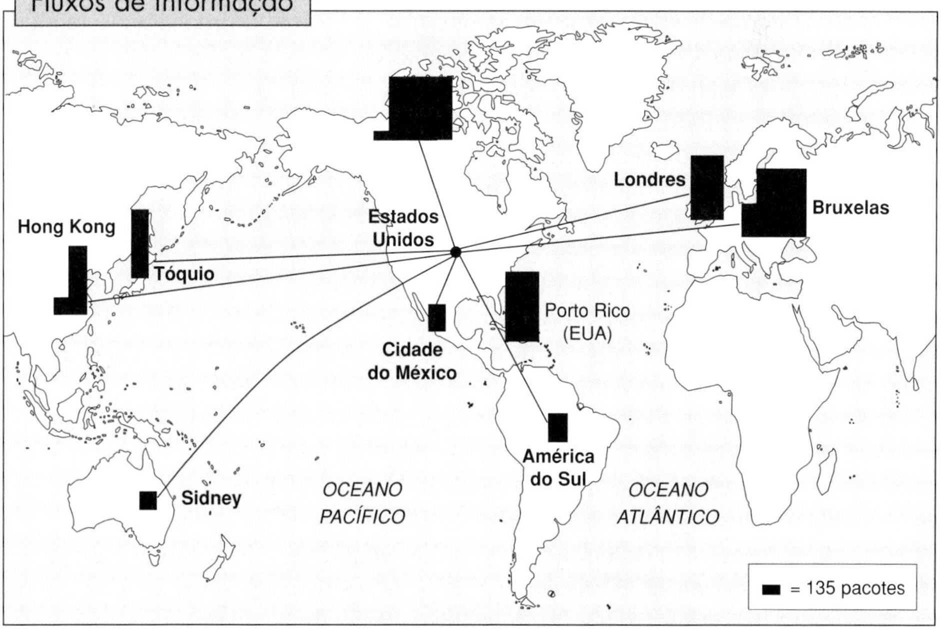

Fonte: Dados da Federal Express, 1990. (Michelson e Wheeler, 1994.)

7 A foto mostra um cenário da cidade de Nova York, em 2003, onde se vê a convivência de edifícios modernos com pós-modernos. Pesquise, em sua cidade ou em outras, imagens como esta, com esses elementos se contrapondo.

IARA VENANZI/KINO

Aplicação de conceitos

8 Leia o texto e responda às questões.

Ações contra o desemprego

"Crescimento do PIB, aumento das exportações e recuo do desemprego: os indicadores brasileiros apresentaram bons números em 2004, ainda que relativos a cenários anteriores de forte retração econômica. No que tange ao desemprego, todavia, uma recomposição minimamente aceitável do mercado de trabalho exige ainda o enfrentamento de complicadas questões. Dentre elas, a recente e preocupante tendência de desconexão entre crescimento econômico e oferta de empregos. A criação de postos de trabalho historicamente associa-se a momentos de expansão econômica. Com a reestruturação produtiva global do último quartil do século XX, todavia, a indústria perdeu capacidade empregadora, sem que outro segmento econômico — como se chegou a imaginar para o setor de serviços — viesse a substituí-la na função de grande absorvedora de mão-de-obra. A Organização Mundial do Trabalho (OIT) alerta para o fato de que em 2003 o desemprego bateu recorde histórico no planeta, apesar da progressão do Produto Interno Bruto (PIB) mundial na ordem de 3,2%. Ao contrário do passado, agora parece possível crescer sem contratar, ou contratando pouco, fenômeno que pode ser constatado nas mais significativas economias do planeta. As mudanças são evidentes no mundo do trabalho: a antes elevada correlação positiva entre crescimento econômico e oferta de trabalho perde força, o *modus operandi* das atuais empresas é menos dependente de trabalhadores e o desemprego de modo geral deixa de ser uma anomalia circunstancial. Persistente há pelo menos duas décadas, adquire um caráter estrutural, tornando inúteis as recorrentes explicações conjunturais. Para além do aspecto quantitativo, contudo, o desemprego apresenta ainda enorme desafio de ordem qualitativa. As estatísticas brasileiras confirmam a percepção geral: a oferta de empregos no País expande-se com vigor apenas na faixa de salários mais baixos (até dois salários mínimos). Fato que remete a outra delicada questão: se o Brasil cria empregos braçais, de baixo agregado intelectual, estará então mais uma vez reforçando seu histórico papel de fornecedor de *commodities* e de trabalho barato? A baixa qualidade dos postos de trabalho gerados reflete-se também na renda média do trabalhador, que despencou rapidamente nos últimos anos."

BROM, Luiz Guilherme. In: *Gazeta Mercantil*, 22 out. 2004.

O artigo trata dos problemas sociais mundiais e, ao mesmo tempo, das diferenças, especificamente em relação ao Brasil. Responda:

a) O desemprego é um problema global?
b) Por que ele não tende a ser circunstancial?
c) O que caracteriza o desemprego no Brasil que o diferencia de outros lugares?

9 Neste mapa, publicado no livro *Globalização, crescimento e pobreza*, editado pelo Banco Mundial, é possível perceber as diferenças e desigualdades que são geradas pelo processo de mundialização da economia. Identificar essas regiões, países e continentes propiciará entender quais são os fluxos de crescimento e concentração de riqueza. Depois de identificar esses fluxos, comente-os com os colegas.

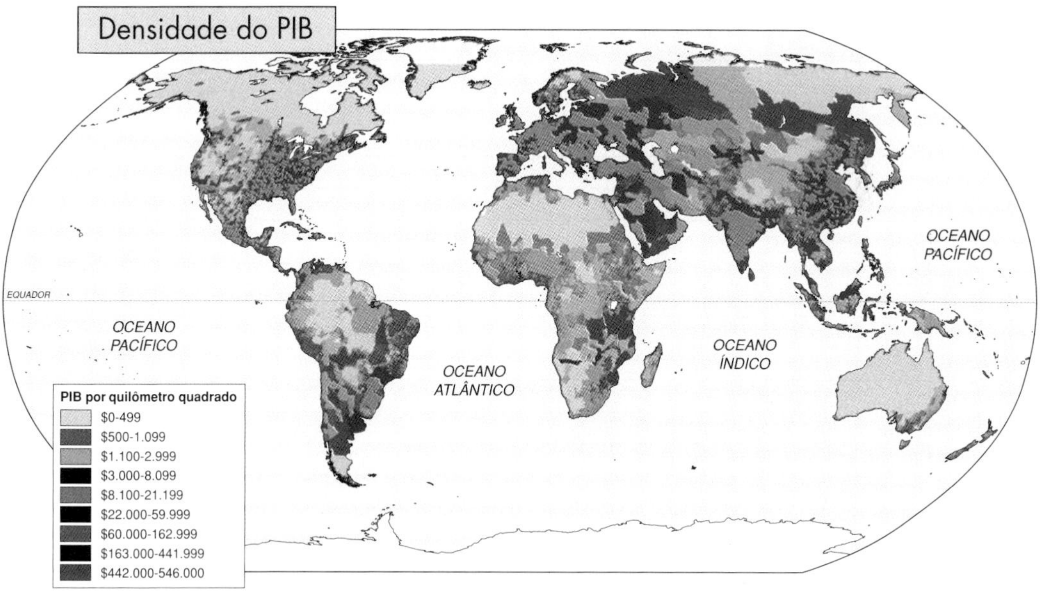

Fonte: Sacha, Mellinger e Gallup (2001). Globalização, crescimento e pobreza. Banco Mundial. São Paulo: Futura, 2003.

10 **Vídeo:** *Matrix* (EUA, 1999. Dirigido por Andy e Larry Wachowski. Duração: 136 min) — Um jovem programador tem sonhos nos quais está sendo conectado a um programa contra a sua vontade. Depois de conhecer Morpheus e Trinity ele descobre que há um programa — Matrix — que conecta a mente das pessoas, dando-lhes uma falsa impressão de realidade, para poder usar os seus corpos como fonte de energia, como se fossem uma pilha elétrica, mesmo contra a vontade delas.

- O filme discute a realidade e a simulação proposta por computadores e a questão da liberdade individual diante da informática e da possibilidade de controle e programação. É um bom pretexto para se discutir em classe a Pós-Modernidade e o avanço tecnológico.

Leituras complementares

Texto 1

Passagem da Modernidade à Pós-Modernidade

Diferenças esquemáticas entre Modernidade e Pós-Modernidade	
Modernismo	Pós-Modernismo
Romantismo/Simbolismo	Parafísica/dadaísmo
forma (conjuntiva-fechada)	antiforma (disjuntiva-aberta)
propósito	jogo
projeto	acaso
hierarquia	anarquia
domínio	jogos
exaustão	silêncio
objeto de arte/obra acabada	processo/*performance*/*happening*
distância	participação
criação/totalização/síntese	descriação/desconstrução/antítese
presença	ausência
centração	dispersão
gênero/fronteira	texto/intertexto
semântica	retórica
paradigma	sintagma
hipotaxe	parataxe
metáfora	metonímia
seleção	combinação
raiz/profundidade	rizoma/superfície
interpretação/leitura	contra a interpretação/desleitura
significado	significante
lisible (legível)	*scriptible* (escrevível)
história narrativa/grande	história antinarrativa/pequena
código mestre	idioleto
sintoma	desejo
tipo	mutante
genital/fálico	polimorfo/andrógino
paranoia	esquizofrenia
origem/causa	diferença/vestígio
Deus Pai	Espírito Santo
metafísica	ironia
determinação	indeterminação
transcendência	imanência

Fontes: Hassan (1985, 123-4);
HARVEY, David. *Condição pós-moderna*, op. cit. São Paulo: Loyola, 2001. p. 48.

Entender o texto

Harvey, no quadro apresentado, procura caracterizar as diferenças entre a Modernidade e a Pós-Modernidade em distintos níveis da vida, da história e da sociedade. Esses níveis procuram mostrar diferentes paradigmas, como, por exemplo, o predomínio de hierarquia — diferenças significativas de poder entre grupos e pessoas — e a anarquia, que é, justamente, a superação dessas diferenças.

- Escolha uma dessas dicotomias da tabela para pesquisar e estudar com mais profundidade, buscando entender o que é a Pós-Modernidade.

Texto 2

Turbilhão digital

"A vida moderna, mais do que nunca, se transforma num ritmo acelerado, devido ao incessante passo dos avanços tecnológicos. A tendência é que esse ritmo continue sempre a aumentar, mesmo que isso venha a requerer grandes inovações científicas.

Por exemplo, a miniaturização crescente dos computadores, que hoje têm processadores com milhões de componentes eletrônicos, chegará forçosamente a um limite, em que o seu tamanho será comparável ao dos átomos. Quando isso ocorrer, o progresso em computação terá de usar um novo tipo de máquina, baseada em processadores que serão compostos por moléculas, os chamados computadores quânticos. Fica difícil acompanhar essas novas tecnologias e a ciência por trás delas. E essa dificuldade tem sérias consequências sociais. Neste ensaio, reflito mais sobre os desafios educacionais dessa revolução do que sobre a sua ciência.

Mesmo que seja óbvio que o progresso digital não só é inevitável como bem-vindo, existem certos efeitos colaterais que devem ser pensados com muito cuidado. É praticamente impossível, sem o devido poder aquisitivo, se manter em dia com todos os tecnobrinquedos que existem no mercado. São DVDs, HDTVs (televisores de alta definição), *palm pilots* (computadores de bolso), telefones celulares com acesso à Internet, câmaras digitais e por aí a fora.

Se eu repetir essa lista em cinco anos, ela certamente terá aparelhos que ainda nem imaginamos. Isso sem falar na constante produção de novas versões de programas, cada vez mais poderosas, que, para serem rodadas, precisam de computadores cada vez mais rápidos.

O alto custo e a constante renovação das tecnologias promove a existência de uma 'subclasse' tecnológica, os deixados às margens do turbilhão digital. E, como o motor fundamental da sociedade moderna são a geração e a troca de informação, esses novos marginalizados digitais sofrem uma grande desvantagem no mercado de trabalho. Essa estratificação social é ainda maior em países onde a distribuição de renda é muito polarizada, como é o caso brasileiro."

GLEISER, Marcelo. *Folha de S.Paulo*, 11 ago. 2002. Caderno Mais.

Entender o texto

- O que é subclasse tecnológica?

Texto 3

Bem-vindo ao deserto do real

"'Matrix' (1999), o *hit* dos irmãos Wachowski, trouxe essa lógica ao seu ápice: a realidade material que todos nós experimentamos e vemos à nossa volta é uma realidade virtual, gerada e coordenada por um gigantesco megacomputador ao qual estamos todos conectados; quando o herói (papel desempenhado por Keanu Reeves) desperta na 'realidade real', ele vê uma paisagem arrasada plena de ruínas queimadas — o que restou de Chicago após uma guerra mundial. O líder da resistência Morpheus pronuncia a saudação irônica: 'Bem-vindo ao deserto do real'. Não foi algo da mesma ordem que ocorreu em Nova York no dia 11 de setembro? Seus cidadãos foram apresentados ao 'deserto do real' para nós, corrompidos por Hollywood, a paisagem e as cenas que vimos das torres arruinadas não puderam deixar de nos lembrar das sequências mais impressionantes dos grandes filmes de catástrofe.

Ao ouvir como os ataques foram um choque totalmente imprevisto, como o inimaginável impossível aconteceu, deve ser lembrada outra catástrofe definidora, do começo do século 20: aquela do Titanic. Também foi um choque, mas o espaço para ele já havia sido preparado em fantasias ideológicas, já que o Titanic era o símbolo do poder da civilização industrial do século 19. O mesmo não é verdade para esses ataques? Não apenas a mídia nos bombardeava o tempo todo falando da ameaça terrorista; essa ameaça era também obviamente libidinalmente investida — basta lembrar a série de filmes — de 'Fuga de Nova York' a 'Independence Day'. O impensável que aconteceu era portanto o objeto de fantasia: de certo modo, os EUA receberam aquilo que era o objeto de suas fantasias, e isso foi a surpresa maior.

É precisamente agora, quando estamos lidando com o real cru da catástrofe, que devemos ter em mente as coordenadas ideológicas e fantasmáticas que determinam a percepção dela. Se há algum simbolismo no colapso das torres do World Trade Center, ele não é tanto a antiga noção de 'centro do capitalismo financeiro', mas, ao contrário, a noção de que as duas torres representavam o centro do capitalismo virtual; de especulações financeiras desconectadas da esfera da produção material. O impacto estilhaçador dos ataques só pode ser medido contra a fronteira que hoje separa o Primeiro Mundo digitalizado do Terceiro Mundo 'deserto do real'. É a consciência de que nós vivemos em um universo artificialmente isolado que gera a noção de que um agente criminoso nos ameaça todo o tempo com a destruição total."

ZIZEK, Slavoj. Bem-vindo ao deserto do real.
Folha de S.Paulo, 23 set. 2001. Caderno Mais. p. 6.

Entender o texto

- Qual o objetivo do autor em comparar o filme *Matrix* com a realidade do Terceiro Mundo?

14 Pobreza e exclusão

Introdução

Terá havido no mundo alguma sociedade realmente igualitária na qual as pessoas pudessem desfrutar de maneira semelhante os bens e as oportunidades da vida social? Parece que não. As evidências históricas mostram que a cultura humana esteve sempre intimamente ligada, desde os seus primórdios, à ideia da distinção e da discriminação entre grupos sociais. Mesmo nas organizações sociais mais homogêneas e simples existiam diferenças de sexo e idade atribuindo aos grupos assim discriminados funções diferentes, certa parcela de poder, determinados direitos e deveres. A partir de então, nas sociedades que foram se tornando mais complexas, os membros não tinham igual acesso a algumas vantagens como, por exemplo, o poder de decisão e a liberdade. O patriarcado existente nas mais remotas civilizações, garantindo aos homens o poder sobre a família e seus bens, demonstra que a igualdade é, antes de mais nada, uma utopia, um ideal ainda não vivido pela humanidade.

O homem sempre procura distinguir e discriminar grupos no interior da sociedade.

Por outro lado, o processo histórico tem revelado como tendência marcante a diferenciação e a crescente complexidade da sociedade. Da pequena diferenciação social existente nas sociedades tribais, as diversas civilizações passaram por diversos processos que as levaram a formar os mais diferentes grupos, que começaram a se distinguir por etnia, nacionalidade, religião, profissão e, de forma mais acentuada, por classe social. A caminho das sociedades plurais, foram se formando inúmeros grupos, cada um com uma função, um conjunto de direitos, deveres, obrigações e possibilidades de ação social.

O mundo contemporâneo assiste ao resultado desse longo processo histórico de formação de uma civilização complexa e diferenciada, na qual os diversos grupos procuram conquistar direitos ou manter privilégios e as possibilidades de acesso à produção de bens e aos mecanismos de distribuição desses bens na sociedade.

Desigualdade e pobreza

Se é verdade que as sociedades apresentam desde a Antiguidade diferentes formas de discriminação e de distribuição desigual de bens, por que a pobreza se torna tão pouco aceitável na sociedade contemporânea? Por que a existência de parcelas da população à margem dos benefícios do desenvolvimento industrial e sem acesso a uma quantidade mínima de bens parece tão chocante hoje?

A razão para essa nova postura diante de populações excluídas ou carentes se deve inicialmente ao fato de que na sociedade moderna, nos últimos séculos, sedimentou-se a ideia de que fazemos parte de uma totalidade que é a humanidade. Ao contrário dos povos antigos, que tinham muito clara a noção de que a sociedade se diferenciava por grupos inconciliáveis — como as castas indianas, por exemplo —, o mundo ocidental desenvolveu a consciência de constituir uma humanidade à qual pertencem todos os habitantes do planeta. Uma igualdade, sem dúvida nenhuma, originada no universalismo católico, desenvolvida pelos princípios democráticos de organização política e reforçada pela expansão mundial do sistema capitalista industrial.

O mundo ocidental desenvolveu a consciência de constituirmos uma humanidade à qual pertencem todos os habitantes do planeta.

Engendrada a ideia de humanidade como conceito capaz de conter em seus limites todas as pessoas existentes no planeta, as desigualdades sociais se tornaram cada vez mais perceptíveis. Defendido o princípio de que todos os homens têm os mesmos direitos e são iguais perante a lei, fica cada vez mais difícil justificar as diferenças sociais.

Por outro lado, a modernidade se caracterizou por uma crença sempre revigorada no progresso, na evolução de indivíduos e nações, no aprimoramento dos organismos físicos e sociais. Até mesmo as narrativas que povoam nosso imaginário, produzidas pela indústria cultural e transmitidas pelos meios de comunicação de massa, costumam ter final feliz, com o qual o público, via de regra, satisfaz seu desejo de justiça. Como explicar, então, que toda essa consciência e esse desejo não se fundamentam na realidade?

É por isso que, considerando que a pobreza tenha sempre existido — pessoas, grupos ou populações que não têm acesso ao mínimo necessário para a sua reprodução biológica e social —, esse fato hoje vai contra os princípios que acreditamos deveriam nortear a sociedade humana. Se

SÉRGIO CASTRO/AE

Os cortiços, moradia comum nos bairros centrais da cidade de São Paulo e do Rio de Janeiro. (Cortiço na Alameda Nothmann, cidade de São Paulo, 1998.)

todos possuímos os mesmos direitos, como pode haver grupos que não têm acesso ao mínimo de bens produzidos pela sociedade?

É nesse sentido, de contradição em relação aos valores que defendemos em nossa forma de organização social, que na sociedade moderna e contemporânea a desigualdade assume o caráter de privilégio de alguns e de injustiça para com outros. É essa nova consciência que torna a pobreza tão incômoda.

> Em 1582 um memorial sobre a organização dos hospitais de Londres prestou contas das investigações realizadas na cidade para definir o número de necessitados. Verificou-se que nesse tempo havia em Londres:
>
> | | |
> |---|---|
> | Órfãos de pai | 300 |
> | Pessoas doentes | 200 |
> | Pobres carregados de filhos | 350 |
> | Velhos empobrecidos | 400 |
> | *Householders* | 650 |
> | Vagabundos ociosos | 200 |
>
> Assim o censo compreendia 2100 pessoas.
>
> GEREMEK, Bronislaw. *Os filhos de Caim*. São Paulo: Companhia das Letras, 1995. p. 139.

Pobreza e abundância

Outro aspecto da sociedade contemporânea que torna mais difícil aceitar a pobreza de certas parcelas da população é o pleno desenvolvimento da indústria de massa, que põe em circulação na sociedade uma miríade de produtos nunca antes imaginada. Por sua quantidade, os bens produzidos pela indústria de massa seriam capazes de manter e reproduzir toda a população do planeta. Restaria ainda um excedente, garantem alguns economistas. Mas a diferenciação, a oposição e a concorrência entre os grupos sociais acabam por criar mecanismos de apropriação e monopólio dos bens econômicos e sociais, gerando crescente concentração de renda. E é em meio à sociedade da abundância que a pobreza adquire um caráter contraditório e, até, paradoxal.

Os bens produzidos pela indústria de massa poderiam manter e reproduzir a população do planeta.

Agrava esse caráter contraditório e revelador da pobreza — como um dos impasses da sociedade contemporânea — o caráter consumista da vida social. Ao lado da crescente pobreza, o apelo ao consumo por meio das campanhas publicitárias veiculadas pelos meios de comunicação de massa torna a distância social entre ricos e pobres ainda mais trágica e inaceitável. Consumismo e abundância fazem parte desse ideário do bem-estar social no interior do qual as populações carentes não param de crescer.

Os produtos inundam o mercado, milhares de similares fazem concorrência cerrada em busca dos consumidores. Mercadorias que em pouco tempo são consideradas anacrônicas, ultrapassadas e obsoletas, devem ser substituídas por outras de formato, cor ou programa diferente e exigem consumidores com disponibilidade permanente de compra. É nessa sociedade que a pobreza se torna cada vez mais contraditória e perturbadora.

Não podemos esquecer, também, que o capitalismo industrial rebaixou formas tradicionais de identidade baseadas, por exemplo, na posse de bens duráveis — como a terra. Na sociedade contemporânea, aberta e anônima, as pessoas se identificam com aquilo que possuem ou ostentam — novos indicadores de poder e *status*, mais virtuais e menos concretos como, por exemplo, o domínio de informações. A estigmatização dos grupos sociais pela quantidade de bens que manipulam e ostentam tornou-se evidente, como apontam os estudos de Baudrillard e Guy-Dabord. É diante do chamado consumo ostentatório que a pobreza se torna mais vergonhosa e condenável.

GIDEON MENDEL/CORBIS-STOCK PHOTOS

GALEN ROWELL/CORBIS-STOCK PHOTOS

JIM RICHARDSON/CORBIS-STOCK PHOTOS

A fome se transforma em um fenômeno de alcance e gravidade mundiais. (Nas fotos, a miséria na Somália, África, 1992, em Cordilheira Blanca, no Peru, 1995, e em abrigo nos Estados Unidos, 2000.)

A pobreza relativa

Numa economia organizada e globalizada como a nossa, de maneira geral os índices adquirem grande importância como elementos capazes de medir características presumidamente presentes em diferentes agrupamentos sociais e populações. Tais índices desempenham, assim, papel relevante no jogo das relações entre pessoas, grupos e países. Analfabetismo, dívida externa, renda *per capita*, produto interno bruto são medidas de análise frequentes para a classificação das regiões e nações. Com esse recurso estatístico, a pobreza deixa de ser uma característica abstrata ou um conceito para se tornar uma grandeza. Pessoas, grupos sociais e países passam a ser considerados pobres não só em relação a si mesmos, às dificuldades em atingir seus objetivos, em satisfazer as próprias necessidades e melhorar as condições de vida, como também em relação aos outros grupos ou países, com os quais são permanentemente comparados.

A pobreza nunca pareceu tão complexa, nem tão difícil de ser aceita, uma vez que se tornou pública, patente e estigmatizada. Por outro lado, se riqueza e pobreza sempre tiveram um caráter relativo, como variáveis em função das necessidades vitais e sociais de cada grupo em determinado momento de sua história, no mundo contemporâneo essa relatividade adquire outra proporção. A pobreza passa a existir em uma sociedade também em função das necessidades externas, engendradas por outros processos societários. Uma necessidade satisfeita por formas tradicionais de produção pode rapidamente transformar-se em carência, tão logo cheguem informações de novos bens e novos comportamentos criados no exterior.

Sob o influxo da produção em massa, até mesmo pessoas que vivem em condições subnormais em favelas, cortiços, palafitas etc., carentes dos mais elementares aparelhos sociais, acabam sendo seduzidas pelos signos da modernidade — parabólicas, aparelhos de videocassete e de DVD que podem ser observados, em abundância, nos bairros mais pobres das cidades do mundo inteiro. Isso porque há toda uma indústria voltada para produzir divertimento em massa, facilitando o seu consumo por pessoas de baixa renda.

Estado de carência múltipla

Em uma sociedade complexa, em que a vida se reveste de inúmeras instâncias diferentes e na qual existe a consciência de a espécie humana constituir uma totalidade, a questão da pobreza se reveste de inúmeros aspectos. John Friedmann e Leonie Sandercock, especialistas em planificação urbana, em artigo intitulado *Os desvalidos*, publicado em maio de 1995 pelo *O Correio da Unesco*, identificam três diferentes formas de pobreza, além da clássica carência de bens materiais e de recursos à sobrevivência. A despossessão psicológica diz respeito a um sentimento de autodesvalorização das populações pobres em relação às ricas, ou de um país pobre em relação a um país rico.

Outra forma de despossessão é a impossibilidade de acesso ao êxito social.

Outra forma de despossessão é a social, que se manifesta pela completa impossibilidade de parcelas da população terem acesso aos mecanismos de êxito social, de atingirem o mínimo de prestígio e manterem relações sociais estruturadas e permanentes.

A despossessão política é outro lado da pobreza contemporânea e diz respeito à incapacidade de certos grupos sociais terem qualquer participação efetiva na vida pública ou acesso aos mecanismos de interferência e ação política.

E, atualmente, com a informática e a integração das mais diversas atividades às mídias digitais, aparece um novo tipo de pobreza: a tecnológica. Pessoas que não possuem "alfabetização digital" estão excluídas dos mais diferentes espaços e da comunicação globalizada e, o mais importante, do mercado de trabalho também. A pobreza tecnológica aflige, envergonha e exclui.

À medida que se amplia nossa concepção de vida social, a questão da pobreza torna-se aguda e complexa, envolvendo não só a aquisição de bens materiais mas também o acesso a diversos produtos sociais, cada vez mais essenciais.

A responsabilidade do sistema

Não só as teorias políticas que explicam a natureza e a função do Estado preocuparam-se com a questão da pobreza. Estudos econômicos e sociais também reservaram suas análises à compreensão desse problema. Desde o século XIX, economistas e sociólogos tentaram descobrir tendências para o futuro das populações carentes. Os prognósticos foram sempre pessimistas. Thomas Malthus e David Ricardo afirmaram que o capitalismo industrial alcançaria um tal nível de desenvolvimento que os recursos naturais do planeta se esgotariam e as populações seriam assoladas pela fome.

Karl Marx, no *Manifesto do Partido Comunista*, sustentava que o desenvolvimento do modo de produção capitalista levaria a uma constante e irreversível concentração de propriedade e riqueza, monopolizada por poucos, enquanto o restante da população estaria reduzido a um nível econômico de subsistência.

Alfred Marshall, em 1927, alertava para a degradação dos níveis de vida da humanidade, com um aumento constante do trabalho árduo, da falta de instrução e saúde e da baixa expectativa de realização pessoal.

Essas teorias possuíam um caráter de alerta e denúncia, espalhando pessimismo e desconfiança e, por se fundamentarem em determinados pressupostos acerca das leis que regulam o desenvolvimento dos sistemas sociais, assumiam uma função quase profética.

> Não pode continuar
> O trabalhador sem nome
> O filho do operário
> Não pode estudar nem come
> A burguesia estragando
> E o pobre morrendo de fome.

Poeta e cordelista Azulão da Parahiba
In: CURRAN, Mark. *História do Brasil em cordel.*
São Paulo: Edusp, 1998. p. 172.

Muitas dessas teorias que previam um futuro não muito promissor para as sociedades em decorrência do agravamento dos conflitos sociais mostraram-se falhas em seus prognósticos. Vivemos numa sociedade de abundância e não de escassez, que dispõe de meios para uma distribuição mais igualitária de bens, desde que para isso haja vontade política.

O desenvolvimento tecnológico e a robótica reduzem, em alguns países, a jornada de trabalho e o contingente de mão-de-obra empregado, invertendo as tendências que caracterizaram os primórdios da Revolução Industrial. E o capitalismo sobrevive ao desenvolvimento industrial e às transformações que provoca, enquanto as sociedades coletivistas — inquestionavelmente mais igualitárias — foram quase extintas.

Não há dúvida de que existem sistemas cujo desenvolvimento assegura uma melhor distribuição dos bens sociais, que preveem formas mais adequadas de assistência à população, entretanto sabemos também que os homens participam de maneira consciente dos sistemas econômicos e sociais e podem interferir em sua dinâmica. Não se aceita hoje — depois de séculos de individualismo nos quais o homem buscou entender, criticar e participar da vida social e do desenvolvimento de instituições democráticas nas quais, como cidadão, lhe é permitida a atuação política — que o homem seja considerado vítima da história e dos sistemas sociais. Os diversos movimentos sociais revolucionários e reivindicatórios também são unânimes nessa atitude de convocar o homem à ação efetiva sobre a realidade.

O peso do fator biológico

Se por um lado não podemos conceber o desenvolvimento independente dos sistemas econômicos, como se eles possuíssem uma lógica autônoma e isenta da ação humana, também não podemos cair no outro extremo que procura no perfil da população as justificativas para sua condição subalterna.

Além do caráter preconceituoso dessas teorias, que muito facilmente encontram explicações "naturais" e biológicas para a condição social das populações carentes, nós sabemos que o homem, como ser essencialmente cultural, apresenta as características que o próprio meio social lhe propiciou desenvolver.

Recentemente, nos Estados Unidos, desenvolveu-se uma teoria que se popularizou como "Curva do Sino", que atribuía a pobreza dos negros habitantes dos guetos a uma possível inferioridade mental de origem genética. Os índices utilizados para medir esse desempenho intelectual estavam, eles próprios, influenciados pela situação de pobreza.

Herdeiros do etnocentrismo e do eurocentrismo, esses estudos identificam como causas das desigualdades sociais indicadores que nada mais são que consequências do estado de carência de determinados grupos sociais. Muitas vezes esses indicadores, por si só, revelam o estado de indigência da população e a complexidade do conceito de pobreza. Foram dramáticas, nesse sentido, as reportagens realizadas no Nordeste brasileiro evidenciando a pequena estatura da nossa população, consequência do baixo poder calórico da alimentação nas faixas sociais mais carentes. É essa situação de pobreza a causa não só de certas características da população como da baixa produtividade local.

A pobreza crescente e incômoda

Infelizmente, apesar dos avanços tecnológicos de nossa sociedade e apesar das conquistas inimagináveis da sociedade do século XXI, a pobreza continua resistente às análises e aos esforços que os Estados dizem estar desenvolvendo.

A educação se universaliza mas a repetência, a evasão escolar e as taxas de analfabetismo decaem muito lentamente. A esperança de vida cresce em quase todas as partes do mundo, apesar de que cada vez mais velhos são obrigados a trabalhar e o atendimento à população carente continua precário. As favelas se multiplicam, caracterizando a paisagem urbana; o desemprego aumenta, juntamente com a criminalidade e a mendicância.

Uma grande parte da população — os excluídos — permanece à margem do desenvolvimento e não usufrui dos benefícios alcançados pela sociedade — trabalha desde criança, desenvolve atividades sem qualificação, não tem instrução nem acesso a eventos culturais, não desfruta de saneamento básico e, às vezes, nem de um teto. Às crianças abandonadas na rua, de décadas atrás, sucede uma geração de crianças de rua, geradas sem família e sem moradia. Alimentam-se irregular e precariamente, vivem na indigência e são vítimas da violência policial.

A presença constante, próxima e crescente dessa massa de pobres que, segundo alguns cálculos, chega a dois terços da população do Terceiro Mundo, incomoda e constrange por vários motivos: porque demonstra a ineficiência da administração do Estado, do qual se esperam medidas racionais; porque parece crescer a quantidade de pessoas excluídas do contingente de consumidores nacionais; porque se teme que

RICARDO AZOURY/OLHAR IMAGEM

É comum a violência policial e civil contra setores marginalizados da sociedade. (Manifestação no enterro de rua da Candelária, Rio de Janeiro, 1993.)

essa população crescente se organize e aja politicamente contra um sistema que os marginaliza; porque constitui um sintoma evidente do malogro de uma sociedade que se pressupõe orientada para o bem comum.

Urbanização e criminalidade

Apesar do desenvolvimento tecnológico, convivemos com a pobreza próxima e constante de cerca de dois terços da população do Terceiro Mundo.

O desconcertante fenômeno do aumento da pobreza crônica tem sido explicado como efeito da atração dos centros urbanos sobre um setor agrário também empobrecido. As taxas indicam que cerca de 35% da população pobre dos centros urbanos é composta de migrantes.

Essa explicação é inquietante não apenas por mostrar que o setor agrário tende a expelir trabalhadores — pois essa parece ser uma característica do processo de industrialização e de racionalização do trabalho agrícola com o uso de máquinas e de mão-de-obra assalariada sazonal — mas também porque mostra que, ao decréscimo de utilização da mão-de-obra no setor agrário, não corresponde proporcional aproveitamento dessa mesma mão-de-obra na indústria. Logo, qualquer cidadão conclui que mais gente passa a depender dos serviços municipais e de uma expansão da produção. Por outro lado, essa expansão não pode resultar de um aumento da população privada de rendimentos mínimos e regulares ou sem possibilidade de fazer aumentar a demanda de produtos.

À percepção de incompetência do sistema econômico e político se soma o desconforto de saber que, nos grandes centros, milhares de pessoas não se encontram sob a vigilância das instituições sociais, vivem como podem, à deriva e à revelia dos planejamentos oficiais. Cria-se, em relação a essa população, um sentimento de desconfiança e de insegurança. Há uma relação entre o crescimento dessa população e o aumento da criminalidade nos grandes centros urbanos que se evidencia tanto na mídia como nos estudos de caráter científico.

O perfil social dos criminosos também ajuda a reforçar essa associação entre pobreza e criminalidade: os autores dos crimes oficialmente denunciados são geralmente analfabetos, trabalhadores braçais e predominantemente de cor negra.

Entretanto, sociólogos mais cuidadosos têm estabelecido outras relações. Constata-se que inúmeros crimes não são denunciados, que as estatísticas apenas expõem aquela população que, tida de início como suspeita, é sistematicamente controlada. Existe, portanto, em relação aos dados, uma distorção provocada pela "suspeita sistemática", como a definiu o cientista social brasileiro Paulo Sérgio Pinheiro. Segundo essa ótica, é contra a população pobre e estigmatizada que se conduz a prática policial, a investigação e as formas de punição. Conclui o autor citado que a prática policial preconceituosa, somada à desproteção das classes subalternas, torna a relação entre pobreza e criminalidade uma profecia autocumprida. Forma-se um círculo vicioso em que o indivíduo, para ter

ITAMAR MIRANDA/AE

Batidas policiais sob diversos pretextos fazem parte do cotidiano das grandes cidades. (Praia Ponta da Praia, Santos, SP, 2002.)

trabalho, precisa ter domicílio, registro, carteira profissional e uma situação civil legal. Impossibilitado de trabalhar por não cumprir tais exigências, ele passa a engrossar as fileiras de marginalizados que vivem sob constante vigilância policial.

Desse modo, a urbanização tem resultado no crescimento da pobreza urbana, atraindo para os centros industriais populações expulsas do campo pela mecanização do trabalho agrícola, pela baixa produtividade do meio rural e pela concentração da terra. Um verdadeiro fluxo populacional se estabelece do campo para a periferia das grandes cidades ou para os centros das cidades que se deterioram. Recentes estatísticas demonstram que o desenvolvimento econômico tem aumentado a pobreza e a desigualdade social.

O estigma da pobreza

A pobreza é cada vez menos disfarçada e cada vez mais estigmatizada.

Sabemos que o Estado mostra-se incompetente no combate à pobreza e que as medidas públicas têm sido mais de policiamento, vigilância e violência do que de resolução do problema. Iniciativas de caráter assistencial têm resultados paliativos, enquanto a imprensa exibe em cores cada vez mais realistas a indigência da população pobre. E, agora, graças à globalização dos meios de comunicação, a pobreza dos países em desenvolvimento se transforma em manchete internacional.

Cada vez mais evidente, a pobreza é estigmatizada, quer pelo caráter de denúncia da falência da sociedade e do Estado em relação às suas funções junto à população, quer pelo contraste com a abundância de produtos, ao qual já nos referimos, quer pelo perigo iminente de convulsão social que para ela aponta. A violência e a agressividade aumentam, criando um clima de guerra civil nas grandes cidades, onde os índices de criminalidade são alarmantes. Ao medo e à insegurança, gerados na população, associam-se o preconceito e uma atitude de discriminação contra as camadas pobres da população, as favelas e os centros das cidades. Generalizam-se medidas arbitrárias de violência e brutalidade, as chacinas, os linchamentos e os assassinatos.

Os mais variados estudos procuram caracterizar de maneira científica a pobreza, buscando suas causas, denunciando responsáveis, ou procurando tratá-la como um fenômeno dissociado da sociedade. Chegou-se a falar em "cultura da pobreza" — uma série de normas, valores, hábitos e formas próprias de linguagem que se desenvolveriam na população carente. Realmente, os excluídos dos benefícios da civilização tecnológica acabam por criar mecanismos próprios de sociabilidade, assim como estratégias de defesa e sobrevivência. Considerar, entretanto, essas formas de comportamento de forma isolada — e não como resposta às condições sociais estabelecidas — é uma atitude estigmatizante e ideológica.

A pobreza é constantemente afastada e excluída do convívio social, eximindo-se de responsabilidade os que com ela se relacionam direta ou indiretamente. Até mesmo os estudos teóricos refletem essa política de exclusão, ao analisar a pobreza como um fenômeno em si mesmo. Se aquele contingente não participa dos benefícios do restante da população e não consome os bens produzidos, certamente algum segmento o faz por ele. Só as análises econômicas preocupadas com o desenvolvimento do mercado interno — como elemento fundamental e necessário ao desenvolvimento das nações — têm procurado alertar para o fato de que a população carente representa uma fragilidade e uma ameaça à estrutura social como um todo. Essas parcelas excluídas representam um desperdício de recursos humanos e uma disfunção do sistema econômico, que deixa de ter nesse segmento da população um importante contingente de consumidores da indústria nacional.

A pobreza gera distanciamento social, alienação e discriminação dos pobres.

O distanciamento — social e ideológico —, a alienação, a discriminação e a estigmatização que recaem sobre a pobreza não ajudam a encontrar soluções para o problema nem evitam que as desigualdades sociais aumentem, principalmente agora que a falência das economias coletivistas no mundo colocou o liberalismo como tendência universal. Por mais eficientes que os princípios liberais sejam para o desenvolvimento da sociedade tecnológica e do capital, não podemos esquecer que eles têm graves consequências para aqueles setores sociais que, não possuindo qualquer capital, têm desempenhado papel indispensável na acumulação de bens e riquezas por parte dos grupos dominantes.

Um exército de reserva?

Procurando entender o papel da população marginalizada nas grandes cidades para o processo de desenvolvimento do modo de produção capitalista, Karl Marx criou o conceito de "exército industrial de reserva". Segundo Marx, a população desempregada ou subempregada que vivia na pobreza junto aos grandes centros industriais representaria uma força de manobra na constante luta entre trabalho e capital. Em épocas de conflito e mobilização da classe trabalhadora, e principalmente durante períodos de greve, essa massa despossuída representaria um contingente de trabalhadores empregável a qualquer momento.

Sem qualificação, sem emprego, sem assistência, os marginalizados das cidades são operários virtuais, recrutáveis a qualquer momento, um reduto de mão-de-obra barata que anseia por uma situação regular. Marx reconhecia, assim, que o desemprego não é condição de quem não quer ou não está apto ao trabalho, mas resultado de uma inelasticidade na oferta de emprego. Essa teoria analisa a marginalidade como parte do sistema e não como um elemento exterior a ele; por outro lado, explica o preconceito e a desconfiança que vitimam a população carente, até mesmo por parte das camadas mais baixas da população. Explica também a violência de que é alvo essa parcela da sociedade, quer por parte dos poderes públicos, quer por parte da própria população civil.

A globalização da economia vem provocando o "*dumping* social", ou seja, com o objetivo de tornar os preços mais competitivos no mercado internacional, procede-se à redução drástica dos custos com mão-de-obra, pelo emprego da mão-de-obra infantil e do trabalho temporário e informal. Além disso, com a robotização da indústria, que coloca em disponibilidade massas de trabalhadores, e com a exigência cada vez maior de trabalhadores qualificados, o conceito de exército de reserva precisa ser reavaliado. Em primeiro lugar, porque o desemprego cresce em número e em diferentes parcelas da população, agora chamado desemprego estrutural. Em segundo lugar, porque a tecnologia de vanguarda torna a população marginalizada inaproveitável na indústria. Em terceiro lugar, porque, ao que tudo indica, abre-se, nos países mais ricos, uma tendência de permanente diminuição da jornada de trabalho na indústria. Novas relações e novos conceitos de trabalho emergem no mundo: terceirização, trabalho autônomo, desemprego, subemprego, emprego temporário, e assim por diante.

> Um dos principais problemas da competição internacional é o chamado *dumping* social, que consiste na busca de preços competitivos no mercado à custa do aviltamento do trabalho. A competição internacional não pode mais tolerar, em qualquer dos seus níveis, a exploração de crianças ou adolescentes ou mesmo de seus pais por meio de regimes despóticos de trabalho, até porque os efeitos do mencionado *dumping* social findam por propiciar, além da injusta competição internacional, uma crise no próprio sistema produtivo que aumenta a quantidade de produtos e diminui, perversamente, a capacidade de consumo de um número cada vez mais crescente de pessoas.
>
> DE MASI, Domênico. *O futuro do trabalho*: fadiga e ócio na sociedade pós-industrial. Rio de Janeiro/Brasília: José Olympio/Ed. da UnB, 1999.

É diante disso tudo que a pobreza parece um fenômeno constante e assustador, que exige medidas conscientes e responsáveis. Um esforço conjunto se faz necessário envolvendo políticas estatais, como os Bancos do Povo, e a criação de Organizações Não Governamentais que desenvolvam projetos de assistência social, alfabetização e capacitação para o trabalho. Programas comunitaristas, como são chamados nos Estados Unidos, onde surgiram, têm procurado envolver a sociedade em atividades de ajuda à população carente. Afinal, se a economia tende a crescer e a se desenvolver, e se a jornada de trabalho e o número de empregados diminuem, devem restar no futuro pessoas e tempo que podem ser destinados a esse fim. Não podemos esquecer, entretanto, que a opção por um sistema político que favoreça uma integração maior da população em geral à sociedade ainda é a forma mais eficiente de combate à pobreza.

Atividades

Compreensão de texto

1 Por que a pobreza incomoda mais a sociedade contemporânea do que as sociedades do passado?

2 De que modo alguns cientistas responsabilizam o sistema social pela geração de pobreza?

3 Que relação é estabelecida entre pobreza e violência?

4 O que você entende por "exército industrial de reserva"?

5 Por que esse conceito deve ser repensado na sociedade de hoje?

6 O que é *dumping* social?

Interpretação, problematização e pesquisa

7 Afirmamos que a pobreza é relativa. Você já vivenciou esse fenômeno? Relate sua experiência. E a riqueza também é relativa? Argumente.

8 Relatamos algumas medidas que o Estado pode tomar contra o crescimento da pobreza. Faça uma pesquisa nos jornais e procure saber se algumas delas são discutidas nos editoriais.

9 Como vivem as camadas pobres nos grandes centros urbanos?

Aplicação de conceitos

10 Pesquise a letra da música *Haiti*, composta por Caetano Veloso e Gilberto Gil em 1993, e analise-a, relacionando o conteúdo da música com os conceitos estudados neste capítulo.

11 Analise os seguintes gráficos, do Relatório do Banco Mundial — *Globalização, crescimento e pobreza*, de 2002 (gráficos 1 e 3) e o do relatório da ONU de projeção do crescimento populacional mundial (gráfico 2), tendo por base as questões estudadas neste capítulo:

1 Pobreza mundial: 1820-1998

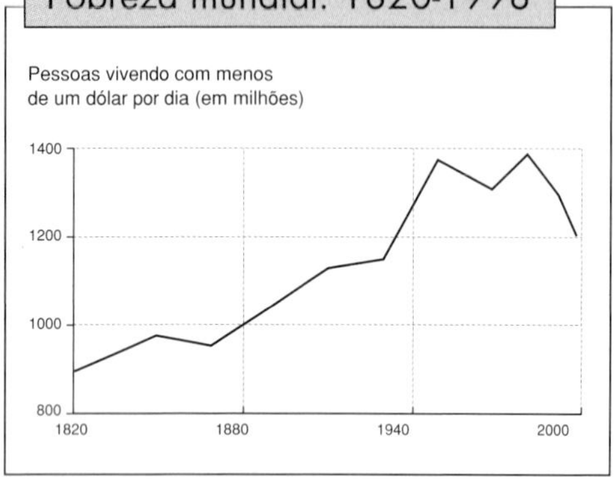

Fonte: Relatório do Banco Mundial — *Globalização, crescimento e pobreza*. 2002.

2 Crescimento da população mundial — 1804 a 2093*

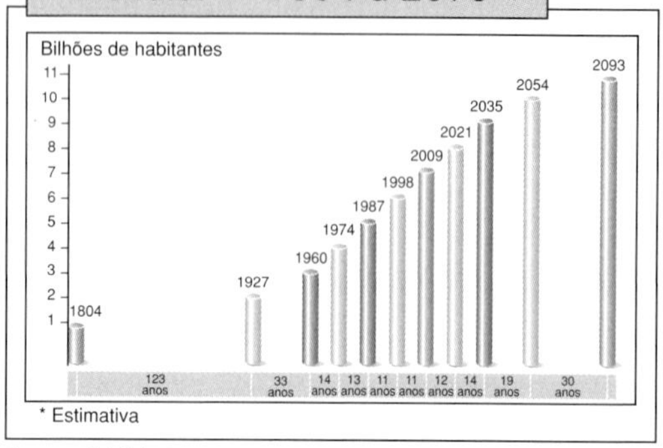

* Estimativa

Fonte: ONU, 2002.

3 Custo de mão-de-obra na produção (dólar por hora)

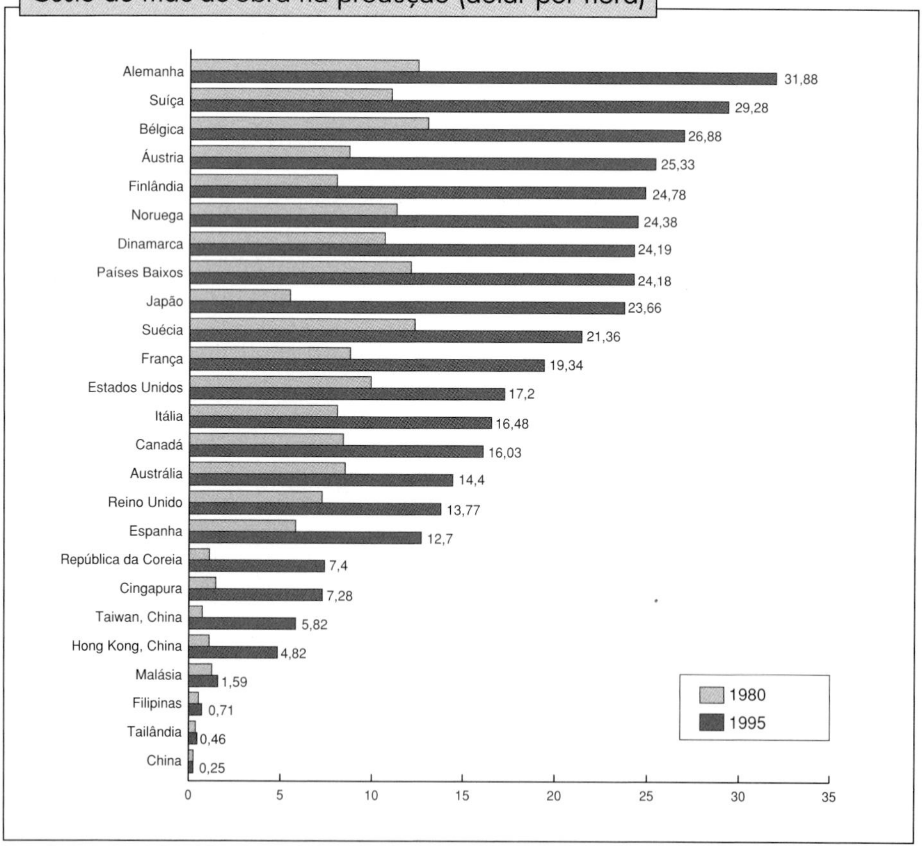

Fonte: Banco Mundial (Stalker, 2000).

12 Vídeo: *Notícias de uma guerra particular* (Brasil, 1999. Dirigido por Walter Salles.) — Documentário sobre o tráfico e a violência em favelas do Rio de Janeiro.

- Esse vídeo traz depoimentos e possibilita analisar como a exclusão e a pobreza vêm tornando o crime organizado uma saída para as populações marginalizadas.

13 Explique a afirmação a seguir com base no texto deste capítulo.

> "Pobreza não é uma escolha do indivíduo nem uma condenação divina. É resultado de forças sociais." (GANS, Herbert. In: Veja, 17 jan. 1996.)

14 Qual a noção de pobreza presente no texto a seguir?

> "Em discurso pronunciado em viagem aos Estados Unidos alguns meses antes de sua eleição à presidência da África do Sul, Nelson Mandela resumiu assim a relação entre pobreza e democracia:
>
> 'Uma constituição democrática deve considerar as questões da pobreza, da desigualdade, da frustração e das necessidades de acordo com os princípios indivisíveis dos direitos do homem. O direito de voto sem o direito à alimentação, à habitação e à assistência médica criaria apenas a aparência da igualdade, enraizando a realidade da desigualdade. Não desejamos a liberdade sem o pão, nem o pão sem a liberdade'."
>
> MEUNIER, Roger. África do Sul: rumo à democracia. In: *O Correio da Unesco*, maio 1995. p. 21.

Tema para debate

Estratificação social

"Quase todos os sistemas de classe, modernos e industriais, se caracterizam pelo fato de todos os homens serem formalmente considerados iguais e com o mesmo valor, embora o sistema de distribuição desigual de postos e recompensas crie escalões de desigualdades evidentes. Em consequência disso, ocorre dissonância que precisa ser enfrentada de algum modo. Na busca de uma reconciliação entre a igualdade teórica e a desigualdade real, existem duas alternativas principais. Uma atribui as desigualdades aos resultados do 'sistema', de forma que os indivíduos que obtêm menos êxito não são considerados pessoalmente responsáveis por suas posições inferiores, mas, ao contrário, são vistos como 'sem sorte', e por isso merecedores de complemento e apoio de recursos públicos que compensem seus recursos inferiores. A outra alternativa considera os indivíduos pessoalmente responsáveis por seu êxito ou fracasso. O indivíduo que não triunfou de acordo com os padrões da sociedade só pode condenar a si mesmo, e por isso é considerado como incapaz de merecer o respeito atribuído às pessoas que obtiveram mais êxito, e por isso também não tem o direito a qualquer complemento compensatório ou apoio de recursos públicos. As desigualdades entre os homens, nessas sociedades individualistas ou de autoajuda, são vistas como resultantes de capacidades, talentos e esforços desiguais, de forma que, quanto mais uma pessoa triunfa, mais prêmios e honras recebe.

Quase todas as sociedades industriais modernas contêm elementos dessas duas crenças, isto é, existe certo reconhecimento de que, até certo ponto, as forças institucionais impessoais podem criar desigualdades, ao mesmo tempo que se aceita a ideia de responsabilidade mais individual do que social por êxito e fracasso. Os chamados estados de prosperidade representam sociedades que acentuam o sistema, enquanto outras sociedades preferem a noção de responsabilidade individual, embora possam ser muito mais orientadas para a assistência social do que admitem. Os Estados Unidos constituem um bom exemplo de uma sociedade que institucionalizou grande parte da assistência social, embora não se deseje usar esse nome."

TUMIN, Melvin M. *Estratificação social.* São Paulo: Pioneira, 1970. p. 145.

- O texto aponta duas explicações possíveis para as desigualdades sociais. Quais são elas?

Leituras complementares

Texto 1

Os favelados do Brasil

"Grande parte das cidades do Brasil, independentemente do seu tamanho, tem uma favela — um bairro de barracas feitas de qualquer maneira, em terreno ocupado ilegalmente. Nos últimos 40 anos, as dimensões das favelas têm aumentado extraordinariamente, à semelhança do que acontece por toda a parte, na América do Sul. As causas subjacentes da expansão das favelas estão relacionadas não só com a migração das áreas rurais, mas também com o crescimento natural, dado que as suas taxas de natalidade excedem as das áreas metropolitanas como um todo. Um outro fator que contribui para o crescimento das favelas brasileiras é a fase de industrialização que o país atravessa, atraindo para as cidades grandes massas de populações rurais sem poder aquisitivo.

Apesar das diferenças entre favelas, em termos da sua história e da proporção de área urbana que ocupam, existem elementos da organização social comuns a todas elas. O emprego regular é a exceção entre os habitantes da favela, vulgarmente conhecidos por 'favelados'. A maioria deles vive de uma combinação de trabalho casual, serviços domésticos, produção de pequena escala, comércio e várias outras atividades.(...) Cada indivíduo de per si pode ser considerado como um 'independente', mas a unidade econômica real é a unidade doméstica, de contornos bastante mais indefinidos. Longe de se tratar de uma forma marginal de existência, esta organização é extremamente flexível e adaptável a novas circunstâncias.

(...) Mas apesar de sua aparência, as favelas não são desorganizadas no sentido social, existindo estreitas relações de cooperação entre os diferentes agregados domésticos. A ajuda prestada aos novos habitantes e a troca de informações sobre ocupações profissionais, materiais de construção e outros recursos constituem uma parte importante da vida da favela.

O estatuto contraditório das favelas como cidades 'não oficiais', que, quer se queira quer não, chegam a abranger 30% da população (como é o caso do Rio de Janeiro), reflete-se de muitas maneiras. Ao mesmo tempo que são, regra geral, olhadas com desprezo, as favelas são também o contexto em que operam as práticas do sincretismo afro-brasileiro cultural mais poderosas. As escolas de samba, por exemplo — organizações que preparam trajes, carros alegóricos e marchinhas para o Carnaval —, são um produto das favelas do Rio de Janeiro."

TORRES, Maria do Rosário. *Homem no mundo*.
São Paulo: Verbo, 1983. p. 189.

Entender o texto

1 Que fatores o autor encontra para justificar o crescimento das favelas?

2 Quais os principais elementos comuns que encontramos em todas as favelas ?

Texto 2

O crédito comunitário na luta contra a pobreza

"A maioria dos que se encontram abaixo da linha da pobreza, nos países não-desenvolvidos, é constituída por famílias que subsistem em microunidades agrícolas, em atividades artesanais, no comércio ambulante, através de trabalho sazonal ou uma combinação de atividades desta natureza. Estas famílias não se beneficiam do salário-mínimo nem de outras medidas de proteção do trabalhador formal. Para ajudá-las, torna-se necessário capitalizá-las e dar aos seus membros treinamento básico em tecnologia produtiva e em procedimentos contábeis e financeiros.

Os pobres são excluídos do mercado de capitais pela simples razão de não poderem oferecer garantias para poderem se habilitar a qualquer financiamento regular. Mas é possível superar este obstáculo provendo crédito a grupos de famílias ou de pequenos operadores organizados sob a forma de consórcio. É interessante observar que o consórcio de crédito rotativo constitui uma forma de associação encontrada em sociedades de pequenos produtores da Ásia, África e América Latina. Sua forma mais comum é a associação de cinco a vinte pessoas, que colocam a cada período (semana, quinzena ou mês) uma quantia fixa num fundo, o qual é dado sucessivamente a cada membro para seu uso. Deste modo as poupanças de todos, reunidas num pequeno 'capital', permitem que cada membro do consórcio possa periodicamente comprar um animal ou uma máquina ou quitar uma dívida etc. O crédito comunitário tal qual vem sendo desenvolvido toma por base tais consórcios.

Saber o que as pessoas pensam sobre os fatos sociais é hoje uma necessidade para o cientista social poder interpretar a sociedade.

analisa as sociedades exclusivamente sob o ponto de vista do conceito de classe social. Por vezes, essa categoria assume as características de um indivíduo, quando ela é interpretada como um ser único e homogêneo, justificando-se a sua ação da mesma forma que justificamos as atitudes de um indivíduo. Porém, essa ideia de classe social homogênea e indivisível é uma construção abstrata, bem distante da realidade objetiva. Essa deficiência permitiu o desenvolvimento de interpretações deterministas a respeito da consciência individual, que seria determinada pela ideologia dominante, de modo a ser impossível ao homem a percepção dos conflitos sociais e da sua condição de classe, e da produção das formas simbólicas em uma determinada época, que seriam determinadas pelas relações materiais de produção.

Guy Débord, sociólogo estudioso dos meios de comunicação de massa, expressa da seguinte maneira a rejeição à dicotomia proposta por Marx entre a infraestrutura — setor da sociedade organizado para a produção material — e a superestrutura — setor destinado à produção ideológica e simbólica dessa sociedade:

> O espetáculo, compreendido na sua totalidade, é ao mesmo tempo o resultado e o produto do modo de produção existente. Ele não é um suplemento ao mundo real, a sua decoração readicionada. É o coração da irrealidade da sociedade real. Sob todas as suas formas particulares, informação ou propaganda, publicidade ou consumo direto de divertimentos, o espetáculo constitui o modelo presente da vida socialmente dominante. Ele é a afirmação omnipresente da escolha já feita da produção, e o seu consumo corolário.

DÉBORD, Guy. *A sociedade do espetáculo.* Lisboa: Afrodite, 1972. p. 12.

Mesmo Max Weber que, do ponto de vista metodológico, considerava relevante a análise das formas de representação com as quais os agentes interpretam a realidade, tinha dificuldades em harmonizar a noção de indivíduo, encarada em toda sua integridade histórica, e a sociedade, entendida como um sistema social que tem supremacia sobre seus membros. Herdeiro da tradição germânica, Norbert Elias contesta: "A fim de superar esse beco sem saída da sociologia e das ciências sociais em geral, é necessário deixar clara a inadequação de ambas as concepções, a de indivíduos fora da sociedade e, igualmente, a de uma sociedade fora de indivíduos[9]."

Privilegiar o indivíduo, suas motivações e suas formas cognitivas, mais até do que seu comportamento, implica recortes metodológicos mais reduzidos.

Tais posições não significaram o abandono dos modelos clássicos, mas a sua necessária atualização e reinterpretação para que os conceitos possam se tornar adequados ao estudo da sociedade em uma época de pleno desenvolvimento dos meios de comunicação e da indústria cultural e que, como vimos nos capítulos anteriores, reavalia as relações e as instituições sociais. Diante da fragilidade destas, a importância adquirida pelo indivíduo precisa ser estudada do ponto de vista de sua participação na ação social.

Mas privilegiar o indivíduo, suas motivações e suas formas cognitivas, mais até do que seu comportamento, implica recortes metodológicos mais reduzidos, desenvolvimento de teorias de menor abrangência e maior profundidade, métodos de pesquisa mais interpretativos, históricos e qualitativos. Essa opção, que pode ser profundamente reveladora para o conhecimento efetivo da realidade e de nossa inserção nela, pode parecer pouco atraente para governos e empresas interessados em uma sociologia que lhes possibilite atuar sobre grandes populações, estabelecendo políticas de grande porte. Para estes, continua sendo imprescindível uma pesquisa sociológica de larga abrangência, que forneça informações de curto prazo, o que significa o uso de metodologias quantitativas, ainda de inspiração positivista.

Entretanto, muitos sociólogos contemporâneos, contradizendo a postura de imparcialidade preconizada por autores clássicos como Durkheim, optaram pelo estudo científico voltado para a intervenção na sociedade, buscando solucionar conflitos como criminalidade, violência e discriminação. Mas a metodologia mais utilizada com esse fim inclui sempre procedimentos predominantemente qualitativos, como história oral e análise de correspondências pessoais, numa postura sintomática de valorização dos processos simbólicos e expressivos.

Escola de Chicago

Os Estados Unidos, na passagem do século XIX para o século XX, receberam grande contingente de imigrantes que deixavam seus países de origem e sua cultura original para fugir às perseguições políticas e

[9] ELIAS, Norbert. *O processo civilizador*. Rio de Janeiro: Zahar, 1994. p. 239.

religiosas que varriam a Europa. Esses imigrantes reuniam-se em grupos de intensa sociabilidade, mas nem sempre capazes de evitar comportamento inadequado e mesmo criminoso. Jovens desenraizados reuniam-se em gangues e alimentavam, muitas vezes, o crime organizado.

A Escola de Chicago dedicou-se especialmente ao estudo da cidade, do qual resultou uma sociologia, ao mesmo tempo, urbana e pragmática.

A então recente industrialização da América também era fonte de distúrbios e de conflitos sociais que geravam preconceito e perseguição que, não raro, adquiria contornos raciais e étnicos. A questão das minorias de origem africana também contribuía para uma sensação de mal-estar e intranquilidade social. O conjunto desses conflitos tendiam a ser "resolvidos" quase que exclusivamente com o emprego da força policial, o que deixava a sociedade em permanente estado de tensão racial e, principalmente, sem mecanismos de ação social que produzissem resultados mais seguros e duradouros no sentido de, pelo menos, minimizar essas tensões.

Foi esse cenário que estimulou o desenvolvimento de uma produção científica que teve seu apogeu entre 1915 e 1940 e a Universidade de Chicago como sede. Em um clima de grande produtividade tanto para a pesquisa como para a docência, inúmeros pesquisadores voltaram-se para a sociologia, na tentativa de buscar soluções para esses conflitos. Com tal postura, dedicaram-se especialmente ao estudo da cidade, do qual resultou uma sociologia, ao mesmo tempo, urbana e pragmática. Não é por acaso que uma das correntes de maior repercussão da chamada Escola de Chicago, tanto nos Estados Unidos como fora dele, foi o *pragmatismo* proposto por John Dewey, representativo dessa tendência empirista. Na linha do estudo da cidade, destaca-se Georg Simmel procurando entender seu "estado de espírito", ou seja, suas motivações, mobilidades e ritmos de vida[10].

BROOKS KRAFT/CORBIS-STOCK PHOTOS

REPRODUÇÃO

Robert C. Meston (à esquerda) e George Herbert Mead (acima), importantes pesquisadores da Escola de Chicago.

[10] MATTELART, Armand e Michele. *História das teorias da comunicação.* São Paulo: Loyola, 1999.

Em outra vertente, o *interacionismo simbólico* ficou sob responsabilidade de George Herbert Mead, valorizando o caráter simbólico e subjetivo da ação social. Com ela abandona-se a visão sistêmica da sociologia clássica em favor de uma abordagem mais interpretativa, simbólica e subjetiva do comportamento humano.

Toda a produção científica desses pesquisadores levou às últimas consequências a pesquisa empírica, para a qual se valiam de múltiplas técnicas: depoimentos, testemunho oral, correspondência, análise de conteúdo de documentos, entrevistas. Suas análises romperam fronteiras e a Escola de Chicago se tornou referência em sociologia urbana.

> O interacionismo simbólico explorou largamente esses diferentes níveis da comunicação, da conversação por gestos da briga de galo e da luta de boxe à linguagem e sua função simbólica. O que é preciso reter desse duplo legado, de Simmel e de Mead, é sobretudo a tensão que ele estabelece entre a pluralidade dos mundos e dos engajamentos no mundo e a lógica dos momentos.
>
> JOSEPH, Isaac e GOFFMAN, Erving. *A microssociologia*. Rio de Janeiro: FGV, 2000. p. 21.

Em 1935, entretanto, outro grupo se destaca em Chicago — é uma sociologia mais durkheimiana, que buscava estudar os processos de adaptação dos imigrantes poloneses à cidade, atualizando o conceito de anomia — termo com o qual Durkheim designava o estado nocivo que a sociedade atinge quando nela predomina o conflito sobre a coesão e o consenso. Os principais cientistas dessa nova vertente foram Robert Merton e Talcott Parsons, seguidos por outros estudiosos da marginalidade e da delinquência, como W. Thomas e F. Znaniacki.

Outros autores se destacaram estudando o processo de assimilação e marginalidade e procurando fundamentar um ponto de vista otimista, quer em relação às possibilidades de intervenção social, quer em relação às possibilidades reais de integração do imigrante na sociedade norte-americana. Usando uma combinação de técnicas de pesquisa e priorizando o empirismo, esses sociólogos desenvolveram o princípio da conduta analítica, segundo a qual os processos são perceptíveis a um pesquisador que inquira a realidade nos moldes de um investigador.

As pesquisas resultavam em relatórios pormenorizados e propostas exequíveis de intervenção que propunham desde formas eficientes de controle e fiscalização até medidas socioeducativas que efetivamente eram colocadas em prática.

A Escola de Chicago começa a perder seu brilho quando essa geração de sociólogos empiristas é substituída por uma outra, voltada principalmente para as pesquisas quantitativas que visavam o levantamento de ten-

A aplicação de métodos etnográficos às análises sociais e à sociologia urbana e a ênfase dada às pesquisas das minúcias da vida cotidiana e dos processos simbólicos são as contribuições da Escola de Chicago.

dências eleitorais ou da preferência da audiência por programas nos meios de comunicação. Sem patrocínio para pesquisas mais demoradas e de menor impacto, os sociólogos acabaram por substituir as técnicas qualitativas pelas quantitativas, trazendo de volta à cena toda uma contestada postura positivista. Mas a Escola de Chicago já dera frutos e sua metodologia pode ser encontrada na sociologia desenvolvida por outros centros universitários norte-americanos, como Yale, Michigan, Harvard e Columbia.

As contribuições da Escola de Chicago, porém, são indeléveis, e entre elas é preciso destacar a grande preocupação com a aplicação de métodos etnográficos às análises sociais e à sociologia urbana e a ênfase dada às pesquisas das minúcias da vida cotidiana e dos processos simbólicos. A sociologia que resulta desses procedimentos ficou conhecida também por *microssociologia*.

Escola de Frankfurt

No início do século XX, a Europa passava por grandes convulsões políticas: a industrialização da Itália e da Alemanha; a Primeira Guerra Mundial, a Revolução Russa e, imediatamente, a instalação do governo autoritário de Stalin. Na Alemanha, durante a República de Weimar, ocorrem grandes conflitos entre a mobilizada classe operária e o governo, levando a um confronto deste com a Liga Espartaquista, de inspiração marxista, e à morte de seus dois dirigentes – Rosa de Luxemburgo e Karl Liebknecht. Nesse clima revolucionário é fundado o Instituto para a Pesquisa Social, em 1924, por iniciativa de Feliz Weil, ligado à Universidade de Frankfurt. A eles se une um grupo de intelectuais, entre os quais se destacam Max Horkheimer, Friedrick Pollock, Theodor W. Adorno, Herbert Marcuse, Walter Benjamin e Eric Fromm[11].

A primeira gestão ficou a cargo de Horkheimer, que se torna reitor em 1931, época em que é lançada a *Revista para Pesquisa Social* — na qual os autores elaboram uma releitura dos filósofos clássicos que recebeu o nome de Teoria Crítica da Sociedade. Uma doutrina cética e cheia de pessimismo que procura estudar os insucessos do movimento operário na Alemanha.

Na sequência: Walter Benjamin e Herbert Marcuse.

[11]Fizeram parte da Escola de Frankfurt, ainda, Leo Lowenthal, Franz Neumann, Otto Kirchkeimer e Karl Wittfogel.

Nos primeiros anos, o Instituto foi financiado por recursos doados por seus fundadores judeus, mas a ascensão do nazismo coloca em risco a continuidade de seus trabalhos. Durante a ditadura nazista e a Segunda Guerra Mundial, os pesquisadores do Instituto passam a trabalhar em anexos instalados fora da Alemanha — Londres, Paris, Zurique — e até mesmo em Columbia, nos Estados Unidos, onde se instalam o próprio Horkheimer, Léo Löwenthal e Theodor Adorno. Com o fim do nazismo, alguns professores voltam à Alemanha e retomam seus trabalhos e aulas, restabelecendo o que restava do Instituto, dezessete anos depois de sua "extradição".

De maneira geral, as teorias desenvolvidas pela Escola de Frankfurt procuram rever os princípios marxistas, incorporando conceitos importantes da Sociologia do Conhecimento e da psicanálise. Tinham por objeto de pesquisa a ação revolucionária, e a análise da mercantilização das relações sociais e da produção cultural. Críticos ácidos dos meios de comunicação, aos quais atribuíam o sucesso da doutrina nazista na Alemanha, dedicaram-se também à sua análise e denúncia. Com esse fim, Horkheimer e Adorno criam o conceito de *indústria cultural* — a produção tecnológica, lucrativa, planejada e em série de bens simbólicos.

De maneira geral, as teorias desenvolvidas pela Escola de Frankfurt procuram rever os princípios marxistas, incorporando conceitos importantes da Sociologia do Conhecimento e da psicanálise.

Derrotado o nazismo, alguns frankfurtianos voltaram às suas aulas em Frankfurt, como Horkheimer e Adorno, que se tornou reitor da Universidade. Herbert Marcuse permaneceu nos Estados Unidos e Walter Benjamin suicidou-se quando tentava emigrar para esse país.

O último nome de relevo da Teoria Crítica é o de Jürgen Habermas, assistente de pesquisa no Instituto de Pesquisas Sociais de Frankfurt de 1956 a 1959. Habermas pertence, entretanto, a uma outra geração, que não passou pelo exílio nem compartilhou dos conflitos na Alemanha promovidos pelas lutas operárias e pela ascensão do nazismo.

Suas preocupações estão centradas nas dimensões ideológicas do conhecimento e na identificação de seus múltiplos condicionamentos. Em *Conhecimento e interesse*, desenvolve a "teoria dos interesses cognitivos", pela qual demonstra a impossibilidade da neutralidade científica proposta por muitos sociólogos. Nesse trabalho Habermas já mostra o papel central

REPRODUÇÃO

AXEL KIRCHHOF/KEYSTONE

Theodor Adorno e Jürgen Habermas.

da comunicação em sua pesquisa, elaborando o conceito de *ação comunicativa* — uma interação simbolicamente mediada.

Habermas identifica dois tipos de razão na cultura humana: a razão instrumental, voltada para o domínio da natureza e a superação dos limites humanos; e a razão comunicativa, voltada para a realização e a libertação humanas. A primeira é característica da indústria e das ciências exatas, a outra, das ciências hermenêuticas.

A grande crítica que ele tece em relação à sociedade contemporânea é a prevalência da razão instrumental sobre a razão comunicativa, fazendo com que ela se transforme em razão de estado. A ação comunicativa estabelecida pela rede de relacionamentos humanos e pela reflexão perde sua dialogicidade e seu poder de estabelecer o consenso entre os indivíduos em interação.

Sociologia francesa — Pierre Bourdieu

O nazismo e a ocupação alemã na França abalam a pesquisa e o estudo da sociologia, que não conhecerá nos anos do pós-guerra a mesma vitalidade dos tempos durkheimianos. Desenvolve-se uma sociologia monográfica voltada para a releitura do marxismo e para a crítica ao positivismo. A produção relativamente diminuta, em razão do decréscimo dos fundos do Estado para a pesquisa, só volta a se desenvolver com a ajuda de fundações norte-americanas e por influência dos estudos produzidos nos Estados Unidos. Diversos nomes, entretanto, destacam-se por sua atuação junto à Escola Prática dos Altos Estudos e ao *Collège* de France. São eles George Gurvitch e Raymond Aron, o primeiro, fundador, e o segundo, membro do Comitê Diretor dos *Cadernos Internacionais de Sociologia*.

Mas o nome que mais se distinguiu na sociologia francesa contemporânea foi o de Pierre Bourdieu, titular da cátedra de sociologia no *Collège* de France, que iniciou sua pesquisa pela análise da educação e do patrimônio cultural das famílias. Procurando rever as heranças clássicas e buscando conciliar a análise da realidade objetiva com a da subjetividade, Bourdieu se dedica ao que chamou de "construtivismo estruturalista".

Construtivismo dizia respeito aos esquemas mentais de percepção, pensamento e ação que caracterizam o comportamento dos indivíduos e que ele chamou de *habitus*. Por outro lado, o conceito de estruturalismo implicava o reconhecimento da existência de formações sistêmicas que agem sobre os agentes sem que eles tenham consciência ou possam nelas intervir. Essas formações constituíam o que ele chamou de *campo*.

Esses dois conceitos, entretanto, não estavam em pé

NOGUES ALIN/CORBIS SYGMA-STOCK PHOTOS

Pierre Bourdieu.

de igualdade nos estudos de Bourdieu. Tanto do ponto de vista metodológico como analítico, ele partia primeiro do desvelamento das estruturas para depois entender as formas de representação subjetivas. Nota-se, assim, na sua obra, o *revival* das tradições durkheimianas, transformadas entretanto pela complexidade dos estudos do *habitus*: forma como as estruturas sociais se imprimem em nossa mente, interiorizando-as.

> Se da obra de Marx, Pierre Bourdieu tomou a noção de realidade social como um conjunto de relações de forças entre grupos sociais historicamente em luta uns com os outros, ele tomou, entre outras, da obra de Max Weber a noção de que a realidade social é também um conjunto de relações de sentido, que ela tem, então, uma dimensão simbólica.
>
> CORCUFF, Philippe. *As novas sociologias*. Bauru: Edusc, 2001. p. 56.

Essas disposições internas do sujeito são herdadas da família e estruturadas pela experiência individual e pela educação, constituindo o *habitus* primário, que se transforma ao longo da vida, a partir da experiência da vida adulta, gerando o *habitus* secundário. Essas formações constituem, entretanto, unidades singulares que, como programas de computador, fornecem múltiplas possibilidades de ação aos sujeitos[12].

Uma das mais importantes contribuições de Bourdieu para a sociologia foi a noção de campo.

Mas uma das mais importantes contribuições de Bourdieu para a sociologia foi a noção de *campo*, pela qual ele designa esferas autônomas da vida social, historicamente constituídas, envolvendo relações sociais e de produção próprias, sistemas hierárquicos e de dominação, além de instituições particulares. A formação do campo artístico é descrita em *As regras da arte*. Com a noção de campo, Bourdieu rompe com o determinismo econômico da teoria marxista, e propõe um conceito de sociedade formado por instâncias, ao mesmo tempo autônomas e interdependentes, que mantêm relações de concorrência e poder.

Estudioso das formas simbólicas, Bourdieu aponta para as possibilidades da ação efetiva por meio da comunicação. Toda a ação humana envolve o uso das diversas linguagens pelas quais as estruturas sociais se legitimam e agem sobre a realidade.

Norbert Elias — um sociólogo da civilização

Judeu-alemão, nascido em 1897, Norbert Elias exilou-se na França e, depois, durante o nazismo, na Inglaterra. Assim, apesar de herdeiro da tradição historicista da sociologia alemã, suas obras se difundiram pela Europa, principalmente na França, onde ficou conhecido como o sociólogo do processo civilizador e da vida na corte.

[12] CORCUFF, Philippe. *As novas sociologias*. Bauru: Edusc, 2001.

Elias concebe a sociedade como um tecido que liga os indivíduos numa teia de interdependência em permanente mudança e movimento — a cada ação numa direção, todo o tecido se reorganiza. Mas, ao contrário do que pode parecer à primeira vista, a ideia desse tecido não se assemelha ao conceito de estrutura social, pois se trata de um processo sócio-histórico constituído por seres que atuam de forma consciente, por meio de representações abstratas e simbólicas que formam a respeito de si e da situação da qual participam. O cientista social, também ele um ser histórico e em relação com os outros, do mesmo modo constrói representações abstratas tanto de sua experiência como de sua pesquisa. Em razão disso, o pesquisador adota uma postura dialética que oscila entre o distanciamento e o engajamento.

O tecido social, entretanto, é formado do entrecruzamento de inúmeras relações intersubjetivas que funcionam de acordo com o princípio da reciprocidade, embora nem sempre tenhamos consciência disso. Essa reciprocidade, entretanto, não significa isonomia nem equilíbrio nas relações entre os indivíduos. Elias percebe uma marcante desigualdade nas relações humanas resultante de diferentes graus de dependência entre indivíduos e grupos, a partir dos quais quem é menos dependente domina.

Como seus contemporâneos, Norbert Elias procura entender as relações entre a sociedade e o indivíduo dotado de liberdade, vontade e motivação, buscando romper com determinismos e causalidades mecânicas. Para isso, trabalha com o universo simbólico dos sujeitos envolvidos na ação social o qual se manifesta por meio das chamadas *configurações* ou *habitus*: formulações que muitas vezes resultam da interiorização do mundo exterior, uma marca que a sociedade imprime na personalidade, agindo sobre os sujeitos. Se tais ideias não são suficientes para esclarecer as múltiplas instâncias envolvendo indivíduo e sociedade, elas alargam a noção de interação social por incorporar condutas, comportamentos e subjetividade.

Atividades

Compreensão de texto

1 Segundo o presente capítulo, qual a relação da frase a seguir com o desenvolvimento da sociologia contemporânea?

> "Se, como vimos, a sociologia herdou certo número de *paired concepts* [conceitos dicotômicos] da filosofia, ela foi particularmente marcada, desde seus primeiros momentos, pela oposição entre o coletivo e o individual, 'a sociedade' e 'o indivíduo'."
>
> CORCUFF, Philippe. *As novas sociologias*. op. cit. p. 19.

2 Além da relação observada na questão 1, que outra relação podemos apontar entre os modelos contemporâneos de explicação da sociedade e os formulados pelos autores clássicos?

3 Dizemos que a sociologia, a partir do século XX, tem se tornado interdisciplinar. Quais as disciplinas que têm influenciado a sociologia?

4 Quais as circunstâncias históricas que estiveram presentes no desenvolvimento da Escola de Chicago, favorecendo uma sociologia mais pragmática?

5 No que consistiu o pragmatismo como método de pesquisa desenvolvido pela Escola de Chicago?

6 A Escola de Frankfurt tinha orientação marxista. Quais os problemas que ela procurou estudar e como ficaram conhecidas as teorias sociológicas desenvolvidas por seus pesquisadores?

7 Com relação aos princípios marxistas, quais as inovações introduzidas pela Escola de Frankfurt?

8 Quais os conceitos que Pierre Bourdieu introduz no estudo da sociologia e o que eles significam?

9 Com o conceito de campo, a sociologia proposta por Pierre Bourdieu se torna mais abrangente ou mais particularizada do que as demais teorias clássicas?

Interpretação, problematização e pesquisa

10 Em seu livro *Os estabelecidos e os outros*, Norbert Elias estuda as razões de conflito entre a população tradicional de uma pequena cidade da Inglaterra e os forasteiros que lá chegam procurando se estabelecer. Explicando seus métodos de análise ele escreve:

> "Como se constatou, tais alegações, imagens e barreiras à comunicação social não podiam ser explicadas apenas em termos de um ou outro fator quantificável. Não podiam ser explicadas por meios de métodos voltados para a medição de 'fatores' ou 'variáveis', como se cada um deles existisse e pudesse variar por si, independentemente da configuração social completa – em suma, através de métodos baseados no pressuposto tácito de que os fenômenos sociais seriam combinações de variáveis, comparáveis às combinações de partículas atômicas que servem aos cientistas naturais como um de seus principais modelos."

ELIAS, Norbert. *Os estabelecidos e os outros*.
Rio de Janeiro: Zahar, 2000. p. 53.

- Nessa fala, o sociólogo defende quais métodos de pesquisa e que relação da sociologia com as ciências naturais?

Aplicação de conceitos

11 Leia o texto e desenvolva o trabalho a seguir.

Os canteiros de obras de um novo século

"Passado mais de um século do dia em que foi levada à pia batismal, a sociologia é hoje uma disciplina reconhecida e plenamente integrada ao universo científico. Apesar de tamanho sucesso, uma sensação de amargura submerge por vezes o discurso dos sociólogos. A vivacidade das disputas de escolas não teria com efeito dissolvido todo o referencial teórico, metodológico e institucional que pudesse confederar a maioria dos pesquisadores e profissionais em exercício?"

LALLEMENT, Michel. *História das ideias sociológicas.* Petrópolis: Vozes, 2004. p. 321.

Nossa proposta de trabalho é que você faça essa pergunta a algum sociólogo para que ele diga o que pensa de modo a permitir que você trabalhe com ideias emergentes. Uma pesquisa em revistas de sociologia também permite uma resposta interessante.

Tema para debate

Cartas a uma jovem socióloga

"Não sonho com uma sociedade em ordem, integrada; muito ao contrário. Mas penso numa sociedade estirada sobre o tempo como uma serpente e ligando com seus anéis o passado e o futuro. Há momentos em que a sociedade francesa está muito próxima desse ideal; noutros ela se esmera em destruí-lo. Está próxima por não ser nem uma sociedade nova, abolindo o passado em benefício das riquezas e da força de hoje, nem uma sociedade afundada na própria impotência de se transformar, nem, enfim, uma sociedade quebrada, partida em duas pela penetração do estrangeiro dominador. Ainda me sinto próximo de um passado já muito distante, e por isso engajado no futuro."

TOURRAINE, Alain. *Cartas a uma jovem socióloga.* Rio de Janeiro: Paz e Terra, 1976. p. 79.

- Nessa carta a uma jovem socióloga, Alain Tourraine fala em passado e presente e em uma serpente que os liga. Esse passado e esse presente podem ser pensados do ponto de vista da sociedade histórica ou da história da sociologia. Tourraine, como homem de seu tempo, fala de que passado e de que presente? E, como cientista social, como sociólogo, a que tempo ele se refere?

Leituras complementares

Texto 1

Introdução a uma sociologia reflexiva

"A sociologia é uma ciência relativamente avançada, muito mais do que habitualmente se julga, mesmo entre os sociólogos. Um bom sinal do lugar que um sociólogo ocupa na sua disciplina seria sem dúvida o da ideia — maior ou menor — que ele tem daquilo que precisaria dominar para estar realmente à altura do saber adquirido da sua disciplina, já que a propensão para uma apreensão modesta das suas capacidades científicas só pode crescer à medida que cresce o conhecimento do que mais recentemente foi adquirido em matéria de métodos, de técnicas, de conceitos ou de teorias. Mas ela está ainda pouco codificada e pouco formalizada. Não se pode pois, tanto como em outros domínios, confiar nos automatismos de pensamento ou nos automatismos que suprem o pensamento (na *evidentia ex terminis*, a 'evidência cega' dos símbolos, que Leibniz opunha à evidência cartesiana) ou ainda nos códigos de boa conduta científica — métodos, protocolos de observação, etc. — que constituem o direito dos campos científicos mais codificados. Deve-se pois contar sobretudo, para se obterem práticas adequadas, com os esquemas incorporados do *habitus*.

O *habitus* científico é uma regra ou, melhor, um *modus operandi* científico que funciona em estado prático segundo as normas da ciência sem ter estas normas na sua origem: é esta espécie de sentido do jogo científico que faz com que se faça o que é preciso fazer no momento próprio, sem ter havido necessidade de tematizar o que havia que fazer, e menos ainda a regra que permite gerar a conduta adequada. O sociólogo que procura transmitir um *habitus* científico parece-se mais com um treinador desportivo de alto nível do que com um professor da Sorbonne. Ele fala pouco em termos de princípios e de preceitos gerais – pode, decerto, enunciá-los, como eu fiz em *Le Métier de sociologue*, mas sabendo que é preciso não ficar por aí (nada há pior, em certo sentido, que a epistemologia, logo que ela se transforma em tema de dissertação ou em *substituto da pesquisa*). Ele procede por indicações práticas, assemelhando-se nisso ao treinador que imita um movimento ('no seu lugar, eu faria assim...') ou por 'correções' feitas à prática em curso e concebidas no próprio espírito da prática ('eu não levantaria essa questão, pelo menos dessa forma')."

BOURDIEU, Pierre. *O poder simbólico*.
Rio de Janeiro: Bertrand Brasil, 2000. p. 22.

Entender o texto

- Depois de ler este capítulo, de que maneira podemos interpretar a ideia de Pierre Bourdieu segundo a qual "o sociólogo que procura transmitir um *habitus* científico parece-se mais com um treinador desportivo de alto nível do que com um professor da Sorbonne"?

Texto 2

O processo civilizador

"A fim de compreender a barreira que as maneiras predominantes de pensar e sentir ergueram ao estudo de mudanças de longo prazo nas estruturas social e da personalidade — e, assim, na maneira de compreender este livro —, não basta remontar às origens da imagem dos homens como sociedades, da imagem de sociedade. É necessário também ter em mente o desenvolvimento da imagem dos homens como indivíduos, da imagem da personalidade. Conforme já mencionamos, uma das peculiaridades da imagem tradicional do homem é que as pessoas frequentemente falam e pensam em indivíduos e sociedades como se fossem dois fenômenos com existência separada — dos quais, além disso, um é com frequência considerado 'real' e o outro 'irreal' — em vez de dois aspectos diferentes do mesmo ser humano.

Essa curiosa aberração do pensamento, além disso, tampouco pode ser compreendida sem um exame, ainda que superficial, de seu conteúdo ideológico implícito. A divisão da imagem da humanidade em imagem do homem como indivíduo e sua imagem como sociedade possui raízes que se ramificam muito. Um dos ramos é uma cisão muito característica nos ideais encontrados, a um exame atento, em todos os Estados nacionais mais desenvolvidos, e talvez de forma mais pronunciada naqueles que possuem uma forte tradição liberal. No desenvolvimento dos sistemas de valores de todas essas nações-Estados, descobrimos, por um lado, uma corrente que considera a sociedade como um todo, a nação, como o mais alto dos valores; e por outro, uma vertente que postula o indivíduo inteiramente autossuficiente, o indivíduo livre, a 'personalidade fechada', como o mais alto valor. Nem sempre é fácil harmonizar esses dois 'valores mais altos'. Há situações em que os dois ideais são simplesmente irreconciliáveis. Mas, em geral, ninguém enfrenta francamente esse problema. Fala-se com grande entusiasmo na liberdade e independência do indivíduo, e com calor não menor na liberdade e independência, de sua própria nação. O primeiro ideal cria a expectativa de que o membro individual do Estado nacional, a despeito de seu senso de pertencer a uma comunidade e de interdependência com outros, pode tomar decisões de maneira inteiramente autossuficiente, ignorando os demais; o segundo gera a expectativa — concretizada sobretudo nas guerras mas também, com grande frequência, em tempo de paz — de que o indivíduo deve e tem que subordinar tudo o que possui, mesmo a vida, à sobrevivência do 'todo social'".

ELIAS, Norbert. *O processo civilizador*, op. cit. p. 234.

Entender o texto

- Qual o conflito que o autor descreve, na filosofia, que caracteriza a relação entre indivíduo e sociedade?

Texto 3

"As transformações às vezes radicais e surpreendentes que estão ocorrendo na realidade social, em âmbito local, nacional, regional e mundial, desafiam tanto o consenso sobre o que pode ser o objeto da sociologia como as codificações mais ou menos sedimentadas sobre ele. Em boa medida, esses abalos estão presentes em reflexões metodológicas e em controvérsias que inspiram trabalhos de uns e outros no âmbito da sociologia contemporânea; uma sociologia que se desdobra em: neofuncionalismo, teoria sistêmica, marxismo analítico, marxismo ocidental, estruturalismo, fenomenologia, hermenêutica, teoria da ação comunicativa e outras orientações da sociologia. Em alguma medida, e às vezes em amplas proporções, essas orientações da sociologia, no limiar do século XXI, parecem tatear diante das mais surpreendentes metamorfoses de seu objeto.

Diante das metamorfoses do objeto da sociologia, a teoria logo se vê desafiada, posta em causa no que se refere a conceitos e interpretações. Não se trata apenas de acomodar ou reformular conceitos e interpretações. Trata-se, também, de repensar alguns fundamentos da própria reflexão sociológica. Há metamorfoses do objeto da sociologia que desafiam as categorias de tempo e espaço, micro e macro, holismo e individualismo, sincronia e diacronia, continuidade e descontinuidade, ruptura e transformação. Quando a sociedade configura-se simultaneamente como local, nacional, regional e mundial, envolvendo grupos, classes e movimentos sociais, da mesma forma que relações, processos e estruturas de dominação e apropriação, algumas categorias básicas da reflexão sociológica abalam-se, parecem declinar ou emergir, desafiando a imaginação.

O que já vinha germinando há muito tempo, nesta época parece tornar-se mais explícito. A realidade social, em âmbito local, nacional, regional e mundial, parece ter adquirido outras configurações e outros movimentos. A descoberta das recorrências e continuidades revela simultaneamente que são muitos os sinais das surpresas e novidades."

IANNI, Octavio. A sociologia numa época de globalismo. In: FERREIRA, Leila da Costa (Org.). *A sociologia no horizonte do século XXI*. São Paulo: Boitempo, 2002. p. 14.

Entender o texto

1 As transformações ocorridas no mundo, devido à globalização da economia e dos meios de comunicação, têm afetado a sociologia? De que forma?

2 Por que notamos uma multiplicidade de abordagens e objetos de estudo na sociologia contemporânea?

16 A sociologia e as teorias da comunicação

Introdução

Dissemos que o desenvolvimento da sociologia esteve associado a uma série de fatores que caracterizaram a história da sociedade ocidental na Modernidade — a industrialização, a urbanização e o colonialismo europeu. Outro aspecto que teve especial importância foi o advento dos meios de comunicação de massa que, diferentes da tecnologia voltada para a produção material de bens, transformaram radicalmente a maneira pela qual as pessoas passaram a se relacionar umas com as outras e com o mundo que as cerca.

A tecnologia ligada à produção simbólica, da prensa manual, inventada por Gutemberg, no século XVI, à fotografia, desenvolvida no século XIX, modificou também a forma como o conhecimento passou a ser produzido, registrado, reproduzido e disseminado. Mas é o advento da prensa mecanizada e automatizada que chamamos de imprensa que instaurou, efetivamente, uma nova maneira de se fazer cultura, introduzindo a produção em série e em moldes industriais, com mensagens dirigidas a um público amplo, irrestrito e indiferenciado quanto à idade, sexo, ou origem étnica. Diferente também é o fato de que essa produção fez uso cada vez maior de recursos tecnológicos de ponta e teve como objetivo principal a conquista do lucro e do poder. Se é verdade que a prensa já havia colocado a Bíblia, assim como outros textos clássicos, à disposição de um número de leitores muito maior do que aquele que tinha acesso a manuscritos, a imprensa multiplicou esse número exponencialmente.

No século XIX, quando, em consequência do barateamento do papel e do desenvolvimento de processos de impressão muito mais potentes, surgem os primeiros jornais, uma quantidade até então impensável de leitores começa a ter acesso a textos escritos e à informação. Os periódicos de produção diária passam a ser produzidos em série e, por meio das linhas de trem e, depois, pelo telégrafo, colocam em relação agentes, lugares e fatos antes isolados, desconhecidos e inacessíveis. As distâncias se encurtam e as pessoas se aproximam no tempo e no espaço. As informações, antes estreitamente vinculadas ao contato direto e à linguagem oral quase sempre predominante, dispõem a partir de então de novos suportes que as preservam e disseminam.

Essas mudanças transformam radicalmente a visão de mundo e a cultura dos grupos sociais, que começam a ter possibilidades, cada dia mais amplas, de se relacionarem com diferentes ambientes, acontecimentos e referências. O mundo que os cerca se desdobra em novas dimensões que não se apresentam como objetivas e naturais, mas como representações construídas tecnologicamente.

BIBLIOTECA NACIONAL DA FRANÇA, PARIS

Ilustração de copista do livro *Milagres de Notre-Dame*, 1456.

RISCHGITZ/GETTY IMAGES

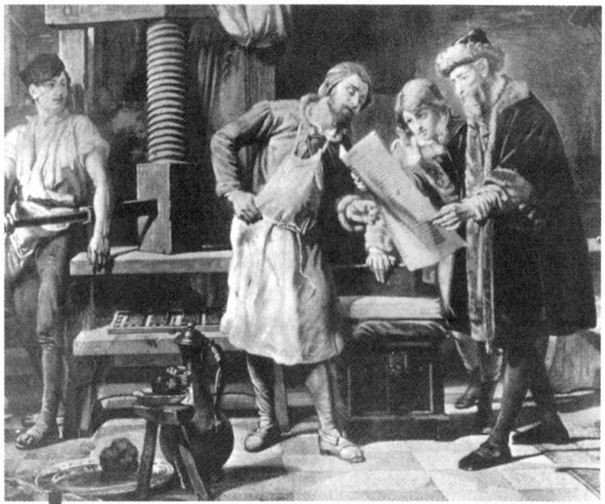

Gutenberg analisando impresso, autor desconhecido, tela de 1754.

MERILLON GEORGES/GAMMA

A revolução na capacidade de transmitir informações, causada pela imprensa de Gutemberg, foi determinante para a transformação da Europa e, por consequência, do mundo a partir do século XV. Rotativa computadorizada, França, 2000.

Também é revolucionária a velocidade com que esse universo midiático se amplia e se multiplica. Para se ter uma ideia do ritmo de instalação dessa rede de comunicação, basta pensar que em 1850, os primeiros cabos telegráficos ligaram a Inglaterra à Irlanda e, quinze anos depois, um inglês pôde se comunicar por telégrafo com a Índia. Em 1870, um chinês já podia enviar um telegrama para a Austrália que chegava em apenas cinco horas. A integração das demais mídias à sociedade não foi mais lenta: em 1876, o primeiro telefone passa a funcionar nos Estados Unidos, e, em 1887, já podem ser feitas ligações internacionais.

> Foi só com o advento do telégrafo que a mensagem começou a viajar mais depressa do que o mensageiro. Antes dele, as estradas e a palavra escrita eram estreitamente interligadas. Com o telégrafo, a informação se destacou de certos bens sólidos como a pedra e o papiro, tal como o dinheiro se desligara antes do couro, do lingote de ouro e dos metais, para terminar em papel.
>
> MCLUHAN, Marshall. *Os meios de comunicação de massa*. São Paulo: Cultrix, 1971. p. 108.

De igual impacto foi o uso crescente da imagem técnica na comunicação: em um mundo globalizado que ansiava por colocar em contato pessoas que faziam uso de diferentes idiomas. A imagem se mostra uma linguagem mais abrangente, compreensível e democrática do que o texto escrito, atingindo de forma instantânea a todos, independentemente do nível de alfabetização. Assim, a fotografia, o cinema e a televisão avançam rompendo barreiras que separavam culturas, populações e idiomas.

ALAN SCHEIN/CORBIS-STOCK PHOTOS

A imagem como linguagem universal do mundo globalizado. (Times Square, Nova Iorque, EUA.)

A cultura, pensada como o conjunto de crenças, de valores e de significados que o homem compartilha com seu grupo, foi violentamente modificada pelo advento da sociedade midiática, que fez com que povos distantes e diferentes, sob muitos pontos de vista, passassem a dividir um imaginário comum. Essa similitude de experiências e de imagens resultou em um processo vertiginoso de homogeneização cultural que serviu de base ao processo de globalização.

Os sociólogos foram sensíveis a essa nova sociedade que emergia envolvendo grupos, nações e continentes, bem como à reação das pessoas a essa cultura tecnológica. A multiplicação de mensagens e de meios que as repercutem também se tornou preocupante para os pesquisadores da sociedade humana, fazendo com que muitos dos seus conceitos e métodos de pesquisa se voltassem para os meios de comunicação de massa, tentando explicá-los. Foram essas teorias que serviram de base para a organização de um campo novo das ciências sociais aplicadas que recebeu o nome de Ciências da Comunicação, que foram ganhando autonomia e configurando, aos poucos, nova área do saber e outro tipo de profissionalização. O presente capítulo pretende tratar desse tema: as contribuições da sociologia e da antropologia para o campo da comunicação. Por se tratar de um dos objetos de pesquisa de maior interesse e uma das áreas em que os sociólogos mais são requisitados para atuar, abrimos aqui espaço para essa discussão.

A imagem se mostra uma linguagem mais abrangente, compreensível e democrática do que o texto escrito.

O advento da sociedade de massas

A sociedade sempre esteve dividida em grupos díspares formados por pessoas que compartilham as mesmas formas de comportamento, pensamento e atitudes que passam de geração a geração. Isso permitiu a formação da identidade e da alteridade, o reconhecimento do "eu" e do "outro".

O movimento de diferenciação e segregação parece ter sido sempre predominante em relação ao de indiferenciação e assimilação. Mas quando, na Revolução Industrial, as cidades passaram a atrair populações das mais diferentes origens étnicas e culturais, estas começaram a se mesclar umas às outras dividindo, muitas vezes, as mesmas dificuldades e misérias. Nesse conflituoso processo de integração ao meio urbano, as camadas mais pobres sofreram um rebaixamento social que as manteve distantes de todo o desenvolvimento intelectual e tecnológico da época. E, assim excluídas, passaram a desenvolver um estilo de vida próprio, com uma maneira peculiar de falar, sobreviver, divertir-se e comportar-se.

Para as elites o modo de agir dessas camadas proletárias ou subalternas era visto com grande desconfiança.

Para as elites, que defendiam um padrão de vida cada vez mais exclusivo e particular, o modo de agir dessas camadas proletárias ou subalternas era visto com grande desconfiança. Sem trabalho fixo e espaços dignos para encontros, disputas e divertimentos, as populações se espalhavam pelas ruas e pelas feiras desenvolvendo uma cultura lúdica, divertida e irônica que visava ao mesmo tempo distrair e, naturalmente, criticar a sociedade que os excluía. O uso de palavras de baixo calão, de forte gestualidade, de ironias e trocadilhos, de erotismo e comicidade parecia provocar as elites que, em oposição, defendiam o formalismo e a etiqueta que valorizavam a contenção e o autocontrole. O conflito era evidente e as camadas subalternas passaram a ser alvo do mesmo preconceito com que eram encarados os povos "selvagens" vindos de terras do além-mar pela da colonização.

Essa associação das camadas pobres de migrantes das grandes cidades com os povos de terras distantes fica evidente no uso da palavra com a qual eram designados: turba — nome dado às tribos nômades do deserto asiático e que se tornou sinônimo de "bárbaros" e incultos. Um outro termo utilizado para designar essa população sem identidade definida que vivia nos grandes centros, parecendo, aos olhos da burguesia, estar abaixo da condição humana, era "massa".

Portanto, o conceito de massa que serve de complemento à ideia de comunicação e cultura a partir do século XVIII diz respeito a uma população rebaixada, indiferenciada e subalterna que habitava as ruas dos centros urbanos na Europa que se industrializava. A sociologia não foi indiferente a ela e passou a estudar esse comportamento coletivo, rebelde e indisciplinado que parecia desafiar as convenções e as regras, tão caras aos homens urbanos da época. Sob o título de "multidão", essas populações foram estudadas com uma preocupação por se prever sua forma de agir, procurando contê-las e controlá-las. Com uma conotação quase sempre negativa, as massas eram associadas à ideia de desordem, de anomia e de disfunção, sintoma de uma sociedade doente e entrópica.

Para os positivistas, contemporâneos do advento da sociedade de massas, as populações mais pobres e excluídas foram sempre associadas à inferioridade e à desordem. Uma visão com certa dose de utopia e evolucionismo considerava-as como um estágio a ser superado pela história e pelo planejamento. Os sociólogos preocuparam-se com isso.

Mas, mesmo sem acesso aos bens da civilização burguesa, essa massa urbana foi se constituindo em fator de desenvolvimento para o comércio e a indústria e um esforço grande foi feito para chamá-las a algum tipo de integração, especialmente quando, instaurada a República, elas começaram a lutar por participação e representatividade política.

Isso porque, malgrado a situação de exclusão em que eram mantidas em relação ao processo de desenvolvimento da cultura europeia, por conta do convívio estreito da cidade, do trabalho conjunto nas fábricas e dos meios de comunicação, essas populações iam ganhando conhecimento e instrução e começavam a lutar por um lugar mais digno na sociedade. Enfrentar essas massas passou a ser objeto de estudos que iam desde propostas socioeducativas até de controle e manipulação.

Para os positivistas, contemporâneos do advento da sociedade de massas, as populações mais pobres e excluídas foram sempre associadas à inferioridade e à desordem.

Entretanto, é importante entender que as massas não foram estudadas com os ou pelos mesmos conceitos com os quais era analisado o cidadão, o burguês ou o operário — habitantes das grandes cidades e participantes da sociedade burguesa e de suas instituições. Eram consideradas, por algum viés teórico, como anomia, disfunção ou desorganização da sociedade.

E foi o advento dos meios de comunicação que tornaram as massas um assunto especial dentro das ciências sociais, envolvendo, ao mesmo tempo, o preconceito de que sempre foram vítimas as classes subalternas e a preocupação com a formação do público e o comportamento das multidões.

> A massa apresenta-se como ameaça real ou potencial para a sociedade como um todo, e esse risco justifica a instalação de um dispositivo de controle estatístico dos fluxos estatísticos e demográficos.
>
> DESROSIÉRES, A. La politique des grandes nombres. Histoire de la raison estatistique. In: MATTELART, Armand e Michèlle. *História das teorias da comunicação,* op. cit. p. 20.

JUCA MARTINS/OLHAR IMAGEM

O surgimento da multidão ou massa na cidade foi uma consequência da desestruturação das relações de trabalho e da família no campo, durante o processo de industrialização.

Mas, por serem as massas populações indiferenciadas, a metodologia de pesquisa que melhor se adaptou à compreensão de sua forma de agir foi a estatística. Trabalhar com populações amplas passou a estar associado frequentemente ao uso de técnicas quantitativas, também usadas para medir os censos e os índices de criminalidade e desvios da norma, aumentando ainda mais os vieses de preconceito e indevidas generalizações. Os autores dessa linha de pesquisa, de inspiração positivista, sucedem-se ao longo do século XIX e início do século XX. Gustave Le Bom, Scipio Sighele e Gabriel Tarde são alguns dos nomes de cientistas que se dedicaram ao estudo do fenômeno das massas ou populações subalternas que, deserdadas, desenvolvem um modo de ser próprio, considerado anômalo, preocupante e ameaçador, pelas elites intelectuais e políticas. Essas pesquisas enfatizavam, portanto, o estudo das grandes populações urbanas, traduzido por tendências quantificáveis.

Trabalhar com populações amplas passou a estar associado frequentemente ao uso de técnicas quantitativas.

A comunicação como mídia

Nos Estados Unidos, território por excelência dos emigrantes, palco das lutas étnicas entre brancos e negros descendentes dos ex-escravos africanos e país onde os meios de comunicação de massa assumem definitivamente a forma de uma indústria, o estudo dos meios de comunicação e do comportamento das multidões tem grande impulso. Nessa abordagem quantitativa e estatística, um dos grandes expoentes é Paul Lazarsfeld, emigrante austríaco que, nos Estados Unidos, passa a lecionar na Universidade de Columbia e torna-se diretor do *Bureau of Applied Social Research*, o qual servirá de modelo para outros institutos semelhantes destinados à pesquisa aplicada que tem por objeto privilegiado os meios de comunicação de massa.

Na primeira metade do século XX, já se tornara evidente o poder da mídia sobre as pessoas e sobre extensas populações, fazendo com que não só os sociólogos estivessem interessados em seu estudo, mas também os poderes públicos, os industriais e os homens de negócios. Percebia-se clara e rapidamente que os meios de comunicação poderiam ser usados de forma planejada não apenas na publicidade e venda de produtos, ou na transmissão de mensagens, mas também na integração da sociedade e na intervenção sobre a motivação e conduta das massas. Esse pragmatismo norte-americano afastava-se da herança positivista de Durkheim, para quem o cientista deveria manter uma atitude distante e neutra diante dos problemas sociais para poder estudá-los com objetividade. Afastava-se também da primeira tendência dos estudos da comunicação que apresentamos aqui, cujo foco de interesse eram as massas. Os novos estudos deslocavam o interesse das populações para os meios de comunicação.

Essa corrente de pesquisa recebeu o nome de *Mass Communication Research* (Pesquisa de Comunicação de Massa) e um de seus expoentes foi Harold Lasswell, para quem era preciso entender o funcionamento dos meios de comunicação de massa para poder usá-los de maneira adequada e a favor da democracia. A mídia tornava-se assim uma grande arma de condução das massas não podendo, por si só, ser considerada boa ou má. Boas ou más eram as intenções com as quais era usada. Para entender essa ação ao mesmo tempo neutra e eficaz dos meios de comunicação, ele apelida sua teoria de "hipodérmica", pois permite o uso instantâneo e eficiente da mídia sobre a população.

A mídia tornava-se assim uma grande arma de condução das massas não podendo, por si só, ser considerada boa ou má.

A grande influência que o rádio passa a ter na sociedade da época reforça essa imagem de poder e de submissão total da audiência diante dos meios de comunicação. Exemplo importante disso foi o programa radiofônico transmitido por Orson Welles na noite de 30 de outubro de 1938, quando ele narra, como um locutor, a adaptação do romance fantástico *A Guerra dos Mundos*, de H. G. Wells. Desconhecendo o caráter ficcional do programa, a audiência entra em pânico, mostrando o quanto pode ser ludibriada pela mídia.

Assim, o uso da propaganda política por meio da comunicação ganha cada vez mais adeptos e, na Segunda Guerra Mundial, a utilização da mídia será apontada como responsável tanto pelo sucesso do nazismo como pela derrota dos países do Eixo e pela vitória aliada.

Lasswell desenvolve uma metodologia de princípios funcionalistas que busca medir especialmente os efeitos da comunicação no público por meio de procedimentos sistemáticos e quantitativos. Para essa postura, a massa é vista, como no século XVIII, de forma indeterminada, embora ingênua, assim como as mensagens são analisadas como estratégia de mídia e não como difusão de sentidos e significados.

HULTON ARCHIVE/GETTY IMAGES

CORBIS-STOCK PHOTOS

A Segunda Guerra Mundial não foi palco apenas do conflito armado, nela também ocorreu a guerra de propaganda, pela primeira vez usada como arma estratégica. (*O nosso objetivo é a vitória!*, dizeres do cartaz de propaganda nazista, à esquerda; *O dia chegará. Trabalhe!*, dizeres do cartaz de propaganda norte-americano, à direita.)

Focando suas análises nas mídias, mas não de uma forma instrumental, ou seja, colocando-as a serviço das corporações públicas e privadas, como o fez a maioria dos funcionalistas, alguns pesquisadores procuraram alertar para o poder das tecnologias de comunicação na constituição da sociedade contemporânea. Um dos mais destacados autores foi Harold Adams Innis, mas o mais conhecido foi seu colega da Universidade de Toronto, Marschall McLuhan, que procurava alertar para o caráter político, centralizador e monopolista dos meios de comunicação. Revolucionário e desmistificador, ele chegava a abordar, nos conturbados anos 1960, as transformações advindas com a automação, tema que se tornou manchete nas décadas seguintes.

A comunicação como informação

Durante toda a primeira metade do século XX, predomina essa visão da comunicação como o resultado de um processo tecnológico bem concebido do ponto de vista estratégico. Nessa linha de pesquisa que enfatiza o estudo do meio como um suporte e não como uma forma expressiva, desenvolve-se o trabalho de Norbert Weiner, que propôs um conceito de grande aceitação, o de *feedback*.

Durante toda a primeira metade do século XX, predomina essa visão da comunicação como o resultado de um processo tecnológico bem concebido do ponto de vista estratégico.

Fundador da cibernética, Weiner constrói modelos de comunicação nos quais o emissor é constantemente informado dos resultados de sua ação, permitindo-lhe corrigir erros. Todas as nossas ações funcionam a partir desse sistema: se eu levo um copo de água à boca, por exemplo, meus sentidos, ou sensores, vão fornecendo informações para que meu cérebro, comandando essa operação, possa completá-la com sucesso, sem que eu vire a mão e derrube a água. Esse sistema de retroinformação, controle ou autocorreção é chamado de *feedback*. Essa é a base também de todos os termostatos.

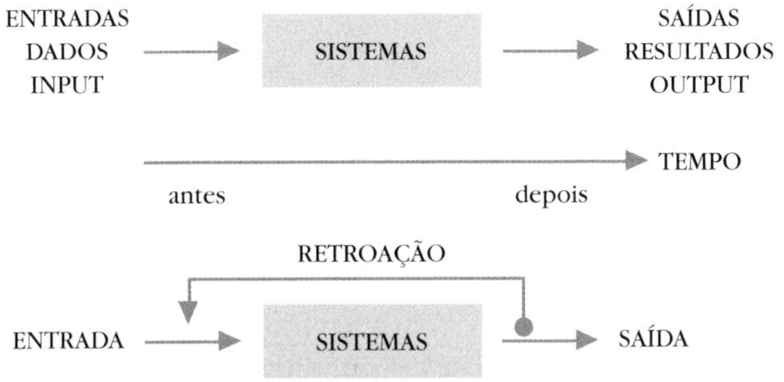

Figura 1 — Esquema da retroação.

Com essa abordagem, a comunicação se torna mais abstrata e se aproxima das ciências físicas e biológicas. É Weiner quem propõe os conceitos de informação, codificação, decodificação e cibernética, ou seja, a ciência da pilotagem.

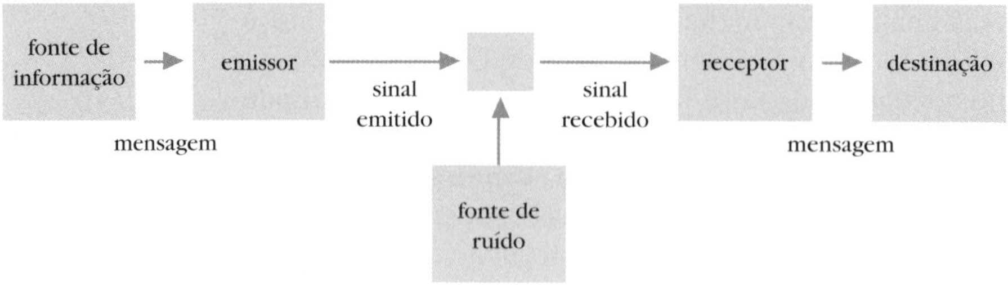

Figura 2 — Esquema de um "sistema de comunicação".

Aluno de Weiner e funcionário da Bell Telephone, onde estuda modelos de comunicação que acabem com os ruídos que interferem na plena compreensão dos códigos, Claude Shannon vai propor a teoria matemática da comunicação. E é dele o modelo mais conhecido de comunicação, que a concebe como uma mensagem que vai de um emissor a um receptor através de um meio e um sistema de código.

Apesar de esse modelo servir apenas para o próprio telégrafo que Shannon estudava, ele teve ampla repercussão e uso. Sabemos, no entanto, como defendido em pesquisas posteriores, que a comunicação é um processo não-linear que envolve inúmeros elementos objetivos e subjetivos. Mas, naquele momento, era dessa forma abstrata e sistêmica que se encarava a comunicação. Herdeiro dessa tendência, na Europa, foi Abraham Moles, que trabalha com o conceito de *ecologia da comunicação,* espaço de interação de diferentes espécies de comunicação.

Nas últimas décadas do século XX, com o desenvolvimento das mídias digitais e da comunicação por rede de computadores, novos adeptos dessa tendência têm reforçado as pesquisas que cada vez mais se aproximam da cibernética, da inteligência artificial e da informática. No *Massachusetts Institute of Technology* — MIT, nos Estados Unidos, diversas equipes trabalham com telecomunicação e telepresença.

A Escola de Palo Alto ou a comunicação como interação

Colégio Invisível ou *Escola de Palo Alto* foi o nome dado a pesquisadores de diversas áreas — antropologia, psicologia e sociologia — que, a partir de 1942, resolvem se dedicar ao estudo da comunicação opondo-se terminantemente ao modelo linear de Shannon. Pensando a comunicação como um processo integrado e interativo que envolve diferentes linguagens verbais e não-verbais, esses estudiosos propõem conceitos de *níveis de complexidade, contextos múltiplos* e *sistemas circulares.*

Figura de proa no grupo, Gregory Bateson é um antropólogo de origem inglesa que propõe análises profundas de interpretação do comportamento humano para o entendimento de uma cultura. Aos poucos, em um processo de contínua interdisciplinaridade, volta-se para o estudo da comunicação entendida como a matriz de toda atividade humana.

A comunicação é a via pela qual as interações se dão de forma recíproca e em múltiplos sentidos, a partir de regras e códigos nem sempre evidentes. O papel do receptor ganha uma inusitada importância, pois é da sua compreensão e de sua resposta que dependem a continuidade e os rumos da comunicação. Para explicar essa proposta, a melhor imagem é a de uma orquestra em que todos os músicos tocam em conjunto, respondendo uns aos outros e obedecendo a partituras invisíveis. O importante nessa orquestra para o entendimento da comunicação é que os atos da fala passam necessariamente pelos processos mentais e intrapsíquicos.

> *A comunicação é a via pela qual as interações se dão de forma recíproca e em múltiplos sentidos, a partir de regras e códigos nem sempre evidentes.*

Trabalharam com Bateson, além da antropóloga Margareth Mead, companheira de pesquisa e esposa durante certo tempo, Paul Watzlawick, Janet Beavin, Don Jackson e William Fry, entre outros.

A teoria crítica e a comunicação como indústria

A teoria crítica, como já exposto no capítulo anterior, teve sua origem na Escola de Frankfurt, com os estudos que propunham análises da realidade contemporânea à luz das teorias marxistas. Em relação à comunicação, a teoria crítica estuda a cultura midiática como uma nova forma de opressão ideológica e de dominação da burguesia sobre as classes subalternas. Para isso, rejeitam o conceito de cultura de massa, considerando que os produtos veiculados pelos meios de comunicação não são produzidos pelas massas, nem satisfazem suas necessidades. Ao contrário, significa nova forma de dominação e de distribuição de uma cultura simbólica de baixa qualidade.

Foi preocupação da Escola de Frankfurt alertar para o perigo da expansão de um gosto cultural de segunda linha, voltado para o entretenimento de baixo custo, para a expressão artística da modernidade, para o desenvolvimento humano e para a cidadania. Segundo Adorno, a cultura ligeira dos meios de comunicação homogeneíza, empobrece, mistura tendências num processo em que se valoriza apenas a novidade.

Em razão disso, Horkheimer e Adorno, em 1942, criam e desenvolvem o conceito de indústria cultural no texto *Dialética do esclarecimento*, publicado em 1947, referindo-se à produção maciça, seriada e tecnológica de bens simbólicos. Jornais, cinema, rádio e televisão constituem sistemas de dominação, pelos quais a burguesia se apropria também do lazer do trabalhador e de seu "tempo livre".

O fato de que as análises se apoiam na teoria marxista leva, necessariamente, os pesquisadores a utilizarem os conceitos de *ideologia* e *alienação* para explicarem a criação dessa cultura que, a partir do século XX, aglutina e integra pessoas de origem diferente, numa manifestação rara de unanimidade. O melodrama aparece nessas análises como um recurso catártico pelo qual as pessoas constroem uma falsa ideia de um mundo que termina em *happy end*.

Por outro lado, como indústria a comunicação está voltada unicamente para seus interesses econômicos e financeiros, visando essencialmente sua expansão e lucratividade. O Estado, por sua vez, vai ao encontro desses interesses, instituindo leis, regulamentos e concessões de uso para que determinados grupos controlem os meios de comunicação. Em contrapartida, recebe o apoio incondicional das empresas de mídia que se transformam em seus porta-vozes.

Subsiste entre os teóricos da Escola de Frankfurt a ideia de que às classes mais pobres, diante da racionalidade econômica e política da indústria cultural, só resta a subserviência e a passividade.

Claro que essa postura radical tem repercussões metodológicas sérias na medida em que seus pressupostos, levados às últimas consequências, também não podem ser considerados como não-ideológicos, sendo passíveis, portanto, de desvios conceituais. Por outro lado, subsiste entre os teóricos da Escola de Frankfurt a ideia de que às classes mais pobres, diante da racionalidade econômica e política da indústria cultural, só resta a subserviência e a passividade. A indústria possui a seu favor a tecnologia, a divisão social do trabalho, o capital e o anseio por uma cultura que substitua a consciência verdadeiramente revolucionária.

Por outro lado, as críticas feitas à indústria cultural soam a muitos intelectuais da época e às gerações que os sucederam como preconceituosas em relação à cultura das camadas subalternas, por exaltarem a produção cultural das elites como mais autênticas e verdadeiras, ainda que excludentes e elitistas.

Mas, a teoria crítica lançou questões importantes ao campo da comunicação na medida em que conseguiu utilizar os princípios do materialismo histórico para a análise da produção simbólica e que desenvolveu estudos sobre a dominação cultural de forma mais abrangente do que qualquer outra corrente. A partir desses estudos, a análise crítica da indústria cultural nunca mais deixou de ser feita pelos pesquisadores, que se sentem irmanados com as ideias desses estudiosos.

Até a atualidade, diferentes autores promovem uma releitura da teoria crítica, procurando evidenciar os mecanismos pelos quais os meios de comunicação de massa estão presos a sistemas eficientes de exercício

DOUGLAS MILLER/GETTY IMAGES

GETTY IMAGES

Os teóricos da Escola de Frankfurt acreditavam que a comunicação ocorria apenas em um sentido, do emissor para o receptor. Este era visto como passivo e influenciável. (Imagens dos anos 1950, Estados Unidos.)

do poder econômico, social e político. Cabe ao pesquisador desvendar esse jogo de aparências e reflexos que turvam a consciência possível dos indivíduos. Os nomes que se seguiram à primeira geração da Escola de Frankfurt foram Jürgen Habermas, Jean Boudrillard e Guy Débord. A França continua sendo ponta-de-lança nessa tendência.

A comunicação como cultura

Enquanto a Alemanha e a França davam cada vez mais espaço para a teoria crítica, na Inglaterra, nos anos 1970, surgia uma nova escola chamada *Cultural Studies,* propondo a ideia de que a comunicação só pode ser efetivamente entendida no conjunto dos processos socioculturais da sociedade na qual se verifica. Reconhece nos meios de comunicação de massa uma contribuição efetiva para a consolidação dos princípios societários.

Recusando uma visão economicista da cultura e a dicotomia infraestrutura e superestrutura, analisam a comunicação em seu papel de aglutinação dos indivíduos em torno de determinadas questões e valores. Seus pesquisadores desviam-se também de uma interpretação mecanicista das mensagens midiáticas, percebendo em seus conteúdos uma elaboração complexa, ambígua e contraditória cujo sentido final precisa ser elaborado e negociado.

A ideia principal desses autores é a de que é preciso entender as formas de articulação dos grupos, das classes e das mídias para se ter acesso à complexidade do processo de produção da cultura. Por outro lado, dedicaram-se à valorização da cultura popular da qual as mídias participam de forma significativa.

O centro de difusão dessas teorias é a Universidade de Birmingham, onde foi fundado o *Centre of Contemporary Cultural Studies* — CCCS — que teve como primeiro diretor Richard Hoggart. Além dele, influenciaram as pesquisas sobre cultura e comunicação as obras de Edward Thompson e Stuart Hall. A metodologia de pesquisa proposta é empírica, influenciada pela etnografia da Escola de Chicago, pelo conceito de hegemonia desenvolvida por Antonio Gramsci e pela história literária de Georg Lúkacs.

O desenvolvimento dessa corrente acabou por desembocar nos estudos de recepção que consistem na valorização do papel do receptor na construção dos significados das mensagens. É o receptor que, com sua cultura, sua subjetividade e o contexto social no qual está imerso, estabelece o sentido de uma mensagem entre todos os significados possíveis. Isso implica o reconhecimento de que a comunicação não possui uma racionalidade mecânica, mas que sua complexidade e ambiguidade abrem aos sujeitos que interagem uma ampla gama de entendimento e interpretação.

> *É o receptor que, com sua cultura, sua subjetividade e o contexto social no qual está imerso, estabelece o sentido de uma mensagem.*

Como se vê, estamos bem distantes do advento dos estudos de comunicação quando as massas eram objeto de preconceito e desprezo. Agora, reconhece-se a existência do indivíduo, um ser pleno e rico, dotado de cultura e valores e que participa ativamente do processo de comunicação e construção da cultura. Valoriza-se a cultura dos pobres, a partir da qual se estabelecem os conteúdos que transitam pelos meios de comunicação de massa. As mídias são analisadas em sua especificidade e em sua mútua influência ao mesmo tempo. Há o abandono dos métodos estatísticos e o emprego cada vez mais eficiente de métodos etnográficos, indutivos e interpretativos.

A América Latina tem desenvolvido estudos importantes nessa área contando com pesquisadores como Nestor Garcia Canclini, no México, e Jésus Martin Barbero, na Colômbia, que são referência em diversas partes do mundo.

A comunicação como texto e contexto

Resta falar de uma outra tendência bastante forte no estudo da comunicação que diz respeito à valorização do texto para o entendimento das mensagens. É o caso do uso de uma metodologia hermenêutica e de decifração dos códigos, das regras e dos signos linguísticos e, também, da aplicação de pressupostos estruturalistas na análise dos processos simbólicos.

Trata-se de uma tendência que sofreu diferentes influências: da teoria da informação, do estruturalismo de Lévi-Strauss, da linguística e da semiótica e que, buscando romper com o modelo mecânico de Shannon, propôs um estudo profundo das mídias e das possibilidades comunicativas das linguagens tecnológicas. Esse esforço resulta em análises interpretativas que constroem modelos explicativos das mensagens procurando dissecar seus elementos constituintes e suas inter-relações.

De grande contribuição para essa corrente das teorias da comunicação foi o trabalho de Ferdinand Saussure e Charles Peirce, os desbravadores da semiótica, que buscaram explicar as relações entre as coisas que povoam o mundo objetivo e os signos que as representam, destacando sempre que aquilo que circula entre dois interlocutores não são coisas, mas coisas transformadas em símbolos.

Assim os autores procuraram entender o processo de criação dos símbolos e de suas regras de combinação, que constituem sua gramática. Bastante relevante nesse sentido é o trabalho de Roland Barthes, especialmente quando se dedica ao estudo da fotografia em *A câmera clara*. Umberto Eco e Michel Foucault também trabalharam nessa linha de pesquisa que teve grande repercussão na Europa.

Na França, os pesquisadores se reuniram em torno do CECMAS — Centro de Estudos das Comunicações de Massa —, fundado em 1960, na Escola Prática de Altos Estudos, onde trabalharam Georges Friedmann e Edgar Morin. Na Itália, foi criado o Instituto A. Gemelli, reunindo nomes como os de Umberto Eco e Gianfrancesco Battetini.

FERNANDO SALAS/ZUMA — KEYSTONE

BILLO PUGLIANO/GETTY IMAGES

Apesar de todo o aparato midiático posto a serviço, pelo governo norte-americano, em prol da guerra contra o Iraque, milhares de norte-americanos foram capazes de se mobilizar contra a guerra. (À esquerda, presidente norte-americano anunciando a invasão do Iraque, em 19 mar. 2003; à direita, manifestação contra a guerra no mesmo dia, em Dearborn, estado de Michigan.)

A grande contribuição desses autores e que os distingue dos pesquisadores que adotaram o modelo proposto pela teoria da informação é que levaram em consideração não só o texto, mas também o contexto da comunicação, ou seja, o tempo e o espaço em que ocorreu a comunicação. Além de construírem modelos explicativos para o entendimento de como funcionam os signos e as tecnologias de comunicação, mostraram ser relevante o estudo da relação interativa entre emissor e receptor, assim como o contexto cultural e histórico em que se processa a comunicação.

Concluindo...

Esse panorama, mostrando as diferentes correntes e modelos explicativos do estudo da comunicação, faz parte de um movimento de independência e autonomia desse campo em relação ao das ciências sociais. Auxiliaram no processo de emancipação o desenvolvimento dos meios de comunicação de massa e a consolidação de outras disciplinas que passam a contribuir de forma significativa para o entendimento dos processos simbólicos e linguísticos. Psicologia, psicanálise, linguística, semiótica, matemática e informática oferecem conceitos e metodologias de pesquisa que tornaram o campo da comunicação fortemente interdisciplinar. Mas é ainda a sociedade — como e por que as mensagens agem; que participação elas têm na cultura a curto, médio e longo prazo; que sentido imprimem à motivação, ao pensamento e à conduta humana; qual a importância dos formadores de opinião — que interessa ao desenvolvimento teórico das ciências da comunicação.

As peculiaridades do momento histórico, em especial o advento das mídias digitais e da comunicação por computadores, fazem emergir novos objetos de pesquisa e outros interesses que levam os pesquisadores a se deterem em fenômenos como a globalização e a forte integração das mídias na sociedade, transformando a aldeia global de McLuhan em uma povoação planetária. Para o entendimento dessa sociedade midiática, as teorias da comunicação são fundamentais.

Por outro lado, o desenvolvimento de novos modelos de análise sociológica vai abrindo caminho para um estudo mais profundo e abrangente dos processos simbólicos e da relação do homem com a tecnologia. Assim, já vai longe o tempo em que sociólogos pensavam no homem como uma exterioridade e que os estudiosos da comunicação julgavam que os meios agiam sobre o público de forma determinista. Quer para a sociologia, quer para as ciências da comunicação, a realidade a ser estudada é cada dia mais complexa, múltipla, plural e interdisciplinar.

Atividades

Compreensão de texto

1 Qual a origem histórica do conceito de massa e por que motivo é usado, muitas vezes, de forma pejorativa?

2 Quais são os elementos que cada escola teórica identifica e sobre os quais se debruça?

3 O que você entendeu por *feedback*? Dê um exemplo.

4 A teoria crítica ainda possui muitos adeptos. O que ela afirma a respeito da comunicação?

5 Quais as circunstâncias que favoreceram o estudo dos meios de comunicação e a sua autonomia como campo do conhecimento?

6 O desenvolvimento das mídias digitais e da comunicação em rede tem favorecido qual tendência teórica para o estudo da comunicação?

Interpretação, problematização e pesquisa

7 Este trecho, relativo à vida na Europa no século XVI, exemplifica certa parte deste capítulo. Identifique-a.

> "As autoridades recebem a notícia de que pelo condado de York se alastra um bando de 196 homens, mulheres e crianças, súditos da rainha pelo nascimento e muitos deles de boa origem; vivem como vagabundos, às vezes praticando a quiromancia, frequentemente se disfarçam, usam uma linguagem secreta, e tudo isso constitui uma infração da lei. Essa companhia inteira foi portanto aprisionada e levada perante o tribunal que condenou à morte 106 pessoas adultas, conforme o mencionado estatuto."

Relatório de 1596 das autoridades de North Riding, na Inglaterra. In: GEREMEK, Bronislaw. *Os filhos de Caim*. São Paulo: Companhia das Letras, 1995. p. 135.

8 Este trecho que fala a respeito da transmissão de rádio de Orson Welles na qual ele relata a invasão da Terra por marcianos mostra o quanto somos sugestionáveis em relação aos meios de comunicação de massa. De que escola teórica das Ciências da Comunicação ele se aproxima?

"Imagine que você está dirigindo, escutando o rádio do seu automóvel ao voltar do trabalho sintonizado na emissora de sua preferência. Atento ao trânsito, você não está totalmente ligado ao que se fala no rádio. De repente algo lhe chama a atenção. A programação normal é interrompida e um informe extraordinário tem início. A rádio informa que foram detectados por alguns observatórios astronômicos enormes corpos celestes vindo em nossa direção e que, por falhas de previsão e de cálculos dos cientistas, os asteroides se chocarão com a Terra em apenas alguns minutos. Muito mais do que espanto, por certo você ou qualquer outro de nós mortais tenderíamos a entrar imediatamente em pânico ao sentirmos a morte tão próxima."

ESCH, Carlos Eduardo e DEL BIANCO, Nélia. Quem destrói o mundo é o cenário acústico do rádio. In: MEDITSCH, Eduardo. *Rádio e pânico:* a Guerra dos Mundos 60 anos depois. Florianópolis: Insular, 1998. p. 69.

9 Tratar a comunicação como informação é típica de alguma das tendências dentre as tratadas neste capítulo?

"Informar tornou-se uma preocupação relevante em todo lugar no fim da década de 1960 e durante a década de 1970, quando se falava tanto em 'falta de informação' quanto em 'saturação de informação'. Nos Estados Unidos em particular havia uma crescente tendência em tratar a informação como mercadoria, criada e distribuída em uma 'economia da informação'."

BRIGGS, Asa e BURKE, Peter. *Uma história social da mídia.* Rio de Janeiro: Zahar, 2004. p. 258.

10 Segundo o autor o que interfere na comunicação entre americanos e árabes é, antes de mais nada, a tecnologia, a mídia ou a cultura?

"Os meus trabalhos ao longo dos últimos cinco anos demonstram que americanos e árabes vivem a maior parte do tempo em mundos sensoriais diferentes e que não recorrem aos mesmos sentidos, nem sequer quando se trata de estabelecer a parte mais importante das distâncias observadas perante o interlocutor no decorrer de uma conversa. Como veremos, os árabes utilizam muito mais o olfato e o tacto do que os americanos. Interpretam e combinam diferentemente os respectivos dados sensoriais."

HALL, Edward T. *A dimensão oculta.* Lisboa: Relógio d'Água, 1986. p. 13.

11 Pesquisa – No endereço www.observatoriodaimprensa.com.br, há diversos artigos sobre os meios de comunicação de massa, especialmente o jornalismo, que permitem aplicar diversos temas trabalhados neste capítulo, especialmente sob inspiração da teoria crítica desenvolvida pela Escola de Frankfurt.

Aplicação de conceitos:

12 Vídeo: *Janela da alma* (Brasil, 2002. Dirigido por João Jardim e Walter Carvalho. Duração: 73 min.) — Documentário reunindo depoimentos de 17 pessoas, entre cineastas, cientistas e escritores importantes da atualidade, que discutem a imagem, a visualidade, a percepção e os meios de comunicação de massa na sociedade contemporânea.

- Diversas questões que dizem respeito a diferentes enfoques sobre os meios de comunicação de massa na sociedade contemporânea são levantadas nesse trabalho — há depoimentos otimistas, outros pessimistas, mas todos são unânimes em defender a importância do olhar na cultura. Registre as ideias principais desse vídeo.

Tema para debate

- No dia 11 de setembro de 2001, ocorreu, nos Estados Unidos, o ataque terrorista comandado por Bin Laden. Nele, os meios de comunicação de massa tiveram especial importância. Trata-se de um tema importante para ser discutido em grupos após a leitura do capítulo, pois é possível entender que se trata de um objeto complexo que resiste a uma explicação simples. Os meios de comunicação foram uma arma usada pelos terroristas para que o mundo todo assistisse à destruição do World Trade Center.

Leituras complementares

Texto 1

O príncipe eletrônico

"O príncipe eletrônico pode ser visto como uma das mais notáveis criaturas da mídia, isto é, da indústria cultural. Trata-se de uma figura que impregna amplamente a Política, como teoria e prática. Impregna a atividade e o imaginário de indivíduos e coletividades, grupos e classes sociais, nações e nacionalidades, em todo o mundo. Em diferentes gradações, conforme as peculiaridades institucionais e culturais da política em cada sociedade, o príncipe eletrônico influencia, subordina, transforma ou mesmo apaga partidos políticos, sindicatos, movimentos sociais, correntes de opinião, legislativo, executivo e judiciário. Permanente e ativo, situado e ubíquo, visível e invisível, predomina em todas as esferas da Política, adquirindo diferentes figuras e figurações, segundo a pompa e a circunstância.

A *fortuna* e a *virtù*, das quais falava Maquiavel, tornaram-se atributos do príncipe eletrônico. Uma parte fundamental da *virtù* de líderes, governantes, partidos, sindicatos, movimentos sociais e correntes de opinião pública tem sido construída cada vez mais pela mídia, como uma poderosa e abrangente coleção de técnicas sociais. A comunicação, informação e propaganda podem transformar, da noite para o dia, um ilustre desconhecido em uma figura pública notável, literalmente ilustre, com perfil, programa, compromisso, senso de responsabilidade pública, conhecimento dos problemas básicos da sociedade e até mesmo com linguagem própria, diferente de outras, original. O marketing político, secundado por diferentes programas da mídia eletrônica e impressa, bem como pelos artifícios das técnicas de montagem, colagem, mixagem, bricolagem, desconstrução e simulacro podem realizar o milagre da criação. Pouco a pouco, muitos são levados a crer que essa pode ser a criatura indispensável para fazer face à fortuna, às condições político-econômicas e socioculturais responsáveis pela questão social, pelas carências do povo, pelas reivindicações de indivíduos e coletividades, grupos e classes sociais. Em alguns casos, a criatura produzida pela mídia aparece como a única solução, para o indivíduo, povo, sociedade, país, Estado-Nação, região ou até mesmo o mundo como um todo."

IANNI, Octavio. O príncipe eletrônico. In BACCEGA, Maria Aparecida. *Gestão de processos comunicacionais*. São Paulo: Atlas, 2002. p. 65.

Entender o texto

- A quem o autor se refere como o "príncipe eletrônico"? Por que faz uma analogia com o príncipe de Nicolau Maquiavel?

Texto 2

Ficção, comunicação e mídias

"A cultura de massa disseminava-se, apropriando-se dos milenares recursos comunicativos da cultura proletária — repetitividade, redundância, oralidade, humor e entretenimento. Até mesmo o caráter performático e improvisado do lazer plebeu parecia encantar o público e constituir um interesse a mais — era o descompromisso, a surpresa e o suspense a serviço da comunicação midiática.

Uma forte empatia ligava o público aos astros e estrelas desse universo olímpico, um sentimento de proximidade que substituía as antigas relações de amizade e vizinhança, estremecidas pelos deslocamentos das pessoas do campo para a cidade, de uma região para outra, e pela competição acirrada a que eram submetidas pelo capitalismo industrial. Conflitos agudos contrapunham classes sociais, etnias e gerações, tornando a vida social pouco tolerável. A cultura de massa representava uma pausa nesse confronto, não só por sua ideologia massificante e pela catarse própria do entretenimento, mas por resgatar práticas comunicativas ancestrais, próprias daquele patrimônio popular do qual falamos no início deste trabalho — 'contações' de história, provérbios, piadas, farsas, danças, música e melodrama —, tudo isso revestido da afetividade das transmissões ao vivo e do naturalismo das tecnologias analógicas.

As mulheres tiveram papel importante no estabelecimento dessa nova cotidianidade, como, aliás, de todos os modos e costumes da sociedade urbana industrial. Tendo deixado o meio rural, onde se integravam às diversas atividades sociais — o plantio, as festas e a criação dos filhos —, essas mulheres dão forma a parte importante da sociedade contemporânea: a vida privada. São elas que constituirão o público por excelência da cultura de massa, que representa também a ruptura com a solidão do interior doméstico. Como os pregões dos comerciantes ambulantes, os meios de comunicação de massa passam a disputar os olhos e ouvidos das donas de casa, as consumidoras por excelência do capitalismo industrial. O uso da oralidade, da visualidade e do melodrama resulta também da forte presença feminina nesse público massificado."

COSTA, Cristina. *Ficção, comunicação e mídias.* São Paulo: Senac, 2002. p. 66.

Entender o texto

- Como a autora explica o sucesso dos meios de comunicação de massa na sociedade contemporânea?

Texto 3

Por que estudar a mídia?

"Entender a mídia como um processo — e reconhecer que o processo é fundamental e eternamente social — é insistir na mídia como historicamente específica. A mídia está mudando, já mudou, radicalmente. O século XX viu o telefone, o cinema, o rádio, a televisão se tornarem objetos de consumo de massa, mas também instrumentos essenciais para a vida cotidiana. Enfrentamos agora o fantasma de mais uma intensificação da cultura midiática pelo crescimento global da Internet e pela promessa (alguns diriam ameaça) de um mundo interativo em que tudo e todos podem ser acessados, instantaneamente.

Entender a mídia como processo também implica um reconhecimento de que ele é fundamentalmente político ou talvez, mais estritamente, politicamente econômico. Os significados oferecidos e produzidos pelas várias comunicações que inundam nossa vida cotidiana saíram de instituições cada vez mais globais em seu alcance e em suas sensibilidades e insensibilidades. Pouco oprimidas pelo peso histórico de dois séculos de avanço do capitalismo e desconsiderando cada vez mais o poder tradicional dos Estados nacionais, elas estabeleceram uma plataforma, é forçoso admitir, para a comunicação de massa. Esta ainda é, apesar de sua diversidade e de sua flexibilidade progressivas, a forma dominante dessa comunicação. Ela constrange e invade culturas locais, mesmo que não as subjugue."

SILVERSTONE, Roger. *Por que estudar a mídia?* São Paulo: Loyola, 2002. p. 17.

Entender o texto

- Como o autor propõe que se estude a mídia?

VI

A sociologia no Brasil

17 A sociologia no Brasil

Introdução

Desde o início deste livro vimos estudando o desenvolvimento do pensamento sociológico como resultado de um longo processo que teve como suporte as condições sócio-históricas do capitalismo na Europa, a partir do Renascimento. Esse processo culmina com a elaboração científica do pensamento social, no século XIX, quando se dá sua plena autonomia em relação à filosofia social e quando se realiza a concepção de objetos, conceitos e métodos próprios de análise.

O desenvolvimento do pensamento sociológico no Brasil obedeceu às condições de desenvolvimento do capitalismo e da inserção do país na ordem mundial.

Na América Latina, e em particular no Brasil, o processo de formação, organização e sistematização do pensamento sociológico obedeceu também às condições de desenvolvimento do capitalismo e à dinâmica própria de inserção do país na ordem capitalista mundial. Reflete, portanto, a situação colonial, a herança da cultura jesuítica e o lento processo de formação do Estado nacional.

Desse modo, faremos um breve retrospecto da formação cultural e intelectual do Brasil, procurando salientar o processo de desenvolvimento das ideias sociais a partir da emergência de situações históricas concretas. O pensamento sociológico refletiu as relações coloniais com a Europa e o desenvolvimento dependente do capitalismo, além da lenta e complexa formação da consciência nacional.

A cultura colonial

No Brasil, desde a colonização, teve início um processo de implantação da cultura europeia promovido principalmente pelas ordens religiosas, em particular os jesuítas que exerceram, durante três séculos, o monopólio sobre a educação, o pensamento culto e a produção artística. Imbuídos do espírito da catequese contrarreformista, os jesuítas trouxeram uma filosofia universalista e escolástica. Promoveram o tupi à condição de "língua geral", popular, ao lado do latim e do português. Introduziram um sistema misto de exploração do trabalho indígena que, combinado com o ensino religioso, quase aniquilou, aos poucos, a cultura nativa. Assim, a catequese e a evangelização foram um importante instrumento de colonização.

A administração, por um lado, e a cultura, por outro, tratavam de subordinar a colônia aos interesses de Portugal e da Igreja. Implantou-se uma cultura erudita e religiosa, uma forma de pensar baseada na retórica e em princípios universalizantes e de pouco pragmatismo. Seus efeitos foram a aculturação indígena, a submissão das populações escravas e a distinção drástica das camadas cultas, compostas pelos que se dedicavam ao saber e não ao trabalho braçal. Esse caráter de distinção social e de alienação em relação às reais necessidades da sociedade como um todo marcou profundamente as atividades intelectuais que aqui se estabeleceram. Durante séculos, premida por diferentes circunstâncias, a cultura no Brasil manteve seu perfil ilustrado, de distinção social e de dominação.

A cultura e as classes intermediárias no século XVIII

No século XVIII, a mineração provocou um surto de urbanização, de desenvolvimento comercial e de exportação, que alterou a sociedade colonial até então basicamente dividida em dois grandes grupos: donos de terra e administradores, de um lado, e escravos e nativos, de outro. Surgiram novas ocupações livres para os estratos médios da sociedade: comerciantes, artífices, criadores de animais, funcionários da administração, fiscais e controladores da extração de minérios e da exportação, entre outras.

Ao contrário do período açucareiro, o da mineração alterou a composição da população: pela primeira vez, a população livre era mais numerosa do que a escrava. Essa camada intermediária livre e sem propriedades, que precede o surgimento da burguesia propriamente dita, torna-se consumidora da cultura europeia, em especial a de origem francesa, buscando criar uma identidade nova que a distinguisse tanto do escravo inculto como da elite colonial conservadora. Nesse intuito, o grupo emergente contou com o ensino praticado pelas ordens religiosas estabelecidas em Minas Gerais, bastante progressistas para a época.

O seminário de Mariana, em Minas Gerais, fundado em 1750, formou letrados entre padres, funcionários civis, militares e comerciantes. Nas artes plásticas já se notavam manifestações importantes com o desenvolvimento de um barroco original e, na música, compositores se destacavam pela excelência de suas composições. Apenas no campo científico a produção era mínima, com uns poucos religiosos dedicados à geografia e à mineralogia. Predominava ainda o saber erudito, voltado para os estudos jurídicos.

A cultura da corte e o século XIX

Com a transferência da corte joanina para o Brasil, em 1808, é introduzida na colônia a cultura portuguesa da época, resultante das influências do humanismo neoclassicista francês e da produção cultural da Universidade de Coimbra. A criação da Academia de Belas-Artes, a fundação da imprensa, o lançamento do primeiro jornal, a organização da primeira biblioteca e dos primeiros cursos superiores romperam em parte com a cultura escolástica e literária anterior. Introduziu-se o instrumental prático destinado à formação e viabilização do aparelho administrativo do império.

A cultura dessa época destinava-se a descrever a colônia por meio de estudos naturalistas, que recebiam o nome genérico de "história natural", e a recrutar, naquelas classes intermediárias a que nos referimos, intelectuais dispostos a servir à corte e às classes dominantes. Apesar de voltada mais à praticidade, continuava sendo uma cultura alienada, ditada pelas normas europeias, cujo objetivo era organizar o saber descritivo, funcional e ostentatório, além de garantir o domínio do poder imperial. O diploma concorria em importância com o título de propriedade da terra, formando um grupo de letrados portadores de um conhecimento jurídico e descritivo, sem qualquer conteúdo crítico. Tratava-se de uma cultura filosófica e humanística, exercida por jornalistas, professores e funcionários públicos dependentes da corte e dos proprietários de terra.

No século XIX, o diploma competia em importância com o título de nobreza e de propriedade da terra.

Esse distanciamento da classe culta em relação às condições da grande maioria da população criava um hiato tão grande que, mesmo quando o exercício do saber levava à rebelião, como na Conjuração Mineira e na Revolução Pernambucana de 1817, defrontava-se a elite rebelde com uma constrangedora contradição: uma atividade intelectual crítica, de inspiração liberal, exercida por pessoas que dependiam da classe dominante, em uma sociedade ainda colonial e escravocrata. O distanciamento dos rebeldes em relação ao restante da população escrava e espoliada impedia a transformação da dissidência em revolução.

E, embora a terra, a nação e a pátria emergissem como tema e como objeto de análise na produção intelectual e artística da época, isso acontecia segundo preceitos estrangeiros e distantes, nunca como manifestação de um novo olhar desse grupo de artistas e pensadores sobre si mesmos e sobre os outros. A forma e a linguagem eram estrangeiras, só o motivo era nacional. Essa dicotomia entre a realidade vivida e o conhecimento produzido e consumido pela elite caracterizava uma nova forma de alienação, responsável pelo tardio desenvolvimento da ciência no Brasil.

Embora a imprensa se desenvolvesse, com a fundação do *Diário de Pernambuco*, no Recife, do *Correio Paulistano*, em São Paulo, e do *Jornal do Comércio*, no Rio de Janeiro, e ainda que o surgimento do Romantismo tenha estabelecido o hábito da leitura com valores como José de Alencar e Martins Pena, prevalece o caráter ostentatório de uma cultura de elite.

Após 1870, sob pressão do que ocorria na Europa, significativas mudanças irrompem na sociedade brasileira. O crescimento populacional é considerável, a produção cafeeira se expande, são implantadas as primeiras ferrovias, aumenta a pressão das camadas médias urbanas por maior participação política. Ciclos econômicos decadentes provocaram a emergência do pensamento crítico. Essas transformações se refletem na criação literária e na crítica social com as obras de Aluísio Azevedo, no Maranhão,

Adolfo Caminha, no Ceará, Tobias Barreto, em Pernambuco, Joaquim Nabuco e Rui Barbosa, no Rio de Janeiro. Devem-se lembrar ainda Machado de Assis e Castro Alves, escritores e poetas, Sílvio Romero — desenvolvendo a crítica literária — e Euclides da Cunha — traçando em *Os sertões* uma elaborada análise da rebelião camponesa de Canudos, explicitando o conflito de uma sociedade dividida em dois mundos aparentemente irreconciliáveis: o das cidades litorâneas, receptivas à influência externa, e o do interior, agrário e tradicional.

Ao lado disso, também se delineia um lento desenvolvimento científico. Em 1874, surge a Escola Politécnica de Ouro Preto e, em 1893, a Escola de Engenharia de São Paulo. Só no início do século XX funda-se o Instituto Manguinhos, no Rio de Janeiro, que impulsionará a criação de outras instituições de pesquisa científica, como o Instituto Biológico e o Instituto Butantã, em São Paulo, o Instituto Agronômico, em Campinas, o de Patologia Experimental, em Belém, e o Instituto Borges de Medeiros, em Pelotas.

O advento da burguesia

O desenvolvimento das atividades comerciais e de exportação e a expansão capitalista do início do século, com a formação da burguesia nacional, revolucionaram o modo de pensar no Brasil.

A nova classe social necessitava de um saber mais pragmático, menos vinculado a uma estrutura social herdada da colonização, capaz de transformar a antiga colônia em uma nação capitalista. Além do combate às oligarquias agrárias era necessário instruir e emancipar as camadas populares, de maneira a desenvolver necessidades e atitudes políticas, além de possibilitar novas alianças ideológicas. Os interesses que emergiam deveriam estar expressos na cultura de época.

A partir de então, verifica-se uma tentativa de ruptura com a herança cultural do passado: procura-se combater o analfabetismo, homogeneizar os valores e o discurso, criar um sentimento de patriotismo que levasse a mudanças reais na estrutura social. A modernização do país passava a ser importante. Nesse sentido desenvolviam-se inúmeras campanhas, como a abolicionista, do final do século XIX.

A burguesia emergente necessitava de um saber mais nacional e pragmático, menos universalista e dependente da estrutura social colonial.

A Primeira Guerra Mundial e a crise que a sucedeu fizeram crescer o poder econômico e político da burguesia nacional. Foi a aurora do nacionalismo. Grandes jornais brasileiros, como *O Estado de S. Paulo* e o *Diário Nacional*, eram porta-vozes dessa classe que procurava modernizar o país e reunir as diferentes regiões sob um ideário comum. Esse sentimento se manifestava inicialmente, de forma tímida, em ideias protecionistas, que propunham a defesa da produção nacional por meio de taxas alfandegárias. Só mais tarde, sob impacto do crescente interesse do capital estrangeiro em investir no país, o nacionalismo passou a defender ideias e medidas mais radicais.

Além dos aspectos econômicos, o nacionalismo expressava o desejo de se conhecer realmente a nação e de conclamar as diversas classes sociais a exercer seu papel transformador da realidade. Procurava repudiar todo traço de colonialismo, de atraso, de importação cultural, propondo até mesmo a substituição do português clássico por uma língua brasileira, eminentemente nacional. Esse movimento revolucionário da sociedade e da cultura reorientou o pensamento social, traduzido nos estudos históricos, na crítica literária ou nas análises já de cunho sociológico.

Ilustração de Di Cavalcanti para o catálogo da exposição de 1922.

São dessa época, das primeiras décadas do século XX, o movimento modernista nas artes e na literatura e a fundação do Partido Comunista. Além disso, é necessário mencionar o movimento tenentista e, dentro deste, a Coluna Prestes, que, apesar das divergências, lutavam pela moralização e pela modernização do sistema político brasileiro, propondo o fim da política do café-com-leite e de seus vícios eleitoreiros. Essas ideias encontraram ampla repercussão nas camadas médias urbanas da população.

Comissão organizadora da Semana da Arte Moderna de 1922, realizada em São Paulo. (Na foto, Manuel Bandeira-1, Mário de Andrade-2, Oswald de Andrade-3, entre outros.)

Embora possamos dizer que, desde o final do século XIX, existiu no Brasil uma forma de pensamento sociológico, desenvolvida por Euclides da Cunha, entre outros, a sociologia, tal como é abordada neste livro, como atividade autônoma voltada para o conhecimento sistemático e metódico da sociedade, só irrompe na década de 1930, com a fundação da Universidade de São Paulo e o consequente incremento da produção científica. Esse salto só acontece nesse momento graças à profunda crise que acomete o mundo liberal e às agudas contradições das relações econômicas internacionais. A repercussão mundial da crise norte-americana de 1929 tornou impossível manter o ufanismo e o otimismo que imperavam na Europa e no Brasil desde a segunda Revolução Industrial, sustentados pela crença absoluta no poder do progresso como caminho natural das sociedades. É no momento de crise que a crítica se desenvolve, sistematizando-se de maneira científica na nascente sociologia.

O deslocamento do eixo político, econômico e cultural do mundo, da Europa para os Estados Unidos, também teve repercussões nesse surto de pensamento científico de caráter humanista: não só a vinda de imigrantes fortaleceu a produção intelectual e artística da América, como a decadência do velho continente obrigava os intelectuais a reverem suas posições de subserviência diante dele. O existencialismo, o modernismo e o pessimismo presentes na produção literária, filosófica e artística da primeira metade do século XX estimulavam a ruptura e a crítica.

A sociologia como conhecimento sistemático e metódico da sociedade só aparece no Brasil na década de 1930.

A geração de 1930

Podemos dizer que a década de 1930 se norteou por algumas preocupações gerais entre a intelectualidade. Em primeiro lugar, o interesse pela descoberta do Brasil verdadeiro, em oposição ao Brasil colonizado e estudado sob a visão etnocêntrica da Europa. Em segundo lugar, o desenvolvimento do nacionalismo, como sentimento capaz de unir as diversas camadas sociais em torno de questões internas à nação e como inspiração para as políticas econômica e administrativa de proteção ao comércio e à indústria nacional. A valorização do cientificismo — como principal forma de conhecer e explicar a nação — e um grande anseio por modernizar a estrutura social brasileira estavam também presentes nesses estudos.

É dessa época a fundação da Escola Livre de Sociologia e Política, da Faculdade de Filosofia, Ciências e Letras, em São Paulo, e da Ação Integralista Brasileira (1932), bem como do movimento regionalista promovido por Gilberto Freyre, todos tentando concretizar, a seu modo, as aspirações intelectuais do momento. Também foi nesse período que a reforma de ensino, proposta pelo então Ministro Milton Campos, introduz a disciplina de sociologia no ensino médio (1931).

Despontam nesse período os intelectuais da chamada geração de 1930, cujos expoentes foram Caio Prado Júnior, Gilberto Freyre, Sérgio Buarque de Holanda e Fernando de Azevedo.

Caio Prado Júnior iniciou seus estudos a partir de uma historiografia de caráter social, em que procurava formalizar o método marxista para a análise da realidade brasileira. Sua primeira obra importante, *Evolução política do Brasil*, editada em 1933, procurava definir a situação colonial brasileira a partir das relações internacionais capitalistas e seus mecanismos comerciais, desde a expansão marítima europeia. Compreendeu o Brasil do século XX a partir de sua situação colonial originária. Foi o fundador da *Revista Brasiliense*, que dirigiu durante muitos anos. Em 1942, publicou outra obra de grande repercussão, *Formação do Brasil contemporâneo*.

Sérgio Buarque de Holanda iniciou sua produção intelectual voltado para a crítica literária e para a crítica cultural. Publicou em 1936 seu primeiro livro, *Raízes do Brasil*, ensaio sociológico de crítica à formação oligárquica e autoritária das elites culturais e políticas brasileiras. Foi um dos primeiros autores a utilizar o instrumental tipológico de Weber na análise histórica e social do país. Em *Visão do paraíso: motivos edênicos no descobrimento e colonização do Brasil* (1959), o autor conseguiu denunciar, pela primeira vez, a visão estereotipada que os europeus tinham do Brasil.

Fernando de Azevedo era o representante típico daquela intelectualidade, ao mesmo tempo aristocrática e humanista, que unia anseios liberais e moderadamente socialistas a um estilo de vida senhorial, marcado por origem socioeconômica ilustre e abastada. Ao lado de Anísio Teixeira e outros, destacou-se nas campanhas pela laicização do ensino e pela escola pública. Desempenhou importante papel na criação da Universidade de São Paulo e foi um dos primeiros mestres brasileiros de sociologia naquela instituição. Sua principal obra é *A cultura brasileira* (1943), na qual retoma o tema da unidade nacional fundada nas diferenças étnicas, regionais e culturais.

Gilberto Freyre foi, em Pernambuco, o representante do pensamento dessa época. Sua formação intelectual está ligada a uma pós-graduação em ciências políticas, jurídicas e sociais, na Universidade de Columbia, nos Estados Unidos, onde esteve sob a influência de Franz Boas. Sua tese de mestrado, *A vida social do Brasil no século XIX*, preparou o caminho a sua obra mais celebrada, *Casa-grande & senzala*, publicada em 1933. Deu continuidade a essa obra em dois outros livros, *Sobrados e mocambos* e *Ordem e progresso*. Entendia o nacionalismo como a fusão de raças, regiões, culturas e grupos sociais possibilitada pelas características do colonialismo no Brasil. Destacava, em especial, o papel do negro e do mestiço na adaptação da cultura europeia aos trópicos e na formação da identidade cultural brasileira. Freyre acreditava ainda que a sociologia e a antropologia podiam auxiliar a administração do país, possibilitando a articulação sociocultural.

Em favor do desenvolvimento das ciências sociais em seu estado, Freyre atuou de forma decisiva para a constituição de um instituto de pesquisas sociais, independente tanto do Estado como da conservadora universidade local, congregando letrados e intelectuais da região e atuando de forma convergente. Foi essa ideia o germe da Fundação Joaquim Nabuco do Recife, que se tornou realidade em 1949.

Institucionalização do ensino e divulgação da sociologia

> A década de 30 inaugura a difícil metamorfose das Ciências Sociais de uma discussão ensaísta em conhecimento organizado e disciplina acadêmica, com aspiração à ciência.
>
> ALMEIDA, Maria Hermínia Tavares de. Dilemas da institucionalização das Ciências Sociais no Rio de Janeiro. In: MICELI, Sérgio (Org.). *História das Ciências Sociais no Brasil*. São Paulo: Sumaré, 2001. p. 225.

Na década de 1930, como dissemos, grandes mudanças ocorreram no Brasil: a crise da política defendida pelas oligarquias agrárias, o crescimento da burguesia, o incremento da industrialização e a centralização do poder com o golpe de 1937, que instaurou o Estado Novo no país.

O desenvolvimento da sociologia ocorre juntamente com a industrialização e a centralização do poder pelo Estado Novo.

Houve, além dessas mudanças na estrutura econômica, política e social, transformações importantes na área do conhecimento, como o surgimento de diversas profissões impulsionado pela redefinição da divisão social do trabalho. Os antigos bacharéis de direito, engenharia e medicina, com conhecimentos gerais de ciências sociais e humanas, foram encaminhados para o funcionalismo público em decorrência da criação de inúmeros ministérios e institutos.

A intelectualidade paulista, de ideias liberais e democráticas, de origem aristocrática e visão cosmopolita da sociedade, reagiu a essa absorção dos bacharéis pelo Estado, bem como à ascensão das ideias autoritárias de direita. Essa reação está estreitamente ligada à fundação da Escola Livre de Sociologia e Política (1933), dedicada a estudos orientados pela sociologia norte-americana, e da Faculdade de Filosofia, Ciências e Letras (1934), de influência francesa, fundada por Armando de Salles Oliveira.

Auxiliada pelo antagonismo existente entre os setores progressistas da elite paulista e o governo federal, a Faculdade de Filosofia, Ciências e Letras pôde adotar uma postura crítica em relação à realidade brasileira e desenvolver a pesquisa de forma mais original e autônoma. A presença de grandes contigentes de imigrantes oriundos de uma classe média culta, de onde foi recrutada a segunda leva de estudantes, também serviu como alavanca para a nascente sociologia paulista. Dentre eles, havia um grande número de judeus e de mulheres. No Distrito Federal, ao contrário, a proximidade com o poder público e a ingerência do Estado na universidade dificultaram o desenvolvimento das ciências sociais que se confundia com a formação de quadros para o serviço público.

Procurou-se, assim, iniciar o estudo sistemático da sociologia, opondo-se ao caráter genérico de "humanidades" que adquirira na formação de engenheiros, médicos e advogados, bem como diferenciar esse conhecimento, por seu cientificismo e pragmatismo, daquele apropriado pelo Estado.

O que se procurava, com o estudo sistemático da sociologia, era uma oposição ao desenvolvimento genérico das humanidades.

Inúmeros professores foram convidados a vir do exterior para formar profissionais das ciências sociais. Para a Escola Livre de Sociologia e Política de São Paulo vieram Donald Pierson e Radcliffe-Brown, imprimindo às atividades acadêmicas o cunho empirista da Escola de Chicago. Para a USP, veio a chamada "Missão Francesa", composta por Lévi-Strauss, Georges Gurvitch, Roger Bastide, Paul Arbousse-Bastide, Fernand Braudel, nela instalando uma sociologia teórica humanista, com ênfase nos estudos culturais.

A importância desses acontecimentos foi enorme para a formação de um grupo de sociólogos que passará a desenvolver suas pesquisas já no fim da década de 1940, como Florestan Fernandes, Maria Isaura Pereira de Queiroz, Antonio Candido de Mello e Souza, Gilda de Mello e Souza, Ruy Galvão de Andrada Coelho e outros.

Além do ensino institucionalizado, São Paulo contou também com a emergência de um mercado editorial responsável pela publicação dos primeiros periódicos especializados, onde os cientistas sociais passaram a se exercitar na arte dos ensaios, seguidos de perto pelos críticos literários e de arte, que também contribuíam para o desenvolvimento do pensamento reflexivo. Em 1939, surgia a revista *Sociologia*, que teve a colaboração significativa dos intelectuais que haviam ajudado a fundar a Escola Livre de Sociologia e Política. Em 1941, era lançada a revista *Clima*, com uma casta de grandes críticos e articulistas, como Lourival Gomes Machado e Ruy Galvão de Andrada Coelho. Na década de 1950, começam a ser rodadas a revista *Anhembi* (1950) e *Brasiliense* (1955), voltadas às questões de cultura, atestando o forte movimento intelectual da época.

O integralismo e a intelectualidade de direita

O movimento intelectual da década de 1930 não fez surgir, entretanto, apenas pensadores de influência marxista ou liberal, mas também os de direita, ideólogos do integralismo.

O principal representante e o fundador dessa corrente foi Plínio Salgado, que via com desconfiança não só o movimento modernizador da sociedade como também o liberalismo e o marxismo.

Suas ideias conservadoras exaltavam a ordem, a disciplina e a tradição, bem como o autoritarismo do Estado, visto como síntese das aspirações nacionais. Publicou o *Manifesto de outubro*, em 1932, e participou da Ação Integralista Brasileira. Acreditava que o Estado seria o meio de compatibilizar os aspectos dicotômicos da realidade brasileira, que via como sendo estritamente dualista. Publicou *O integralismo perante a nação*, *O que é integralismo* e *A aliança do sim e do não*.

Outro movimento cultural conservador foi encabeçado pela Igreja Católica, o chamado Renascimento Católico, tendo como principais porta-vozes Alceu Amoroso Lima e Jackson de Figueiredo. O Centro Dom Vidal (1922) foi a sede desse grupo que procurava, por intermédio de intelectuais leigos, defender os interesses reacionários da Igreja, compatibilizando-os com o pensamento da oligarquia agrária. Amoroso Lima se destacará, mais tarde, como oponente dessas tendências mais conservadoras do catolicismo brasileiro.

A década de 1940

A Segunda Guerra Mundial foi um divisor de águas na história da civilização ocidental, responsável pela emergência e pela consagração dos Estados Unidos e da então URSS como potências mundiais. Ao término da guerra, os acordos de Yalta e Potsdam dividiram o mundo em áreas de influência soviética e norte-americana. Esses acordos definiram as regiões do planeta que ficariam sob o controle político e ideológico dos Estados Unidos ou da URSS, "determinando" a divisão do mundo em dois blocos político-econômicos rivais e inconciliáveis. Ao mesmo tempo, deu-se a derrocada de formas autoritárias de poder que se espelhavam no modelo nazi-fascista. Datam dessa época, também, o início do processo de descolonização da África e da Ásia e a emergência de novas nações que procuravam desenvolver formas nacionalistas de ação e pensamento.

Um cenário mundial transformador se descortinava nas mais diversas nações e em especial naquelas que integravam o chamado Terceiro Mundo. O pensamento sociológico do período pós-Estado Novo reflete todas essas questões, colocadas às novas e às antigas nações por uma outra ordem social. A industrialização, ainda que incipiente, transformava radicalmente as relações sociais entre classes, entre setores e entre regiões. Processava-se uma aceleração no êxodo rural, com grandes contingentes populacionais abandonando o campo em direção às cidades. O trabalho agrícola perdia sua importância em relação ao industrial, enquanto as regiões agrícolas tornavam-se cada vez mais dependentes do Sudeste industrializado.

Inúmeros conflitos surgiam nesse processo de mudança, e o pensamento sociológico procurava dar conta das transformações. Abordava-se o conflito de raças e de etnias, pensava-se já nas condições do imigrante e do migrante nacional. Buscava-se um nacionalismo capaz de dar conta de diferenças que apareciam enfim à luz do dia. Integração e mudança eram temas recorrentes na sociologia do pós-guerra.

Havia em toda produção sociológica do período uma grande preocupação com o despertar da consciência e com o resgate das raízes, das origens e das tradições do país, ameaçadas de se perderem no confronto com o Brasil industrial.

O país adquiria a consciência de sua complexidade, ao mesmo tempo em que se estimulava a descoberta da própria especificidade. O declínio da Europa, os conflitos de uma geração perdida, o conhecimento de atrocidades cometidas na guerra, tudo favorecia a superação de uma cultura que buscara sempre se identificar com as metrópoles econômicas e culturais europeias. Assim como as artes, a ciência se debruçava sobre o Brasil, valorizando seus aspectos mais específicos e minoritários.

Na década de 1940, o país adquiria consciência de sua complexidade e de sua particularidade.

Outras questões ocupavam também o pensamento dos sociólogos. Era a tentativa de identificação, nesse processo de mudança, de uma legítima revolução burguesa, nos moldes da que ocorrera na Europa entre os séculos XVIII e XIX. Acreditavam nossos estudiosos que o capitalismo industrial no Brasil reproduziria, ainda que tardiamente, as mesmas etapas e características da Revolução Burguesa liberal ocorrida na França e na Inglaterra — implantando a mesma estrutura de classes e as mesmas instituições. As teorias sobre a dependência e o imperialismo, entretanto, permitiram que se compreendesse que o capitalismo no Terceiro Mundo produz uma realidade diversa, resultante de sua situação de dependência e das desiguais relações entre nações existentes no capitalismo internacional.

Com a sociologia, o Brasil desenvolvia a consciência crítica de sua realidade.

O pensamento sociológico, como forma de pensar a nação brasileira e desenvolver uma consciência crítica sobre nossa realidade, adquiriu, nessa década, uma importância cada vez maior. As análises sobre desigualdades sociais, etnias, políticas indigenistas, regionalismos, tradições, transição e mudança extrapolaram os limites da disciplina e foram incorporadas pela geografia, pela história e até pela filosofia.

Ao falarmos sobre os anos 1940, não podemos esquecer ainda os novos "cronistas viajantes", como os chama Octavio Ianni, referindo-se àqueles intelectuais estrangeiros que passaram a se interessar pela realidade brasileira. Esses brasilianistas, que se afastavam da guerra na Europa, procuravam no Brasil e em outros países da América, à maneira da Missão Artística Francesa do início do século XIX, estruturas sociais diferentes das existentes nos seus países de origem; sociedades que, por sua diversidade, propunham novos modelos de vida econômica, política e cultural. Assim, enquanto os pesquisadores brasileiros se interessavam por aquilo que nos aproximava da Europa, os europeus, ao contrário, dedicavam-se ao estudo daquilo que nos afastava deles. O resultado dialético dessa oposição foi uma produção diversificada e rica que tinha o Brasil como principal ponto de interesse e convergência.

Nesse período e em meio a essas discussões, começa a surgir uma preocupação mais abrangente, não só focada no país, mas em toda a América Latina, constituída de nações nascidas dos mesmos processos de dominação colonial e de exploração imperialista. Inúmeros estudos buscam descobrir semelhanças e diferenças existentes dentro e dentre os diversos países, numa tentativa de construir nossa identidade continental.

Não podemos deixar de fazer menção especial nesse período à produção e ao trabalho de pesquisa de Emílio Willems, autor de *Assimilação e populações marginais no Brasil: estudo sociológico dos imigrantes germânicos e seus descendentes*; *Cunha*: *tradição e transição de uma comunidade rural do Brasil* e *Dicionário de sociologia*. Foi ele também o fundador, com Romano Barreto, da revista *Sociologia*.

A década de 1950

O pós-guerra teve profundas repercussões no desenvolvimento do pensamento sociológico no mundo, com a transferência de muitos cientistas da Europa para os Estados Unidos e a dissolução de grupos de pesquisa ligados às universidades. Apesar da efervescência do pensamento sociológico motivado pelo desenvolvimento industrial do país, rompe-se o intercâmbio mantido com alguns centros universitários, especialmente os franceses. A sociologia brasileira volta-se mais profundamente para si mesma, passa a se dedicar a uma pauta de questões própria e mais distanciada dos problemas focados pelos países desenvolvidos.

A década de 1950 é marcada por dois importantes pensadores, responsáveis pela formação de duas grandes correntes do pensamento social brasileiro, cujas repercussões podem ser observadas até hoje: Florestan Fernandes e Celso Furtado.

Florestan Fernandes foi discípulo de Fernando de Azevedo e Roger Bastide. Com este último desenvolveu uma importante pesquisa sobre negros e a questão racial no Brasil. De formação estritamente nacional e "uspiana", tendo viajado para o exterior somente após sua aposentadoria compulsória, foi um dos grandes sistematizadores do pensamento sociológico brasileiro.

> O professor Florestan empenhou-se, juntamente com vários de seus contemporâneos, em fazer com que a preciosa dádiva da missão universitária francesa, que fundara a USP, se tornasse um bem comum. Ele disse, mais de uma vez e com razão, que a criação da nossa universidade constituiu um acontecimento de consequências culturais e sociais muito mais radicais do que a Semana de Arte Moderna.
>
> MARTINS, José de Souza. *Florestan e consciência social no Brasil.* São Paulo: Edusp/Fapesp, 1998. p. 34.

Florestan unia a teoria à prática, sendo o que ele próprio chamava de "sociólogo militante". Sua obra, nesse sentido, foi influenciada pelos clássicos da disciplina, sobretudo por Marx. Essa busca de síntese entre a formalização teórica precisa — por meio do recurso aos clássicos — e a ação prática transformadora marcou toda a sua vida.

AGÊNCIA O GLOBO

ACERVO ICONOGRAPHIA

Florestan Fernandes (1920-1995), um dos principais representantes do pensamento sociológico brasileiro, também deixou a sua marca no Congresso Nacional como deputado federal. (À esquerda, Florestan na sua biblioteca, 1977; à direita, no Congresso Nacional, 1987.)

revelador dos conflitos sociais. A contundência das denúncias feitas pelos mais variados estudos sociológicos decorria não só da herança do pensamento francês, rico em análises críticas incisivas, como também da velocidade com que as mudanças trazidas pela industrialização e pela "modernização" das instituições nacionais repercutiam no país.

Entre os anos 1940 e 1960, a sociologia produziu inúmeros trabalhos denunciando as desigualdades sociais e as relações de domínio e opressão internas e externas.

Assim, os mais diversos estudos buscavam a conscientização da população e a luta pelo desenvolvimento de formas mais democráticas e igualitárias de vida social, desde os estudos voltados para a ação sindical até aqueles que procuravam introduzir mudanças na educação.

Desenvolvida principalmente depois da ditadura do Estado Novo, boa parte da sociologia refletia a opção por uma ideologia revolucionária e socialista, tendência que se sedimentava à medida que se faziam mais fortes os laços de dependência do país em relação ao imperialismo norte-americano. Do mesmo modo, desenvolviam-se também os meios de comunicação e a indústria editorial, permitindo que as críticas de cientistas e intelectuais ultrapassassem os limites dos muros universitários e acadêmicos.

Em razão de tudo isso, o golpe militar de 1964, implantando nova ditadura no Brasil, teve duras repercussões junto ao desenvolvimento das ciências sociais e à estruturação desses cursos universitários no país.

O confronto entre a universidade, os estudantes e o regime militar chegou a extremos em 1968, com passeatas, embates físicos, manifestações, ocupações de prédios, espancamentos, prisões e mortes. Com a decretação do Ato Institucional nº 5 (AI-5), em dezembro de 1968, que implantou legalmente a ditadura no país, os principais nomes da sociologia no Brasil foram sumariamente aposentados e impedidos de lecionar. Muitos foram exilados, outros se exilaram, passando a publicar seus trabalhos no exterior.

GIL PASSARELLI/FOLHA IMAGEM

ARQUIVO AE

À esquerda, confronto estudantil no prédio da Faculdade de Filosofia da USP, na Rua Maria Antônia, em São Paulo, em 1967; à direita, invasão do mesmo prédio pela polícia militar, em 1968.

As ciências sociais pós-1964

Durante o regime militar, alguns dos intelectuais afastados de suas cátedras e de suas pesquisas continuaram trabalhando no exterior. Outros formaram núcleos de pesquisa independentes, como o Cebrap (Centro Brasileiro de Análise e Planejamento). Além de São Paulo, também Brasília, Rio de Janeiro e Belo Horizonte criaram núcleos importantes de pesquisa e, mesmo dentro da universidade, agora expurgada, formaram-se diversos centros de pesquisa e de estudo em áreas específicas. Cada um deles desenvolveu interesses e cursos, formas próprias de obter verbas e de publicar trabalhos práticos e teóricos. Na USP (Universidade de São Paulo), os mais conhecidos foram o CERU (Centro de Estudos Rurais e Urbanos), o CESA (Centro de Estudos de Sociologia da Arte) e o CER (Centro de Estudos da Religião).

ARQUIVO AE

Darcy Ribeiro após o retorno do exílio, 1981.

Impossível negar, de qualquer maneira, que a repressão política aos intelectuais e universitários, com a aposentadoria compulsória de professores, o exílio e a prisão de muitos profissionais da imprensa e do mercado editorial, foi um duro golpe ao desenvolvimento da sociologia. A USP, onde se reconhecia a existência de um grupo de pesquisadores articulados e convergentes, que chegou a ser chamada de escola paulista de sociologia, viu desaparecer seus maiores nomes. E, mesmo que, uma década depois, esses cientistas tenham se integrado aos cursos de pós-graduação ou se dedicado à atividade político-partidária, o amadurecimento da sociologia e de seu papel na reflexão sobre a sociedade brasileira foi violentamente interrompido.

Nos anos 1980, com a abertura política, surgem novos partidos e a vida política participativa recomeça a tomar fôlego. Muitos cientistas sociais decidem deixar a cátedra para ingressar na política propriamente dita. O PT (Partido dos Trabalhadores) foi o que mais se beneficiou com essa nova atuação de nossos cientistas. Florestan Fernandes, Antonio Candido de Mello e Souza e Francisco Weffort foram alguns nomes que engrossaram as fileiras da luta política do PT. Tratava-se de uma saudável integração entre teoria social e prática política. O antropólogo Darcy Ribeiro seguiu pelo mesmo caminho filiando-se ao PDT (Partido Democrático Trabalhista), legenda que reivindicava o nacionalismo e o populismo do antigo líder Getúlio Vargas.

Outros nomes importantes da sociologia — como o de Fernando Henrique Cardoso — estiveram presentes na fundação do PSDB (Partido Social-Democrata Brasileiro). Esse partido emergiu de um movimento de dissidência do antigo PMDB (Partido do Movimento Democrático Brasileiro). O PMDB, por sua vez, originou-se do antigo MDB, partido que se opunha ao regime militar, ainda no período da ditadura e das eleições indiretas. Nessa época, o governo era representado pela Arena, num fechado esquema bipartidário.

O PSDB, adotando uma linha de centro-esquerda, teve papel importante no *impeachment* do presidente Fernando Collor de Melo e acabou elegendo, nos anos 1990, para a Presidência da República, o primeiro sociólogo a ocupar esse cargo — Fernando Henrique Cardoso.

A sociologia se torna no Brasil cada vez mais interdisciplinar *e* plural.

Por outro lado, se assistimos nos anos 1980 a esse engajamento dos cientistas sociais na política formal e institucional, percebemos também uma progressiva diversificação das ciências sociais, e em especial da sociologia. Multiplicaram-se os campos de estudo, fazendo surgir análises sobre a condição feminina, do menor, das favelas, das artes, da violência urbana e rural, entre outras.

E, enquanto outras áreas das ciências humanas adquiriam grande prestígio, como a economia, com a elaboração de modelos integrados de análise da sociedade e de formas de intervenção, a sociologia se fragmentava em áreas autônomas e isoladas. Essa mudança passou a enfocar setores da vida social antes restritos ao pensamento antropológico, fazendo com que se perdesse a nitidez dos limites que separam a sociologia da antropologia. Aproximando-se das pesquisas em arte e comunicação, desenvolveu estudos no campo da linguagem e do imaginário. Ganhou, sem dúvida nenhuma, em riqueza, em sutileza dos métodos analíticos, e na fecunda interdisciplinaridade, mas perdeu em complexidade, no fortalecimento da disciplina como processo de entendimento da realidade e no alcance de suas teorias.

Entre 1989 e 1991, a derrubada do muro de Berlim e a desagregação da União Soviética — contrapontos históricos do imperialismo norte-americano e referência constante das teorias de dependência e subdesenvolvimento — resultaram num duro golpe no desenvolvimento dos estudos sociais, intimamente identificados, em geral de forma absolutamente acrítica, com a experiência socialista oficial ou real.

Estamos hoje diante dessa realidade plural e contraditória: os cientistas sociais — até poucas décadas atrás perseguidos pelo governo — despontam na política ocupando os mais importantes postos e cargos do Estado. A sociologia se torna cada vez mais interdisciplinar e plural, com a multiplicação infindável de seus objetos de estudos, no que é auxiliada pela própria realidade, cada vez mais diversificada. O jargão sociológico começa a se tornar de domínio público por meio da imprensa, que baseia quase todas as suas análises e seus editoriais no modelo crítico das ciências sociais. Os sociólogos buscam redefinir os conceitos de dependência e divisão internacional do trabalho num mundo que se globaliza e no qual a opção pelo capitalismo liberal aparece, ao menos momentaneamente, triunfante.

Agudas transformações na sociologia no Brasil e no mundo se avistam no emergir do terceiro milênio. Provavelmente tão complexas como aquelas que resultaram na formalização do pensamento sociológico ao final do século XIX e início do século XX e na sua autonomia em relação à filosofia social e à cultura da Ilustração, que nada mais eram que privilégio de classe de uma aristocracia decadente.

Atividades

Compreensão de texto

1 Qual o papel da Igreja Católica na formação da cultura colonial brasileira?

2 Quais as características da cultura letrada no Brasil colonial?

3 Que mudanças ocorreram na sociedade brasileira na época da mineração?

4 Quais foram as consequências, para a cultura brasileira, da transferência da corte portuguesa para o Brasil no início do século XIX?

5 O que ocorreu no Brasil a partir de 1870 e de que maneira esse fato influenciou a cultura brasileira?

6 Por que se pode dizer que a burguesia promoveu a renovação do modo de pensar no Brasil?

7 O que foi a geração de 1930? Quais seus principais representantes?

8 Como surgiu a sociologia científica no Brasil?

9 O que marcou a produção sociológica das décadas de 1940 e 1950?

10 Qual a inovação trazida por Celso Furtado ao pensamento econômico brasileiro?

11 Quais as consequências do golpe militar de 1964 para a produção sociológica brasileira?

Interpretação, problematização e pesquisa

12 Há elementos neste capítulo que permitem interpretar o texto a seguir. Você poderia dizer quais são eles?

> "Retornando ao contexto histórico particular de São Paulo, em 1945, no momento em que chega ao fim a Segunda Guerra Mundial, pode-se observar que se entrecruzam na cidade correntes diversas de pensamento, vindas daqui e daí, de todas as partes, dos diferentes grupos e classes sociais, todas elas confluindo para a questão primordial que se impunha a todos naquele momento: a construção de uma sociedade democrática no Brasil."
>
> MATTOS, David José Lessa. *O espetáculo da cultura paulista*. São Paulo: Códex, 2002. p. 37.

13 Faça uma pesquisa sobre os cursos de ciências sociais existentes em sua cidade ou estado, bem como os centros de pesquisa que houver. Procure saber quando foram criados, qual sua produção atual, e quais são suas áreas de pesquisa mais importantes.

Aplicação de conceitos

14 Vídeos:

a) *Diários de motocicleta* (Brasil, 2004. Direção de Walter Salles. Duração: 128 min.) — Adaptação do livro/diário de Che Guevara sobre sua viagem pela América Latina.

- Analise o filme do ponto de vista da descoberta da América Latina pelos latino-americanos e procure entender o que ele está propondo.

b) *Bye bye Brasil* (Brasil, 1979. Dirigido por Carlos Diegues. Duração: 105 min.) — Uma trupe de artistas ambulantes percorre o Norte e o Nordeste conhecendo um outro Brasil, distinto dos grandes centros urbanos, principalmente do Sudeste.

- Identifique as principais características mostradas no filme e explique-as com base na formação cultural e histórica do Brasil.

Tema para debate

O atraso científico brasileiro

"(...) embora fosse extremamente difícil medir com precisão o volume da produção científica de um país, os cientistas brasileiros afirmavam, na década de 80, que a nossa ciência permanecia extremamente atrasada em relação aos grandes centros internacionais. Em 1975, embora o Brasil fosse o quinto país em população, números divulgados pela Sociedade Brasileira para o Progresso da Ciência (SBPC) mostravam que o país não passava da 29ª colocação em número de trabalhos científicos publicados: nesse ano o Brasil produziria um trabalho por cem mil habitantes, enquanto nos EUA a proporção era de um por 1,5 mil habitantes; na Argentina, um por 24 mil; e no Chile, um por 36 mil. A conclusão que acompanhava esse número era a de que nos países mais desenvolvidos a ciência avançava fortemente amparada pelo Estado e estreitamente ligada à economia, enquanto no Brasil as pesquisas já chegavam prontas, através das filiais das grandes empresas multinacionais sediadas entre nós. 'Essas filiais e o governo brasileiro', declarou o professor Juarez Lopes, do Centro Brasileiro de Análise e Planejamento (Cebrap), 'não estimulam a demanda de tecnologia e pesquisa científica'. Tornava-se claro, dessa forma, o que queria dizer o engenheiro Mílton Vargas quando, em uma palestra proferida em 1984, afirmou: 'Uma das características mais notáveis da ciência moderna é a de ela não ser uma criação individual'; concluindo ainda que 'não há como se distinguir o saber científico da sociedade onde ele vive'.

Por aí se vê, em retrospectiva, que os planos do regime militar para a ciência continham duas ideias desastrosas: primeiro, a de que os cientistas não deviam meter-se na política, mas dedicar-se candidamente à ciência por si mesma, como uma coisa desligada do mundo real; segundo, a concepção de que o pesquisador brasileiro não deveria ter a pretensão de 'reinventar a roda', mas ganhar tempo absorvendo a ciência e a tecnologia já prontas, criadas pelos países desenvolvidos. Ou, como disse, em 1977, um dos grandes cientistas brasileiros, o geneticista Newton Freire-Maia, limitar-se a 'resolver tarefas menores', dentro da ciência mundial."

Retrato do Brasil. v. II. op. cit. p. 350-351.

- Contraponha as ideias do regime militar pós-64 a respeito da prática científica às posições defendidas por Florestan Fernandes e Darcy Ribeiro quanto à finalidade da ciência.

Leituras complementares

Texto 1

[Em que direção caminhar?]

"Portanto, a instituição — digamos: a Faculdade de Filosofia, Ciências e Letras, a Universidade de São Paulo, a Escola Livre de Sociologia e Política — não deve ser vista em si e por si mesma, isoladamente. Ela expunha o intelectual em formação a uma segregação espacial e a um isolamento cultural, que eram irremediáveis mas também eram produtivos; porém ela interagia com a sociedade. A cidade a provocava de várias maneiras e era para a cidade, em última análise, que ela funcionava, se não a cidade como um todo, pelo menos os centros onde as forças sociais de conservantismo, de reforma e de revolução operavam com maior intensidade ou com alguma virulência. Por conseguinte, temos de pôr os dois polos em confronto e em tensão. A instituição avançou através da colonização cultural mais completa e acabada: a importação maciça de professores estrangeiros, organizados em missão ou em pequenos grupos e individualmente, mais tarde, não traduzia apenas uma impotência e o reconhecimento do poder imperial. Ela significava, acima de tudo, uma mobilização interna sem precedentes dos recursos culturais dos países capitalistas do centro. Pela primeira vez, a modernização cultural dependente se organizava e se instituía a partir de dentro, e, ao mesmo tempo, em grande escala. Aí estava um salto para a frente (ou um suicídio?) súbito no qual os trapezistas atuavam sem redes protetoras. Nós éramos os trapezistas e coube-nos decidir o que fazer com a massa de cultura importada. Em que direção caminhar? Podíamos submeter-nos a uma tradição colonial — por que não? — pela qual nos poríamos a serviço dos países centrais, do prestígio que eles nos conferissem e do poder resultante de acomodação aos interesses simultâneos dos centros imperiais e das elites das classes dominantes. Tudo estava orquestrado para isso e a falta de tradições intelectuais autônomas simplificava o processo ao qual, diga-se de passagem, alguns contingentes intelectuais sucumbiram. A indústria de enlatados culturais, tão conhecida em países que sofreram o processo na mesma escala e lá tão denunciada — como se poderia exemplificar com o Canadá — não era bem conhecida no Brasil. E os mestres europeus, que nos puseram em dia com a cultura, viam os seus papéis de uma perspectiva iluminista."

FERNANDES, Florestan. *A sociologia no Brasil*. 2. ed. Petrópolis: Vozes, 1980. p. 224-225.

Entender o texto

1 A qual período o autor está se referindo e a quem ele está chamando de trapezistas?

2 Qual o dilema que a conjuntura política da época trouxe para os cientistas sociais?

Texto 2

[O ensino superior de sociologia]

"São os herdeiros das antigas dissidências — em especial, Armando de Salles Oliveira, genro do velho Mesquita, e principal responsável pela reunificação das forças políticas oligárquicas — que tomam a dianteira da frente única paulista e patrocinam inúmeros empreendimentos culturais na década de 30. Em vez de se darem conta da emergência de demandas sociais que haviam sido represadas por falta de canais de expressão e participação, os dirigentes da oligarquia paulista atribuem as derrotas sofridas em 1930 e 1932 à carência de quadros especializados para o trabalho político e cultural e, escorados nesse diagnóstico, passam a condicionar suas pretensões de mando no plano federal à criação de novos instrumentos de luta: a Escola de Sociologia e Política, a Faculdade de Filosofia, Ciências e Letras no contexto da nova Universidade de São Paulo, o Departamento Municipal de Cultura são iniciativas que se inscrevem nesse projeto.

A Escola Livre de Sociologia e Política foi criada em 1933 sob os auspícios de um grupo de empresários, professores e jornalistas. A Faculdade de Filosofia, Ciências e Letras e a Universidade de São Paulo foram criadas em 1934, com apoio do grupo Mesquita, durante a gestão Armando de Salles Oliveira no governo do Estado. A primeira procurou adotar um modelo de ensino e de pesquisa de inspiração norte-americana e a segunda deu preferência aos modelos europeus. A contratação de professores estrangeiros visava a formação de quadros técnicos, especializados em ciências sociais (...) e de uma elite numerosa e organizada, instruída sob métodos científicos, a par das instituições e conquistas do mundo civilizado, capaz de compreender, antes de agir, o meio social em que vivemos (...), personalidades capazes de colaborar eficaz e conscientemente na direção da vida social."

MICELI, Sérgio. *Intelectuais e classe dirigente no Brasil (1920-1945)*. São Paulo: Difusão Editorial, 1979. p. 20-21.

Entender o texto

- Sob que ponto de vista o autor analisa o surgimento da sociologia no Brasil?

Texto 3

[O estudo universitário ainda é um privilégio]

"Na consideração do problema da Universidade, no Brasil, destaca-se, em primeiro lugar, o aspecto de privilégios em que se constitui o ensino superior, alcançando parcela ínfima dos jovens; em segundo lugar, aparece o traço de provirem da burguesia e da pequena burguesia aqueles privilegiados; vem em terceiro lugar, e nisso não entra a gradação de importância, o fato de que o desenvolvimento das relações capitalistas pressiona no sentido do aumento quantitativo e de melhoria qualitativa daqueles que podem receber o ensino superior. No que diz respeito ao primeiro aspecto, o do privilégio, embora comece a repontar na consciência dos próprios beneficiados, não se coloca como objeto de polêmica: a sociedade brasileira entende a existência do privilégio, mas tem consciência de que, para eliminá-lo, seria preciso alterar sua estrutura e não tem condições atuais para isso.

Quanto ao traço de origem dos universitários, há que constatar a crescente importância da pequena burguesia no processo histórico, e mesmo de elementos da burguesia; desde muito, a camada média, em países do tipo do Brasil, passou a ter participação crescente nos movimentos de avanço, a mudança da correlação de forças no mundo faz com que a pequena burguesia, nessas condições, volte-se para as mudanças; quaisquer que sejam suas deficiências de classe — as de origem e as de função ou posição — a pequena burguesia, particularmente pelas peculiaridades de alguns de seus grupos especiais — os estudantes com destaque — vai tendo papel importante nas mudanças da presente etapa histórica; tudo isso aparece no problema da Universidade. A crescente demanda social, por outro lado, como componente em tal problema, apresenta seu aspecto quantitativo em correspondência com o crescimento demográfico e a preponderância absoluta dos jovens na composição etária da população, e seu aspecto qualitativo na complexidade que apresenta hoje a divisão do trabalho em nosso país."

SODRÉ, Nelson Werneck. *Síntese da história da cultura brasileira*. 14. ed. São Paulo: Difel, 1986. p. 123-124.

Entender o texto

- Qual a característica da universidade brasileira e qual a importância dessa característica para o país naquele momento?

Texto 4

Florestan Fernandes e a formação da sociologia brasileira

"Sociologia crítica. Florestan Fernandes é o fundador da sociologia crítica no Brasil. Toda a sua produção intelectual está impregnada de um estilo de reflexão que questiona a realidade social e o pensamento. As suas contribuições sobre as relações raciais entre negros e brancos, por exemplo, estão atravessadas pelo empenho de interrogar a dinâmica da realidade social, desvendar as tendências desta, ao mesmo tempo que discutir as interpretações prevalecentes. No mesmo sentido, as suas reflexões sobre os problemas da indução na sociologia avaliam cada uma e todas as teorias, os métodos e as técnicas de pesquisa e explicação, da mesma maneira que oferecem novas contribuições para o conhecimento das condições lógicas e históricas de reconstrução da realidade. Essa perspectiva está presente nas monografias e ensaios sobre o problema indígena, escravatura e abolição, educação e sociedade, folclore e cultura, revolução burguesa, revolução socialista e outros temas da história brasileira e latino-americana. O mesmo se pode dizer dos seus trabalhos sobre teoria sociológica. A perspectiva crítica está presente em toda a sua produção intelectual, incluindo obviamente o ensino, a conferência, o debate público. Questiona o real e o pensado, tanto os pontos de vista dos membros dos grupos e classes compreendidos na pesquisa como as interpretações elaboradas sobre eles. Assim, alcança sempre algo novo, outro patamar, horizonte. Vai além do que está dado como estabelecido, explicado. Ao submeter o real e o pensado à reflexão crítica, descortina as diversidades, desigualdades e antagonismos, apanhando as diferentes perspectivas dos grupos e classes compreendidos pela situação. Nesse percurso, resgata o movimento do real e do pensado a partir dos grupos e classes que compõem a maioria do povo. São índios, negros e imigrantes, escravos e livres, trabalhadores da cidade e do campo que reaparecem no movimento da história. As mais notáveis propostas teóricas da sociologia são avaliadas, questionadas e recriadas, tendo em conta a compreensão das suas contribuições para apanhar os andamentos da realidade social. (...)

Tarefas da inteligência. Há uma sociologia do cientista social no conjunto da obra de Florestan Fernandes. Mas esse não é apenas um tema, entre outros. Mais do que isso, a reflexão crítica sobre as condições e implicações da produção intelectual é uma dimensão necessária do seu pensamento. Ao dialogar com o marxismo, a sociologia clássica e moderna e as outras ciências sociais, bem como ao examinar as modalidades da pesquisa e explicação, o que está em causa é o modo pelo qual se dá o processo de conhecimento, como teoria e prática. Por isso estão sempre explícitas, visíveis, em debate, as condições institucionais, éticas, científicas e políticas da reflexão sociológica. Reconhecendo-se todo o tempo que essa reflexão compreende, necessariamente, o cientista e a sociedade. Seria enganoso imaginar o trabalho intelectual como algo que se efetiva apenas no âmbito do ensino e pesquisa, na esfera da instituição, universitária ou não. As condições de ensino e pesquisa, bem como os usos que a sociedade faz ou não faz do produto da atividade intelectual compreendem, mais ou menos decisivamente, o processo de conhecimento.

É pouco, pois, colocar o problema em termos de 'neutralidade' ou 'engajamento'. Não se trata de saber e reconhecer se há ou não comprometimento político, religioso, empresarial, governamental do sociólogo ou cientista social. O que está em causa é reconhecer que as condições sob as quais se processa o conhecimento compreendem inclusive o modo pelo qual a sociedade absorve, seleciona, critica ou rejeita o produto da atividade intelectual. Todo esse encadeamento de condições e implicações entra na conformação do alcance da análise, reflexão, explicação ou talento do intelectual. Cabe reconhecer que os movimentos da sociedade, por seus grupos e classes, por suas disparidades e contradições, estão sempre presentes no modo pelo qual são pensados, estão pensando-se. Não é apenas a teoria que se põe em prática, nesta ou naquela modalidade, é o movimento da história que frequentemente se decanta em teoria."

IANNI, Octavio. Florestan Fernandes e a formação da sociologia brasileira. In: *Sociologia da sociologia*. op. cit. p. 92-93 e 110-111.

Entender o texto

- Qual era o principal método utilizado por Florestan Fernandes no seu trabalho e onde ele o aplicava?

I II III IV V VI

VII

Métodos e técnicas de pesquisa

18 Sociologia e sociologias

Introdução

Na introdução deste livro afirmamos que a sociologia se caracteriza por uma determinada abordagem da realidade e não por um campo do saber delimitado pelos limites precisos de seu objeto. Isso em razão da generalidade própria dos fenômenos sociais e do caráter sociocultural de todo comportamento humano. Sendo o homem essencialmente social, tudo que lhe diz respeito compartilha igualmente dessa sua natureza. Por outro lado, sendo a cultura resultado de convenções e pactos estabelecidos entre os seres humanos, tudo que ela engendra se reveste de um sentido coletivo e plural, ou seja, sociológico.

A sociologia é um tipo de interpretação e de conhecimento de tudo que se relaciona com o homem e com a vida humana.

Essa abrangência da sociologia faz com que ela seja um tipo de interpretação e de explicação de tudo o que se relaciona com o homem e com a vida humana, um conhecimento e método de investigação que busca identificar, descrever, interpretar, relacionar e explicar regularidades da vida social.

O desenvolvimento da sociologia foi resultado, como vimos, da emergência de problemas próprios da sociedade ocidental em determinada fase do capitalismo industrial – êxodo rural, urbanização, movimentos reivindicatórios, violência e pobreza – para os quais os conhecimentos da filosofia social ou da religião não eram nem suficientes nem adequados. Ocorre então uma ruptura na forma de o homem pensar a realidade social a partir da qual ele abandona o senso comum e as explicações que atribuem os problemas da vida humana à justiça divina ou à imperfeição natural do homem.

A partir do século XVIII, por força dos conflitos sociais decorrentes da própria internacionalização do sistema capitalista, os cientistas começam a perceber as características peculiares das sociedades humanas, cujo sentido passa a ser buscado numa compreensão mais profunda daquilo que chamamos de "sociedade". Para isso tornou-se necessário entender o que era variável e o que era comum às diversas sociedades humanas, assim como o que era permanente ou fortuito, aparente ou profundo – esforço que resultou na criação de um campo científico novo com conceitos e métodos próprios de pesquisa.

Nas primeiras etapas de desenvolvimento da sociologia, os cientistas sociais, inspirados pelas ciências físicas e naturais — que na época gozavam de enorme prestígio — procuraram adaptar os seus procedimentos de investigação ao estudo da realidade social. Tentaram identificar objetos, fenômenos e acontecimentos que cumprissem o papel de "átomos" da sociedade ou elementos primordiais da sociologia, capazes de explicar a composição dos mais diferentes tecidos sociais. Assim surgiram as noções de fato social, ação social, interação etc.

Estudar a vida social se mostrava, entretanto, uma tarefa das mais complexas, sendo quase impossível manter o distanciamento, prescrito nas demais ciências da natureza, entre o cientista e o objeto de estudo. O sociólogo está imerso em seu objeto. Questões morais, políticas e éticas emergem em todas as etapas da pesquisa: na definição do problema a ser estudado, durante o processo de escolha das técnicas de coleta de dados, nas análises, nas conclusões e, principalmente, nas intervenções propostas.

A sociologia dispõe de inúmeras técnicas de pesquisa cuja escolha pode garantir o sucesso da investigação.

Mas se não é possível transpor para a sociologia a objetividade das ciências exatas, como queria Durkheim, e se o investigador da vida social está irremediavelmente comprometido com os propósitos e as consequências de suas pesquisas, ao menos ele está sempre motivado, em função de seus objetivos e interesses, a encontrar os melhores métodos de pesquisa. Se é verdade que jamais olharemos um problema social com o distanciamento com que examinamos a composição de um mineral, também é verdade que a sociologia dispõe já de inúmeras técnicas de pesquisa cuja escolha pode garantir o sucesso da investigação e de medidas que venham a ser propostas a partir dela.

Além disso, ao lado de técnicas de investigação sociológica que alcançam resultados surpreendentes e possibilitam conhecer a realidade social de forma cada vez mais adequada, o desenvolvimento das ciências exatas nos mostra que sua pretendida objetividade é, muitas vezes, ilusória.

Assim, por tratar-se de uma ciência que busca estudar o amplo universo de fenômenos que envolvem o ser humano em sua vida em sociedade e que procura entender esses fenômenos com o objetivo de intervir sobre a realidade, seja para modificá-la, seja para conservá-la tal qual é ou para resgatar-lhe o passado e as tradições, a sociologia acabou desenvolvendo métodos eficientes de análise e compreensão da vida social. E, embora não se possa impedir o envolvimento afetivo, emocional e ideológico do cientista social, a sociologia tem mostrado considerável sucesso na capacidade de explicar os fenômenos sociais, muitas vezes, de conduzir formas competentes de intervenção.

Mas a complexidade dos estudos sociológicos vai além da maior ou menor objetividade do pesquisador em relação ao seu objeto, implica também maior ou menor profundidade e abrangência das análises propostas. Tomemos como exemplo o estudo da criminalidade: podemos tentar entendê-la apenas como manifestação de um determinado grupo, buscando explicar circunstâncias e motivações. Ou podemos ampliar nosso olhar e desenvolver análises comparativas, situando o fenômeno estudado em um conjunto mais amplo de condutas violentas. Desse modo, não é o objeto que determina a amplitude da teoria que o explica, mas é a abrangência do interesse do pesquisador que estabelece os limites do objeto.

Diante de um mesmo acontecimento é possível encontrar explicações macrossociológicas — concebendo a sociedade como uma totalidade — ou explicações microssociológicas, ou de "médio alcance", como as chamou o sociólogo norte-americano Robert Merton. Assim, o que define a amplitude da análise sociológica não é a natureza ou limites do fenômeno estudado, mas a amplitude da explicação em termos dos diferentes casos a que suas conclusões se aplicam.

Mas a opção por um caminho ou outro envolve diferentes maneiras de construir, conceber e denominar o objeto: os estudos, que visam abarcar a sociedade como um todo, ampliam fronteiras e constroem modelos abrangentes e gerais; enquanto os estudos que procuram dar conta do particular realizam recortes mais compactos e constroem modelos explicativos mais reduzidos. Dessas diferenças surgem as macrossociologias e as microssociologias.

> Civilidades, rituais, dramas, ocasiões, competências: a microssociologia é o estudo das formas rotineiras ou inéditas de nossos engajamentos.
>
> JOSEPH, Isaac. *Vering Goffman e a microssociologia*. Rio de Janeiro: FGV, 2000. p. 90.

Sociologia teórica ou geral e sociologia aplicada

Não se pode ignorar também que a sociologia sempre teve como objetivo não só conhecer a realidade social, mas também nela intervir. Não é por acaso que ela se organizou e se instituiu numa época que valorizava a racionalidade, o planejamento e a ação social. O gerenciamento do capitalismo, a interdependência entre nações e setores sociais, a globalização emergente no mundo exigiam projetos a longo prazo que se baseassem em dados fidedignos sobre o comportamento social, fornecendo modelos de ação política, econômica e social, orientando agentes nos mais diversos setores e instituições.

Mas, se hoje reconhecemos a necessidade absoluta de se aplicar à realidade os conhecimentos da sociologia, não podemos esquecer que esta ciência, em seus primórdios, se desenvolveu no âmago das preocupações racionalistas e eruditas da Ilustração francesa, de natureza eminentemente teórica. Assim, é possível observar na sociologia duas linhas bastante distintas e aparentemente inconciliáveis: a sociologia teórica e a sociologia prática.

A sociologia teórica teria como preocupação fundamental e como objetivo de estudo o estabelecimento dos pressupostos teóricos e dos métodos de investigação que possibilitassem o desvendamento das bases da sociedade humana. Para essa corrente, os anseios por aplicar os conceitos sociológicos à realidade ou de nela intervir seriam indesejáveis e prejudiciais ao pleno desenvolvimento do espírito científico.

A sociologia prática teria como objetivo a intervenção na sociedade a partir de pesquisas de menor abrangência, que se aprofundassem no estudo de determinados contextos sobre os quais se desejava agir. Assim, uma tendência estaria voltada para o conhecimento desinteressado, outra, para a obtenção de informações como ferramentas da ação.

Essa distinção perde hoje seu valor na medida em que se reconhece que os modelos explicativos mais abrangentes, como o desenvolvido por Marx, resultaram em práticas sociais especialmente destinadas à atuação política de sindicatos e partidos, enquanto, por trás das explicações microssociais, podemos identificar pressupostos teóricos de alcance muito mais amplo. Assim, o aspecto macro ou micro da explicação sociológica depende mais do interesse do sociólogo do que da natureza do fenômeno estudado.

Há ainda outra razão para que a distinção entre sociologia teórica e sociologia prática se torne menos rígida. Hoje se percebe claramente que o próprio ato de investigar uma realidade e de comunicar os resultados da investigação já é uma forma de intervir na realidade. São conhecidas as pesquisas de intenção de voto cuja publicação resulta em mudança na tendência inicial do eleitorado de cada candidato. Ora, é possível distinguir, nesse caso, um procedimento apenas teórico de outro eminentemente prático? Seria leviano dizer que sim.

Há ainda outro aspecto em relação aos objetivos de uma pesquisa. A quem ela interessa? Podemos ter, como cientistas, apenas a intenção de conhecer determinado fenômeno em suas implicações mais gerais. A divulgação dos resultados da pesquisa, entretanto, não poderá impedir que eles sejam usados com objetivos impensados pelo pesquisador. Esta parece ser, aliás, uma questão que afeta inúmeros cientistas de outras disciplinas. Ganhou fama o sentimento de culpa do inventor da bomba atômica pelo uso que dela foi feito na Segunda Guerra Mundial, ou de Santos Dumont sobre o uso militar do avião na Primeira Guerra Mundial. Os sociólogos, como os demais cientistas, não estão livres dos desdobramentos imprevistos de suas pesquisas.

O próprio ato de investigar uma realidade e de comunicar os resultados da investigação já constitui uma forma de intervenção.

Mais ou menos com o mesmo sentido do que acabamos de expor, Florestan Fernandes procurou diferenciar dois campos autônomos da sociologia, um que ele chamou de "sociologia geral" e outro que denominou "sociologia aplicada". Embora essa diferenciação envolva questões de amplitude e de finalidade prática da pesquisa, Florestan procurou, como veremos, distinguir também diferentes metodologias.

Por ter surgido e se desenvolvido no contexto filosófico da Europa do século XIX, a sociologia teve inicialmente a preocupação com suas questões teóricas — objeto de estudo, conceitos básicos e metodologia própria, além da tentativa de discernir a particularidade de sua análise em contraposição a outras ciências, como a geografia e a história. Mais tarde, entretanto, surgem as questões decorrentes, de caráter empírico: quais são as realidades sociais que necessitam, por seu caráter patológico ou anômico, de intervenção do sociólogo?

A sociologia norte-americana, que se desenvolveu no século XX, especialmente a da Escola de Chicago, não teve as mesmas preocupações teóricas da sociologia europeia. Ao contrário, essa ciência se desenvolveu junto à emergência de problemas fundamentais de ajustamento social, provenientes das transformações e da expansão do capitalismo industrial. A desintegração do mundo rural e a urbanização acelerada exigiam dos cientistas sociais teorias que enfocassem problemas particulares, historicamente delimitados, para os quais os procedimentos empírico-indutivos ganhavam crescente importância.

Definem-se assim dois campos bastante diferenciados de análise social: um chamado de "sociologia geral", que teria como objetivo a análise de questões universais e a elaboração de conceitos histórico-estruturais resultantes de estudos teórico-dedutivos – as teorias sobre as estruturas e as classes sociais estariam, por exemplo, no âmbito da sociologia geral; o outro, chamado de "sociologia aplicada", seria o campo da ciência social que procuraria dar conta de questões específicas, historicamente determinadas, tendo por objetivo básico o controle da vida social. O estudo dos mecanismos de mobilidade social — princípios que orientam a possibilidade de um indivíduo modificar sua posição social em uma determinada sociedade —, por exemplo, estaria no campo da sociologia aplicada. Sua preocupação seria mais histórica do que universal, seus métodos seriam mais pragmáticos do que teóricos, seu alcance, mais particular do que universal.

Toda teoria e todo conceito científico estão integrados e refletem o momento histórico no qual são concebidos.

Para tornar ainda mais relativa a fronteira entre esses campos ou tendências da sociologia, o desenvolvimento da sociologia do conhecimento, a partir dos estudos de Karl Mannheim, especialmente, veio denunciar o comprometimento histórico dos mais abrangentes modelos teóricos. Assim, tornou-se clara a impossibilidade de existirem teorias, explicações e conceitos científicos que não estejam integrados a necessidades específicas de uma sociedade em certo momento de sua história.

Sociologia técnica e sociologia crítica

Não é só a sociologia prática e a sociologia teórica que têm suas especificidades bastante discutidas entre os sociólogos, desde os primórdios dessa ciência, na Europa. Octavio Ianni, sociólogo brasileiro, distingue também, na produção de estudos científicos voltados para o entendimento da vida social, duas tendências distintas: a sociologia técnica e a sociologia crítica. A primeira se dedicaria àqueles estudos nos quais não haveria uma preocupação do cientista social com o desenvolvimento de uma atitude crítica a respeito do fenômeno estudado. Fariam parte desse universo as pesquisas orientadas para o levantamento de tendências de consumo e moda, ou de dados censitários, por exemplo.

A finalidade desses levantamentos sociométricos é eminentemente pragmática e eles se valem, para isso, de instrumentos quantitativos de grande objetividade. Procuram descrever populações, a partir de levantamentos que visam desvendar formas de comportamento ou a distribuição de indicadores como grau de escolaridade e de consumo — quantidade de domicílios com tevê, geladeira, micro-ondas ou microcomputadores.

A finalidade dessas pesquisas é prática desde as suas origens — necessidade de desenvolver campanhas publicitárias ou diversificar produtos — e elas se valem de instrumentos quantitativos nos quais buscam principalmente a confiabilidade, como questionários e formulários. Não desenvolvem, entretanto, nenhum esforço explicativo que ultrapasse os limites das relações causais ou funcionais imediatas. Essa é a chamada "sociologia técnica".

Em oposição a ela existe na sociologia uma segunda tendência — a sociologia crítica — preocupada não com a sociometria mas com os processos que a desencadeiam, seus significados e suas explicações mais amplas. Segundo essa tendência, os dados de uma pesquisa não se referem nunca a uma situação imediata, mas a um processo histórico mais amplo. Tal perspectiva de análise não busca apenas causas ou funções de um dado fenômeno, mas principalmente a dinâmica do processo, a estrutura na qual se realiza e as contradições que revela.

A diferença, portanto, entre uma sociologia técnica e uma sociologia crítica estaria na amplitude da análise — o que aproxima esta última do que chamamos de "sociologia teórica" —, na finalidade da pesquisa, ou em seu pragmatismo, e até no engajamento do pesquisador no processo estudado.

A sociologia desenvolveu técnicas de investigação bem diferentes para essas duas distintas formas de pensamento social. Existem inúmeros instrumentos muito ágeis e de domínio de vários pesquisadores capazes de traçar perfis populacionais com bastante precisão. O resultado dessas enquetes é utilizado muitas vezes pela mídia como curiosidade. Gráficos os mais variados aparecem nos grandes jornais com a força de um amplo estudo conclusivo, sem qualquer preocupação com o embasamento teórico da informação ou com os procedimentos de investigação. Esses perfis populacionais são usados também pelos meios de comunicação para atrair anunciantes. Hoje em dia a tiragem

RUBENS CHAVES

A sociologia desenvolveu diferentes técnicas e diversos instrumentos de estudo da realidade social.

de um jornal ou a audiência de uma rádio não bastam para atrair patrocínio; o perfil sociológico desses leitores ou ouvintes é indispensável para os patrocinadores e para as agências de publicidade.

A sociologia técnica seria então aquele campo de pesquisa que se desenvolve a partir de necessidades externas à própria ciência — *marketing*, desenvolvimento de produtos, pesquisa de opinião. Tem uma intenção pragmática explícita e pouca contribuição para o desenvolvimento teórico da ciência ou para uma maior compreensão da natureza da vida humana.

A sociologia crítica desenvolve estudos propostos pelas necessidades teóricas ligadas ao desenvolvimento da ciência. Visa principalmente ao conhecimento e à verificação de hipóteses e ao entendimento crítico da vida social. Exige do sociólogo uma postura ética e engajada que, ao contrário do que pensavam os sociólogos positivistas, garante abrangência e fidedignidade à pesquisa.

Podemos dizer que sociologia técnica é aquela que se desenvolve para responder a questões externas à própria ciência. A sociologia crítica está centrada no desenvolvimento próprio da ciência.

A caminho de uma integração

Hoje, entretanto, apesar de subsistir certa diferenciação entre uma postura de caráter teórico mais abrangente, ou "pura", e outra de natureza mais pragmática e particular — uma mais universal e outra mais histórica —, o dilema do sociólogo parece menor num mundo em que a intersecção entre os modelos explicativos, aos quais nos referimos, é cada vez maior. Aumentam a necessidade de intervenção e o racionalismo exigido dos modelos teóricos. As sociedades convivem, no mundo globalizado, com uma pluralidade nunca vista de manifestações empíricas e para as quais os conceitos gerais têm pouco poder explicativo. Do mesmo modo, as pesquisas com ênfase em questões particulares ganham abrangência e passam a fazer parte de estudos mais amplos que se tornam cada vez mais importantes. Descobrir o que leva um guerrilheiro suicida islâmico a optar pela morte num atentado a civis israelenses tem uma importância fundamental para o sistema de defesa israelense. O resultado dessa pesquisa, entretanto, pode levar a novas perspectivas no estudo da identidade social e até mesmo ao estudo de conflitos básicos emergentes na sociedade contemporânea.

> Uma vez reconhecida a natureza da sociologia, fica evidente que não é preciso perder tempo definindo noções, se interrogando sobre essências ou discutindo filosofias sociais. Devemos construir uma análise dos sistemas de relações sociais e das formas de ação da sociedade sobre si própria. A melhor maneira de escapar às velhas tradições da filosofia social é se colocar logo de saída numa perspectiva de mudança: que novas formas de produção da sociedade por ela própria e de relações de classe estão aparecendo diante de nós? Não estou definindo o trabalho do sociólogo, mas a entrada normal de um estudante na sociologia viva.
>
> TOURRAINE. Alain. *Cartas a uma jovem socióloga*. Rio de Janeiro: Paz e Terra, 1976. p. 62.

A sociologia hoje se desenvolve nesse caminho de mão dupla, que vai continuamente de uma preocupação teórica para outra, pragmática, de conceitos universais para realidades históricas, de situações particulares à generalização dos resultados. Nessa perspectiva, as frequentes divisões da sociologia que aqui foram expostas são essencialmente provisórias e dizem respeito à riqueza inerente ao conhecimento sociológico e às suas conquistas sucessivas tanto em um campo como em outro.

Atividades

Compreensão de texto

1 Que fatores contribuíram para o desenvolvimento da sociologia aplicada nos Estados Unidos?

2 Quais as dificuldades para o desenvolvimento da sociologia aplicada, especialmente na Europa?

3 Qual foi a gênese da sociologia teórica?

4 Por que o conhecimento sociológico não se separa de sua aplicabilidade prática?

5 Como Octavio Ianni estabelece a distinção entre sociologia técnica e sociologia crítica?

Interpretação, problematização e pesquisa

6 Por que podemos afirmar que a sociologia se define mais como uma abordagem da realidade social do que como um objeto de estudo determinado?

7 Por que podemos afirmar que a opção por uma análise técnica ou por uma análise crítica, em sociologia, depende da situação que envolve a pesquisa?

8 Como se reflete, na profissionalização do sociólogo, a postura que ele assume diante da realidade?

Aplicação de conceitos

9 Procure nos jornais de sua cidade gráficos de pesquisas nos quais transpareça o uso de dados quantitativos como forma de argumentação. Você vai perceber que muitas vezes o autor da notícia ou reportagem não menciona a fonte nem o procedimento da pesquisa.

- Discuta em grupo as notícias desse tipo encontradas.

10 **Vídeo:** *Socorro nobre* (Brasil, 1995. Dirigido por Walter Salles. Duração: 12 min.) — Esse documentário apresenta depoimentos de uma prisioneira que se identifica com o sentimento de exílio manifesto pelo artista plástico Krajcberg em uma reportagem publicada numa revista.

- Procure descobrir nesse documentário, que aborda uma realidade particular, o princípio do que chamamos de "sociologia crítica", voltado para o entendimento de processos sociais e suas contradições.

Temas para debate

Pesquisa 1

A pesquisa realizada pelo Data Folha mostra o grande mercado de consumidores de perfume que a cidade de São Paulo representa: 77% dos entrevistados têm o hábito de se perfumar. A pesquisa foi realizada nos bairros de Vila Mariana, Jardins, Itaim-Bibi, Cerqueira César e Perdizes. Do total de pessoas que usam perfume, 67% o fazem com frequência diária e apenas 9% se perfumam em ocasiões especiais.

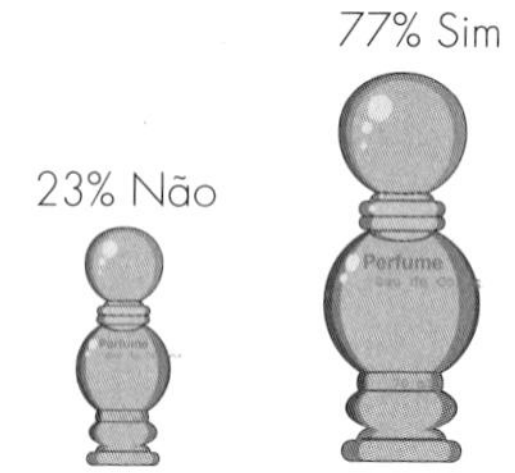

Você costuma usar perfume?			
	Total	Sexo %	
Categorias	%	H	M
Sim	77	69	84
Não	23	31	16
Total	100	100	100
nº de entrevistas	417	212	205

Para você o perfume está relacionado principalmente com:			
	Total	Sexo %	
Categorias	%	H	M
Higiene	43	52	35
Sensualidade	28	19	35
Elegância	18	18	19
Status	3	4	2
Outras respostas	8	7	9
Total	100	100	100
nº de entrevistas	320	148	172

Em que situação você usa perfume?			
	Total	Sexo %	
Categorias	%	H	M
Sempre (todo dia)	67	61	73
De vez em quando	23	28	18
Apenas em situações especiais	9	10	8
Não tem frequência certa	1	1	1
Total	100	100	100
nº de entrevistas	320	148	172

- Você diria que o exemplo corresponde a uma pesquisa típica de sociologia técnica ou de sociologia crítica? Por quê?

Pesquisa **2**

Influência da vida familiar sobre o trabalho de mulheres qualificadas (porcentagem)			
Influência	Universitárias	Secretárias	Outros cargos
Dificulta	4,8	5,3	4,6
Estimula	33,8	31,9	28,6
É indiferente	57,9	62,8	64,3
Ora dificulta, ora estimula	3,4	-	1,8
Outras respostas	-	-	0,7
Total (100%)	(145)	(49)	(283)

"As três categorias de trabalhadoras investigadas encontram reações semelhantes por parte de seus grupos familiares. Em cerca de 60% dos casos, as reações são de indiferença; em 30%, são de estímulo e apenas uma em 20 informa que a família dificulta o exercício da profissão. (...)

As universitárias não recebem estímulos mais acentuados do que as demais trabalhadoras. E as dificuldades relatadas são percentualmente muito reduzidas.

Esses resultados estariam indicando que, entre as mulheres qualificadas, não vigoram as pressupostas dificuldades e oposições ao trabalho feminino extradomiciliar?"

BLAY, Eva Alterman. *Trabalho domesticado;* a mulher na indústria paulista. São Paulo: Ática, 1978. p. 276.

- Podemos considerar a pesquisa no texto citado um exemplo de análise sociológica crítica? Por quê?

Leituras complementares

Texto **1**

[A sociologia aplicada — o ambiente intelectual norte-americano]

"A noção de sociologia aplicada tem sido entendida em dois sentidos diferentes: um, que poderíamos designar como 'acadêmico'; outro, que merece a qualificação de 'utilitarista'. (...)

A segunda acepção corresponde à antiga separação das disciplinas da mesma ciência que se voltam para a pesquisa fundamental (relacionada com a investigação empírica e com a sistematização teórica), ou para a pesquisa aplicada (relacionada com a solução dos problemas práticos, criados pelas tentativas de aproveitamento das descobertas feitas no setor da pesquisa fundamental). Ela encontra grande difusão na obra dos sociólogos franceses, ingleses e norte-americanos. Mas, sob vários aspectos, ela cresceu como uma disciplina integrada à civilização norte-americana, devendo-se aos sociólogos do país em questão as únicas contribuições que permitem caracterizar, positivamente, o objeto da sociologia aplicada assim entendida.

Na verdade, o ambiente universitário norte-americano libertou os sociólogos de muitas contingências, associadas à complexa herança pré-científica com que eles tiveram de arcar na Europa. Além disso, os próprios sociólogos precisaram empenhar-se, direta e intensivamente, na coleta de materiais relativos ao passado ou ao presente. A história, a geografia, a economia e outras disciplinas desenvolviam-se simultaneamente à sociologia, deixando de embaraçar, por conseguinte, sua expansão empírica autônoma. Essa circunstância foi frutífera também para a formação da sociologia aplicada. Os 'problemas sociais' que afetavam a sociedade americana, no período mais dramático da desintegração do antigo mundo rural, da industrialização e da urbanização, puderam ser focalizados, sociologicamente, no terreno da pesquisa empírica. Embora já se tenha salientado que o ponto de vista dominante na análise desses problemas fosse demasiado estreito e comprometido, por causa das vinculações emocionais e ideológicas dos investigadores com a ordem social arruinada pela urbanização e pela industrialização, a verdade é que ele favorecia a inserção de uma perspectiva prática na interpretação sociológica dos fenômenos sociais. O fato relevante é que os sociólogos americanos ficaram mais imunes à influência da concepção do conhecimento científico que excluía as preocupações práticas da esfera de trabalho do cientista. Mesmo nos setores em que surgiram críticas à conversão da sociologia em disciplina com intuitos práticos, essas críticas possuíam um teor construtivo evidente."

FERNANDES, Florestan. *Ensaios de sociologia geral e aplicada*. São Paulo: Pioneira, 1960. p. 95-98.

Entender o texto

- Por que pode-se argumentar que a sociologia aplicada é uma disciplina integrada à sociedade norte-americana? Por que teria ocorrido tal fenômeno? O que teria desencadeado esse fenômeno?

Texto 2

Os viajantes reais ou imaginários

"Por toda a história das ciências sociais, os principais autores têm sido viajantes ocasionais ou permanentes. Suas viagens podem ser reais ou imaginárias, mas sempre exercem alguma influência nos tipos de materiais com que trabalham e nas diferentes interpretações que formulam. Há sempre algum internacionalismo ou cosmopolitismo em suas análises, compreendendo temas, conceitos, categorias e interpretações. Às vezes a viagem é restrita, envolvendo uns poucos lugares ou países, ao passo que outras vezes a viagem atravessa países, tribos, clãs, nações e nacionalidades, ou continentes, ilhas e arquipélagos. Inclusive são comuns as que mergulham no passado recente ou remoto do mesmo país, nação, povo ou civilização. A pesquisa caminha sempre em um vaivém reiterado e insistente, envolvendo a mesma realidade local, nacional ou regional em várias épocas; ou diferentes realidades em diferentes épocas.

Nas ciências sociais, a viagem revela-se um recurso comparativo excepcional. Permite colocar lado a lado configurações sociais, econômicas, políticas ou culturais diversas, próximas e distantes, presentes e passadas. Comparam-se comunidades, sociedades, tribos, clãs, nações e nacionalidades, compreendendo configurações sociais, formas de sociabilidade, modalidades de organização social e técnica do trabalho, regimes políticos, nacionalismos, regionalismos, processos revolucionários, guerras, blocos econômicos, geopolíticos, interdependências, colonialismos, imperialismos, transculturalismos, globalismos e outras modalidades de organização e movimentação da realidade histórico-social ou das configurações geo-históricas."

IANNI, Octavio. *Enigmas da modernidade-mundo*. Rio de Janeiro: Civilização Brasileira, 2000. p. 15.

Entender o texto

- Qual era a intenção de Octavio Ianni ao afirmar que os principais autores das ciências sociais historicamente têm sido viajantes ocasionais ou permanentes, podendo ser essas viagens reais ou imaginárias?

19 A realidade e os métodos de observação

Introdução

A sistematização da sociologia como campo do conhecimento se deu no século XIX, após um longo período em que a filosofia e, depois, a própria ciência procuraram desvendar as relações entre homem e o meio social. Conceber o comportamento humano como decorrente de leis próprias à vida em sociedade e não da vontade divina ou das características pessoais dos agentes em questão, como até então se fazia, representou uma profunda ruptura nas formas de interpretação da sociedade.

Até esse momento em que se constitui o pensamento sociológico, tinham pleno sucesso as interpretações míticas e transcendentais que viam nos fenômenos sociais e nas calamidades públicas formas de castigo divino. Mesmo os gregos — que já buscavam analisar os diferentes modelos de organização política — tendiam a interpretar os problemas sociais, ao menos em suas tragédias, como resultantes dos desígnios dos deuses ou do destino. Não podemos esquecer que, em *Édipo Rei*, Sófocles atribui a peste de Tebas ao desonroso casamento de Édipo com Jocasta. Na Idade Média, também, pela importância do pensamento religioso, as pestes foram igualmente atribuídas aos pecados humanos, assim como se consideravam bruxas ou possuídas pelo demônio as mulheres rebeldes ao patriarcalismo da época.

E a filosofia – cujos resultados satisfatórios no estudo da natureza da sociedade e da propensão do homem para a vida social foram reconhecidos por Aristóteles – mostrava dificuldades na identificação daquilo que constituía, essencialmente, o social. Mesmo as ciências humanas contribuíam modestamente para esse intento: a história, desenvolvida principalmente após a Ilustração, mantinha-se atrelada ao individualismo, atribuindo às características individuais dos personagens históricos o rumo dos acontecimentos e as transformações sociais. A relação do indivíduo e de seu comportamento com as forças sociais saía do foco dessas análises.

A emergência e a sistematização do pensamento sociológico constituíram um processo de lenta gestação.

Foi portanto uma difícil gestação a emergência do pensamento sociológico e a compreensão de que a vida social tem características próprias, que se expressam por certa regularidade dos fatos sociais. E mais, que essa regularidade, empiricamente constatável, e até mensurável, se apresenta sob a forma de tendências que se manifestam no tempo e no espaço. Quando Durkheim propôs o estudo das taxas de suicídio em diversos países da Europa, durante certo período, ele estava colocando exatamente essas questões — o suicídio é um acontecimento regular, que pode ser medido por dados estatísticos e que apresenta tendências mensuráveis de crescimento ou de decréscimo em certos lugares e em determinados períodos. De posse desses dados, o cientista pode descobrir frequências e tendências, fazer previsões e intervir na realidade de maneira a estimular ou a inibir a incidência de certo fenômeno social.

A emergência dessa compreensão científica da realidade social rompeu com as antigas formas de se pensar a sociedade, obrigando-nos a estudá-la em suas bases materiais – percurso histórico, meio geográfico, movimentos populacionais, recursos materiais, regras sociais, crenças, regimes políticos, legislações. Ao lado disso, fez-nos aceitar como princípio que a vida social não resulta da soma dos indivíduos que a compõem.

Desenvolver esse tipo de pensamento, todavia, implicava o desenvolvimento de procedimentos adequados, por meio dos quais os elementos da vida social se tornavam acessíveis e inteligíveis.

Descobriu-se, por exemplo, que é de tal ordem a regularidade dos fenômenos sociais que para entendê-los não é preciso conhecer cada unidade ou indivíduo, bastando para isso analisar uma amostra dessa realidade, obtida pelo princípio da representatividade. Com o intuito de entender essa ideia, podemos fazer uso de uma metáfora: para saber o gosto de um bolo cujos ingredientes estão bem misturados não preciso comer mais do que um pedaço, pois todos os demais pedaços terão o mesmo gosto. Por outro lado, se o bolo for dividido em camadas de sabores diferentes, o pedaço que experimento deve ter exatamente a mesma proporção de camadas, ou seja, deve ser uma *amostra representativa* — um pedaço que contém em si os mesmos ingredientes do todo e distribuídos na mesma proporção e forma.

Chamamos de *corpus* de uma pesquisa exatamente o tamanho do "pedaço" de uma realidade que resolvemos investigar e que julgamos representativo dela. Segundo Barthes, trata-se da coleção de materiais que um analista decidiu de antemão estudar[1]. A dimensão do *corpus* da pesquisa é parte tão importante quanto sua análise.

Essas descobertas só se tornaram possíveis quando os problemas enfrentados pela Europa no século XIX se tornaram tão graves — êxodo rural, pobreza nas cidades, greves e revoluções — que as interpretações míticas, filosóficas ou de senso comum perderam sua eficácia. A partir dessa nova concepção da realidade social, a intervenção na sociedade tornou-se mais racional e planejada, de acordo com as exigências do desenvolvimento do racionalismo, do capitalismo industrial e do colonialismo.

O pesquisador dispõe hoje de inúmeros recursos e técnicas que podem ser utilizados, desenvolvidos ao longo desses quase duzentos anos de pesquisa científica da realidade social. Neste capítulo, apresentare-

[1] BAUER, Martin W.; GASKELL, George. *Pesquisa qualitativa com texto, imagem e som.* Petrópolis: Vozes, 2002. p. 44.

mos alguns princípios de análise social, de técnicas e de procedimentos para que o estudioso dos problemas sociais possa inteirar-se e escolher o mais indicado em função dos objetivos de sua pesquisa, dos recursos materiais e humanos e até mesmo do tempo disponível. Não é raro, também, que se utilize numa mesma pesquisa mais de uma técnica ou fonte de informação e diferentes tipos de análise e interpretação. Não podemos esquecer que toda pesquisa é um processo, ele próprio também social e, portanto, condicionado à situação que lhe deu origem e às condições sociais nas quais se realiza.

Modos de ver

> Ouve-se falar muito em olho treinado ou em aprender a ver, mas essa fraseologia pode ser enganosa se esconde o fato de que o que podemos aprender é a discriminar, e não a ver.
>
> GOMBRICH, E. H. *Arte e ilusão;* um estudo da psicologia da representação pictórica. São Paulo: Martins Fontes, 1986. p. 150.

O historiador da arte E. H. Gombrich afirma nesse trecho que o nosso olhar não vê a realidade à nossa volta em sua essência, mas distingue nessa mesma realidade aquelas manifestações cuja apreensão e definição nos são dados pela cultura. É assim que organizamos os dados sensíveis da realidade de maneira a ser possível reconhecê-la em certos elementos significativos. Sem essa educação do olhar, a visão do real seria impossível, pois nossa percepção apenas registraria dados aleatórios e caóticos.

Na constituição do conhecimento científico também procedemos assim. O cientista elabora um conjunto de ideias que serve para organizar a realidade cotidiana, distinguindo, discriminando séries de fatos observáveis. Por isso, além de um grupo coordenado de ideias, o cientista cria uma metodologia, um conjunto de princípios e regras capazes de distinguir, na realidade complexa, manifestações e comportamentos diversos, a fim de compará-los, analisá-los, avaliá-los. Portanto, se a cultura nos condiciona a ver a realidade que nos cerca de certa forma, para observá-la cientificamente, é necessário também adquirir certos princípios e conceitos, perdendo a ingenuidade inicial que nos é dada pela vida cotidiana.

O cientista elabora um conjunto de ideias que serve para organizar a realidade cotidiana.

Por isso, Durkheim estava preocupado em definir os fatos sociais, ou seja, em separar, dentre todas as manifestações da realidade, aquelas que, por certos atributos, pudessem ser consideradas como especificamente sociais. Pela mesma razão, Weber elaborou a noção de tipo ideal, a maneira de construí-lo e concebê-lo, a partir da complexa vida social.

Distinguimos, portanto, em cada escola do pensamento sociológico não só conceitos diferentes a respeito da sociedade e dos processos sociais, como maneiras diferentes de identificar, organizar e classificar as bases materiais da realidade social. A essa parte das teorias sociológicas damos o nome de metodologia ou procedimentos de pesquisa.

À riqueza de conceitos e formulações teóricas corresponde igual riqueza de métodos de pesquisa. E, da mesma maneira como as diversas teorias "iluminam" aspectos particulares da realidade, expressando diferentes níveis de compreensão, as várias metodologias identificam procedimentos diversos de investigação da realidade social.

O desenvolvimento da metodologia própria da sociologia obedece ao desenvolvimento de suas questões teóricas.

O desenvolvimento da metodologia científica na sociologia, ou seja, a elaboração de técnicas de pesquisa, vem crescendo na mesma proporção em que frutificam as formulações teóricas. Seu ritmo se acelera à medida que as propostas metodológicas se comprovam, ou seja, mostram-se válidas quanto à sua capacidade de explicar os acontecimentos sociais, prevê-los e intervir na sociedade. Outros fatores que estimulam seu desenvolvimento são a própria racionalidade da vida social moderna, a necessidade premente de planejamento em qualquer âmbito da atividade humana e a forma aguda com que os problemas sociais se apresentam ao cientista.

Hoje, dada a complexidade da vida social, à gravidade dos problemas que são enfrentados e ao ritmo de transformação da sociedade, cada vez mais se faz uso de técnicas e tecnologias seguras para o planejamento das ações e para o sucesso das intervenções. Uma metodologia coerente e rigorosa é um dos instrumentos mais importantes para a análise sociológica.

Se Durkheim, no século XIX, já se preocupava com formas corretas de abordagem da vida social, hoje, mais ainda, cobra-se do cientista social métodos de investigação que possibilitem o acesso a dados de pesquisa que se traduzam em formas de ação, intervenção e controle da realidade.

Indicadores

Dissemos que a metodologia científica utilizada em determinada pesquisa é aquela que ensina o cientista a "ver" a realidade, isto é, a nela distinguir determinados acontecimentos e as relações existentes entre eles.

Isso se torna especialmente importante pois na pesquisa social o objeto de estudo não é um organismo ou um ser, nem um fenômeno absolutamente circunscrito, mas certo aspecto da realidade na qual estamos inseridos, ou seja, *uma certa maneira de ser social da própria vida*. É tarefa do cientista social a construção intelectual de seu objeto, utilizando para isso teorias, conceitos e uma bem elaborada metodologia de pesquisa científica.

Podemos dizer, em sentido figurado, que os conceitos são as ferramentas de que dispõe o cientista.

Podemos dizer, em sentido figurado, que os conceitos são as ferramentas de que dispõe o cientista.

Em sentido figurado, podemos dizer que os conceitos são as "ferramentas" de trabalho, como o binóculo ou a bússola, enquanto as técnicas de pesquisa são as instruções para o uso correto desses instrumentos.

Existe, portanto, uma relação direta entre os conceitos e o modo de abordar a realidade. Uma metodologia incorreta provoca distorções semelhantes às de um binóculo mal-ajustado.

Para observar os conceitos que quer analisar, o cientista deverá se valer de indicadores

Para observar os conceitos que quer analisar ou comprovar, o cientista social deverá se valer de *indicadores* — elementos empiricamente perceptíveis nos quais os conceitos se traduzem. Para avaliar ou medir uma determinada tendência — por exemplo, a mobilidade social, ou a possibilidade de um indivíduo ou grupo ascender ou descender na escala social — torna-se necessário estabelecer indicadores que identifiquem a ascensão ou a queda em termos de posições sociais, traduzindo-as por manifestações concretas que possam ser "manuseadas" pelo pesquisador.

É ele que, direcionado por seus interesses e inquietações e por um conjunto de pressupostos teóricos, elege determinados recortes da realidade capazes de *indicar* certo aspecto do seu objeto de estudo. O papel da teoria é fundamental para a conceituação e escolha dos indicadores, pois é ela que recorta a realidade, configura os limites do que deverá ser estudado e estabelece as possibilidades de generalização da pesquisa. A teoria formula o problema sob a forma de conceitos que, por sua vez, se traduzem em indicadores que são empiricamente apreensíveis e que funcionam como seus "sintomas".

Assim, a ascensão social, dada como exemplo de um objeto de pesquisa social, poderá se traduzir por indicadores diferentes, dependendo dos aportes teóricos do sociólogo. Sob uma orientação positivista ela poderá ser avaliada, por exemplo, por indicadores como a curva de distribuição dos salários em determinado período de tempo. Sob inspiração marxista, ela deverá envolver também a análise da participação da classe operária no processo de produção ou nos lucros. Há, portanto, uma relação estreita entre teoria, conceitos e metodologia de pesquisa. No exemplo apresentado, fica claro que mobilidade social não significa a mesma coisa para diferentes teorias da sociedade.

Os procedimentos empíricos que permitem ao sociólogo obter os indicadores a partir dos quais tecerá suas análises constituem o que chamamos de "pesquisa de campo" e que significa o deslocamento do cientista de seu escritório para o espaço do fenômeno que quer estudar. As técnicas que ele utiliza são diversas e iremos, agora, discorrer a respeito delas.

Indicadores quantitativos

Nos primórdios da sociologia, os cientistas julgavam que o envolvimento do cientista com o objeto de estudo poderia comprometer a validade das análises. Assim, o sociólogo procurava preservar certa distância psicológica e afetiva do objeto estudado, o que, em se tratando de vida social, era muito difícil, pois o simples ato de observar um grupo pode representar uma forma de intervenção. Mesmo considerando que a sociologia já desenvolveu técnicas de dissimulação que permitem ao investigador passar despercebido na população estudada, o estudo da vida social implica o envolvimento do cientista no fenômeno pesquisado.

O estudo da vida social implica o envolvimento do cientista no fenômeno pesquisado.

Mas, nesse anseio por isenção e distanciamento do pesquisador como garantia de objetividade, a sociologia acabou por considerar as técnicas de mensuração como as mais adequadas, pois os dados estatísticos parecem mais impessoais aos cientistas sociais. Claro que, por trás das estatísticas, há sempre um processo de análise qualitativa do qual as taxas e índices são meros resultados.

A opção pelo uso de procedimentos estatísticos, entretanto, depende fundamentalmente dos objetivos da pesquisa. As pesquisas sobre tendências eleitorais, por exemplo, exigem precisão e rapidez, o que torna os métodos quantitativos os mais indicados. Mas, se quero saber as razões pela qual certo candidato tem a preferência dos eleitores, devo lançar mão de métodos qualitativos de análise. Os dois procedimentos, entretanto, implicam certa aproximação do cientista em relação ao objeto pesquisado.

Por outro lado, considera-se, atualmente, que o envolvimento do investigador com seu objeto de investigação possa ser conveniente e salutar, permitindo economizar etapas de pesquisa necessárias a quem não tenha familiaridade com a realidade em questão.

> Se for possível, e mesmo necessário, distinguir aquele que observa daquele que é observado, parece-me, no entanto, impensável dissociá-los. Nós nunca somos testemunhas objetivas, observando objetos, mas sujeitos observantes de outros sujeitos no seio de uma experiência na qual o observador é ele mesmo observado.
>
> LAPLANTINE, François. *A descrição etnográfica*. op. cit. p. 24.

Observação

Dá-se o nome de observação à técnica de pesquisa em que o cientista, guiado por uma metodologia, por conceitos e indicadores correspondentes, coleta, seleciona e ordena dados da realidade a fim de tentar explicar sua gênese e suas características.

A observação é tão importante nas ciências sociais como nas demais ciências. As primeiras investigações desse tipo foram os relatos de viajantes europeus que se dispunham a conhecer outros continentes. Embora valiosos, resultavam de observação espontânea e informal. A escola funcionalista foi a que mais chamou a atenção para a necessidade de observação sistemática, de realização de amplos estudos empíricos com base em dados obtidos diretamente pelo investigador, numa relação direta prolongada e orientada com o objeto de estudo.

Os métodos de observação são tão importantes na sociologia como nas demais ciências.

Observar não significa simplesmente "olhar", mas discriminar e discernir. Significa separar, em meio à complexa vida social, aquilo que é circunstancial e periférico daquilo que é essencial e diz respeito ao problema investigado.

Podemos distinguir três fases no processo de observação. A primeira é aquela em que o cientista, de posse de seus indicadores, reúne uma massa de dados considerados importantes, que podemos chamar de dados brutos. Em uma segunda fase, a da codificação, os dados são compilados e classificados. Em uma terceira fase, a da tabulação, os dados são dispostos segundo sua significância, encadeados em uma ordem lógica que permite verificar as relações que eles mantêm entre si.

Observação em massa

A observação pode limitar-se a um único evento, quando a intenção do investigador é estudar um festejo ou qualquer acontecimento individualizado, ou pode estender-se a um grande número de eventos ou pessoas e a casos observados por diversos pesquisadores, focalizando um tema constante na vida cotidiana. Quando se observa o comportamento de uma grande população em relação a um conjunto determinado de fatos, está se praticando o método da observação em massa.

A observação em massa foi muito utilizada na Inglaterra durante a Segunda Guerra Mundial, quando os cientistas sociais sentiram a necessidade de estudar as reações populares diante da situação de guerra, assim como os novos hábitos de vida adotados na época. A característica principal desse método é que são convocados voluntários cuja tarefa é ver e relatar pormenorizadamente situações específicas, registrando opiniões e declarações dos indivíduos nelas envolvidos. A primeira observação em massa levada a efeito foi em 12 de maio de 1937, na Inglaterra, durante a coroação de Jorge VI, quando centenas de observadores relataram o que viram e o que ouviram, enviando seus relatórios a sociólogos e antropólogos. As observações em massa prosseguiram durante toda a guerra, inclusive no outono de 1940, período dos pesados bombardeios aéreos alemães, que provocaram alterações profundas no modo de vida da população inglesa. Até mesmo os abrigos provisórios foram alvos de pesquisa, quando se procurou estudar opiniões e hábitos que iam se formando entre os abrigados.

Hoje, tanto as pesquisas de marketing como as de comportamento político procuram desenvolver esse método de observação, a fim de atingir o maior número de pessoas e de informações, empregando pesquisadores, nem sempre especializados, mas treinados em função do objetivo almejado. As pesquisas atuais contam com todo avanço tecnológico para os processos de codificação e tabulação dos dados.

A observação direta da realidade é instrumento imprescindível para qualquer pesquisa social.

A observação direta da realidade é instrumento imprescindível para qualquer pesquisa social, e seu método varia de acordo com o problema investigado. Sua precisão depende mais do preparo do investigador e de seus pressupostos teóricos do que do número de observações ou de pessoas observadas. Inúmeras vezes, o cientista depara com acontecimentos únicos, cuja observação não poderá ser repetida, mas isso não porá em risco suas análises se a observação for feita de maneira rigorosa e metódica, relacionando os fatos particulares aos aspectos mais gerais da realidade social investigada.

A observação participante pressupõe a integração do investigador ao grupo ou sociedade estudada.

Observação participante

A observação participante foi criada nas ciências sociais pela antropologia, principalmente pela escola funcionalista. Partia do princípio de que, para conhecer as sociedades "arcaicas", era preciso que o cientista deixasse seu gabinete de estudos e se deslocasse para os grupos que desejava estudar, permanecendo pelo tempo necessário integrado ao modo de vida que neles se desenvolvia.

A observação participante se distingue de uma observação comum, na medida em que pressupõe essa integração do investigador ao grupo, à comunidade ou à sociedade que pretende estudar, não como simples observador externo aos acontecimentos, mas neles tomando parte ativa.

Para que uma observação seja participativa, é essencial que essa integração do investigador seja aceita e reconhecida pelos demais membros do grupo ou comunidade. Isso significa que, por via de regra, é atribuído ao cientista um papel dentro dos acontecimentos ou das cerimônias.

Na sociologia, a aplicação desse método tem levado inúmeros cientistas a adotar temporariamente estilos de vida próprios da comunidade a ser estudada: empregam-se nas indústrias para estudar o comportamento e a maneira de pensar e sentir do operariado; convertem-se a seitas religiosas para participar de seus rituais iniciatórios; e, muitas vezes, acabam ingressando definitivamente na comunidade estudada.

Essa identificação radical do investigador com o objeto de estudo tem sido elogiada por alguns cientistas e desaconselhada por outros, que ainda acham mais eficaz certa distância entre pesquisador e objeto de pesquisa, em nome do resguardo da objetividade científica.

Entretanto, há certos estudos em que a condição participativa do investigador é natural, como no caso de mulheres que estudam a condição feminina, de negros que pesquisam o preconceito racial, de estudiosos que fazem levantamento do bairro em que moram etc.

Os bons resultados dessas pesquisas têm demonstrado que a identificação do sociólogo com seu objeto de pesquisa não é um obstáculo à objetividade da investigação. O que se pode dizer é que, como as demais técnicas de pesquisa, os resultados dependem do treino do investigador e das teorias nas quais se apoia, e não apenas do método em si. Hoje, a observação participante implica um convívio estreito com a comunidade estudada, não supondo, entretanto, plena identificação do investigador com o objeto estudado.

Observação controlada e observação participante

Sendo a observação um dos procedimentos primordiais no desenvolvimento de qualquer ciência, ela também desempenhou papel fundamental nas ciências sociais. Os sociólogos procuraram estabelecer critérios fidedignos para os métodos de observação, criando inúmeras formas de treinamento com o objetivo de dar ao pesquisador garantias de que seus dados não seriam deturpados pela ação direta do observador sobre o fenômeno observado. Essas técnicas se subdividiam em: observação à distância, observação repetida e, mais tarde, sob influência do desenvolvimento da pesquisa antropológica, observação participante.

Os sociólogos procuram estabelecer critérios e métodos de observação, ou seja, de observação controlada.

Nos anos 1960 e 1970 muitas pesquisas com base em observação participante se desenvolveram com pesquisadores convivendo por determinado tempo na comunidade estudada. Com o intuito de observar a organização de operários numa fábrica, por exemplo, os pesquisadores passavam a trabalhar na fábrica, podendo assim observar de perto e também de dentro essa realidade.

Uma forma de controle dos desvios inerentes à técnica da observação é repeti-la, fazendo variar os horários e as condições do fenômeno que se quer observar. Temos nesse caso a possibilidade de distinguir o que é essencial e o que é circunstancial nos acontecimentos observados.

Há, ainda, para garantir maior objetividade aos métodos de observação, a estratégia da observação comparada de grupos de controle. Imaginemos que um sociólogo tenha interesse em observar a emergência de líderes infantis e escolha para isso a observação de um grupo de crianças em um acampamento de férias. Para maior fidedignidade desses resultados, procede-se à observação de outro grupo de crianças em outra situação, por exemplo, em um trabalho em sala de aula. Nesse caso, estaremos fazendo variar não só as condições que envolvem um mesmo acontecimento, como também o tipo de acontecimento.

Em qualquer modelo de observação, entretanto, um elemento indispensável é o registro sistemático dos dados observados. Muitas vezes, por mais que se sustente a regularidade dos fenômenos sociais, estaremos observando situações únicas. Os registros garantirão uma sistematização daquilo que observamos e a armazenagem de elementos importantes dessa observação.

Observando documentos e registros

Com o desenvolvimento de novas tecnologias de registro, gravação e reprodução, multiplicaram-se na sociedade as formas de acesso a dados sobre acontecimentos importantes da vida social. Fotografias, filmes e vídeos trazem aos sociólogos as mais diversas informações sobre fenômenos sociais.

A utilização desses registros de "segunda mão" exigiu também inúmeros estudos, na medida em que cada uma dessas técnicas constitui também linguagem e carrega em si formas diferentes de interpretação dos fatos, expressas nesses documentos. Roland Barthes e, no Brasil, Villen Flusser e Arlindo Machado são alguns dos estudiosos das linguagens tecnológicas.

Cada vez mais dispomos de técnicas eficientes de obtenção, organização e processamento de dados.

Assim, ainda que se perca, com o uso desses documentos, certa espontaneidade dos dados obtidos com a observação, a utilização de tais fontes de informação enriqueceu a pesquisa em ciências sociais, expandindo o alcance das pesquisas para áreas onde anteriormente a presença de um investigador era quase impossível. O uso desses documentos possibilita também melhores alternativas para as reconstituições de épocas. Além disso, a necessidade de garantir objetividade no uso de fotografias e filmes na pesquisa social propiciou o desenvolvimento de estudos profundos sobre a linguagem dos meios de comunicação e da arte.

Registrando a observação

Dissemos que o registro daquilo que se observa é essencial para garantir o melhor uso possível dos dados observados. Ao descrever de maneira precisa aquilo que observamos, estamos possibilitando que as análises sejam feitas em um segundo momento, após a experiência da observação. O registro garante maior perenidade às observações e a possibilidade de comparação futura com novas informações. Também chamados de "diários de campo", esses registros servem para múltiplas funções: descrição e organização mental daquilo que se observa, elaboração de análises críticas e o registro da metodologia de trabalho. Ele se torna essencial, por exemplo, quando as pesquisas exigem a elaboração de relatórios. Muito útil é o registro de desenhos, esquemas e mapas, que auxiliam na reconstituição dos fatos.

Afirmamos também que as novas tecnologias têm ampliado os meios de acesso a dados sobre diversos acontecimentos. Não podemos esquecer, entretanto, que esses mesmos meios de gravação e reprodução têm sido utilizados nos registros científicos de acontecimentos. Cada vez mais o sociólogo utiliza a fotografia e o vídeo, além do gravador, no registro dos fatos observados. Para isso é importante que ele, ao lançar mão do registro tecnológico dos dados empíricos de sua pesquisa, esteja informado e consciente de que utiliza uma diferente forma de linguagem e de "enquadramento" da realidade.

As mesmas informações que o sociólogo deve considerar no uso de registros feitos por terceiros devem estar presentes em suas próprias gravações, pois serão observações traduzidas em outra linguagem, ou, como comumente dizemos, será uma "releitura" da observação primária.

A partir de 1980, muitos antropólogos norte-americanos e franceses começaram a valorizar especialmente a escrita dos relatos etnográficos, constituindo a chamada revolução textualista. A ideia é de que esse registro deve não só se ater ao visível como incorporar a poesia do acontecimento. Outros cientistas mais tradicionalistas argumentam que essa estilização tem se sobreposto ao interesse pela investigação em si mesma. De qualquer modo, é importante perceber que a observação não dispensa o registro escrito que, na verdade, a completa e organiza.

Como se pode perceber, observar — aparentemente uma atividade simples na tarefa cotidiana do cientista social — é uma estratégia importantíssima, rica e, como muitas outras, deve estar cercada de rigor e método. Tarefa que, à semelhança dos demais procedimentos de pesquisa, depende, antes de mais nada, da significância dos pressupostos teóricos, dos conceitos e dos indicadores.

> A exigência, a partir do momento em que estão fazendo trabalho de campo, é obrigarem-se constantemente a fazer ida-e-volta entre a prática que estão vivendo e a teoria que lerão paralelamente.
>
> WINKIN, Yves. *A nova comunicação*. op. cit. p. 134.

Observar é uma estratégia que exige rigor e método.

Entretanto, por mais fidedignas que sejam as técnicas de pesquisa, não podemos esquecer que os resultados de uma pesquisa têm a magnitude das questões e das análises propostas pelo cientista.

Atividades

Compreensão de texto

1 O que se entende por uma amostra da realidade social? Qual sua importância na sociologia?

2 O que você entende por indicadores?

3 Em uma pesquisa, quais as etapas que envolvem a observação? Exemplifique.

4 O que você entende por metodologia?

Interpretação, problematização e pesquisa

5 Afirmamos que os indicadores quantitativos — estatísticos — davam credibilidade à sociologia e pareciam garantir objetividade aos estudos sociológicos. Procure nos jornais de maior circulação por notícias que ainda revelam essa preocupação maior com os números do que com as análises.

6 Qual a crítica que os autores, neste texto, fazem às pesquisas quantitativas?

> "O prestígio ligado aos dados numéricos possui tal poder de persuasão que, em alguns contextos, a má qualidade dos dados é mascarada e compensada por uma sofisticação numérica."
>
> BAUER, Martin W.; GASKELL, George. op.cit. p. 44.

7 Imagine que você está fazendo uma observação participante em sua turma de amigos. Você acha que para você é mais fácil observar acontecimentos importantes do que para uma pessoa de fora? Justifique sua resposta.

8 Dê um exemplo da atualidade no qual seria indicado o uso da observação de massa.

9 Você concorda com a ideia de que a profundidade dos resultados de uma pesquisa depende das questões e análises propostas pelo cientista? Justifique sua resposta com exemplos.

Aplicação de conceitos

10 Analisando estatísticas

Kafka não morreu!

"A vida inteira tenho ouvido a mesma ladainha: o vestibular é injusto, é errado, é uma crueldade que não faz mais nenhum sentido etc. e tal. Todo mundo concorda: os candidatos passam um ano ou mais se entupindo de 'estratégias' de como fazer provas de 'cruzinha' (múltipla escolha), tentando aderir aos frágeis neurônios tudo o que não aprenderam ou desaprenderam nos anos anteriores (se balançar a cabecinha, mistura tudo). Depois de meses e meses de apostilas, de 'resumo-do-resumo-do-resumo', decoreba, musiquinhas 'instrutivas', 'baterias de testes', lá vão eles, autômatos desbotados e insones, para o massacre, competindo à taxa de 60 candidatos/vaga, para perder um ano na vida 'por causa de um pontinho'... O índice de reprovação beira os 97%!"

BERALDO, Antônio Fernando[2]. Matéria disponível em: http://observatorio.ultimosegundo.ig.com.br/artigos/da20012000.htm no *site* do Observatório da Imprensa[3]. Acessado em 13 jun. 2005.

a) Qual o significado desses índices: 60 candidatos/vaga e índice de reprovação de 97%?

b) O autor está correto em afirmar que o vestibular é injusto? Dê sua opinião e justifique-a.

11 Leia a notícia a seguir e responda às questões.

Analfabetismo no Brasil — números e perspectivas.

"O Brasil tem cerca de 16 milhões de analfabetos, de acordo com dados do IBGE coletados no Censo Demográfico de 2000.

De acordo com os dados históricos e seguindo uma tendência constante, a taxa de analfabetismo no país tem diminuído, passando

[2] Professor do Departamento de Estatística da Universidade Federal de Juiz de Fora.

[3] O Observatório de Imprensa foi organizado no Estado de São Paulo pelo LABJOR (Laboratório de Estudos Avançados em Jornalismo), da Unicamp, desenvolveu-se sob a égide do Comitê Gestor Internet no Brasil e, na versão *online*, iniciada em abril de 1996, é um projeto do Projor – Instituto para o Desenvolvimento do Jornalismo, organização social sem fins lucrativos constituída em abril de 2001. Extraído do próprio *site* Observatório da Imprensa.

de 65,3% em 1900 para cerca de 13,6% em 2000. Apesar da redução, o número absoluto de analfabetos aumentou, demandando grande atenção para reverter a situação.

O conceito de analfabetismo adotado pelo IBGE diz que 'uma pessoa capaz de ler e escrever pelo menos um bilhete simples no idioma que conhece' já passou da situação de analfabeta, mas estudos mais recentes acerca da questão, que consideram as novas realidades emergentes no panorama econômico nos últimos 20 anos, dizem que o analfabetismo funcional, que inclui as pessoas com menos de 4 anos de estudo, é um grande desafio para o crescimento econômico e para redução de concentração de renda. De acordo com este último conceito, o Brasil ainda tem 30 milhões de analfabetos, considerando a população com mais de 15 anos, ou 1/6 da sua população total.

A distribuição deste problema no país repete as desigualdades sociais e regionais presentes no âmago da sociedade brasileira, no qual se destaca negativamente a região Nordeste, com oito milhões de analfabetos, ou 50% do número total de analfabetos do país. As marcas desta reprodução de desigualdade refletem em menor desenvolvimento econômico e pouca diversificação da economia, relegando historicamente a região a índices de desenvolvimento humano menores."

Cenário em números: analfabetismo no Brasil. Números e perspectivas. Disponível na página *BB Educar* da Fundação Banco do Brasil, no endereço eletrônico http://www.bb.com.br/appbb/portal/bb/cdn/educ/Cenario.jsp. Acessado em 25 jul. 2005.

a) Quais são os indicadores de analfabetismo neste estudo?

b) O analfabetismo, por sua vez, é indicador de qual problema social no Brasil?

12 Para se compreender de que maneira o registro fotográfico ou por outros meios tecnológicos é uma releitura do acontecimento observado, desenvolva a seguinte atividade em grupo: cada membro da equipe deve assistir a um mesmo evento na escola ou fora dela e fazer um registro fotográfico desse evento. O grupo deve fazer um relatório mostrando diferenças e semelhanças entre os vários registros.

Tema para debate

Roger Bastide e a pesca do xaréu

"'Os que fui visitar, diz Roger Bastide, vivem assim, no murmúrio do vento e no embalo do oceano, desde outubro até junho, e todo o conjunto de sua vida comum se enquadra num ritmo social. No primeiro dia os pescadores se dirigem piedosamente à Igreja de Sant'Ana do Rio Vermelho, para pedir a proteção da Santa. De tarde, na praia noturna, dançam sambas, bebem, conversam e cantam alegremente. Antigamente, e ainda hoje, em certos recantos do litoral, na primeira puxada, um pai ou mãe-de-santo vinha com suas filhas, para cantar e dançar sobre a praia enluarada, girando na sombra mística e fazendo sortilégios para acalmar a tempestade. Em Amaralina, limitam-se a ter candomblés para rir; ao redor de pequenos tambores sonoros, os pescadores formam uma roda e entoam, para passar o tempo, as toadas de Xangô ou dos caboclos.' E prossegue Bastide: 'Mas essa transformação do candomblé em divertimento não impede que a fé continue viva no fundo do coração dos homens de cor; todos os quinze dias, durante a tarde, porque de manhã têm muito que fazer, as jangadas dirigem-se a alto-mar para levar a Iemanjá, a D. Janaína, como a chamam, objetos de toilette, fitas de todas as cores (excetuando-se as negras e vermelhas, que são cores de Exu), humildes presentes comprados nas vendas locais, agradecimentos pela boa pesca, esperança de um amanhã melhor. Iemanjá é uma boa pessoa, não recusa nunca, oculta os presentes e preces recebidas em seus esconderijos. E assim passam os dias, o tempo desliza, com as visitas das mulheres, as horas de ócio nas vendas, breves estadias no Rio Vermelho, a noite roncando em cabanas de palmeiras entrelaçadas, dois ou três indivíduos em cada uma. E como no primeiro dia, o período de pesca termina por uma festa'. Nos textos acima citados, Roger Bastide, diferentemente do que fez o almirante Alves Câmara, põe em destaque senão a mística, pelo menos as atividades religiosas paralelamente aos trabalhos da pesca e em função desta, vez que o comportamento religioso surge na medida em que o pescador necessita de amparo, digamos divino, para o bom desempenho de suas tarefas."

BRAGA, Júlio Santana. Notas sobre a pesca do xaréu: folclore e compromisso religioso. *Revista Afro-Ásia*, Salvador, Centro de Estudos Afro-Orientais da Universidade Federal da Bahia, n. 10-11, p. 43.

- Um mesmo acontecimento observado pode dar margem a diferentes interpretações? Por quê?

Leituras complementares

Texto 1

Educação a distância — entre o entusiasmo e a crítica

"O workshop oferecido pelo Museu de História Natural da Carolina do Norte teve como coordenadoras Liz Baird, especialista em educação a distância, e Mary Ann Brittain, diretora do Programa Educativo do Museu. Cerca de quarenta alunos estavam inscritos e preparavam-se para uma aula sobre História Natural.

Fomos encaminhados para uma sala com cadeiras que se dispunham de forma irregular, permitindo que formássemos pequenos grupos sem grandes transtornos. Fomos recebidos por Mary Ann que nos aguardava acompanhada por um técnico responsável pelas instalações. Ao centro e à frente de nós havia um monitor de vídeo de

29 polegadas e acima dele uma câmera pela qual nossa imagem era transmitida ao laboratório do Museu, onde Liz Baird nos observava através da tela de seu microcomputador.

No monitor aparecia uma mulher de cerca de quarenta anos, bem apessoada e que nos sorria da tela, agradecendo nossa presença. Estava em pé e tinha à sua frente uma mesa com um computador na qual apoiava as mãos. No canto da tela abria-se uma pequena janela onde podíamos ver as imagens de nossa própria sala, tal como eram transmitidas para o Museu. Acomodamo-nos nas cadeiras formando círculos de maneira a podermos olhar o vídeo que passava a ser nosso centro de atenção, como a cátedra nas salas de aula convencionais. Lá podíamos assistir à professora e à nossa performance transmitida no canto inferior da tela.

Liz Baird se apresentou e, sempre sorrindo, incumbiu-nos de nossas tarefas – cada grupo recebeu de Mary Ann a reprodução de um animal (inseto ou réptil) em plástico ou cera e um texto no qual havia informações a seu respeito. A professora pediu que inicialmente contássemos para os demais integrantes do grupo o que sabíamos a respeito daquele espécime e que, depois, lêssemos o texto em busca de mais informações científicas.

Para o nosso grupo coube uma enorme e bonita borboleta amarela e preta, presa em uma caixa de vidro. Conversamos sobre sua aparência, tamanho e forma e contei a meus colegas norte-americanos que no Brasil havia muitos espécimes como aquele e que possuíamos um grande número de diferentes tipos de borboletas. Depois disso, procuramos no livro mais informações como seu nome científico e seu significado.

Passada essa etapa de trabalho em grupo, Liz Baird – que ficara assistindo a nosso trabalho de longe – chamou-nos. Pediu para que abríssemos os pequenos círculos e que designássemos um representante para comunicar ao resto da classe os resultados de nossos estudos. Os representantes levantavam-se e se dirigiam ao vídeo para seu relato. A professora balançava a cabeça em aprovação. Quando não compreendia bem alguma frase, pedia que a repetíssemos.

Findas as apresentações, Liz tomou em suas mãos uma caixa contendo um lagarto vivo. Tirou-o de dentro do invólucro e apresentou-o a nós, aproximando a câmera do animal. Começou a descrevê-lo à medida que focalizava partes de seu corpo – as escamas, as patas e os olhos. Enquanto isso ela nos explicava as vantagens dessa aula a distância. Dizia que o uso da tecnologia permitia que animais pequenos pudessem ser observados de perto, com suas características aumentadas pelo *zoom* da câmera, em completa segurança e numa perspectiva jamais conseguida ao vivo."

COSTA, Cristina. In: *Revista Comunicação e Educação*. Ano IX, nº 27, maio/ago. 2003.

Entender o texto

- Qual a relação que a autora estabelece entre a tecnologia, a linguagem e a educação?

Texto 2

Técnicas e instrumentos de observação

"O conhecimento científico da realidade global e, portanto, de seus aspectos particulares, parte do pressuposto de que essa realidade se compõe de fenômenos e de relações entre fenômenos que não se dão livremente, ao acaso, mas obedecem a uma necessidade, isto é, são de tal maneira que, dados certos fatos, tais outros têm de ocorrer necessariamente, ou há uma calculada probabilidade de que venham a ocorrer. Isso vale, também, para a realidade social e para seus aspectos particulares. Assim, os fenômenos estudados pela sociologia coexistem ou se sucedem, no espaço ou no tempo, não por acaso, mas por obediência a relações determinadas. Identificar esses fenômenos e descobrir essas relações determinadas é explicar essa realidade; é, em outras palavras, conhecer cientificamente essa realidade. O processo básico pelo qual o homem pode identificar fenômenos e descobrir relações entre os fenômenos é observar os fenômenos na sua produção concreta, espacial e temporal.

A observação humana, que é sempre uma adequação entre o sujeito observador e o objeto observado, apresenta características próprias em três níveis:

1º) o sujeito observador;

2º) o objeto observado;

3º) a relação sujeito-objeto.

O observador da realidade social é um ser social e a sua observação estará sempre condicionada pela sua localização espacial e temporal. O objeto observado — a realidade social — não se apresenta ao observador como se apresentam os objetos das ciências naturais, isto é, com propriedades físicas, tais como espessura, tamanho, peso, força, velocidade, ou com propriedades químicas, tais como sabor, cheiro etc. Apresenta-se através da criação, da existência e da transformação de grupos, relações, instituições, comportamentos, valores, ideias, ações individuais e coletivas, reações pessoais etc. Essas circunstâncias particulares que cercam a realidade social condicionam o processo de sua observação. Por sua vez, a relação sujeito-objeto — a adequação da observação — além de estar condicionada pelas características de um e de outro, apresenta características próprias: seletividade e limitação.

A observação é seletiva. Isto é, algumas características dos fenômenos são observadas e outras não o são, dependendo do observador e das relações entre ambos os fenômenos. A observação adequada deve levar em conta essa seletividade natural, a fim de controlá-la:

o observador deve dirigir a sua observação de maneira a captar aquelas características que deseja observar.

A observação é limitada. Isto é, algumas características dos fenômenos são observáveis e outras não o são, embora os limites do observável não sejam fixos. A intensidade, a profundidade e a direção da observação estão limitadas pelas características peculiares ao observador e ao objeto observado. Para atenuar essas limitações, o observador vale-se de meios ou maneiras de fazer, e de instrumentos que o tornam capaz de observar mais adequadamente e que permitem o registro e a manipulação das informações obtidas através da observação, bem como sua comunicação a públicos mais ou menos restritos."

ABRAMO, Perseu. Pesquisa em Ciências Sociais. In: HIRANO, Sedi (Org.). *Pesquisa social;* projeto e planejamento. São Paulo: T. A. Queiroz, 1979. p. 78-79.

Entender o texto

1 Qual o pressuposto básico do conhecimento científico?

2 O que significa explicar a realidade?

3 Quais são as características, e seus respectivos significados, que um sociólogo deve levar em conta na sua observação?

20 Experimento, questionário, entrevista, grupo de foco...

Experimento

Chamamos de experimento à técnica de pesquisa que, à semelhança das experiências de laboratório, procura "isolar" da população como um todo um grupo de pessoas que são submetidas a situações previamente planejadas, a fim de se observar algum tipo de comportamento que se queira analisar.

Típico da análise empírica, nas ciências naturais e exatas, o experimento foi amplamente utilizado nas ciências humanas, como a psicologia, a pedagogia, a psicologia social, a antropologia e a sociologia.

Um experimento *se caracteriza pela criação de uma situação, em parte artificial, para observação e análise de um fenômeno.*

O experimento se caracteriza pela criação de um ambiente artificial que possibilite a observação de um determinado comportamento e pela escolha de um grupo de pessoas que, sendo mais ou menos homogêneo em relação a certas características, como idade, sexo, camada social e nacionalidade, permita controlar a influência dessas variáveis sobre o comportamento que se deseja investigar. Além disso, o experimento se caracteriza por um plano de ação, pelo qual o investigador submete o grupo escolhido a determinadas situações consideradas estratégicas para as hipóteses que se quer testar.

Um bom exemplo da técnica do experimento foi levado a efeito por Solomon E. Asch, sociólogo norte-americano. Com a finalidade de estudar a influência da liderança na formação de opinião em um grupo, foram reunidos estudantes universitários durante algumas sessões, permitindo-se que emergisse dentre eles um líder. Numa seção posterior, esse líder foi excluído de um seminário que discutia as tendências da sociedade americana na atualidade. As opiniões foram documentadas e, já na sessão seguinte, o líder pôde participar, iniciando o seminário com a exposição de suas ideias a respeito do mesmo assunto. Depois dele, os demais membros do grupo voltaram a se manifestar, enquanto o pesquisador anotava as eventuais alterações de opinião. Constataram-se, efetivamente, mudanças substanciais nas ideias expressas pelo grupo, comprovando-se a hipótese de que a opinião grupal e a pública sofrem influência das lideranças dos pequenos grupos minoritários.

Esse método de pesquisa tem como vantagem a economia de tempo, na medida em que o cientista pode testar repetidamente determinadas relações, geralmente de ordem causal, independentemente da frequência com que elas se apresentem na vida real. Tem ainda a vantagem de evitar a interferência de variáveis intervenientes, tornando as relações a serem estudadas mais precisas. No caso do experimento relatado, pôde-se isolar a influência do líder sem levar em conta outras interferências, como a opinião do grupo familiar ou dos jornais que o sujeito lê, por exemplo.

Além da economia de tempo e do controle de variáveis intervenientes, o experimento tem ainda a vantagem de possibilitar novas experiências nas quais se pode alterar a composição do grupo observado. Desse modo, tem-se maior segurança com respeito às condições e circunstâncias que cercam o fenômeno em estudo.

O experimento é muito usado quando se quer testar a eficiência de certas medidas de caráter político ou administrativo.

A grande crítica a esse método é sua "artificialidade", permitindo muitas vezes que aquilo que se observa em situações sob controle se generalize para as condições habituais de vida, onde as variáveis intervenientes que se procurou anular passam a atuar normalmente. Além disso, faz-se restrição ao experimento na medida em que se vale, em última instância, apenas do método comparativo, pois os resultados da observação são transpostos para a realidade social por analogia e associação.

O sucesso dessa técnica depende da perspicácia do investigador em perceber os limites de suas conclusões e em evitar generalizações ou reduções grosseiras quando aplica resultados de sua pesquisa à sociedade como um todo.

O experimento é muito usado quando se quer testar a eficiência de certas medidas de caráter político ou administrativo. É então chamado de plano-piloto – formado, muitas vezes, por voluntários que se submetem a determinadas situações que se quer testar. Nos Estados Unidos, todos os projetos que implicam algum risco à organização social e ao bem-estar das populações passam por inúmeros experimentos iniciais para controle de sua eficácia e efeitos. Pesquisas ligadas à educação, à nutrição e ao comportamento familiar contam sempre com esse procedimento para estudo.

O experimento é uma técnica importante também nos casos em que a situação que se quer estudar envolve grande risco social e humano, como a organização da população para evasão em caso de incêndios. É um recurso valioso para situações que envolvem preceitos éticos, como a reação das crianças à ausência dos pais. O experimento possibilita nesses casos que se estudem reações em condições artificiais e não-traumáticas. Podemos dizer, portanto, que o experimento é sempre um recurso metodológico importante, principalmente em situações nas quais a análise direta da sociedade envolve maior risco ou maior custo social.

De qualquer maneira, a ideia do evento simulado tem sido cada vez mais usada em muitas disciplinas e áreas profissionais, especialmente na educação e na psicologia.

> Escolher um método é escolher uma teoria. Como nenhuma metodologia se justifica por si mesma, para compreender essa escolha e o seu uso, é preciso aproximá-la da teoria com a qual é compatível e até mesmo que ela por vezes representa.
>
> COULON, Alain. *A Escola de Chicago*. Campinas: Papirus, 1995. p. 99.

Questionário

Uma das técnicas mais comuns, econômicas e simples de pesquisa social é o questionário. Ele é necessário notadamente nos casos em que o cientista não dispõe de dados sobre determinadas características da população, e quando se quer obter levantamentos específicos sobre certos aspectos, opiniões e comportamentos de uma população. Nesses casos, o questionário permite focar a pesquisa em determinadas variáveis que se quer estudar.

Mas, apesar de uma ferramenta simples, a elaboração de um questionário deve levar em conta certos cuidados. As perguntas devem ser fáceis, claras e conexas, e não devem induzir, por seu encadeamento lógico, a respostas esperadas pelo investigador. Os questionários não devem, ainda, ser extensos demais, mas cobrir os aspectos mais importantes que os estudos teóricos e práticos tenham indicado. É conveniente que as perguntas sejam dispostas numa ordem crescente, que vai das mais simples às mais complexas; das mais conhecidas e habituais, como as relativas a idade, sexo, profissão e nacionalidade, às voltadas a temas mais específicos. O questionário deve ser organizado de maneira a não conter ambiguidades nem contradições.

O questionário é uma das técnicas de investigação mais utilizadas na pesquisa sociológica.

As perguntas podem ser "abertas", quando o interrogado responde o que e como desejar; ou "fechadas", quando ele deve escolher entre respostas previamente elaboradas. Nesse caso, trata-se de questões de múltipla escolha.

A segurança na elaboração das perguntas e na sua eficácia para a obtenção dos resultados desejados depende, entretanto, de um pré-teste, nos quais se submete o questionário a um grupo semelhante ao que se vai estudar. Isso permite correções e ajustes. Realizar sucessivas aplicações do questionário também assegura o aprimoramento do instrumento de pesquisa. Nessa fase é importante avaliar as dificuldades do pesquisado em responder, a clareza das perguntas e das respostas e o tempo gasto com o questionário.

Outras formas de controle da validade dos dados obtidos dependem das técnicas de amostragem, isto é, do tipo de pessoas que são selecionadas para responder ao questionário e da quantidade de perguntas necessárias para se obter uma amostra significativa.

Como técnica de pesquisa, os questionários podem apresentar inúmeras variações na sua aplicação: podem exigir a identificação do questionado ou permitir o anonimato; podem ser opcionais ou obrigatórios; podem ser apresentados pessoalmente ou enviados pelo correio. Qualquer uma dessas possibilidades deve ser analisada de acordo com o interesse básico da pesquisa, os recursos disponíveis e a fidedignidade das respostas.

O principal obstáculo ao uso generalizado de questionários é a impossibilidade de aplicá-lo a populações analfabetas. Nesse caso, um dos recursos de que o pesquisador pode lançar mão é o preenchimento do questionário por um grupo treinado de auxiliares que lê as perguntas e registra as respostas.

Com o desenvolvimento dos meios de comunicação e, especialmente, com o uso da Internet em pesquisas de campo, tem aumentado a quantidade de questionários que circulam pelos internautas. No entanto, apesar da facilidade, o retorno de respostas nas novas mídias é menor do que nos meios tradicionais. Há ainda a desvantagem de o número de usuários ser ainda insignificante em determinados grupos, como as pessoas da terceira idade e as camadas mais pobres da população.

Entrevista

Muitas vezes, na coleta de dados, o questionário não é o único nem o melhor método de pesquisa, ainda que seja o mais usado. A entrevista é outro procedimento a que o investigador recorre para conseguir opiniões, fatos ou testemunhos sobre determinada questão. O pesquisador, munido de um guia de questões, escolhe pessoas por meio de métodos de amostragem, submetendo-as a uma demorada arguição. Os resultados, geralmente gravados, são depois analisados em função dos objetivos da pesquisa. A objetividade e a profundidade da entrevista dependem do treinamento do pesquisador e de sua competência.

A entrevista tem uma finalidade clara de obtenção de dados, como opiniões e atitudes dos indivíduos diante de uma situação determinada.

A entrevista tem ainda a vantagem de permitir ao pesquisador anotar à parte dados que o próprio entrevistado tenha dificuldades de enunciar, como faixa etária e nível de vida.

A entrevista, como técnica de pesquisa, distingue-se, principalmente por seus objetivos, da entrevista de caráter jornalístico, como também dos *talk shows* e *telemarketing*, que nada têm a ver com procedimentos científicos, já que são técnicas de entretenimento e de venda.

Como método de pesquisa sociológica, a entrevista tem uma finalidade clara de obtenção de dados, como opiniões e atitudes dos indivíduos diante de uma situação determinada. Requer uma formulação prévia das questões e o treinamento do entrevistador, no sentido de obter a confiança do entrevistado e evitar influenciar suas declarações. Tais recomendações são importantes para que se assegure o valor científico dos dados obtidos por essa técnica.

> A entrevista qualitativa, pois, fornece os dados básicos para o desenvolvimento e a compreensão das relações entre os atores sociais e sua situação. O objetivo é uma compreensão detalhada das crenças, atitudes, valores e motivações, em relação aos comportamentos das pessoas em contextos sociais específicos.
>
> BAUER, Martin W.; GASKELL, George. *Pesquisa qualitativa com texto, imagem e som*. Petrópolis: Vozes, 2002. p. 65.

A pesquisa por entrevista pode contribuir numa etapa inicial de elaboração e aplicação do questionário. A respeito de questões sobre as quais não existem perguntas prévias, as entrevistas fornecem um amplo material a ser usado como base para entendimento da questão em pauta.

Embora, como o próprio nome indica, a entrevista deva ser realizada pessoalmente, existem situações de impedimento que fazem com que o investigador entreviste por telefone ou mesmo por correio. Nesses casos, o que se ganha na economia de tempo e de recursos perde-se na acuidade e no controle da entrevista.

Além de se observarem os mesmos cuidados indicados na elaboração do questionário – ir das questões mais simples para as mais complexas e das mais fáceis para as mais difíceis ou constrangedoras – o entrevistador precisa deixar o entrevistado à vontade, respeitar seus sentimentos e dignidade e esclarecê-lo a respeito dos objetivos a serem alcançados. É comum também que, depois de analisados os dados, o entrevistado seja informado a respeito. É importante que os agradecimentos estejam registrados caso a entrevista resulte em uma obra literária ou audiovisual, afinal, o entrevistado foi a fonte de informação que tornou isso possível.

Entrevistas em grupo foi uma técnica desenvolvida nos Estados Unidos durante a Segunda Guerra Mundial, quando havia interesse em se identificar a reação das pessoas às ações dos aliados. Além da rapidez na coleta de informações, essa técnica estabelece uma dinâmica interessante entre os entrevistados, fazendo com que o depoimento de uma das pessoas do grupo estimule a participação dos demais. Das entrevistas em grupo elaborou-se um método bastante interessante, muito usado em pesquisa de opinião, que é o Grupo de Foco.

Sistematizado por Robert Merton, na década de 1950, o grupo de foco se constitui em uma entrevista em grupo com cerca de dez a doze pessoas igualmente envolvidas em uma situação peculiar – terem assistido a um mesmo filme, terem se submetido a determinado tratamento ou serem imigrantes. De maneira informal e em ambiente afável, elas são conduzidas por um "moderador" a se expressarem sobre determinado tema. Por cerca de uma hora, essas pessoas interagem, e suas ideias, atitudes e sentimentos são registrados por um "observador", que se mantém a distância ou até isolado por vidros não transparentes pelos quais pode ver sem ser visto. Muitos pesquisadores usam gravadores e câmeras para obter melhores registros[4].

RUBENS CHAVES

Pesquisa com operários de uma construção, em São Paulo, 2005.

[4] LEITÃO, Bárbara Júlia Menezello. Grupos de Foco: o uso da metodologia de avaliação qualitativa como suporte complementar à avaliação quantitativa realizada pelo SIB – USP. mar. 2003. Dissertação (Mestrado em Ciências de Comunicações) – Escola de Comunicações e Artes/Universidade São Paulo.

Amostragem

Amostragem é o processo pelo qual é selecionada parte da população de uma cidade, estado ou país para fazer parte de uma determinada pesquisa.

As técnicas estatísticas têm evoluído muito, tanto para os testes de dados obtidos como para o processo de seleção dos indivíduos pesquisados.

A amostragem é chamada de aleatória quando, ao acaso, são sorteados indivíduos de uma determinada população para compor um grupo selecionado para a investigação. Todos os indivíduos da população têm a mesma chance de fazer parte da amostra e é o adequado tamanho desta que garante a representatividade da seleção. Suponhamos que, tendo em mãos uma listagem qualquer, indivíduos sejam sorteados ao acaso – a amostra assim produzida tende a repetir por si só os mesmos componentes da população, ou seja, a mesma variação por sexo, idade, estado civil etc.

Diferente é o procedimento que seleciona os indivíduos por estratos. Nesse caso, conhece-se a composição da população por categorias como sexo, idade e estado civil e mantém-se a mesma proporção de entrevistados de cada categoria, conforme sua representação na população total. Trata-se aqui de amostra proporcional.

Por exemplo, numa cidade onde 60% da população sejam homens e 40% mulheres, a composição de uma amostragem proporcional deverá ter 60% dos entrevistados homens e 40% mulheres. De modo geral, considera-se esse procedimento de amostragem mais preciso e representativo. Ocorre que, em certas pesquisas, é impossível determinar a composição da população. Por exemplo, se queremos fazer uma pesquisa com o público que comparece a um comício ou a um jogo de futebol, é impossível determinar, com antecedência, a composição dessa população em função de sexo, idade ou estado civil. Nesse caso, opta-se pela amostra aleatória: determina-se o tamanho da amostra em função do tamanho da população e a escolha é feita ao acaso.

Nos casos em que a composição da população é conhecida – uma cidade ou um bairro –, a amostra proporcional é o procedimento mais adequado. Existe, ainda, uma infinidade de formas de seleção, dependendo do interesse do cientista e das circunstâncias de pesquisa. No entanto, elas geralmente se diferenciam em amostras aleatórias – em que a composição da população não é conhecida e cada indivíduo tem igual probabilidade de ser sorteado para a pesquisa – e em amostras proporcionais – em que a composição da população é conhecida e a amostra deve incluir as diversas categorias da população, reproduzindo suas características, ou seja, mantendo a proporção por idade, sexo, estado civil, nacionalidade etc.

Outra forma de amostragem é por conglomerados, isto é, por regiões geográficas.

Outra forma de amostragem é por conglomerados, isto é, por regiões geográficas. Nesse caso, a amostragem se dá segundo a densidade populacional de cada região. Uma cidade, por exemplo, é dividida em áreas, e de cada uma são escolhidos indivíduos em número que depende da quantidade total de habitantes da região em relação à população total da cidade.

Enfim, as técnicas estatísticas fornecem uma série de procedimentos relativamente eficazes para se estabelecer a representatividade da amostra, isto é, a capacidade de, lidando com frações de população, generalizar os resultados obtidos para os demais habitantes.

As técnicas estatísticas, *quando bem utilizadas, fornecem procedimentos eficazes.*

As técnicas estatísticas e os métodos quantitativos, entretanto, são especialmente importantes para pesquisas que têm por objetivo estudos mais abrangentes, generalizantes, cujos resultados precisam ser alcançados em curto prazo. A pesquisa sobre a tendência de intenção de votos dos eleitores em uma campanha eleitoral é um caso desse tipo – exige rapidez e precisão e as diferenças de motivos e razões é pouco importante. Os objetivos são pragmáticos e não teóricos, mas, como vimos afirmando, as ciências sociais hoje utilizam preferencialmente as pesquisas qualitativas e de interesse teórico. Nesse caso, a estatística tem menor peso na composição da amostra. Controlando de perto o desenvolvimento da pesquisa e resguardando critérios de representatividade e a interveniência de variáveis, o próprio cientista começa a se dar conta da "saturação" das informações, ou seja, novas investigações não resultam em novas informações.

Embora as questões metodológicas assustem muitos pesquisadores, é importante salientar que nada é tão fundamental como uma boa análise teórica e um investigador competente, informado e realmente interessado.

Atividades

Compreensão de texto

1 Quais as vantagens do uso do experimento como recurso de pesquisa e quando ele é mais indicado?

2 Em que circunstâncias torna-se especialmente necessária a utilização de questionários?

3 Quais as regras para a elaboração de um questionário?

4 Que cuidados deve ter o pesquisador na formulação das perguntas de um questionário?

5 O que você entendeu por amostragem? Que tipos de amostragem o texto apresenta e quais suas diferenças?

Interpretação, problematização e pesquisa

6 Analise os simulados aplicados aos vestibulandos como um experimento e tente encontrar suas vantagens e desvantagens.

7 Às vezes, na nossa vida diária, tomamos certos acontecimentos como um experimento e generalizamos para outros acontecimentos que ainda iremos vivenciar. O que este capítulo nos fornece de informações para essa conduta?

8 Leia a seguir um trecho da pesquisa realizada por Ely de O. Motta de Azevedo Correa (Revista *Relações Humanas*, ano VIII, 22-23, p. 108) no Ginásio Vocacional "Oswaldo Aranha" para conhecer a opinião dos pais dos alunos a respeito do ginásio e da comunidade.

Quadro X — Qualquer trabalhador deve se interessar pelos atos do governo?		
Não	2	2,8%
Sim	67	95,7%
Não sabe	1	1,4%
Total	70	100%

Quadro XI — O governo não deveria permitir a existência de vários partidos políticos. Deveria existir um partido apenas.		
Sim	8	11,4%
Não	55	78,5%
Não sabe	7	10%
Total	70	100%

■ Qual a utilidade do emprego de perguntas fechadas na pesquisa acima?

Para os exercícios 9 a 12, transcrevemos partes de um questionário elaborado por Aparecida Joly Gouveia e Robert J. Havighurst para uma pesquisa publicada no livro *Ensino médio e desenvolvimento* (São Paulo: Melhoramentos/Edusp, 1969. p. 217, 219, 225 e 227).

9 Por que o questionário se inicia pedindo as informações a seguir?

APÊNDICE I

Alunos (Segundo Ciclo)
Data: / /

1 Nome: ____________________

2 Cidade: ____________________

3 Estado: ____________________

4 Nome da Escola: ____________________

5 Curso que está fazendo nesta Escola: ____________________

____

10 Explique o encadeamento nas perguntas a seguir.

18 Você tem emprego ou trabalho?

Não ____ 1

Sim ____ 2

19 Se você tem emprego ou trabalho, o que é que você faz?

____

20 Quantas horas você trabalha por semana?

Até 10 horas ____ 1

10 a 20 horas ____ 2

21 a 30 horas ____ 3

31 a 40 horas ____ 4

Mais de 40 horas ____ 5

21 Você acha que continuará com esse trabalho depois que terminar o curso que está fazendo?

Não ____ 7

Sim ____ 8

Não sei ____ 9

22 Você gostaria de continuar os estudos depois que terminar este curso?

Não ____ 1

Sim ____ 2

23 Você acha que vai continuar os estudos depois que terminar este curso?

Vou continuar com toda certeza ____ 4

Tenho boas possibilidades de continuar ____ 5

Provavelmente não vou continuar ____ 6

Não vou continuar com toda certeza ____ 7

11 Qual a diferença entre os dados que se obtêm com pergunta aberta e os obtidos com pergunta fechada? Analise o exemplo.

54 Se você ganhasse uma grande soma na loteria, o que faria com o dinheiro?

(Faça uma só escolha.)

Compraria roupas e joias ____ 1

Iria viajar ____ 2

Compraria móveis e aparelhos elétricos para minha casa ____ 3

Compraria um automóvel ____ 4

Compraria uma casa ou apartamento ____ 5

Compraria uma granja ____ 6

Aplicaria em negócios ____ 7

Continuaria meus estudos ____ 8

Guardaria para minha velhice ____ 9

55 Se o governo tivesse uma grande quantia extra de dinheiro para empregar, como você acha que devia ser gasta?

12 Nas perguntas a seguir, os investigadores deixam perceber uma intenção prévia a respeito das respostas? Justifique.

59 Faça um círculo em torno da letra C (Concordo) ou D (Discordo) para indicar sua opinião a respeito das afirmações seguintes. Se por qualquer razão você não puder decidir a respeito de determinada afirmação, faça um círculo em torno do ponto de interrogação (?). Não deixe nenhum item sem resposta.

Concordo   Discordo   Não posso decidir

A obediência aos pais é uma das coisas mais importantes que a criança deve aprender. C D ?

Mesmo depois de casados, os filhos devem obedecer aos pais. C D ?

Uma moça não deve casar-se contra a vontade dos pais. C D ?

Temos mais obrigação de ajudar a um tio ou primo do que a um amigo. C D ?

13 Em grupo, desenvolva um pequeno projeto de pesquisa envolvendo algum assunto de interesse da equipe. Para tanto, siga as seguintes etapas:

1ª) escolha do assunto;

2ª) definição do que se quer pesquisar;

3ª) pesquisa bibliográfica do que já existe de informações a respeito;

4ª) elaboração das questões;

5ª) definição do público a ser questionado;

6ª) definição das formas possíveis de aplicação;

7ª) testagem e avaliação do questionário;

8ª) aplicação do questionário;

9ª) análise dos dados;

10ª) conclusões;

11ª) elaboração do relatório final.

Aplicação de conceitos

14 **Vídeo:** *Nas montanhas dos gorilas* (EUA, 1988. Dirigido por Michael Apted. Duração: 106 min.) — Filme baseado na vida da antropóloga Dian Fossey, que passou a viver na África entre gorilas ameaçados de extinção.

- Procure distinguir nesse filme as diversas etapas de uma pesquisa científica: os estudos preliminares, a observação, os registros e relatórios, além dos registros fotográficos feitos para a revista *National Geographic*.

15 Imagine que você quer fazer uma pesquisa sobre os valores que guiam os consumidores de um determinado produto em sua escolha. Desenvolva o seguinte projeto: escolha o produto e o público a ser pesquisado e depois elabore uma entrevista acerca de tudo que interfere na decisão do consumidor.

16 Completando o exercício anterior, realize uma entrevista com a amostra escolhida a respeito de mudanças que queiram imprimir à escola. Elabore um relatório final com o resultado das entrevistas. Que mudanças minha classe deseja ver acontecer na escola?

17 Faça um levantamento de distribuição das seguintes variáveis em sua classe — sexo, idade, bairro onde mora, anos de estudo na escola. Em seguida, elabore uma amostra representativa com 15% dos alunos da classe. Descreva essa amostra.

Leituras complementares

Texto 1

Vantagens e desvantagens

"Algumas das vantagens e das desvantagens da escolha, do uso, da aplicação e da utilização dos resultados dos dois tipos básicos de instrumentos (questionário e entrevista) são aqui apresentadas.

QUESTIONÁRIO	ENTREVISTA
Vantagens	Vantagens
resposta padrão;	menor atomização;
menor custo;	flexibilidade de respostas;
poucos aplicadores;	preparação rápida;
aplicação mais rápida;	qualquer informante;
menor influência do aplicador;	aspectos menos limitados;
registro mais manipulável;	liberdade de captação de traços não previstos;
Desvantagens	Desvantagens
extrema atomização;	padronização mínima;
inflexibilidade de respostas;	muito oneroso;
preparação lenta;	muitos aplicadores;
redação cuidada dos itens;	aplicação demorada;
informantes limitados;	instruções muito detalhadas aos aplicadores;
aspectos limitados;	enorme influência do aplicador;
não-captação de traços não previstos;	dificuldades de registro."

ABRAMO, Perseu. Pesquisa em ciências sociais. In: HIRANO, Sedi. *Pesquisa social;* projeto e planejamento. op.cit. p. 84.

Texto 2

Poema pedagógico

Um experimento pode ser levado a efeito não só para fins científicos mas como parte de um projeto de renovação em qualquer área que queira atuar um cientista. Dos experimentos desse teor, um dos mais interessantes e emocionantes foi o de A. S. Makarenko, um dos grandes pedagogos do nosso século, orgulho da pedagogia soviética. Desde 1920, dirigiu instituições correcionais para crianças e adolescentes abandonados, dentre as quais a mais famosa foi a Colônia Máximo Górki (1920-1928). Transformada essa experiência em experimento pedagógico, pôs em prática algumas premissas que considerava fundamentais para construir o 'novo homem' para a sociedade soviética, como: o poder regenerativo da vida coletiva; a educação baseada na associação entre instrução e trabalho; o papel do educador, como alguém em quem se confia mas de quem se deve exigir muito; e a técnica pedagógica de se iniciar a educação sem se levar em consideração o passado dos educandos. Sua maravilhosa experiência transformou-se em obra literária por recomendação do próprio Górki, que afirmou: "O enorme significado e o surpreendente bom êxito do seu experimento pedagógico têm um significado universal, na minha opinião".

O trecho seguinte é retirado dessa obra, cujo título é *Poema pedagógico.*

"Consegui arranjar com o Zavgubnarobraz um revólver para a defesa contra os cavaleiros-salteadores de estrada, mas ocultei dele a situação da colônia. Eu ainda não perdera a esperança de inventar uma maneira de me entender com os educandos.

Os primeiros meses da nossa colônia foram para mim e os meus companheiros não só meses de desespero e esforço impotente — foram também meses de procura da verdade. Em toda a minha vida eu não li tanta literatura pedagógica quanto naquele inverno de 1920.

Aquele era o tempo de Vránghel e da guerra polonesa. Vránghel estava ali nas proximidades, perto de Novmírgorod; não longe de nós, em Tcherkássi, lutavam os polacos; a Ucrânia toda estava infestada de bátkos, chefes dos bandos 'brancos', e muita gente em volta de nós se encontrava sob o feitiço da bandeira de Petliúra. Mas nós, na nossa floresta, de cabeça apoiada nas mãos, procurávamos esquecer os trovões dos grandes eventos e líamos livros pedagógicos.

Quanto a mim, o resultado principal dessas leituras foi uma convicção firme, e, subitamente, não sei por quê, fundamental, de que nas minhas mãos não existia nenhuma ciência nem teoria nenhuma, e de que a teoria tinha de ser extraída da soma total dos fenômenos reais que se desenrolavam diante dos meus olhos. No começo eu nem sequer compreendi, mas simplesmente vi, que eu precisava não de fórmulas livrescas, as quais não poderia aplicar aos fatos de qualquer maneira, mas sim de uma análise imediata e uma ação não menos urgente."

MAKARENKO, A. S. *Poema pedagógico.*
São Paulo: Brasiliense, 1985. p. 23-24.

Entender o texto

- Qual o principal ensinamento que o autor quis transmitir no trecho selecionado?

21 Outras fontes de dados

Dados censitários

Há muito tempo se desenvolve, em todos os países, a "sociometria", ou seja, o levantamento sistemático de dados a respeito da população com relação a sexo, idade, profissão, religião, nacionalidade, grau de instrução, renda individual e familiar.

Os dados censitários são importantes para as políticas públicas desenvolvidas pelos governos, para investidores nacionais e internacionais e para os cientistas sociais que, com essas estatísticas, podem fazer cruzamentos de dados e estabelecer relações entre certos aspectos da população, as chamadas correlações.

Sociometria ***é o levantamento sistemático de dados a respeito de uma determinada população.***

Durkheim, em notável trabalho, analisa a partir de dados censitários a relação entre religião e taxa de suicídio na população de diferentes regiões da Alemanha. Ele pôde constatar que a taxa de suicídios aumenta em relação direta ao número de católicos e inversa em relação ao número de protestantes, isto é, havia menos suicídios entre católicos do que entre protestantes. Essa hipótese foi comprovada com estudo complementar das estatísticas existentes na Prússia e na Suíça.

Inúmeras teorias se baseiam em dados censitários, analisando as variações de fenômenos em diferentes países ou em um mesmo país em diferentes épocas.

Kingsley Davis, em 1963, procurou estudar a variação das taxas de aumento de renda e de expansão demográfica da população em países "de-

RUBENS CHAVES

Consulta a banco de dados e publicações em bibliotecas públicas e particulares.

senvolvidos" (industrializados) e "subdesenvolvidos" (não-industrializados), constatando que a taxa de crescimento demográfico crescia de forma inversamente proporcional ao aumento da renda: países industrializados tinham baixo crescimento, enquanto países pobres e não-industrializados tinham crescimento acelerado. Para entender essa correlação ele buscou justificativas no custo do preço da terra, da alimentação e da educação que aumentam em razão direta da industrialização do país, mudando de maneira significativa o padrão de vida da população, levando as famílias a conter o número de descendentes. Já nos países não-desenvolvidos, com recursos ainda disponíveis e um custo de vida comparativamente mais baixo, a taxa de natalidade não se reduzia. Concluiu o sociólogo que, ao contrário do que diziam alguns especialistas em demografia, não era o aumento demográfico que freava o desenvolvimento, ao contrário, era o desenvolvimento urbano-industrial que freava a taxa de crescimento demográfico.

Em termos metodológicos, Davis descobriu que a taxa de crescimento demográfico era a variável dependente, e a renda *per capita*, a variável independente, assim como, na pesquisa de Durkheim, a religião era a variável independente e a taxa de suicídios, a variável dependente. A disponibilidade de dados censitários fidedignos permite testar esse tipo de relação entre variáveis sociológicas. No entanto, nem sempre tais levantamentos são feitos de maneira confiável. Para esse tipo de estudo, todavia, assim como para o uso de outros instrumentos de pesquisa, é interessante testar, numa pequena amostra, as variáveis que se quer experimentar.

História de vida

Outro método de pesquisa amplamente utilizado em sociologia é a história de vida, isto é, o estudo de relatos biográficos e autobiográficos, além de documentos que dizem respeito à vida particular das pessoas, como diários, memórias e correspondências.

Na realidade, toda e qualquer hipótese científica parte necessariamente da observação de casos particulares para depois adquirir maior abrangência. Entretanto, os defensores da história de vida como método de pesquisa procuram valorizar seu uso não apenas como elemento básico na formulação de hipóteses, mas também como metodologia de pesquisa empírica.

A história de vida ***compõe-se de relatos, depoimentos, memórias e documentos pertencentes ao depoente.***

A história de vida compõe-se, portanto, de documentos, depoimentos, memórias e relatos coletados ao vivo e tem como fonte a própria pessoa ou seus familiares e amigos. Podem ser documentos escritos de próprio punho ou testemunhos orais transcritos pelo pesquisador.

Muitos cientistas, imbuídos de espírito positivista, consideram esses depoimentos frágeis, porque as informações apresentadas nem sempre podem ser comprovadas. No entanto, é preciso, como nos demais instrumentos etnográficos, utilizar na sua análise um método interpretativo ou hermenêutico a partir do qual o que se busca em tais relatos não são propriamente fatos, mas valores, atitudes e memória. É preciso extrair da leitura desses testemunhos o espírito de época que ele ajuda a constituir. Oracy Nogueira, um dos estudiosos do método, defende que esse universo simbólico constitui a base de qualquer comportamento efetivo. Nesse sentido, afirma:

> A definição de uma situação por um indivíduo humano é um elemento essencial à organização do seu comportamento. O indivíduo que não anda porque se crê incapaz de andar é tão paralítico como aquele que não anda devido a condições anatômicas e fisiológicas.
>
> A história de vida como técnica de pesquisa. In: *Sociologia*, v. XIV, n. 1, p. 71, mar. 1952.

Alguns cientistas chamam as histórias de vida de *entrevistas narrativas* e justificam sua validade do ponto de vista epistemológico e não fatualista. Argumentam que as narrativas organizam a experiência vivida, apresentam justificativas lógicas para os fatos e reconstroem cenários que ficaram guardados na memória. Dado que contar histórias é relativamente simples e que as pessoas aprendem a fazê-lo independentemente de treino, as tarefas do pesquisador se reduzem mais ao estímulo do entrevistado, a perguntas esclarecedoras para trechos mais confusos e a uma interpretação hermenêutica rica e sugestiva. De resto, o bom entrevistador é discreto e, sobretudo, ouvinte ativo e sagaz. No caso de gravações em áudio ou vídeo, é muito importante que o depoente esteja ciente e concorde com a gravação.

Normalmente, a história de vida é acompanhada de outras técnicas, por meio das quais os aspectos individuais ganham generalidade e o investigador pode separar o que é fortuito e circunstancial do que é geral e típico do caso analisado. À medida que se desenvolvem as pesquisas históricas e o conhecimento das populações, mais fácil se torna separar os dados decorrentes de situações subjetivas daqueles que expressam, em um único exemplo, situações comuns a uma série de indivíduos.

A história de vida é uma técnica que tem se tornado cada vez mais valiosa. Os avanços na análise dos valores, das tradições, da expressão de opiniões permitem a decifração mais apurada desses depoimentos. A Escola de Chicago teve importante papel no seu desenvolvimento, embora a análise de biografias para reconstituição histórica seja um recurso antigo.

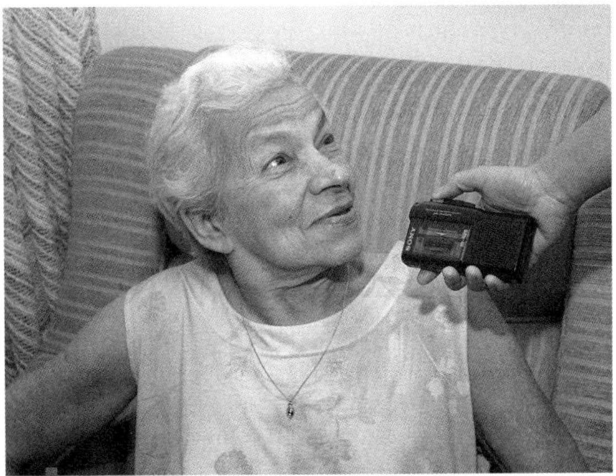

RUBENS CHAVES

Os depoimentos sobre a história de vida são um dos instrumentos utilizados para reconstruir os cenários passados de uma sociedade.

Trata-se, entretanto, de uma técnica em que conta muito a sensibilidade do investigador, sua capacidade de encontrar tipos característicos e fazê-los relatar experiências que um questionário ou uma entrevista dificilmente poderiam detectar.

A história de vida tem ainda como fator relevante recuperar interpretações não-oficiais sobre certos acontecimentos. Ao contrário dos documentos e arquivos, a história de vida relata novos aspectos dos acontecimentos — o ponto de vista de quem viveu e testemunhou. Esses testemunhos ajudam a enriquecer os dados históricos. São relatos afetivos e muitas vezes dissonantes de versões até então tidas como verdadeiras. E, principalmente, são depoimentos de uma maioria anônima nunca antes ouvida nos métodos tradicionais de investigação histórica.

> *A* história de vida ***dá ao fenômeno estudado importante significado pessoal e afetivo, cada vez mais importante nas reconstituições históricas.***

As iniciativas de utilização desse recurso metodológico se multiplicam na atualidade na mesma proporção em que as novas tecnologias oferecem formas de registro mais eficazes, como gravação de voz e de imagem. Existem já sistemas multimídia com a apresentação e a interpretação de histórias de vida. Há ainda toda uma pesquisa direcionada para estudos sobre a importância da memória individual como documento histórico.

Levantamento histórico

Todas as pesquisas que investigam processos, isto é, um conjunto de ações que se encadeiam no tempo, trabalham necessariamente com o levantamento histórico — a leitura de documentos de diversas fontes e épocas que possam reconstruir os acontecimentos ou antecedentes. Alcântara Machado, por exemplo, reconstruiu parte dos costumes de São Paulo no século XVII a partir do levantamento de testemunhos da época. Gilda de Mello e Souza analisou o século XIX a partir das vestimentas e indumentárias. A arquitetura barroca serviu de análise para Roger Bastide compreender a importância da Igreja Católica na época colonial. Correspondências, diários, contratos, relatos de viajantes, atas de instituições têm sido sistematicamente estudados como fontes de dados para o historiador e para o sociólogo.

Todo o legado do passado se apresenta como testemunho de uma época, transmitindo ao investigador informações significativas. As artes também servem de fonte de informação para esse setor de pesquisa que se costuma chamar de "sociologia das mentalidades".

Pesquisa iconográfica

A pesquisa iconográfica também já tem história nas ciências sociais, pois a antropologia, buscando entender povos ágrafos ou decifrar o passado registrado naquilo que resta de civilizações arcaicas, desenvolveu competência nessa arte. Estudos sobre a pintura e a gravura antigas também têm resultado em trabalhos poéticos de grande interesse histórico e sociológico. Um desses trabalhos de grande repercussão foi o de Philippe Ariés, publicado em *História social da criança e da família*[5], no qual o autor se vale da interpretação dos signos pictóricos para entender o surgimento da noção de infância.

> O historiador e o fotógrafo são ambos regidos pelo signo do tigre — o totem interruptor, o animal sagrado do clic. No salto do tigre sobre a presa, o acontecimento é imobilizado, "cristaliza-se como mônada".
>
> LISSOVSKY, Maurício. Sob o signo do clic. Fotografia e história em Walter Benjamin. In: LEITE, Míriam L. Moreira; FELDMAN-BIANCO, Bela. *Desafios da imagem*. Campinas: Papirus, 1998. p. 23.

Foi no século XX, contudo, que o desenvolvimento tecnológico acabou por instaurar uma sociedade cuja cultura se expressa por meio de linguagens audiovisuais. O gravador e a máquina fotográfica fizeram sua entrada na ciência na primeira metade do século, mas o vídeo tornou-se corriqueiro só depois dos anos 1960. Isso significa que, em termos de pesquisa da sociedade e da cultura, já não podemos nos limitar às linguagens verbais — orais e escritas — mas temos que lidar também com a imagem fixa e em movimento.

Essas tecnologias da comunicação não só servem de suporte para a prática da pesquisa — como já fizemos referência em diversas partes deste capítulo —, permitindo gravar e fotografar eventos, como também produzem, continuamente, documentos históricos ricos de informação. São cada vez mais valiosos os acervos de imagem que hoje representam um patrimônio cultural para o setor público e privado da sociedade. O pesquisador não pode ficar indiferente a eles.

A questão que primeiro se coloca ao pesquisador diante dessas imagens é, sem dúvida nenhuma, as relativas à veracidade. Se a subjetividade das obras pictóricas já colocava uma série de empecilhos ao cientista formado numa atmosfera positivista, o que dizer de documentos que são produzidos por processos técnicos que nem sempre todos dominam e que são passíveis de manipulação. Qual a fidedignidade dessas fotografias e vídeos que nos trazem testemunhos muitas vezes anônimos e impessoais do passado e do presente?

Para tranquilizar o pesquisador, uma série de trabalhos tem procurado mostrar que as imagens técnicas, ou seja, aquelas produzidas por intermédio de equipamentos, correspondem sim a esse amplo conjunto de formas expressivas subjetivas e pessoais, como a história de vida, as pinturas, as gravuras e os depoimentos de que tem se valido a pesquisa empírica. Assim, elas não são reflexos do acontecimento, mas um texto imagético produzido por alguém que foi testemunho dos acontecimentos que buscou registrar. E, assim, precisam ser analisadas por meio da interpretação hermenêutica, pela qual essas imagens serão decifradas e desconstruídas em seus elementos constitutivos.

[5] ARIÉS, Philippe. *A história social da criança e da família*. Rio de Janeiro: Zahar, 1973.

Ao trabalharmos com depoimentos, correspondências, obras literárias, fotografias e vídeos, estamos aceitando a possibilidade científica da análise pessoal e subjetiva dos acontecimentos. E, nesse sentido, as fotografias e vídeos não são nem mais nem menos objetivas do que outros instrumentos de análise, hoje de uso corriqueiro na ciência. O importante é lembrar que inúmeras ciências se desenvolveram graças à capacidade de decifração dos códigos simbólicos. Entre elas estão a psicologia e a psicanálise. Não há por que as ciências sociais se furtarem a essa possibilidade.

Gregory Bateson introduz a foto como instrumento de análise na pesquisa sociológica.

Gregory Bateson, na década de 1930, já fotografa e filma os habitantes de Bali para seus trabalhos de interpretação da cultura e da comunicação interpessoal. Na década seguinte, é publicado o trabalho que realiza com Margaret Mead, entre os próprios balineses, no qual expõem a teoria do duplo vínculo — uma forma de relação de atração/repulsão das mães com seus filhos. Para isso fazem uso de 759 fotografias, tiradas por eles e registradas em seus diários com rigor etnográfico. Tratava-se de uma revolução nos métodos de pesquisa antropológica.

No Brasil, onde a cultura sempre fez uso de linguagens imagéticas na produção de seus signos, o uso de imagens técnicas sempre esteve presente junto aos cientistas. Claude Lévi-Strauss, que esteve por anos entre nós, fez um maravilhoso registro de nossas paisagens e de cenas de nosso cotidiano. O livro *Saudades do Brasil* (São Paulo: Companhia das Letras, 1994) publica esse acervo. Andrea Tonacci vem trabalhando desde 1977 com fotografia e vídeo junto aos indígenas do Norte do Brasil, buscando introduzi-los nas linguagens técnicas para que eles possam se expressar por meio delas.

Boris Kossoy é outro pesquisador, historiador e sociólogo que tem se dedicado à leitura científica de documentos fotográficos e publicado livros nos quais explica o grau de fidedignidade que eles podem conter. São suas as seguintes palavras:

> Para os estudiosos da história social, da história das mentalidades e dos mais diferentes gêneros de história, assim como para os pesquisadores de outros ramos do conhecimento, são as imagens documentos insubstituíveis cujo potencial deve ser explorado.
>
> KOSSOY, Boris. *Fotografia e história*. São Paulo: Ateliê, 2001. p. 31.

A familiaridade com os meios de comunicação é cada vez mais exigida do pesquisador, assim como certo treinamento com linguagens não-verbais. O advento das mídias digitais apenas acentuou essa necessidade. E, embora existam poucos manuais de leitura da imagem e das tecnologias de comunicação, cada vez mais aparecem estudos a esse respeito. Deve o cientista se atualizar e fazer uso cotidiano dessas linguagens, lembrando que a elas se aplicam os mesmos critérios que são utilizados para os documentos tradicionais: critério, disciplina, informação, treinamento, controle e subordinação de qualquer recurso empírico a uma bem resolvida análise teórica.

Pesquisas de intervenção

Finalmente, vamos apresentar uma última modalidade de pesquisa que tem como peculiaridade não estar voltada apenas para as necessidades teóricas, mas também para a resolução de problemas que enfrentamos na vida cotidiana. Esse tipo de investigação surge com a Escola de Chicago que, como já dissemos, reunia diversos pesquisadores comprometidos com sua época e interessados em intervir nos conflitos que aconteciam na cidade. Foram esses sociólogos os primeiros a propor a ruptura com a visão positivista que mantinha o sociólogo à distância dos fatos analisados.

Assim surgiu uma pesquisa que é, na verdade, um projeto de intervenção. Teoricamente embasada, criteriosamente planejada, essa pesquisa volta-se para uma situação concreta buscando resolvê-la. Há um curso de Pós-Graduação *Lato Sensu* — Gestão de Processos Comunicacionais —, da Escola de Comunicações e Artes da USP, que trabalha com esse tipo de intervenção. Cada aluno desenvolve durante o curso um estudo de caso que tem por objetivo a resolução de um conflito comunicacional. A variedade de problemas abordados e a riqueza de propostas de intervenção desenvolvidas mostram e reafirmam a validade desse procedimento.

Com essa mesma finalidade e proposta, existe outra alternativa, que é a pesquisa-ação, desenvolvida principalmente por Michel Thiollent. É o próprio autor que assim define o modelo proposto:

> É um tipo de pesquisa social com base empírica que é concebida e realizada em estreita associação com uma ação ou com a resolução de um problema coletivo e no qual os pesquisadores e os participantes representativos da situação ou do problema estão envolvidos de modo cooperativo ou participativo.
>
> THIOLLENT, Michel. *Metodologia da pesquisa-ação*. São Paulo: Cortez, 2004. p. 14.

Ao contrário das propostas que buscam isenção e objetividade do pesquisador, a pesquisa-ação pressupõe o engajamento do cientista social na causa que deseja estudar. Thiollent reconhece que há na mobilização à pesquisa um sentido ideológico e até militante e um anseio premente de agir sobre uma realidade considerada injusta, perversa ou, no mínimo, inadequada. Como exemplo dessa postura podemos lembrar, nos anos 1970, as pesquisas educacionais que buscavam alfabetizar adultos e, ao mesmo tempo, testar novos princípios e procedimentos pedagógicos. Satisfaz-se, assim, tanto os objetivos teóricos como os empíricos.

A pesquisa-ação guarda grande familiaridade com o experimento, quer por seu caráter pragmático, quer pelo fato de que é uma teoria que se realiza na ação. Do pesquisador espera-se, justamente, engajamento e uma forte consciência de seu papel no processo, inclusive formando novos auxiliares capazes de dar desenvolvimento ao projeto. Nesse sentido, a pesquisa-ação aproxima-se também da observação participante.

O primeiro movimento da pesquisa-ação, entretanto, é, como em qualquer outro procedimento, uma forte reflexão teórica da qual se extraem as hipóteses que o projeto vai testar. Mas o que diferencia esse modelo de todos os demais é que há um forte apelo social e coletivo que leva os envolvidos à ação. O conhecimento que ela gera se constrói na ação, ou melhor, na intervenção.

Sem a pretensão de esgotarmos os assuntos aqui tratados, esperamos ter dado ao iniciante as indicações necessárias para que ele perceba o vasto universo das técnicas de pesquisa, estimulando-o a essa prazerosa prática que é a investigação científica. E, embora tenhamos discorrido sobre as técnicas de pesquisa empírica de forma isolada, os procedimentos tendem a seus múltiplos e combinatórios, com o pesquisador fazendo uso de tantas ferramentas quantas forem possíveis.

Critérios de escolha — pesquisas quantitativas e qualitativas

> Além do controle dos métodos e técnicas, o papel da metodologia consiste em orientar o pesquisador na estrutura da pesquisa: com que tipo de raciocínio trabalhar? Qual é o papel das hipóteses? Como chegar a uma certeza maior na elaboração dos resultados e interpretações? Essas são algumas questões controvertidas que abordaremos.
>
> THIOLLENT, Michel. *Metodologia da pesquisa-ação*. op. cit.

Agora que já nos debruçamos sobre diferentes técnicas de pesquisa, resta analisar alguns critérios que guiam o sociólogo na escolha de suas ferramentas de trabalho. Quando e por que optar por um método ou outro?

O que faz um cientista escolher entre um método quantitativo ou qualitativo de investigação? Um dos aspectos que deve ser levado em conta é o tempo disponível. Por sua profundidade, as pesquisas qualitativas exigem mais tempo de levantamento de dados. Mesmo em estudos de caso nos quais o pesquisador se debruça sobre uma determinada situação empírica, há necessidade de entrevistas repetidas, pesquisa de informações adicionais e até observações complementares. Portanto, as pesquisas que requerem economia de tempo devem se direcionar para as análises quantitativas, trabalhando com dados que podem ser levanta-

Por sua profundidade, as pesquisas qualitativas exigem mais tempo que as quantitativas para levantar os dados.

dos por um mesmo questionário distribuído a uma ampla população, ou ainda por meios impessoais, como a consulta telefônica ou o envio de formulários por correio.

> ***O que garante a relevância de uma pesquisa é a sua*** fundamentação teórico-metodológica.

Outro critério decisivo nessa escolha é a dimensão da população a ser estudada. Para grandes contingentes populacionais, as análises quantitativas são, muitas vezes, os únicos procedimentos cabíveis. Mesmo em sociedades pequenas como as tribais, análises qualitativas, quando dirigidas a toda a população, tendem a provocar desvios de resultado. O tempo que elas demandam, muitas vezes, acaba por inviabilizar a pesquisa.

Há ainda outro motivo para que um pesquisador opte pelos procedimentos quantitativos e estatísticos: são os recursos humanos e financeiros. As pesquisas qualitativas exigem deslocamentos, registros e um grupo maior de pessoas. As análises quantitativas economizam tempo e exigem menor número de pesquisadores e uma infraestrutura mais limitada.

De qualquer maneira, mesmo que pressionado pelas variáveis que expusemos anteriormente, o pesquisador deve fazer sua opção por práticas quantitativas ou qualitativas em razão da natureza de suas hipóteses. Lembramos, mais uma vez, que as duas técnicas são utilizadas de forma complementar em quase todas as pesquisas. E repetimos que a garantia de fidedignidade ao trabalho não está no tipo de análise mas na fundamentação teórico-metodológica, que inclui as técnicas de pesquisa a serem adotadas, o processo de levantamento de dados e a análise procedente.

Por fim, do mesmo modo que por trás de um levantamento estatístico já existe um estudo qualitativo de conceitos e variáveis, os trabalhos de interesse mais teórico exigem em determinados momentos avaliações estatísticas. Existem técnicas precisas para estimar a magnitude de populações, a representatividade das amostras, a significância de funções matemáticas e mesmo a ponderação de valores qualitativos. O conhecimento e o uso desses recursos impedem a generalização apressada dos dados de uma pesquisa. Escalas e mensurações populacionais também são técnicas que ajudam muito o sociólogo, ao calcular, por exemplo, o número de pessoas presentes em uma manifestação pública. Por outro lado, as técnicas qualitativas são essenciais para distinguir nuanças de comportamento e conceitos como valores, expectativas e ideologia. Sistemas classificatórios e de estratificação fidedignos só podem ser obtidos com o uso articulado das análises quantitativa e qualitativa.

O sucesso de uma pesquisa

Tem-se desenvolvido muito no mundo contemporâneo a prática da pesquisa. O desenvolvimento do marketing, a necessidade cada vez maior de planejamento empresarial, o ritmo alucinante das mudanças sociais e a fragmentação da sociedade impedem cada vez mais generalizações apressadas. Assim, cresce o número de pesquisas e o sucesso das atividades que nelas se baseiam. Isso tudo tende a sedimentar uma postura que considera os resultados de um trabalho de pesquisa como inquestionáveis. "Há uma pesquisa que diz isso." Essa referência é muitas vezes um argumento irrefutável. Entretanto, o sucesso e a confiança de uma pesquisa dependem de inúmeros fatores: embasamento teórico, elaboração de hipóteses cuidadosas, escolha de indicadores adequados, opção por técnicas compatíveis com a relação que se quer avaliar ou medir. Resultam também de uma orientação bibliográfica atualizada e confiável, do treinamento da equipe de pesquisa, de uma fiscalização eficiente sobre cada procedimento e, naturalmente, da adoção de uma conduta ética responsável.

Questionar o porquê da pesquisa e a validade da aplicação de seus resultados é tão importante quanto estar ciente de que o trabalho de pesquisa não acarretará nenhum dano material ou humano ao grupo pesquisado. Em um mundo onde os mais diversos interesses estão em jogo, cada vez mais é necessário que o pesquisador esteja consciente das instâncias parametodológicas de seu trabalho. Saber, por exemplo, como extrair de uma população sua expectativa na escolha de um líder político é tão importante quanto estar ciente do uso que fará desses dados aquele que encomenda a pesquisa.

Novos recursos

Antes de encerrarmos este capítulo é preciso abrir espaço para algumas considerações a respeito do uso do computador em pesquisas sociais. Afinal, quase todos os cientistas têm feito uso cada vez mais abrangente das novas tecnologias em seus trabalhos. E seu uso, efetivamente, tem significado um apoio indiscutível para a produção de textos e bancos de dados.

O uso do computador tem permitido a análise de dados e a descoberta de relações impensadas há algumas décadas.

No que diz respeito às pesquisas quantitativas, o uso de computadores tem permitido a análise de dados e a descoberta de relações significativas de forma impensada há algumas décadas. O uso da rede de computadores para envio de questionários e roteiro de entrevistas, bem como de relatórios, também tem agilizado as pesquisas: o tempo tem sido mais bem aproveitado e o custo reduzido.

Porém, no que tange às análises qualitativas, o uso do computador exige um pouco mais de reflexão, na medida em que pressupõe a criação de sistemas de indexação de textos e de organização das informações em bases de dados. Ferramentas como o hipertexto permitem que determinadas palavras de um discurso sejam encontradas em diferentes documentos, criando um número significativo de relações. Existem pesquisas bem-sucedidas que desvendaram relações significativas entre esses campos do texto e outras variáveis acerca do *corpus* pesquisado. Isso porque o cruzamento de informações, que exigia muito tempo, hoje é conseguido de forma imediata com o auxílio de um programa. O uso da informática potencializa os dados de uma pesquisa, além de criar formas adequadas de armazenagem.

Os computadores são também muito úteis na elaboração de tabelas, gráficos e escalas, bem como na elaboração de formas visualmente adequadas de apresentação de resultados. Entretanto, assim como em relação às escalas feitas manualmente, o que dará fidedignidade a uma pesquisa é sua base teórica e o cuidadoso desenvolvimento da pesquisa. Um equipamento sozinho, por mais eficiente que seja, não extrai relações significativas de dados coletados sem segurança e embasamento.

Há ainda um outro uso que vem se difundindo na pesquisa social — o uso de salas de bate-papo em *sites* na Internet e dos grupos de discussão como novos espaços nos quais buscar informação sobre determinado tema. Argumenta-se que, protegidas pelo anonimato, as pessoas entrevistadas ou questionadas têm mais liberdade para se expressar. Por outro lado, o investigador pode perder o controle da situação que cerca a entrevista.

De qualquer maneira, o uso do computador para além do suporte na gestão das atividades de pesquisa — criação de listas de *e-mail*, transcrição de textos com entrevistas, elaboração e envio de relatórios, criação de base de dados, edição de material editável, armazenagem de banco de imagens, sistemas de busca e apoio enciclopédico — depende ainda de experimentação e de avaliação. Até mesmo os programas que se propõem ao gerenciamento de pesquisas qualitativas devem ser examinados. Mas, certamente, o trabalho de técnicos de informática junto a grupos de pesquisa poderá resultar em procedimentos mais ágeis e adequados aos objetivos propostos. Como nas demais técnicas disponíveis, nada supera a visão crítica da realidade e dos meios para desvendá-la.

DAVID E. SCHERMAN/TIME LIFE PICTURES/GETTY IMAGES

TOPHAM PICTUREPOINT/KEYSTONE

A moda, a arte e as demais formas de expressão são importantes fontes de informação sociológica. (Modelo em Paris, 1945; tela do incêndio da Igreja St. Clemente, em Londres, em 1941).

Atividades

Compreensão de texto

1 Por que os diversos países fazem recenseamentos sistemáticos para saber as variáveis que compõem sua população?

2 Que dados Durkheim utilizou para entender o que fazia aumentar ou diminuir as taxas de suicídio?

3 O que é uma variável dependente e uma independente?

4 O que se entende por história de vida como técnica de pesquisa?

5 É possível defender o uso de depoimentos pessoais como fonte de pesquisa?

6 É confiável o uso de depoimentos pessoais como fonte de pesquisa?

7 De que maneira uma versão pessoal tem importância histórica?

Interpretação, problematização e pesquisa

8 Em uma pesquisa que procura analisar a relação entre o hábito de ler jornal e o interesse por assuntos políticos, qual seria a variável dependente e qual a variável independente?

9 Nas duas pesquisas mencionadas no item sobre dados censitários — a de Durkheim e a de Davis —, identifique as variáveis dependentes e as independentes.

10 As artes plásticas fornecem informações úteis para o sociólogo? Dê um exemplo.

11 Documentos pessoais como correspondência e fotografias podem ser usados na pesquisa social? Dê um exemplo e justifique.

Aplicação de conceitos

12 Visite o *site* da pesquisa Censura em Cena no endereço www.eca.usp.br/censuraemcena, no qual se publicam os resultados de uma pesquisa baseada na análise de documentos. Trata-se da organização e análise de processos de censura prévia de textos teatrais arquivados pelo Departamento de Diversões Públicas do Estado de São Paulo e hoje guardados pela Escola de Comunicações e Artes no Arquivo Miroel Silveira. Responda: que tipo de documento é esse? Quais os objetivos da pesquisa?

13 Vídeos:

a) *A lista de Schindler* (EUA, 1993. Dirigido por Steven Spielberg. Duração: 195 min.) — Durante a Segunda Guerra Mundial, um industrial alemão recruta centenas de judeus para o trabalho em sua fábrica de panelas, salvando-os dos campos de concentração nazistas. Adaptação do romance de Thomas Keneally, inspirado em fatos reais.

b) *Muito mais que um crime* (Estados Unidos, 1989. Dirigido por Costa-Gavras. Duração: 120 min) — Imigrante húngaro residente nos Estados Unidos vai a julgamento, acusado de ter cometido crimes durante a Segunda Guerra Mundial, e sua filha aceita defendê-lo. Retrata a violência do nazismo e a colaboração do exército húngaro com a gestapo alemã.

- Discuta a importância da fotografia, dos depoimentos orais e dos registros escritos para a reconstituição dos crimes nazistas retratados nesses dois filmes.

Temas para debate

Texto 1

Registros paroquiais: fontes seriais básicas para o estudo demográfico da família na história

"Duas espécies de dados fundamentam o conhecimento da população no passado: os dados diretos contemporâneos, ou seja, os recenseamentos demográficos de todo tipo e os dados diretos correntes, isto é, as formas antigas de registro civil (feitos pela Igreja). Outras fontes de natureza variada podem somar-se a estas.

O progresso decisivo da demografia histórica a partir dos anos 50 deu-se pela exploração dos registros paroquiais, essas 'massas adormecidas', como costumava chamá-las Pierre Goubert. A criação de uma demografia histórica moderna deveu-se à utilização serial dos registros paroquiais, a serviço não do particular, do factual, do exótico, mas das coletividades.

Pelo registro corrente dos batizados, dos casamentos e dos sepultamentos, a cristandade englobou, pela primeira vez, o movimento da totalidade da população. Trata-se agora de registrar todos os homens, dos poderosos aos oprimidos, dos senhores aos escravos, dos úteis aos menos úteis, desde que entrem na vida e em seu ciclo vital, no momento em que passam pelo contrato solene do casamento, que os levam à transmissão da vida e, enfim, à anotação de seu último momento na terra, por ocasião de sua morte.

O estabelecimento do registro dos eventos vitais do indivíduo pela Igreja não foi obra de um dia. Os primeiros ensaios datam do final do século XIV; ela os oficializa no século XVI, através do Concílio de Trento (1563), quando os curas de cada paróquia de toda a cristandade foram chamados a manter um livro para registrar os batismos e outro para os casamentos celebrados em sua circunscrição. Dentro do mesmo espírito, o papa Paulo V impôs a toda a Igreja, em 17 de junho de 1614, o *Rituale Romanum*, que incluía a obrigação de registrar, além dos batizados e casamentos, as confirmações e óbitos e, ainda, a de manter, em cada paróquia, uma lista nominativa anual dos fiéis comungantes (em geral, os que tinham mais que 7 anos de idade), intitulado *Liber status animarum*.

No Brasil, através de nossas andanças pelos arquivos eclesiásticos, pudemos verificar que a implantação da prática de registrar, em livros separados, os batismos, casamentos e óbitos da população livre e escrava data da segunda metade do século XVI, portanto do início da colonização e da cristianização de seu território. No entanto, ela não foi nem universal, nem cobriu o espaço todo colonizado, pelo menos nos primeiros duzentos anos de nossa história. Ou o que também ocorreu foi a perda sistemática, por razões deliberadas ou não, dos livros de assentos paroquiais. Nem mesmo a regulamentação que a Igreja colonial procurou fazer das orientações e normas do Concílio de Trento, através das 'Constituições Primeiras do Arcebispado da Bahia' (1707), onde se regulamentam e fixam as fórmulas de registrar os eventos vitais das paróquias, serviu para universalizar essa prática e menos ainda para estimular a guarda dos livros paroquiais nas paróquias e dioceses. Enfim, foram raras as nossas freguesias que cumpriram a obrigação de levantar seu 'Estado de Almas', o censo religioso criado por Paulo V, em 1614.

A padronização maior, a universalidade e conservação dos livros paroquiais começam a melhorar, no Brasil, nas últimas décadas do século XVIII e durante todo o século seguinte. Por isso mesmo, salvo exceções, os estudos demográficos a partir destas fontes seriais veem-se limitados a essa fase mais recente, quando a cobertura é mais completa e as séries bem estabelecidas."

MARCÍLIO, Maria Luiza. O casamento e a família na demografia histórica. *Cadernos Ceru*, São Paulo, n. 19, p. 36-37, jun. 1984.

1 A qual fonte de dados censitários é dada ênfase e é relatada neste texto? Qual a sua relevância?

2 Quais os problemas em relação a essa fonte no Brasil?

3 Que outras fontes de dados censitários você acha que podem existir?

Texto 2

Lembranças da São Paulo de outrora

"Não sou muito do tempo da serenata. Sei que faziam serenatas no Bom Retiro e no Brás, ali no Largo da Concórdia. No início da Ponte do Brás tem uma alegoria do compositor que fez a 'Rapaziada do Brás'; por sinal que ele era amigo do meu irmão Alfredo. O Francisco Alves cantava na Companhia de Revistas Tro-lo-ló, no Cine-Teatro Santa Helena. Íamos ao Teatro Bela Vista ouvir as 'canzonetas' italianas pelas companhias de artistas que chegavam: Minello, Caiaffa, Anita Piccioni...

Na minha infância só existia rádio de pôr no ouvido, mas quando veio o rádio fomos dos primeiros a ter, eu devia ter uns quinze, dezesseis anos... Lembro do programa 'Tito Schipa', em língua italiana, que era transmitido no Jardim da Luz. O patrocinador era um italiano chamado Morgantini, que tinha lá uma cantina que denominou Tito Schipa. Quando Tito Schipa vinha pra São Paulo, sempre visitava o Morgantini. Em casa, tínhamos uma vitrola antiga de dar corda e pôr o disco. Era o tempo de Francisco Alves.

Lembro bem do cinema mudo porque meu irmão tocava no Cinema São Pedro, na Barra Funda. Conforme era o filme, ele procurava acompanhar com a música. Assisti *Moeda quebrada*, *Roleaux* e os filmes do *Carlitos*. O cinema falado, quando exatamente ele apareceu, eu não me lembro. Sei que no começo das exibições alguns filmes atrapalhavam porque, parece-me, eram acompanhados por discos, então não se escutava bem. Antes do casamento íamos com a família, meus irmãos, minha mãe, meu pai; toda segunda-feira era dia de cinema.

Sempre fui ao teatro e lembro dos bons artistas brasileiros: Leopoldo Fróes, Procópio Ferreira, Jayme Costa, Dulcina de Morais. Assisti Deus lhe pague com Procópio Ferreira diversas vezes. Manhãs de sol com Dulcina de Morais e Oduvaldo Viana foi uma peça muito bonita, que repercutiu em todo o Brasil.

Não gostava de danças, ligava muito pouco pra baile. Os mocinhos e as mocinhas passeavam à noite no Largo da Concórdia e na Rangel Pestana, de um lado os rapazes, de outro as moças. Eu preferia jogar pingue-pongue toda noite, até meu casamento, em 1937. Assistia também às corridas de cavalo, com meus colegas, quando o Jóquei Clube era na Moóca, na Rua do Hipódromo. Não gosto do jogo; gosto de ver o cavalo correndo; pelo dono ele arrebenta o coração.

O carnaval também era uma festa de povo na rua, que brincava com confete, serpentina, lança-perfume. O maior carnaval era feito na rua, não se ia em clubes de bailes. Passava o corso na Avenida Paulista, com carros alegóricos, o desfile era muito interessante.

Em 1922, houve festa em São Paulo, pelo Centenário da Independência; a festa foi no Museu do Ipiranga.

Eu devia ter mais ou menos vinte anos quando começou o Martinelli. Eles venderam o prédio para inquilinos e para comércio. O Hotel d'Oeste ficava, se não me engano, no sétimo ou oitavo andar. Embaixo era tudo casa de comércio, me lembro de uma casa grande, de esporte.

A mudança não foi assim tão rápida. O progresso da periferia começou porque no centro já estava ficando difícil morar. O comércio progrediu e ocupou as casas de inquilinos. As pessoas mudavam para pagar um aluguel mais barato. Iam para a Penha, para a Lapa, para o Ipiranga. Mais tarde iluminaram a Avenida São João, isso foi depois do Martinelli. Me lembro do calçamento da Praça Clóvis Bevilacqua, que era descalça. A Catedral levou vinte anos para terminar.

Comecei a ver automóveis há uns cinquenta e cinco anos; antes daquele tempo eram projetos de automóveis. Lembro quando começaram a vir automóveis que faziam corridas no velódromo; naquele tempo se chamava velódromo. Lembro a primeira vez que subi num automóvel. Tinha escola de choferes aí na Rua do Lucas, no Brás. Os alunos, no sábado e domingo, deixavam os automóveis. Então, no domingo, íamos a Santos com eles: eu tinha uns dezoito anos quando subi num automóvel.

O primeiro rádio era de galena, não de eletricidade, nem de pilha. Punha-se no ouvido um dispositivo e se escutava rádio assim.

Telefone era no meu tempo coisa de luxo, muito difícil. Quando trabalhava na oficina é que me chamaram pela primeira vez no telefone. Ele era mais difícil de adquirir do que, hoje, um prêmio na Loteca."

BOSI, Ecléa. *Memória e sociedade;* lembranças de velhos. São Paulo, T. A. Queiroz, 1979. p. 90-91.

1 A que tipos diferentes de pesquisa esse relato poderia interessar?

2 Separe os dados objetivos do relato daqueles mais subjetivos.

3 Nessa história de vida, há trechos que lhe são familiares? Quais?

4 Como você definiria a tônica dessa descrição?

5 Como se poderia comprovar a veracidade desse relato?

Texto 3

A vestimenta e o homem

"Qual a razão que teria levado o grupo masculino a abandonar o adorno, substituindo-o por símbolos de dignidade e de competência, quando o grupo feminino continuava a 'nadar nesse dilúvio de sedas, rendas e joias que compõem o *mundus* da mulher'? Por que irá, à medida que o século avança, transformando-se num boneco preso dentro de um uniforme rígido de linhas retas, desistindo progressivamente da cor que, se perdura nos coletes, ele a esconde asceticamente debaixo da casaca? Donde virá essa 'grande renúncia masculina' de que falam os psicanalistas? Do narcisismo menos livre, da sexualidade concentrada nos órgãos genitais, de um superego vigilante, em contraposição ao narcisismo liberto e à sexualidade difusa da mulher que se expande nas vestimentas? Mas se a explicação pode valer para o século XIX, não se aplica a outras épocas em que as roupas dos homens, como a plumagem dos pássaros, foi mais suntuosa no sexo masculino do que no feminino. Épocas em que na competição cotidiana, o brilho dos trajes acentuava a ostentação do poder, como na entrevista de 1520 entre Francisco I e Henrique VIII, no 'Campo do Pano de Ouro', que resultou numa das maiores paradas de indumentária de todos os tempos, levando à ruína muitos dos cortesãos.

O homem se desinteressou da vestimenta apenas quando esta, devido à mudança profunda no curso da história, deixou de ter importância na competição social. A Revolução Francesa, consagrando a passagem de uma sociedade estamental a uma sociedade de classes e estabelecendo a igualdade política entre os homens, fez com que as distinções não se expressassem mais pelos sinais exteriores da roupa, mas através das qualidades pessoais de cada um. A carreira estava aberta ao talento. E numa sociedade em que as diferenças desapareceram, em que 'o filho natural *dum baigneur* milionário e um homem de talento têm os mesmos direitos que o filho de um conde, só podemos nos distinguir uns dos outros pelo nosso valor intrínseco'. Agora o que importa não é desaparecer dentro de uma fulgurante carapaça, sumir debaixo dos brocados, formando com a roupa um todo indissolúvel — mas sim destacar-se dela, compondo um cenário sombrio e discreto sobre o qual se possa exibir o brilho pleno da personalidade. É esse o ideal masculino do século XIX, que se reflete no traje, na liberdade que não se ousa tomar, o dandy e o leão permanecendo como sobrevivências de uma era passada, pois que a beleza agora se tornou privativa da mulher. Nesta nova aristocracia que se forma, 'tríplice aristocracia do dinheiro, do poder e do talento', 'o homem armado do pensamento substitui o Senhor encouraçado de ferro'. É a inteligência o novo condão mágico que abre todas as portas, introduzindo Marcel Proust, filho de judia, nos círculos fechados da alta nobreza da França que faz o salão de Mme. Swann cristalizar-se em torno da figura de Bergotte e que, no Brasil, confere ao homem sem nascimento 'todas as glórias, pompas e satisfações da política', empurrando-o até o Senado do Império. Agora, não era mais com o brilho da vestimenta mas com os reflexos de suas glórias intelectuais ou políticas que o homem triunfava no salão como na tribuna. E no coração das mulheres.

A este novo elemento de prestígio, que entrará em jogo tanto na ascensão social como na luta entre os sexos, a burguesia vai acrescentar o preconceito do asseio, do linho imaculado, símbolo de que o seu portador não se empenha em nenhuma espécie de trabalho manual. Tal distinção era necessária numa sociedade que facilitava aos indivíduos as mesmas possibilidades, estando ausente de outras, como o século XVIII, onde as marcadas e de alguma forma intransponíveis barreiras entre as classes permitiam que Luís XIV, na frase célebre de Saint-Simon, 'cheirasse como uma carniça'. A burguesia vai acrescentar ainda certas sutilezas como 'o *savoir vivre*, a elegância das maneiras, aquele não sei quê, fruto de uma educação completa, única barreira que separa o ocioso do homem ocupado'."

MELLO E SOUZA, Gilda de. A moda no século XIX; ensaios de sociologia estética. In: *Revista do Museu Paulista*, São Paulo, v. V, p. 90, 1951.

1 Qual é o objeto de estudo dessa análise sociológica?

2 Como se estabelece, segundo a autora, a relação entre prestígio e vestimenta?

3 Que análises você poderia fazer sobre a moda atual?

Texto **4**

Contabilizando a escravidão romana

"As únicas fontes de que dispomos hoje para a reconstrução da história da escravidão na Dácia Romana são os 152 textos epigráficos (...). 41 inscrições encontram-se desaparecidas (provavelmente face às conturbações das duas grandes guerras mundiais; felizmente, os estudiosos do século XIX e início do XX haviam transcrito), três afundaram no Danúbio por ocasião de seu translado a Viena, 10 estão em local ignorado ou duvidoso para D. Tudor (quem transcreveu os textos).

A maioria das inscrições sobre escravos e libertos da Dácia Romana que se conservaram é honorífica, votiva ou funerária. Os documentos que levam os números 118, 119 e 120 são contratos de compra e venda de escravos, inscritos em tabuinhas enceradas. O de nº 121 é o contrato da constituição de uma sociedade comercial e constava em tabuinhas enceradas trípticas, das quais se conservam as duas primeiras.

As inscrições da Dácia fazem menção 100 vezes a escravos e 85 a libertos. Citam 83 escravos e 17 escravas (24,8%); 74 libertos e 11 libertas (14,8%); 17 menções a crianças (menos de 15 anos); 51 são escravos privados e 49 públicos. O imperador era o principal proprietário de escravos; vêm em seguida os diferentes condutores, a 'aristocracia' municipal, os veteranos, as cidades, os templos etc.

Quarenta e oito são nomes latinos (Aliano, Lélix, Iustino etc.); 39 são gregos (Pássia, Theódota, Eútiques, Hylas etc.); três são nomes tracogetas (Apulense, Butes, Dudes); cinco apresentam diferentes origens: Breuco (ilírio), Ciodi (?), Iarse (púnico), Syrilio (oriental), Synda (céltico ou ilírico). É preciso levar em conta que nem sempre os nomes concordam com a nacionalidade dos escravos; muitas vezes lhes são conferidos de acordo com a vontade do senhor. Exemplo típico é o da menina escrava, Pássia, que era sportelaria (abandonada pelos pais e encontrada pelo vendedor). Não era, pois, possível conhecer a sua nacionalidade. Deram-lhe um nome grego. Os nomes dos escravos e libertos que figuram nos documentos ligam-se à mitologia, ao reino animal, às plantas etc. A maioria desses nomes é derivada de substantivos indicando a riqueza, particularidades físicas, atributos espirituais etc."

PORTAL, Gloria. Sobre escravidão no Império Romano. In: *Revista de História*. n. 114. São Paulo: Edusp, jan./jun. 1983. p. 139-140.

1 Que tipos de dados são utilizados nessa pesquisa?

2 Que informações eles revelam sobre a escravidão romana?

Leitura complementar

[Sobre a história de vida como método]

"Este é um estudo sobre memórias de velhos. Para obtê-las, entrevistei longamente pessoas que tinham em comum a idade, superior a setenta anos, e um espaço social dominante em suas vidas: a cidade de São Paulo.

Não se trata de uma obra com proposta de amostragem: o intuito que me levou a empreendê-la foi registrar a voz e, através dela, a vida e o pensamento de seres que já trabalharam por seus contemporâneos e por nós. Este registro alcança uma memória pessoal que, como se buscará mostrar, é também uma memória social, familiar e grupal. Desde sua concepção, o trabalho situava-se, portanto, naquela fronteira em que se cruzam os modos de ser do indivíduo e da sua cultura: fronteira que é um dos temas centrais da psicologia social.

Não é preciso dizer que o motivo da pesquisa foi explicado com toda clareza ao sujeito e que ele sempre teve autoridade sobre o registro de suas lembranças e consciência de sua obra.

Não dispomos de nenhum documento de confronto dos fatos relatados que pudesse servir de modelo, a partir do qual se analisassem distorções e lacunas. Os livros de história que registram esses fatos são também um ponto de vista, uma versão do acontecido, não raro desmentidos por outros livros com outros pontos de vista. A veracidade do narrador não nos preocupou: com certeza seus erros e lapsos são menos graves em suas consequências que as omissões da história oficial. Nosso interesse está no que foi lembrado, no que foi escolhido para perpetuar-se na história de sua vida.

O principal esteio do meu método de abordagem foi a formação de um vínculo de amizade e confiança com os recordadores. Esse vínculo não traduz apenas uma simpatia espontânea que se foi desenvolvendo durante a pesquisa, mas resulta de um amadurecimento de quem deseja compreender a própria vida revelada do sujeito."

BOSI, Ecléa. *Memória e sociedade:* lembranças de velhos. op. cit. p. 1-2.

Entender o texto

- Qual a característica específica deste registro?

Conceitos básicos de sociologia

Ação social

Ação social é um conceito básico da sociologia e designa de maneira geral toda ação humana que é influenciada pela consciência da situação concreta na qual se realiza e da existência de agentes sociais entre os quais a ação acontece.

Max Weber elegeu o conceito de ação social como elemento primordial de sua teoria, definindo-a como a ação com um sentido, ou seja, uma intenção e um motivo. Distinguiu, de acordo com os possíveis sentidos, as seguintes ações sociais:

a) racional — ação orientada para um fim determinado.
b) orientada por valores — ação que é um fim em si mesma.
c) afetiva — ação motivada pela emotividade de quem a pratica.
d) tradicional — ação que se baseia nos usos e nos costumes sociais.

Talcott Parsons, sociólogo norte-americano deste século, desenvolveu o conceito de ação social distinguindo nela três elementos indispensáveis: o agente social ou ator, a situação na qual a ação se realiza e a orientação da ação. Neste último elemento, à maneira de Weber, Parsons percebe um sentido determinado por motivações e valores.

Na teoria marxista, o conceito adquire outro sentido. Marx relaciona a ação social com a práxis e, ao contrário de outros sociólogos, distingue valores e motivações da ação propriamente dita. Ação social adquire portanto uma maior concretude. Entre as ações sociais possíveis, Marx distingue as ações conscientes e as alienadas. (Ver capítulo 7.)

Portanto, embora reconhecendo o condicionamento social da ação humana e seu papel como elemento constitutivo da sociedade, o conceito de ação social na sociologia remete ao princípio da liberdade e da participação histórica.

Coerção social

Chamamos de **coerção social** à força da coletividade e da sociedade sobre a vontade individual. Émile Durkheim percebia de modo tão categórico a importância dessa orientação da sociedade sobre seus membros que chegou a usá-la como elemento definidor de fatos sociais. Para ele, fato social é aquele fenômeno que, sendo exterior ao indivíduo, a ele se impõe de maneira decisiva. Coerção passa a ser a essência da vida social e da oposição entre indivíduo e sociedade e entre natureza e cultura.

Outros autores, entretanto, como Parsons e Clyde Kluckhohn, antropólogo norte-americano, estudaram a importância da coerção exercida pelos valores introjetados pelo indivíduo e que se manifestam sob a forma de ideais que ele busca satisfazer. Não existe nesse caso nenhuma oposição entre comportamento social e individualidade. Há na sociedade inúmeros mecanismos de coerção social, os quais dizem respeito tanto à maneira como se socializam os membros de uma sociedade — introjetando valores e normas — quanto aos recursos institucionalizados de controle social. Em toda relação social existem mecanismos de punição e recompensa pelos quais orientamos nossa ação e a dos outros. Além dessa possibilidade de coerção intersubjetiva, há formas institucionalizadas de coerção que se tornam mais radicais à medida que o comportamento que se queira regular assume uma dimensão mais coletiva. Nesses casos os sistemas de controle se tornam mais eficientes e deixam menor espaço para a decisão individual.

A teoria marxista, por sua vez, desenvolveu o princípio pelo qual as classes sociais, tendo interesses opostos em relação à vida social, disputam o poder a fim de transformar esses interesses em ordem social. Nesse caso a coerção social se dá entre a classe dominante e a classe dominada e é uma das funções do poder existente na sociedade.

Comunicação

O conceito abrange diferentes processos de interação entre os homens, comuns a toda cultura humana e uma das bases para a identificação daquilo que nos distingue dos demais animais. Desses processos, o uso das linguagens é um dos mais importantes, entendendo-se a linguagem como um conjunto organizado e limitado de signos associados segundo um grupo de regras de combinação, determinadas técnicas de expressão que fazem uso de tecnologias da comunicação. Do gesto à palavra, as mais diferentes linguagens estão incorporadas a esta definição. Elemento básico da vida social, a comunicação dá forma à cultura e permite a integração dos seres à sociedade.

O estudo da comunicação se tornou especialmente importante na análise da sociedade contemporânea, onde a presença e abrangência dos meios de comunicação têm introduzido elementos novos na relação entre as pessoas e destas com a realidade que as circunda. Nesse sentido, a comunicação implica o estudo dos meios de comunicação, das formas de representação simbólica, da ficção e das diferentes linguagens midiáticas — a fotografia, o cinema, o rádio e a televisão.

O desenvolvimento da sociedade midiática contemporânea — uma sociedade globalizada na qual as relações estão intermediadas pelos meios de comunicação de massa — acabou por engendrar a formação do campo da comunicação, área de estudos das interações simbólicas, das relações significativas, da indústria cultural, das políticas de telecomunicações e das possibilidades de participação comunicativa do cidadão. De acordo com o conceito de **campo** de Bourdieu, o estudo da comunicação prevê o exame das relações de dominação envolvendo indivíduos, instituições e organizações sociais.

Comunidade

O conceito de **comunidade**, de enorme importância na sociologia do século XIX, designa os agrupamentos humanos nos quais se verifica um grau elevado de intimidade e coesão entre seus membros, engajamento moral e uma garantia de continuidade. Os sociólogos positivistas dedicaram parte de suas teorias ao estudo da comunidade, considerado como o modelo de vida social próprio das sociedades agrárias, caracterizado por relações primárias e tradicionais, influência fundamental da família e pequena flexibilidade das relações existentes.

O filósofo e sociólogo alemão Ferdinand Tönnies foi um dos teóricos que procuraram entender a organicidade da vida comunitária assim como fizeram, mais tarde, Donald Pierson (sociólogo norte-americano) e Robert Maciver (filósofo social e sociólogo inglês). De maneira geral atribui-se à comunidade uma forte homogeneidade entre os indivíduos quanto aos seus interesses e às crenças que compartilham, além de uma menor diferenciação nas funções e *status* individuais. Corporações, comunas e mosteiros foram estudados como exemplos de comunidade.

Para Kingsley Davis, a base da interdependência entre os membros de uma comunidade estaria, de alguma maneira, em seu elemento territorial. A comunidade seria sempre um grupo local, cuja integração entre os membros abrangeria todas as instituições existentes, consideradas menos importantes ou menos abrangentes do que a própria comunidade.

A comunidade foi estudada também como categoria que se define em oposição à de sociedade, que, por sua vez, designa as relações que emergiram com o surgimento da indústria e do Estado nacional. Ao contrário da comunidade, a sociedade se caracteriza pelo predomínio das relações impessoais, pela burocracia, grande desigualdade entre os indivíduos, complexa divisão social do trabalho e interdependência entre os membros, baseada em relações jurídicas e não-naturais ou biológicas.

Hoje a sociologia volta a estudar a comunidade, não mais como forma de organização dos membros de uma sociedade, anterior ou em oposição às formas mais individualistas e impessoais de convivência, mas como relações específicas que integram grupos menores da sociedade, como os de vizinhança, os grupos religiosos e certas associações profissionais. Sociólogos norte-americanos identificam na sociedade atual princípios emergentes de relações de solidariedade, que representariam novas formas de convivência comunitária, baseadas em objetivos comuns e forte sentimento de solidariedade.

A organização das minorias étnicas, raciais e religiosas, o regionalismo que emerge em meio à sociedade que se globaliza, a multiplicação das associações profissionais e regionais, ao lado do enfraquecimento dos Estados nacionais, recolocam o estudo da comunidade como elemento essencial da vida social, e não mais como uma forma de organização primária e em extinção nas sociedades complexas.

Conflito social

Enquanto os sociólogos do início do século XIX procuraram entender os elementos responsáveis pela continuidade da vida social, os sociólogos do final desse século se dedicaram a pesquisar o conflito como aspecto integrante e universal da sociedade.

Ao elaborar sua teoria da seleção natural das espécies, Charles Darwin já elegera a competição como o elemento explicativo da ordem social existente na natureza. Segundo essa teoria, em todas as espécies a competição e o conflito teriam a função de selecionar os seres mais aptos, perpetuando sua bagagem genética através da reprodução.

Os conflitos, assim como as formas de cooperação, podem ser temporários ou contínuos. Podem ser também predominantemente agudos ou, ao contrário, acentuadamente integrativos; podem ser conscientes ou inconscientes. É possível iniciar uma relação conflituosa e terminar numa relação cooperativa. De igual maneira, é possível que se inicie uma relação integrada que termine de forma conflituada.

Hoje em dia há teóricos que estudam a possibilidade de ser o conflito, e não a integração, a base da vida social, responsável por seus mecanismos de transformação e manutenção. Asseguram esses estudiosos que uma das formas de entender a decadência do império soviético seria justamente sua capacidade de resolver conflitos. Enquanto as sociedades capitalistas estimulariam a concorrência e a competição, as socialistas — com a redução das formas de competição e conflito — teriam gerado uma crise social sem precedentes.

Os conflitos sociais foram estudados sob diferentes perspectivas nas ciências sociais. A sociologia da Ordem, da qual Durkheim é um dos grandes representantes, via no conflito a expressão de uma anomia, ou seja, de um estado patológico da vida social. Os teóricos marxistas, percebendo na sociedade o antagonismo de interesses e a desigualdade na distribuição de bens e poder, consideraram o conflito como elemento integrante da vida social responsável por seu processo de transformação.

GARCIA-PELAYO/CID

Charles Darwin.

Consenso

Presente no pensamento sociológico desde Auguste Comte, o **consenso** é o estado em que se encontra uma sociedade caracterizada por uma forte coesão entre seus membros, fazendo prevalecer a interdependência entre eles e suas formas de adequação acima dos interesses e das expectativas individuais.

Auguste Comte.

GOYENECHEA/CID

O consenso resultaria da eficácia dos mecanismos sociais em garantir a assimilação de valores, a socialização e o controle social. Muitas dessas análises deixaram de estudar, entretanto, os mecanismos artificiais de consenso, típicos dos regimes totalitários, capazes de simular comportamentos adequados e uma unanimidade ideológica, resultantes unicamente do circunstancial monopólio do poder. A deserção e outras manifestações de protesto individual e coletivo seriam maneiras de evidenciar a fragilidade de certas formas de consenso social. A força dos mecanismos repressivos também evidenciaria essa mesma fragilidade.

Já nas sociedades democráticas, as formas de consenso assumem muitas vezes o caráter de uma negociação, isto é, sustentam-se em mecanismos de ajuste pelos quais os diversos atores cedem parte de seus interesses em favor de situações intermediárias de interesse coletivo. O consenso não se verificaria por uma igualdade de valores e interesses, mas pela possibilidade de situações de conciliação. A oposição pacífica entre posições divergentes está pressuposta nessa forma de consenso.

O consenso foi confundido muitas vezes com os desejos, os interesses e os valores da maioria, entendida como maioria estatística o grupo dominante numa sociedade. Hoje, entretanto, dada a pluralidade da sociedade contemporânea, entende-se o consenso como a possibilidade de convívio e respeito entre os diversos grupos constituintes da sociedade.

Controle social

Chamamos de **controle social** aos mecanismos materiais e simbólicos, disponíveis em uma dada sociedade, que visam eliminar ou diminuir as formas de comportamento desviantes individuais ou coletivas. Fazem parte desses mecanismos as formas de controle responsáveis pela introjeção de normas e valores sociais e pela socialização dos membros de uma sociedade, previstas principalmente na educação formal e na informal — escola e meios de comunicação. Também configuram formas de controle social as regras que orientam as recompensas e as punições existentes tanto na sociedade como um todo, presentes em seus códigos e constituições, como as existentes em cada instituição particularmente.

Os processos de orientação das expectativas, os modelos sociais, as mensagens subliminares, os processos de valorização do comportamento individual e as regras de ascensão social são alguns dos mais eficientes mecânismos de controle social. Quando todos esses falham ou quando, em decorrência da ambiguidade natural das mensagens sociais, o desvio ocorre, as formas instituídas de punição tendem a reafirmar os padrões da sociedade. A perda de benefícios e da liberdade, o confinamento, a segregação e a discriminação são alguns dos mecanismos de controle social.

A possibilidade conformativa dos mecanismos de controle social se assenta na interdependência essencial das relações sociais. Sem essa reciprocidade, própria da vida social, os agentes sociais não teriam poder sobre o comportamento individual. É ela que dá o caráter social às reações de um agente sobre as ações desviantes de outro.

Além dos sociólogos, em especial os clássicos, também os psicólogos procuram entender os mecanismos da psique responsáveis pela conformidade do indivíduo aos padrões existentes numa dada sociedade. Sigmund Freud, o pai da psicanálise, identificou o superego como a entidade na qual estariam armazenados os valores sociais, sendo responsável pela censura aos sentimentos e desejos individuais desviantes. O superego representaria o mecanismo internalizado de controle social.

Cooperação

Leakey afirmou que o utensílio mais importante que o homem criou não foi o machado, com o qual fere a pedra e fere seu inimigo, mas a sacola, com a qual tornou concreta uma forma própria e inteiramente nova de convívio — a **cooperação** e a distribuição. Quando, após a revolução agrícola, o homem elegeu a sacola como instrumento essencial às suas atividades, estava estabelecendo formas perenes de distribuição de funções, alimentos e bens.

Desde então, a cooperação e a solidariedade têm se tornado valor essencial da cultura humana. Podemos identificar nas formas de cooperação algumas diferenças. Há a cooperação temporária quando emergem em um grupo social formas de coesão e de ajuda mútua. Há a cooperação contínua, quando se prevê certa estabilidade nas formas de ação cooperativa. Podemos distinguir também comportamentos relativos a uma cooperação direta, quando os elementos que atuam em conjunto estão integrados em função de um objetivo comum, como no mutirão; ou indireta, quando os indivíduos têm suas ações interligadas por condições estruturais das quais são muitas vezes inconscientes. É nesse nível que se dá com frequência a cooperação entre o agricultor e o industrial.

A situação de cooperação é inversa à de oposição e conflito, na qual os membros de uma mesma situação veem seus interesses como excludentes e se colocam como adversários. E, muitas vezes, a cooperação é vista como uma forma de enfrentamento dos conflitos. A cooperação se dá em situações nas quais os agentes se defrontam com oposições mais fortes e violentas do que as que vivenciam entre si.

A cooperativa, como uma forma de produção, esteve presente nos programas econômicos desde o século XIX e permanece até hoje como alternativa em associações nas quais os interesses comuns se sobrepõem aos interesses individuais. Acredita-se que a dimensão do movimento cooperativista seja um dos indícios do sucesso alcançado por algumas sociedades, na medida em que revela a predominância de relações democráticas sobre as autoritárias.

Cultura

Cultura é um termo originariamente relacionado com a antropologia, mas que assume cada vez maior importância nos estudos sociológicos, especialmente no século XX, quando essas duas ciências passaram a estudar fenômenos semelhantes e a intercambiar ideias e pressupostos teóricos.

A cultura correspondeu nas ciências sociais novecentistas a um conjunto de hábitos, costumes e formas de vida capazes de distinguir um povo de outro ou um grupo social de outro. Esteve relacionada com os estudos históricos e folclóricos numa acepção predominantemente materializada da vida social — a cultura corresponderia, nessa visão, a um conjunto de utensílios e produtos em torno dos quais a sociedade se organiza — ferramentas, alimentos, matérias-primas, técnicas.

No século XX, com o advento de uma concepção mais simbólica da vida humana, o conceito de cultura foi se desmaterializando, ganhando conteúdos mais abstratos, até chegar às propostas mais contemporâneas que a veem como um conjunto de significados partilhados por um grupo. O fenômeno da globalização, tornando os hábitos de vida semelhantes nas mais distantes áreas do planeta, tem favorecido essa ideia de que a cultura é um conjunto de interpretações da realidade, como proposto por Clifford Geertz.

Essa acepção abstrata da cultura favorece, de certo modo, o entendimento mais vulgar do termo que designa a erudição de certas pessoas, ou seja, um conjunto de informações que se tem acesso por intermédio da educação formal ou informal e que as distingue dos demais, portadores apenas de um saber espontâneo e aparentemente pouco ilustrado. Esse conceito como se percebe nada tem de científico.

O estudo da comunicação tem levado alguns autores, como Néstor Garcia Canclini, a estudarem a **cultura midiática**, termo que aponta para o conjunto de narrativas, experiências e informações que é partilhado pela sociedade por meio da mídia. As pesquisas mostram que essa cultura vem substituindo as experiências e a influência que se obtém com a cultura local, espontânea e imediata.

Difusão

Chamamos de **difusão** ao processo de mudança social por meio do qual elementos culturais — valores, crenças e tecnologia — passam de uma sociedade a outra. Sabe-se que, desde o início da civilização humana, padrões culturais, assim como usos e costumes, atravessaram fronteiras e foram incorporados por outras sociedades. Foi o que ocorreu, por exemplo, com o arco, a flecha e o alfabeto.

As barreiras para a introdução de padrões culturais estrangeiros em um grupo social são, além das dificuldades regionais, a resistência e a flexibilidade das sociedades, assim como o preconceito que desenvolvem para com o diferente.

O intercâmbio de padrões existentes entre as sociedades não se dá, entretanto, de forma igualitária. As relações desiguais entre elas, tais como as estabelecidas pelo colonialismo e o imperialismo, provocam transformações profundas nas sociedades coloniais, extinguindo, de forma impositiva, formas tradicionais de vida pela incorporação de novos padrões culturais.

Os estudiosos do desenvolvimentismo chamam de efeito demonstração ao poder e à atração que os padrões culturais dos países desenvolvidos exercem sobre as populações dos países em desenvolvimento, fazendo com que a absorção de novos hábitos e costumes ocorra de forma sistemática e com o mínimo de resistência por parte da sociedade receptora ou dependente.

Há, portanto, aspectos mais importantes do que as barreiras culturais e geográficas no estudo da difusão. São questões que dizem respeito à natureza das relações entre sociedades, as quais modificam o ritmo, a intenção e a direção das trocas culturais, alterando o processo de assimilação, como é chamado o processo de incorporação de novos padrões culturais do ponto de vista das sociedades receptoras.

Divisão social do trabalho

Entende-se por **divisão social do trabalho** a organização da sociedade em diferentes funções, exercidas pelos indivíduos ou grupos de indivíduos. Nas sociedades mais simples, predomina a divisão social do trabalho baseada principalmente em critérios biológicos de sexo e idade. Essa divisão parece decorrer de uma extensão analógica das diferenças naturais de funções entre membros de um grupo.

A partir do momento em que a sociedade se torna complexa, em especial quando tem início o desenvolvimento da agricultura, a sedentarização e o sistema de propriedade privada, surge uma divisão social mais complexa, com a criação de novas funções. A indústria foi o sistema produtivo que mais desenvolveu a divisão social do trabalho, criando uma imensa gama de funções e atribuições diferenciadas.

Durkheim diferenciava as sociedades nas quais existia a solidariedade mecânica — com uma divisão social do trabalho baseada em critérios tradicionais — daquelas em que se verificava a solidariedade orgânica, como a industrial, onde as diferentes funções decorrem de necessidades do sistema produtivo e não da tradição.

A divisão social do trabalho implica sempre uma divisão não só de funções mas também de privilégios, regalias e poder. Para Marx, essa divisão no sistema capitalista industrial é responsável pela alienação do trabalhador em relação a seu trabalho, na medida em que o operário realiza uma tarefa mínima perdendo a noção da riqueza que efetivamente produz.

Estrutura social

Em *O espírito das leis*, Montesquieu já utiliza um tipo de análise da sociedade que poderíamos classificar de estrutural-funcional e que corresponde à identificação de uma coerência e de uma interdependência entre os elementos da vida social. Essa correspondência entre os diversos elementos da sociedade, entre valores, leis, comportamentos e instituições é explicada pela existência desse arcabouço que interliga, articula e dá sentido aos diversos componentes sociais.

George Murdock, antropólogo norte-americano, encontra na **estrutura social** a origem de toda coerência da vida social. Bottomore identifica na estrutura social o complexo das principais instituições e grupos sociais. Como eles, inúmeros sociólogos de diferentes escolas de pensamento desenvolveram conceitos relativos à estrutura social, alguns como um sistema integrado de relações e cargos, como Parsons, outros como um tecido de forças sociais em interação, como Mannheim. Para Marx, a estrutura social corresponde à estrutura de classes sociais de uma sociedade, sendo aquele elemento que define as demais instâncias existentes.

De qualquer maneira, apesar das diferentes definições e concepções, a partir das quais a estrutura social aparece como elemento predominantemente comportamental ou conceitual ou teórico, alguns aspectos são constantes. A estrutura social corresponde, nas diversas teorias, àquele elemento mais estável da vida social e menos sujeito às variações circunstanciais. Nesse sentido, a estrutura tende a se diferenciar da conjuntura.

Está sempre presente no conceito de estrutura o princípio da reciprocidade e da ordenação, aquele elemento que interliga e distribui diferentes componentes da sociedade, sejam eles classes ou cargos institucionais. A estrutura seria aquele elemento definidor das várias características de uma sociedade, responsável, em última instância, pelos limites de ação tanto dos indivíduos como das instituições.

Por fim, a estrutura tende a aparecer nas diversas teorias em oposição à noção de organização social, que corresponderia ao princípio dinâmico da vida social, responsável pelo fluxo das ações dos membros de um grupo.

O estudo das novas tecnologias de informação e de comunicação tem levado alguns autores a ampliarem o conceito de estrutura de modo a incorporar a noção de rede — conjunto de contatos diretos e indiretos entre agentes, criadores de novas formas de sociabilidade, diferentes das relações de parentesco ou de poder. A importância dessas relações tem se evidenciado na substituição constante das relações tradicionais por novas formas de conexão na sociedade contemporânea.

Função social

Função é um conceito tomado da biologia e que procura justificar a existência de determinado comportamento por sua contribuição na manutenção do todo no qual se insere. Nesse sentido, função se aproxima do conceito de papel social, correspondendo à maneira como um agente social participa de um conjunto de relações que tem um objetivo determinado.

Na verdade muitos cientistas sociais procuram entender as funções sociais, tomando-as não como a interdependência das relações existentes numa sociedade, mas como a justificativa de existência dessas relações. Tal análise, por seu caráter sincrônico e seu princípio conformista, entretanto, pouco acrescenta ao estudo da natureza dos fenômenos sociais.

Prevendo a tautologia que o conceito de função poderia trazer aos estudos sociológicos, Durkheim distingue nos fatos sociais suas causas — estruturais — e suas funções. O estudo genético e o funcional se complementam na teoria durkheimiana.

As análises funcionalistas se desenvolveram mais na antropologia, mas os sociólogos estiveram sempre atentos à natureza funcional dos fenômenos sociais, capaz de explicar ao mesmo tempo a interdependência entre diversos setores da sociedade. Spencer, Merton e Gouldner procuraram definir o que é uma função social e qual a autonomia das partes em relação ao todo.

Os sociólogos contemporâneos retomam o conceito de função procurando mostrar também a existência de disfunções no interior das relações sociais, explicando que certos comportamentos são funcionais para certa ordem social e disfuncionais para outra. Procurando dar às funções sociais uma natureza mais concreta, Parsons procurou entendê-las como as regras sociais existentes nas instituições e nos grupos.

Grupo social

O conceito de grupo vem da matemática, que o define como a reunião de elementos que têm pelo menos um aspecto em comum, chamado de propriedade associativa.

Chamamos de **grupo social** a um conjunto de indivíduos que agem de maneira coordenada, autorreferida ou recíproca, isto é, numa situação na qual cada membro leva em consideração a existência dos demais membros do grupo e em que o objetivo de suas ações é, na maior parte das vezes, dirigido aos outros.

Além de agir de forma autorreferente, o homem tem a consciência de pertencer a um grupo, o que implica interdependência, integração e reciprocidade, elementos fundamentais da vida social.

Podemos identificar no estudo dos grupos sociais os **grupos primários**, tais como a família e a vizinhança, nos quais se observa forte envolvimento emocional, atitudes de cooperação e o compartilhar de objetivos comuns. Os **grupos secundários** são mais formais e menos

Grupos sociais secundários são aqueles em que predominam relações formais e burocráticas.

íntimos e correspondem àqueles grupos formados pelos membros de grandes empresas e instituições como o exército. Podemos ainda identificar no estudo dos grupos sociais os **grupos de referência**, assim chamados por serem aqueles que servem de parâmetro para a ação individual. São seus valores e suas expectativas que ordenam os padrões de comportamento. O grupo de referência pode ou não coincidir com o grupo primário, isto é, pode ser que nossa família ou nossos colegas de escola sejam também nosso grupo de referência, mas isso não ocorre necessariamente.

O ser humano parece ser a única espécie capaz de reconhecer-se como uma totalidade, isto é, um grupo tão amplo que inclui todos os membros existentes no planeta. Essa é a base de nossa solidariedade da qual falaram não só Durkheim como Tönnies.

Dinâmica de grupo é o conjunto de regras pelas quais os membros de um grupo orientam seu comportamento em função dos demais, estabelecendo uma hierarquia e uma determinada distribuição de funções e papéis. A obediência a essas regras tende a minimizar as tensões e a otimizar os efeitos da cooperação.

Habitus

O conceito de hábito ou ***habitus*** foi utilizado na filosofia desde Aristóteles procurando evidenciar as categorias que definem a pessoa, mas, que se apresentando no tempo presente, tem suas raízes no comportamento passado.

Desse modo o *habitus* se refere a quem o expressa, à linguagem com a qual se expressa e às propriedades tanto materiais como abstratas que o sujeito demonstra possuir e, ao mesmo tempo, ter adquirido durante a vida.

Este é um dos conceitos basilares da sociologia desenvolvida por Pierre Bourdieu, com o qual ele procura designar e compreender as estruturas sociais da subjetividade, formadas a partir das condições de nascimento e ao longo da vida adulta. Além da formação da subjetividade, o *habitus* é responsável pela forma como as instituições sociais, os valores e as relações são introjetados pelos indivíduos. Fazem parte do *habitus* a forma de perceber, sentir, fazer, pensar e representar incorporadas, de maneira geralmente inconsciente, pelos agentes sociais.

O *habitus* tem o poder de definir a individualidade e de garantir certa persistência de nossa maneira de ser no decorrer da vida, sendo o elemento primordial de nossa unidade. Bourdieu entende o papel das circunstâncias e das posições sociais na constituição de nossos hábitos, bem como a possibilidade de haver semelhança de tendências em grupos que compartilham circunstâncias históricas, como as classes sociais, por exemplo. Mas, ao lado desse compartilhamento das formas de ser, o autor concebe o *habitus* como uma singularidade — a forma particular pela qual certas tendências se organizam compondo o indivíduo.

Ideologia

Vocábulo criado para designar, no século XVIII, a ciência que deveria estudar os fenômenos mentais. Em Karl Marx, entretanto, o conceito adquire novo significado, designando a falsa consciência que os indivíduos manifestam acerca da realidade que os circunda, em razão das distorções provocadas pela posição que ocupam na estrutura de classes sociais. A **ideologia** transforma-se, então, numa construção simbólica e valorativa que, em defesa de uma ordem social, expressa uma visão de mundo relativa aos interesses das diferentes classes sociais. Segundo Marx, apenas o proletariado, como classe revolucionária, poderia desenvolver uma ideologia capaz de apreender a realidade objetiva.

Com Karl Mannheim, estudioso da sociologia do conhecimento, área da sociologia que ajudou a fundar, o conceito de ideologia perde essa rigorosa vinculação com a estrutura de classes sociais. Por outro lado, o autor admite a possibilidade de os intelectuais romperem o véu que encobre ideologicamente a realidade.

O conceito de ideologia mescla-se, muitas vezes, à noção de crença, como um conjunto de ideias que se organizam como sistema explicativo da realidade, baseado muitas vezes na tradição e na cultura e não na verificação objetiva de seus fundamentos. Essas crenças guiariam a conduta humana, justificando-a. Esse é provavelmente o sentido que quis dar o compositor brasileiro Cazuza à palavra ao criar o refrão da música "Ideologia": ideologia — eu quero uma para viver.

Aprofundando esse viés construído principalmente pelo senso comum, ideologia confunde-se também com o conceito de utopia, um conjunto de crenças sobre a realidade e a história que, por seu alto grau de idealismo, apresentam-se como irrealidades.

Instituição social

O comportamento humano tem por característica a padronização, isto é, sempre que um agente social obtém aquilo que deseja, tende a repetir o comportamento adotado em novas situações, assim como tende a ser imitado pelos que o cercam. A gratificação ou a punição decorrente das diversas ações leva à padronização e à formação de usos e costumes, e à cristalização das formas de comportamento social, ou à sua institucionalização.

CID

A Igreja Católica Apostólica Romana é um exemplo significativo de instituição social. (Vaticano, Roma)

As **instituições sociais** são entidades que congregam várias dessas formas de comportamento estabelecidas, organizando-as de forma recíproca, hierárquica e com um objetivo comum. A partir do momento em que esse comportamento se institucionaliza, ele se perpetua por meio de mecanismos próprios de controle social existentes em toda instituição. Por essa razão as instituições são um importante elemento conservador da vida social ou de reafirmação da sociedade, como mostrou Georges Gurvitch, sociólogo russo naturalizado francês.

A família, a Igreja, o exército e a burocracia do Estado são as mais antigas e fortes instituições sociais, dentre as quais a família se destaca por seu caráter universal. As instituições econômicas — em especial a propriedade — são de fundamental importância no capitalismo e responsáveis em grande parte pela estrutura de classes existente.

As instituições de uma sociedade, em geral, tendem a se compatibilizar e a se reforçar, como, por exemplo, a família e a propriedade no capitalismo e as regras de hereditariedade asseguradas pela instituição jurídica. Há, entretanto, instituições em conflito, como a empresa e o sindicato.

Resta ainda considerar que, apesar de sua função de manutenção da sociedade, de manifestação direta da estrutura social, as instituições são passíveis de mudança e transformação. Exemplo disso é o que vem ocorrendo com a família nas últimas décadas.

Integração

A vida social se baseia na tendência de um indivíduo repetir determinada ação sempre que, por meio dela, tiver obtido êxito em seus propósitos. Baseia-se, ainda, na assimilação desse comportamento por outros membros do grupo, levando à sua padronização. Esse é o mecanismo de origem dos usos e dos costumes sociais.

Por outro lado, a interdependência das relações sociais faz com que uma série de ações estejam organizadas e padronizadas de forma recíproca, formando um conjunto de ações mutuamente referenciadas, gerando um sentimento coletivo significativo.

Dizemos então que uma sociedade é integrada quando as ações de seus membros se relacionam mutuamente e o êxito do comportamento individual, no alcance de seus objetivos, tende a gerar formas padronizadas de comportamento.

Georg Simmel, sociólogo e filósofo alemão, ao analisar a emergência de regras de "boas maneiras" ou de "polidez", reconhece a existência de regras coletivas de formas de agir e chama a esse fenômeno de agregação. Schelling vai mais além, analisando a maneira como ações individuais acabam por se transformar em macrofenômenos simplesmente por sua forma de integração.

O conceito de **integração** se opõe necessariamente ao de segregação, cuja função é justamente isolar setores da vida social e parcelas da população de determinada forma de convívio e complementaridade. Esse fenômeno provoca nos integrantes de um grupo social não o sentimento de coesão e interdependência, mas de aversão e discriminação.

Chamamos de **grupo integrado**, como variável passível de mensuração, àquele grupo no qual os diversos membros executam tarefas diferentes mas com alto grau de interdependência, como uma equipe médica, um time de futebol ou uma equipe de Fórmula 1. O nível de integração da equipe é elemento fundamental no êxito alcançado pelo grupo e pelos indivíduos que o compõem.

Interação social

Podemos dizer que o conceito de ação social é o menor elemento de análise da sociologia e diz respeito ao caráter social da ação individual. Já o conceito de **interação social** pressupõe, no mínimo, dois agentes sociais, "ego" e "alter", como os chama Talcott Parsons.

Temos uma interação social, portanto, quando um sujeito — ego — age considerando não apenas as suas condições individuais — motivos, valores e fins —, mas também as de outro — alter —, com o qual interage e de quem depende o resultado de sua ação.

Quando um agente interage com outro, desenvolve em relação a ele uma série de expectativas a partir das quais orienta sua própria ação. Essas expectativas derivam de um conjunto de padrões culturais comuns, pelos quais o ego pode prever uma série de possibilidades quanto à resposta de alter à sua ação.

Assim, o estudo da interação social revela aspectos essenciais da vida social: a reciprocidade — os atores sociais respondem às ações uns dos outros sob a forma de punição ou recompensa; a interdependência — a ação de um ator está condicionada à reação do outro; a tendência à padronização — uma ação bem-sucedida tende a ser repetida e imitada, padronizando-se como forma de comportamento.

Foram as teorias sobre a interação social que levaram também ao estudo e reconhecimento da importância da comunicação nas relações sociais e do caráter simbólico das interações.

A interação social pressupõe reciprocidade e interdependência entre os agentes sociais.

É preciso lembrar ainda que, embora os estudos procurem destacar o caráter recíproco das interações sociais, elas estão condicionadas a outros elementos da vida em sociedade, como os diferentes *status* sociais. Assim é que as interações entre ego e alter não são igualitárias e envolvem relações de dominação e submissão, bem como diferentes possibilidades de recompensa e punição.

Mobilidade social

Chamamos de **mobilidade social** à possibilidade de um indivíduo, uma família ou um grupo social modificar sua posição social — seu *status* — numa determinada sociedade. A mobilidade implica uma mudança de papel social, função social, atividade econômica, poder político e econômico.

A mobilidade pode ser horizontal, quando transformações estruturais implicam, por exemplo, a modificação de determinadas atividades econômicas. A mecanização da produção agrícola provocou o êxodo rural e a integração de parcelas da população do campo à vida urbana, não acarretando elevação no padrão de vida. A passagem do trabalho agrário para o urbano-industrial representa uma mobilidade horizontal.

Os processos de migração e imigração são exemplos de mobilidade territorial, não implicando muitas vezes mobilidade vertical nem horizontal, ou seja, modificação na participação dos indivíduos e dos grupos na hierarquia social.

A ascensão vertical, ou seja, a possibilidade de os indivíduos galgarem posições mais elevadas numa determinada organização social, foi amplamente estudada pelos sociólogos norte-americanos, em especial por Pitirim Sorokin, sociólogo e filósofo social. Esse autor identificou na vida social uma orientação dos indivíduos, de uma posição inicial ou de largada em direção a uma posição final ou de chegada, responsável por grande parte de suas ações e aspirações.

Os teóricos marxistas criticam o conceito de mobilidade social uma vez que identificam nesse fenômeno um mecanismo ideológico que visa diminuir o antagonismo entre classes sociais. A falsa possibilidade de mobilidade social — falsa na medida em que é individual e não coletiva — impede que indivíduos e grupos de mesma condição social se unam e se organizem a fim de realizar mudanças estruturais na sociedade. A mobilidade social seria um meio de cooptação que as classes sociais mais elevadas promoveriam entre seus subalternos para criar vínculos e a ilusão de uma sociedade aberta. A mobilidade social funcionaria, nesses termos, como elemento desagregador da mobilização e da organização das classes sociais subalternas, criando um espírito competitivo entre seus membros.

Movimentos sociais

Chamamos de **movimentos sociais** a todas as formas de mobilização de membros da sociedade que têm um objetivo comum explícito. Os movimentos sociais são o objeto por excelência da sociologia dinâmica, permitindo o estudo dos processos sociais e das mudanças.

Quando um indivíduo age em discordância com as regras sociais de seu grupo, seu comportamento é considerado desviante e ele é punido de acordo com as formas estabelecidas. Quando o comportamento discordante se propaga e é adotado de forma organizada por um grande número de membros, estamos diante de um movimento social e da possibilidade de mudança, quer de uma instituição quer da estrutura social. As greves, as passeatas, as ocupações de terras são exemplos de movimentos sociais.

Na maioria das vezes os movimentos sociais surgem de forma não-coordenada, para irem depois, pouco a pouco, assumindo uma forma organizada e estratégica.

Inúmeras teorias procuram distinguir a natureza dos movimentos sociais. Alguns são considerados messiânicos, como o de Padre Cícero, em Juazeiro, outros carismáticos, por dependerem de forma intensa de um determinado líder, como o gandhismo, por exemplo. Smelser, por sua vez, distingue os movimentos sociais que procuram modificar normas daqueles que visam mudar valores, sendo difícil, porém, que uma mudança de valores não transforme as normas e vice-versa.

Os movimentos sociais também variam conforme a sua amplitude. Alguns processos reivindicatórios têm o limite da instituição na qual ocorrem; outros, entretanto, acabam envolvendo a sociedade como um todo. As greves nos meios de transporte extrapolam, por exemplo, o âmbito da instituição que os administra.

Embora os movimentos sociais sejam basicamente aqueles nos quais podemos identificar claramente os objetivos e os valores dos membros atuantes e distinguir formas de liderança e de organização, não pode-

JUCA MARTINS/PULSAR

Movimentos sociais são formas organizadas de ação que objetivam a transformação social.

mos deixar de considerar como movimentos sociais as multidões, estudadas por Herbert Blumer, psicólogo social e sociólogo norte-americano. Esse cientista classificou as ações coletivas da seguinte forma: as de tipo casual, como as torcidas de futebol; as convencionais, como o público dos grandes *shows*, e as multidões expressivas, como os movimentos de manifestação político-partidária.

Mudança social ou processo social

A percepção mais clara que o cientista social tem da realidade quando sobre ela se debruça é a de sua instabilidade e de sua permanente mudança. A busca de um padrão teórico capaz de explicar o mecanismo de transformação social e de dar conta das mais diferentes mudanças ocorridas na sociedade humana foi objeto de pesquisa de muitos cientistas. Alguns chegaram a construir modelos cíclicos, como Spengler, para quem os diversos momentos históricos das sociedades apresentariam uma dinâmica interna de surgimento, maturidade e decadência, à semelhança do que ocorre aos organismos vivos.

Muitos sociólogos e historiadores do século XIX acreditaram, por outro lado, no evolucionismo, ou seja, no princípio de que toda transformação visava ao aprimoramento da espécie humana e das formações sociais. As teorias desenvolvimentistas também adotavam postura teórica semelhante.

Hegel e depois Marx, de maneira diversa, percebiam na sociedade um movimento dialético entre forças conflitantes, que resultaria num moto perpétuo de uma dada situação (a tese) a seu oposto (a antítese) e finalmente a um novo momento (a síntese).

As teorias funcionalistas, por sua vez, procuraram explicar as mudanças sociais partindo das condições internas de cada sociedade e de suas possibilidades de transformação diante de forças de mudança, tais como inovações, modernizações e o contato com sociedades diferentes.

Cientistas estruturalistas analisam as mudanças sociais como decorrentes dos limites de ação estabelecidos pela própria estrutura social. A partir desses limites, a ação social passa a exigir transformações estruturais.

Normas sociais

A conformidade da vida social percebida desde seus primeiros estudiosos resulta em grande parte de seus mecanismos de integração, entre os quais estão as normas e os valores sociais. Embora seja difícil distinguir precisamente um conceito de outro, podemos dizer que os valores são o objetivo ou o sentido da ação social, como o definiu Weber, enquanto as **normas** são as restrições e as coerções às condutas individual e coletiva. Assim, o sucesso é um valor social, e o princípio de que uma pessoa deva ser responsável pelos atos que pratica, em determinadas situações, é uma norma social. Enquanto o valor age internamente nos indivíduos, em sua motivação, as normas atuam de forma externa. O

RENATA MELLO/PULSAR

As normas sociais estabelecem formas de comportamento coletivo nos mais diversos níveis da vida social.

aparato legal de uma sociedade é um recurso para se fazer cumprir um conjunto de regras de conduta socialmente estabelecidas.

Normas sociais não significam normalidade nem implicam nenhuma noção universalista de conduta social. São mecanismos que asseguram a regularidade da vida social e a existência de suas instituições, além de certa reciprocidade nas ações individuais. As normas sociais se manifestam de diferentes formas — nos usos e nos costumes de uma sociedade, nas formas habituais de convívio que agem sobre os indivíduos desde a mais tenra idade. Manifestam-se também nos diversos códigos de conduta existentes nas famílias, nas agremiações e na sociedade como um todo. Assim, cada conjunto de normas tem diferente amplitude na sociedade, atingindo parcelas diferentes da população. Enquanto as normas que orientam a vida dos escoteiros, por exemplo, restringem-se a eles, as regras de trânsito são aplicáveis a todos os membros da sociedade.

Como outros elementos da vida social, as normas são dinâmicas e se alteram no tempo e no espaço. Sua validade é garantida, entretanto, pelo tempo em que vigoram, pela adesão dos membros de uma sociedade e pelas punições e sanções sociais que se estabelecem diante das infrações às regras constituídas.

Estudadas desde os séculos XVII e XVIII por filósofos sociais como Rousseau, as normas sociais foram enfocadas de forma mais sistemática nas teorias de Durkheim e Ferdinand Tönnies.

Organização social

Radcliffe-Brown definia a **organização social** como a ordenação sistemática de relações sociais e obrigações entre os diversos grupos. Broom e Selznick identificam organização com ordem social que se manifestaria em diferentes níveis — interpessoal, grupal e em um nível macrossocial, o da ordem social propriamente dita.

Realmente é possível estudar a organização social como o elemento responsável pela correspondência das diversas ações sociais e por sua reciprocidade, assim como pela maneira como os grupos sociais agem para alcançar seus objetivos. Nesse sentido, o conceito de organização é amplo e possibilita as mais diferentes análises, que vão da explicação do funcionamento das empresas ao entendimento de como atuam as diferentes instituições sociais, como o exército e a Igreja.

É possível também analisar a organização social em estreita relação com a estrutura social, pressupondo-se entre elas uma importante correspondência. Enquanto a estrutura organiza e articula as diversas instâncias da vida social, desenvolvendo uma ação que tende à estabilidade e à definição da sociedade, a organização seria a manifestação concreta e dinâmica dessa estrutura, quer em nível interpessoal quer em nível das instituições, como o Estado. A organização corresponderia às regras de comportamento e à fluidez e integração dos diversos procedimentos previstos por uma determinada estrutura social. Nesse sentido, a organização do sistema jurídico responsável pela regulamentação do sistema de heranças na sociedade capitalista só pode ser compreendida como manifestação de uma ordem estrutural capitalista.

Essa relação entre estrutura e organização elimina da última um certo caráter aleatório e ocasional.

De qualquer maneira, em relação à estrutura, a organização social corresponde a um aspecto de ordenação da vida social, mais flexível, adaptável e variável, além de possuir também, nas mais diversas teorias, um caráter mais empírico.

Papel social

Papel social é o conjunto de normas, direitos, deveres e expectativas que envolvem uma pessoa no desempenho de uma função junto a um grupo ou dentro de uma instituição. Esse conceito tem sua origem no teatro, quando as características e as falas de um determinado personagem em uma dada situação dramática são definidas. O primeiro a utilizar esse conceito no sentido sociológico foi Nietzsche, quando destacou o papel dos homens na sociedade de seu tempo.

Os papéis sociais podem ser atribuídos, isto é, designados aos indivíduos, independentemente de sua escolha. Os papéis familiares são alguns exemplos dessas atribuições. Ser filho, por exemplo, independe de escolha. Chamamos de papéis conquistados ou de realização, como os chamava Weber, àqueles que exigem do ator decisão e algum tipo de pré-requisito. Aqueles ligados ao desempenho profissional ou à carreira são dessa ordem.

Os papéis sociais formam geralmente um conjunto organizado e interdependente envolvendo um grande número de atores. São os sistemas de papéis que se dispõem, em geral, de forma hierárquica e complementar.

A divisão social do trabalho também teve como característica criar na indústria vastos sistemas de papéis hierarquizados.

Embora seja um conceito típico das análises microssociológicas, isto é, análises que procuram estudar determinados grupos em suas formas de funcionamento, os papéis sociais, quando generalizados dentro de uma sociedade, podem propiciar importantes estudos macrossociológicos. É o caso do patriarcado, por exemplo, que envolve a análise de um papel que extrapola o âmbito familiar.

Os papéis tendem a ser universais, embora sejam desempenhados por pessoas diferentes. Alguns autores identificam a personalidade individual na maneira própria com que cada um desempenha seus papéis. De qualquer forma, um sistema de papéis pressupõe a alternância e a substituição dos atores. A integração de uma pessoa nos papéis que assume depende dos processos institucionalizados ou informais de socialização.

Chamamos **conflitos de papéis** quando as normas e as expectativas relacionadas aos diversos papéis de um ator são conflitantes e exigem dele ações divergentes. Por exemplo, a fidelidade à família pode exigir de um ator o desrespeito aos seus deveres como cidadão e assim por diante.

Ralph Linton, Thomas Merton e Talcott Parsons são alguns dos sociólogos que se dedicaram ao estudo dos papéis sociais.

Sistema social

"Uma ordem em que todas as diferentes partes se sustentam mutuamente." Assim definiu Condillac o conceito de **sistema**. Extraído da biologia e da matemática, onde adquiriu grande capacidade explicativa, o conceito de sistema foi aplicado à vida social como o elemento capaz de explicar e justificar certa ordem existente. Assim como os sistemas biológicos interligam os diversos órgãos, realizando uma função necessária e vital, o **sistema social** seria o mecanismo que integraria de forma interdependente as diversas instâncias sociais, em função de objetivos comuns e de sobrevivência do todo social.

Ligado aos princípios de estabilidade e desenvolvimento, o sistema aparece muitas vezes na sociologia como o elemento explicativo de formas de comportamento e aspectos não-desejáveis da vida social, representando uma racionalidade extraindividual ou extrainstitucional. Consciente da utilização ideológica do conceito de sistema, a sociologia moderna abandonou essa noção quase teleológica de sistema — para a qual os fins sociais justificam os meios — para firmar o princípio da interdependência das partes.

Nessa ótica, buscou-se desenvolver a ideia de que os sistemas apresentam tensões e desequilíbrios e que sua estabilidade é na verdade instável, temporária e resultante de forças em oposição. Ricardo, Malthus e Marx foram alguns dos cientistas que perceberam tendências explosivas e destrutivas nos sistemas sociais.

Assim surgiram classificações em relação aos diversos sistemas sociais, considerados abertos ou fechados, flexíveis ou inflexíveis, tendo se firmado o princípio de que os sistemas abertos, ou seja, aqueles que são permeáveis, adaptáveis e passíveis de transformação, são os que mais chances têm de sobreviver.

Outro importante campo de aplicação do conceito se deu no estudo das relações entre a sociedade e o meio natural e o social. Essa ideia da interdependência entre a vida social e seu entorno — natural e humano —, em nível de tensões e trocas permanentes, deu outro sentido ao estudo de padrões de comportamento. Os processos de imigração, de adoção de determinadas formas de exploração econômica passaram a ser vistos numa cadeia de causas e consequências mais ampla. É nessa ótica que se estudam também as relações internacionais em uma sociedade globalizada e todos os ecossistemas desenvolvidos pela ciência contemporânea.

Socialização

Chamamos de **socialização** ao processo pelo qual o indivíduo assimila os valores, as normas e as expectativas sociais de um grupo ou de uma sociedade. Esse processo, responsável pela transmissão da cultura, é contínuo e se inicia na família quando se realiza a chamada "socialização primária". Depois é assumido pela escola, pelo grupo de referência e pelas diferentes formas de treinamento e ajuste a que o indivíduo se submete no decorrer de sua existência e que caracterizam a socialização secundária.

Guy Rocher reconhece na socialização aquele mecanismo da vida social pelo qual o indivíduo introjeta os valores sociais de maneira a se tornarem integrantes de sua personalidade. A socialização é responsável por desenvolver nos membros de uma sociedade gostos, ideias e sentimentos correspondentes à cultura do grupo no qual esses indivíduos vão viver.

A psicopedagogia desenvolveu inúmeros estudos tentando desvendar as etapas e os mecanismos pelos quais os indivíduos vão, paulatinamente, introjetando valores e formas de comportamento adequados. Esses estudos, dos quais salientamos a obra de Piaget, consideraram o processo de socialização do ponto de vista universal, independentemente da cultura na qual se realiza. Sabe-se, entretanto, que a capacidade de aprendizado está condicionada à maneira como o indivíduo participa da vida social e à posição que ele ocupa na sociedade.

JOHANSEN KRAUSE/CID

Por meio da socialização, o homem é integrado à vida social.

CID

De maneira geral, a socialização é estudada como elemento de conservação da sociedade, de resistência a mudanças e de tradição. São inúmeras as teorias que reforçam o papel da socialização na assimilação social dos indivíduos. Os sociólogos marxistas, entretanto, reconhecem na socialização a possibilidade de conscientização das classes dominadas, criando-se assim as condições necessárias à ação revolucionária.

Pedagogos como Paulo Freire também salientam o papel da educação — inclusive a formal — para a mudança e a libertação do indivíduo e das classes sociais.

Status social

É o *status* que define, numa determinada estrutura social, a posição que cada indivíduo ocupa na hierarquia de papéis sociais estabelecidos. Comumente chamado de **posição social**, o *status* é um elemento comparativo entre os membros de uma comunidade ou de uma instituição, definindo a distribuição de normas, deveres, direitos e privilégios para cada um de seus integrantes.

O *status* social valoriza e distingue os membros de um grupo social, dispondo-os numa escala cujas posições estabelecem entre as pessoas relações de dominação, subordinação e dependência. Assim, essa forma de distinção passa a ter uma participação fundamental no comportamento dos indivíduos, bem como nas relações que esses mantêm entre si.

Os papéis que se encontram no topo de uma estrutura social e que correspondem às posições mais elevadas da hierarquia social são altamente valorizados na sociedade. Seus integrantes desfrutam de prestígio e poder e desempenham funções de liderança. Galgar posições sociais ao longo da vida ou da carreira é um dos objetivos de grande parte dos indivíduos de nossa sociedade.

Alguns *status* são opcionais, isto é, dependem da concordância ou não do indivíduo em assumir certa posição social, como, por exemplo, a ocupação de determinados cargos públicos. Outros *status* são atribuídos e independem da escolha individual. Numa família, por exemplo, ocupar a posição de avô independe da vontade de quem a ocupa.

A permanência dos indivíduos em determinada posição social é temporária, existindo em cada sistema de *status* um conjunto de regras que organiza a rotatividade dos indivíduos pelas posições sociais. Os privilégios que certas posições sociais asseguram aos seus ocupantes são uma forma de recompensa àqueles que incorporam determinados valores da ordem social e agem em conformidade a esses valores. Desse modo, o *status* como forma de distinção individual funciona também como mecanismo de integração social.

As regras que determinam a ascensão ou a queda dos indivíduos nas hierarquias sociais, a chamada mobilidade social, revelam os valores básicos da sociedade em questão e representam também mecanismos de discriminação social. São essas regras que favorecem determinadas minorias sociais discriminadas pelo sexo, pela raça ou pela nacionalidade, garantindo-lhes privilégios.

Ralph Linton e Talcott Parsons foram alguns dos sociólogos que desenvolveram estudos sobre os sistemas de *status* sociais e sua função na sociedade.

Valores

Se a justificativa da ação humana não se limita à satisfação de necessidades de origem biológica, física ou instintiva, o seu sentido deve ser buscado em elementos da vida social e da cultura. A sociologia clássica, em Durkheim e Weber, já reconhecia o caráter valorativo e significativo da ação humana e sua importância na explicação da vida social.

Valores são os juízos e as avaliações que os indivíduos desenvolvem por si mesmos e em grupos e que lhes permitem julgar, escolher e orientar seu comportamento. Para Weber, os valores é que dão sentido à ação social, permitindo ao sociólogo a compreensão da vida em sociedade.

Os valores sociais se traduzem na conduta humana por preferências, gostos e atitudes pelos quais os agentes sociais manifestam uma apreciação da realidade. São elementos dos mais importantes no processo de socialização pelo qual um indivíduo é assimilado a uma cultura.

Os valores são introjetados ou desenvolvidos nos indivíduos desde a infância, época em que a família assume importante papel nesse processo. À medida que a pessoa cresce, outros grupos, como a escola e os amigos, vão atuando de maneira mais significativa na introjeção de novos valores sociais.

O estudo dos valores sociais revela o reconhecimento de certo grau de liberdade da ação humana e a confirmação da pluralidade da vida social. Tendo sido muito importantes no desenvolvimento da sociologia clássica, para teorias de sociólogos como Tocqueville, os valores sociais transformaram-se também em análises de "visões de mundo", crenças, dogmas e paixões.

A economia, incorporando a noção de valor, procurou entender a ação humana em seus meios e fins, identificando os últimos como manifestação dos valores sociais. A análise marxista, por sua vez, redefiniu o conceito de valor social na medida em que procurou analisá-lo como manifestação de interesses particulares, de grupos e especialmente de classes sociais. Nesse sentido, os valores sociais expressariam uma situação de classe social, cuja prática resultaria na satisfação de interesses econômicos e políticos.

BIBLIOGRAFIA

ABADAN, N. et al. *Les travailleurs immigrés*. Sociologie du travail. Aux Éditions du Seuil, jul./set. 1972.

A ciência social num mundo em crise. São Paulo: Edusp/Perspectiva, 1973.

ACKOFF, R. L. *Planejamento de pesquisa social*. São Paulo: Herder/Edusp, 1967.

ALVES, Maria Helena Moreira. *Estado e oposição no Brasil (1964-1984)*. Petrópolis: Vozes, 1984.

ANDRADE, Mário de. *Aspectos da música brasileira*. Brasília/INL; MEC/São Paulo/Martins, 1975.

_________. *Aspectos das artes plásticas no Brasil*. Belo Horizonte: Itatiaia, 1984.

ANTUNES, Ricardo. A centralidade do trabalho hoje. In: FERREIRA, Leila da Costa. *A sociologia no horizonte do século XXI*. São Paulo: Boitempo, 2002.

ARBIX, Glauco et al. (Orgs.). *Razões e ficções do desenvolvimento*. São Paulo: Unesp/Edusp, 2001.

ARIÉS, Philippe. *A história social da criança e da família*. Rio de Janeiro: Zahar, 1973.

AUGÉ, Marc. *Não-lugares*: introdução a uma antropologia da supermodernidade. Campinas: Papirus, 1994.

_________. *A guerra dos sonhos*. Campinas: Papirus, 1998.

AYALA, Francisco. *Historia de la sociología*. Buenos Aires: Losada, 1947.

AZCONA, Jesús. *A cultura*. *Petrópolis*: Vozes, 1989.

_________. *Antropologia e cultura*. Petrópolis: Vozes, 1993.

BACCEGA, Maria Aparecida. *Gestão de processos comunicacionais*. São Paulo: Atlas, 2002.

BADIOU, Alain; ALTHUSSER, Louis. *Materialismo histórico y materialismo dialético*. Córdoba: Cuadernos de Pasado y Presente, 1972.

BARRACLOUGH, Geoffrey. *Introdução à história contemporânea*. Rio de Janeiro: Zahar, 1976.

BASTIDE, Roger; FERNANDES, Florestan. *Brancos e negros em São Paulo*. São Paulo: Nacional, 1971.

BAUER, Martin W.; GASKELL, George. *Pesquisa qualitativa com texto, imagem e som*. Petrópolis: Vozes, 2002.

BEKRI, Chikh. Paz, uma longa germinação. In: *O Correio da Unesco*, jan. 1996.

BERGER, Peter. *Perspectivas sociológicas*: uma visão humanística. Petrópolis: Vozes, 1973.

BIGNOTTO, Newton. *Maquiavel republicano*. São Paulo: Loyola, 1991.

BLAY, Eva Alterman. *Trabalho domesticado*: a mulher na indústria paulista. São Paulo: Ática, 1978.

BOSI, Ecléa. *Memória e sociedade*: lembranças de velhos. São Paulo: T. A. Queiroz, 1979.

BOUDON, Raymond; BOURRICAUD, François. *Dicionário crítico de sociologia*. São Paulo: Ática, 1993.

BOUGNOUX, Daniel. *Comunicação*. Petrópolis: Vozes, 1994.

BOURDIEU, Pierre. *O poder simbólico*. Rio de Janeiro: Bertrand Brasil, 2000.

BOUTHOUL, Gaston. *Histoire de la sociologie*. Paris: Presse Universitaire de France, 1965. (Que sais-je?).

BRANNIGAN, Augustine. *The social basis of scientific discoveries*. New York: Cambridge University Press, 1981.

BRESSER PEREIRA, Luiz C. *A economia do subdesenvolvimento industrializado*. Estudos Cebrap, 14. São Paulo: Ed. Brasileira de Ciências/ Brasiliense, out./nov./dez. 1976.

BRUYNE, Paul de; HERMAN, Jacques; SCHOUTHEETE, Marc de. *Dinâmica da pesquisa em ciências sociais*. São Paulo: Francisco Alves, 1991.

BUCKLEY, Walter. *A sociologia e a moderna teoria dos sistemas*. São Paulo: Cultrix/Edusp, 1967.

BURKE, Peter. *Uma história social do conhecimento*. Rio de Janeiro: Zahar, 2003.

________. *Uma história social da mídia*. Rio de Janeiro: Zahar, 2004.

CALAZANS FALCON, Francisco José. *A época pombalina*. São Paulo: Ática, 1982.

CALDERAZZI, Antonio M. *La revolución negra en los EEUU*. Barcelona: Bruguera, 1970.

CANCLINI, Nestor Garcia. *Consumidores e cidadãos*. Rio de Janeiro: UFRJ, 1997.

CANDIDO, Antonio. *Os parceiros do Rio Bonito*. São Paulo: Duas Cidades, 1971.

CARDOSO, Fernando Henrique. *Ideologías de la burguesía industrial en sociedades dependientes*. Buenos Aires: Siglo XXI, 1972.

________. *Mudanças sociais na América Latina*. São Paulo: Difusão Europeia do Livro, 1969.

________. *Política e desenvolvimento em sociedades dependentes*. Rio de Janeiro: Zahar, 1971.

CARDOSO, Fernando Henrique; IANNI, Octavio (Orgs.). *Homem e sociedade*. São Paulo: Nacional, 1968.

CASANOVA, Pablo Gonzalez. *Sociología de la explotación*. México: Siglo XXI, 1971.

CASSIRER, Ernst. *Ensaio sobre o homem*: introdução a uma filosofia da cultura humana. São Paulo: Martins Fontes, 1997.

CASTELLS, Manuel. *O poder da identidade*. São Paulo: Paz e Terra, 2000.

CERTEAU, Michael de. *A cultura no plural*. Campinas: Papirus, 1995.

CHINOV, Ely. *Sociedade*: uma introdução à sociologia. São Paulo: Cultrix, 1991-92-93.

CHOMSKY, Noam. O antigo e o novo na ordem internacional. Teoria e prática. In: ROSA, Luiz Pinguelli (Coord.). *Noam Chomsky na UERJ*. Rio de Janeiro: Coppe/UERJ, 1997.

CLASTRES, Pierre. *A sociedade contra o estado*. São Paulo: Cosac & Naify, 2003.

COHN, Gabriel (Org.). *Max Weber*: sociologia. São Paulo: Ática, 1979. (Grandes Cientistas Sociais).

________. *Sociologia da comunicação*. São Paulo: Pioneira, 1973.

CORCUFF, Philippe. *As novas sociologias*. Bauru: Edusc, 2001.

COSTA, Cristina. *Ficção, comunicação e mídias*. São Paulo: Senac, 2002.

COULON, Alain. *A Escola de Chicago*. Campinas: Papirus, 1995.

CUIN, Charles-Henry; GRESLE, François. *História da sociologia*. São Paulo: Ensaio, 1994. (Cadernos Ensaio, X).

CURRAN, Mark. *História do Brasil em cordel*. São Paulo: Edusp, 1998.

DAHRENDORF, Ralf. *As classes e seus conflitos na sociedade industrial*. Brasília: Edub, 1982.

________. *Homo sociologicus*. Rio de Janeiro: Tempo Brasileiro, 1969.

DANTAS, Marcos. *A lógica do capital-informação*. Rio de Janeiro: Contraponto, 2002.

DEBRET, Jean-Baptiste. *Viagem pitoresca e histórica ao Brasil*. São Paulo: Edusp, 1989.

DURKHEIM, Émile. *As regras do método sociológico*. São Paulo: Nacional, 1963.

________. *Da divisão do trabalho social*. São Paulo: Abril Cultural, 1973. (Os Pensadores).

________. *El suicidio*. Uruguay: Shapire Editor, 1971.

________. *Lições de sociologia*. São Paulo: T. A. Queiroz/Edusp, 1983.

ECO, Umberto. *A estrutura ausente*. São Paulo: Perspectiva, 1976.

EDMOND, Wilson. *Rumo à Estação Finlândia*. São Paulo: Companhia das Letras, 1987.

ELTON, G. R. *La Europa de la Reforma*: 1517-1559. Madrid: Siglo XXI, 1974.

FARIA, Vilmar. *Pobreza urbana, sistema urbano e marginalidade*. Estudos Cebrap, 9. São Paulo: Ed. Brasileira de Ciências/Brasiliense, jul./ago./set. 1974.

FERNANDES, Florestan. *A integração do negro na sociedade de classes*. São Paulo: Dominus/Edusp, 1965.

________. *A natureza sociológica da sociologia*. São Paulo: Ática, 1980. (Ensaios).

________. *Elementos de sociologia teórica*. São Paulo: Nacional/Edusp, 1970.

________. *Ensaios de sociologia geral e aplicada*. São Paulo: Pioneira, 1960.

________. *Fundamentos empíricos da explicação sociológica*. São Paulo: Nacional, 1959.

________. *Sociedade de classes e subdesenvolvimento*. Rio de Janeiro: Zahar, 1972.

________. *Sociologia e antropologia social*: uma introdução. Rio de Janeiro: Zahar, 1977.

FOUCAULT, Michel. *As palavras e as coisas*. São Paulo: Martins Fontes, 1981.

FRANK, A. Gunder et al. *La sociología subdesarrollante*. Montevideo: Aportes, 1969.

FUENTES, Carlos. *Valiente Mundo Nuevo*. México: Fondo de Cultura Económica, 1992.

FURTADO, Celso. *Não à recessão e ao desemprego*. Rio de Janeiro: Paz e Terra, 1983.

________. *O mito do desenvolvimento e o futuro do Terceiro Mundo*. Argumento, ano 1, n. 1. Rio de Janeiro: Paz e Terra, out. 1973.

________. *O modelo brasileiro*. Argumento, ano 1, n. 3. Rio de Janeiro: Paz e Terra, jan. 1974.

GABOR, Dennis. *O desafio do futuro*. Rio de Janeiro: Expressão e Cultura, 1973.

GALIANO, A. Guilherme. *Introdução à sociologia*. São Paulo: Harbra & Harper & Row do Brasil, 1981.

GANNAGÉ, Élias. Économie du développement. Apud: PEREIRA, Luiz. *Ensaios de sociologia do desenvolvimento*. São Paulo: Pioneira, 1970.

GEERTZ, Clifford. *A interpretação das culturas*. Rio de Janeiro: LTC, 1989.

GEREMEK, Bronislaw. *Os filhos de Caim*: os vagabundos e miseráveis na literatura europeia, 1400–1700. São Paulo: Companhia das Letras, 1995.

GIARINI, Orio. O crescimento acelerado: mito e realidade. *O Correio da Unesco*, ano 8, n. 1, 1980.

GIDDENS, Anthony. *As consequências da modernidade*. São Paulo: Unesp, 1991.

GIUCCI, Guilhermo. *Viajantes do maravilhoso*: o Novo Mundo. São Paulo: Companhia das Letras, 1992.

GOLDMANN, Lucien. *Ciências humanas e filosofia*. São Paulo: DEL, 1967.

GOLDTHORPE, J. E. *Sociologia e antropologia social*: uma introdução. Rio de Janeiro: Zahar, 1977.

________. *Sociologia do Terceiro Mundo*: disparidade e envolvimento. Rio de Janeiro: Zahar, 1977.

GOMBRICH, E. H. *Arte e ilusão*: um estudo da psicologia da representação pictórica. São Paulo: Martins Fontes, 1986.

GOODE, William J.; HATT, Paul K. *Métodos em pesquisa social*. São Paulo: Nacional, 1969.

HALL, Edward T. *A dimensão oculta*. Lisboa: Relógio d'Água, 1986.

HARLEY, David. *Condição pós-moderna*. São Paulo: Loyola, 2001.

HARNECKER, Marta. *Los conceptos elementales del materialismo histórico*. México: Siglo XXI, 1972.

HEGEMBERG, Leônidas. *Explicações científicas*. São Paulo: Herder/Edusp, 1969.

HOBSBAWM, Eric. Introdução. In: MARX, Karl. *Formações econômicas pré-capitalistas*. Rio de Janeiro: Paz e Terra, 1975.

________. *O presente como história*: escrever a história de seu próprio tempo. Novos Estudos Cebrap, 43. São Paulo: Cebrap, nov. 1995.

________. *A sociedade global*. Rio de Janeiro: Civilização Brasileira, 1993.

________. *Enigmas da modernidade-mundo*. Rio de Janeiro: Civilização Brasileira, 2000. p. 22.

IANNI, Octavio. *Estado e planejamento econômico no Brasil (1930-1970)*. Rio de Janeiro: Civilização Brasileira, 1971.

________. Florestan Fernandes e a formação da sociologia brasileira. In: *Sociologia da sociologia*. 3. ed. São Paulo: Ática, 1989.

________. *Labirinto latino-americano*. Petrópolis: Vozes, 1993.

________. *Sociologia e sociedade no Brasil*. São Paulo: Alfa-Ômega, 1975.

IGLÉSIAS, Francisco. *A revolução industrial*. São Paulo: Brasiliense, 1987.

INKELES, Alex. *O que é sociologia?* São Paulo: Pioneira, 1967.

JASPERS, Karl. Método e visão do mundo em Weber. In: COHN, Gabriel. (Org.). *Sociologia para ler os clássicos*. Rio de Janeiro: Livros Técnicos e Científicos, 1977.

JOSEPH, Isaac. *Erving Goffman e a microssociologia*. Rio de Janeiro: FGV, 2000.

JOSEPH, Isaac; GOFFMAN, Erving. *A microssociologia*. Rio de Janeiro: FGV, 2000.

KENETH, John. *A sociedade afluente*. Rio de Janeiro: Expressão e Cultura, 1972.

KOFLER, Leo. *Contribución a la historia de la sociedad burguesa*. Buenos Aires: Amorrortu, 1974.

KOSSOY, Boris. *Fotografia e história*. São Paulo: Ateliê, 2001.

KOWARICK, Lúcio et al. *Os cidadãos da Marginal*. Argumento, ano 1, n. 1. Rio de Janeiro: Paz e Terra, out. 1973.

KUHN, Thomas S. *La estructura de las revoluciones científicas*. México: Fondo de Cultura Económica, 1971.

LAGNEAU, Gerard. *A sociologia da publicidade*. São Paulo: Cultrix/Edusp, 1981.

LAKATOS, Eva Maria. *Sociologia geral*. São Paulo: Atlas, 1982.

LALLEMENT, Michael. *História das ideias sociológicas*. Petrópolis: Vozes, 2003.

LAPLATINE, François. *A descrição etnográfica*. São Paulo: Terceira Margem, 2004.

LECLERC, Gérard. *Crítica da antropologia*. Lisboa: Estampa, 1973.

LEFEBVRE, Henri. *Materialismo dialético e sociologia*. Lisboa: Presença, 1972.

________. *Sociologia de Marx*. Rio de Janeiro: Forense, 1968.

LEITE, Míriam L. Moreira; BIANCO, Bela. *Desafios da imagem*. Campinas: Papirus, 1998.

LÉVI-STRAUSS, Claude. *Antropologia estrutural*. Rio de Janeiro: Tempo Brasileiro, 1967.

________. *Antropologia estrutural dois*. Rio de Janeiro: Tempo Brasileiro, 1976.

________. *O pensamento selvagem*. São Paulo: Nacional, 1970.

________. *Tristes trópicos*. Lisboa: Edições 70, 1981.

LINEBAUGH, Peter. Crime e industrialização: a Grã-Bretanha no século XVIII. In: PINHEIRO, Paulo Sérgio (Org.). *Crime, violência e poder*. São Paulo: Brasiliense, 1983.

LINS, Sônia. *Almanaque*. São Paulo: Forense Universitária, 1994.

LISSNER, Ivar. *Assim viviam nossos antepassados*. Belo Horizonte: Itatiaia, 1964.

LOCKE, John. *Segundo tratado sobre o governo civil*. São Paulo: Abril Cultural, 1978. (Os Pensadores).

LOPES, Juarez Rubens Brandão. *Desenvolvimento e mudança social*. São Paulo: Nacional, 1970.

MAKARENKO, A. S. *Poema pedagógico*. São Paulo: Brasiliense, 1985.

MALINOWSKI, Bronislaw. *Argonautas do Pacífico Ocidental*. São Paulo: Abril Cultural, 1978. (Os Pensadores).

________. *Uma teoria científica da cultura*. Rio de Janeiro: Zahar, 1970.

MANDEL, Ernest. *A formação do pensamento econômico de Karl Marx*. Rio de Janeiro: Zahar, 1968.

MANN, Peter H. *Métodos de investigação sociológica*. Rio de Janeiro: Zahar, 1970.

MANNHEIM, Karl. *Ideologia e utopia*. Rio de Janeiro: Zahar, 1968.

MAQUIAVEL, Nicolau. *O príncipe*. São Paulo: Exposição do Livro, s/d.

MARTINS, José de Sousa. *Expropriação e violência*. São Paulo: Hucitec, 1980.

________. *A chegada do estranho*. São Paulo: Hucitec, 1993.

MARX, Karl. *Formações econômicas pré-capitalistas*. Rio de Janeiro: Paz e Terra, 1975.

________. *O capital*. Rio de Janeiro: Civilização Brasileira, 1971.

________. *O 18 Brumário de Luís Bonaparte*. São Paulo: Abril Cultural, 1974. (Os Pensadores).

________. *Trabajo asalariado y capital*. Uruguay: Shapire Editor, 1972.

MARX, Karl; ENGELS, Friedrich. *La sagrada familia*. Buenos Aires: Claridad, 1971.

________. Manifesto do Partido Comunista. In: *Cartas filosóficas e outros escritos*. São Paulo: Grijalbo, 1977.

________. *Sobre a religião*. Lisboa: Edições 70, 1972.

MATTELART, Armand e Michele. *História das teorias da comunicação*. São Paulo: Loyola, 1999.

MCLUHAN, Marshall. *Os meios de comunicação de massa*. São Paulo: Cultrix, 1971.

MEDITSCH, Eduardo. *Rádio e pânico*: a Guerra dos Mundos 60 anos depois. Florianópolis: Insular, 1998.

MERTON, Robert K. *Sociologia*: teoria e estrutura. São Paulo: Mestre Jou, 1970.

MICELI, Sérgio. *Intelectuais e classe dirigente no Brasil (1920-1945)*. São Paulo: Difusão Editorial, 1979.

________. (Org.). *História das ciências sociais no Brasil*. v. 1 e 2. São Paulo: Fapesp/Editora Sumaré, 1995.

MONOD, Jacques. A propósito da teoria molecular da evolução. In: HARRÉ, Rom (Org.). *Problemas da revolução científica*: incentivos e obstáculos ao progresso das ciências. São Paulo: Edusp, 1976.

MORAES, Reginaldo et al. (Orgs.). *Inteligência brasileira*. São Paulo: Brasiliense, 1986.

MORUS, Thomas. *A utopia*. Brasília: Edub, 1980.

NEWMAN, James R. O aborto como doença das sociedades. In: *A ciência social num mundo em crise*. Revista Scientific American.

NIETZSCHE, Friedrich. *Crepúsculo dos ídolos*. Rio de Janeiro: Relume/Dumará, 2000. p. 52.

OGBURN, William; NIMKOFF, Meyer F. *Sociology*. Cambridge: Houghton Mifflin, 1940.

Ó'GORMAN, Edmundo. La invención de la América. México: Fondo de Cultura Económica, 1958.

OLIVEIRA, Francisco de. *A economia brasileira*: crítica à razão dualista. Estudos Cebrap, 2. São Paulo: Ed. Brasileira de Ciências/Brasiliense, out. 1972.

________. In: HADDAD, Fernando. *Desorganizando o consenso*. Petrópolis: Vozes, 1998.

OLIVEIRA, Roberto Cardoso de. *O trabalho do antropólogo*. Brasília/Paralelo 15; São Paulo/Unesp, 2000.

ORTIZ, Renato. *Um outro território*. São Paulo: Olho d´Água, s/d.

PEREIRA, Luiz. *Ensaios de sociologia do desenvolvimento*. São Paulo: Pioneira, 1970.

PESSANHA, José Américo Motta. Humanismo e pintura. In: NOVAES, Adauto. *Artepensamento*. São Paulo: Companhia da Letras, 1994.

PIERSON, Donald. *Teorias e pesquisa em sociologia*. São Paulo: Melhoramentos, 1968.

PINHEIRO, Paulo Sérgio (Org.). *Crime, violência e poder*. São Paulo: Brasiliense, 1983.

PINHEIRO, Paulo Sérgio; POPPOVIC, Malak El-Chichini; KAHN, Tulio. *Pobreza, violência e direitos humanos*. Novos Estudos Cebrap, 39. São Paulo: Cebrap, jul. 1994.

POULANTZAS, Nicos. *As classes sociais*. Estudos Cebrap, 3. São Paulo: Brasiliense, jan. 1973.

________. *Poder político y clases sociales en el Estado capitalista*. Buenos Aires: Siglo XXI, 1971.

PRADO JR., Caio. *História econômica do Brasil*. São Paulo: Brasiliense, 1965.

QUEIROZ, Maria Isaura Pereira de et al. *Reflexões sobre a pesquisa sociológica*. São Paulo: MM Impress, 1992.

QUEIROZ, Maria Isaura Pereira de; DEMARTINI, Zeila de Brito F. de; CIPRIANI, Roberto; MACIOTI, Maria Imacolata. *Experimentos com histórias de vida*. São Paulo: Vértice, 1988.

QUEIROZ, Renato da Silva. *Não vi e não gostei*: o fenômeno do preconceito. São Paulo: Moderna, 1996. (Qual é o grilo?).

REMOND, René. *O século XIX*: 1818-1914. São Paulo: Cultrix, 1974.

RETRATO DO BRASIL. v. I e II. São Paulo: Ed. Três/Política Editora, 1984.

REX, John. *Problemas fundamentais da teoria sociológica*. Rio de Janeiro: Zahar, 1973.

ROCHA, Everardo P. G. et al. *Testemunha ocular*. São Paulo: Brasiliense, 1984.

RODRIGUES, José Albertino. *Durkheim*. São Paulo: Ática, 1981.

ROUSSEAU, Jean-Jacques. *O contrato social e outros escritos*. São Paulo: Cultrix, 1980.

SÁ JR., Francisco. *O desenvolvimento da agricultura nordestina e a função das atividades de subsistência*. Estudos Cebrap, 3. São Paulo: Ed. Brasileira de Ciências/Brasiliense, jan. 1973.

SACKS, Oliver. *Um antropólogo em Marte*. São Paulo: Companhia das Letras, 1995.

SALVIA TRINDADE, Liana Maria. *As raízes ideológicas das teorias sociais*. São Paulo: Ática, 1978.

SANTOS, Boaventura de Souza. *Introdução a uma ciência pós-moderna*. Rio de Janeiro: Graal, 1989.

BIBLIOGRAFIA

SANTOS, Milton et al. (Org.). *Fim de século e globalização*. São Paulo: Hucitec/ Annablume, 2002.

SEVCENKO, Nicolau. *Literatura como missão*. São Paulo: Brasiliense, 1983.

________. *O cosmopolitismo brasileiro da Belle Époque numa utopia liberal*. Revista de História, 114. São Paulo: USP, jan./jun. 1983.

SINGER, Paul; BRANT, Vinícius C. *São Paulo*: o povo em movimento. 4. ed. Petrópolis: Vozes, 1983.

SINGER, Paul. *As contradições do milagre*. Estudos Cebrap, 6. São Paulo: Ed. Brasileira de Ciências/Brasiliense, out./nov./dez. 1973.

________. *Perspectivas de desenvolvimento da América Latina*. Novos Estudos Cebrap, 44. São Paulo: Cebrap, 1996.

SODRÉ, Nelson Werneck. *Síntese da história da cultura brasileira*. 14. ed. São Paulo: Difel, 1986.

STEINER, George. *Extraterritorial*: a literatura e a revolução da linguagem. São Paulo: Companhia das Letras/Secretaria de Estado da Cultura, 1990.

________. *No castelo do Barba Azul*. São Paulo: Companhia das Letras, 1991.

STEWART, Elbert W.; GLYNN, James A. *Sociologia*: uma introdução. São Paulo: Atlas, 1978.

SUMPF, Joseph; HUGUES, Michel. *Dictionnaire de sociologie*. Paris, Larousse, 1973.

THIOLLENT, Michel. *Metodologia da pesquisa-ação*. São Paulo: Cortez, 2004.

TORRES, Maria do Rosário. *Homem no mundo*. São Paulo: Verbo, 1983.

TOURRAINE, Alain. *Cartas a uma jovem socióloga*. Rio de Janeiro: Paz e Terra, 1976.

TOYNBEE, A. J. *A herança dos gregos*. Rio de Janeiro: Zahar, 1984.

TOYNBEE, A. J. et al. *O preço do futuro*. São Paulo: Melhoramentos, 1970-71.

TRINDADE, Liana M. S. *As raízes ideológicas das teorias sociais*. São Paulo: Ática, 1978.

TUMIN, Melvin M. *Estratificação social*. São Paulo: Pioneira, 1970.

UNESCO. Violence. *International Social Science Journal*, v. XXX, n. 4, 1978.

VELHO, Otavio Guilherme et al (Orgs.). *Estrutura de classes e estratificação social*. Rio de Janeiro: Zahar, 1971.

VIEIRA PINTO, Álvaro. *Ciência e existência*. Rio de Janeiro: Paz e Terra, 1969.

WEBER, Max. *A ética protestante e o espírito do capitalismo*. São Paulo: Pioneira, 1967.

________. *Ciência e política*: duas vocações. São Paulo: Cultrix, 1970.

________. *Conceitos básicos de sociologia*. São Paulo: Moraes, 1987.

________. As causas sociais do declínio da cultura antiga. In: COHN, Gabriel (Org.). *Max Weber*, Sociologia. São Paulo: Ática, 1979.

WINKIN, Yves. *A nova comunicação*. Campinas: Papirus, 1998.

WORSLEY, Peter. *El Tercer Mundo*: una nueva fuerza vital en los asuntos internacionales. México: Siglo XXI, 1973.

ZALUAR, Alba. Crime organizado e crise institucional. *Sociabilidades III*: violência e sociedade. São Paulo: Letras & Letras, 2003.

ZETTERBERG, Hans. *Teoría y verificación en sociología*. Buenos Aires: Nueva Visión, 1970.